QUANDO OS FILHOS
PRECISAM DOS PAIS

QUANDO OS FILHOS PRECISAM DOS PAIS

Respostas a consultas de pais com dificuldades na educação dos filhos

Françoise Dolto

Tradução
CLAUDIA BERLINER
MÁRCIA VALÉRIA MARTINEZ DE AGUIAR
Edição de texto
SILVANA COBUCCI LEITE

Esta obra foi publicada originalmente em francês com os títulos
LORSQUE L'ENFANT PARAÎT. TOME 1
LORSQUE L'ENFANT PARAÎT. TOME 2
LORSQUE L'ENFANT PARAÎT. TOME 3
por Les Éditions du Seuil.
Copyright © Éditions du Seuil, 1977 para Lorsque l'enfant paraît. Tome 1.
Copyright © Éditions du Seuil, 1978 para Lorsque l'enfant paraît. Tome 2.
Copyright © Éditions du Seuil, 1979 para Lorsque l'enfant paraît. Tome 3.
Copyright © 2008, Livraria Martins Fontes Editora Ltda.
Copyright © 2014, Editora WMF Martins Fontes Ltda.,
São Paulo, para a presente edição.

"Cet ouvrage, publié dans le cadre du Programme d'Aide à la Publication Carlos Drummond
de Andrade de l'Ambassade de France au Brésil, bénéficie du soutien du Ministère
français des Affaires Étrangères et Européennes."
"Este livro, publicado no âmbito do Programa de Participação à Publicação Carlos Drummond
de Andrade da Embaixada da França no Brasil, contou com o apoio do Ministério
francês das Relações Exteriores e Europeias."

1ª edição 2008
5ª tiragem 2022

Tradução
CLAUDIA BERLINER
MÁRCIA VALÉRIA MARTINEZ DE AGUIAR

Acompanhamento editorial
Luzia Aparecida dos Santos
Edição de texto
Silvana Cobucci Leite
Preparação do original
Maria Fernanda Alvares
Revisões
Maria Regina Ribeiro Machado
Sandra Garcia Cortés
Produção gráfica
Geraldo Alves
Paginação
Moacir Katsumi Matsusaki
Capa
Katia Harumi Terasaka Aniya
Foto da capa
Index Stock RF / KEYSTOCK

Dados Internacionais de Catalogação na Publicação (CIP)
(Câmara Brasileira do Livro, SP, Brasil)

Dolto, Françoise, 1908-1988.
 Quando os filhos precisam dos pais / Françoise Dolto ; tradução Claudia Berliner, Márcia Valéria Martinez de Aguiar ; edição de texto Silvana Cobucci Leite. – São Paulo : WMF Martins Fontes, 2008.

 Título original: Lorsque l'enfant paraît
 ISBN 978-85-7827-013-1

 1. Psicanálise infantil 2. Psicologia educacional I. Título.

08-00908   CDD-150.195083

Índices para catálogo sistemático:
 1. Psicanálise infantil : Psicologia   150.195083

Todos os direitos desta edição reservados à
Editora WMF Martins Fontes Ltda.
Rua Prof. Laerte Ramos de Carvalho, 133 01325-030 São Paulo SP Brasil
Tel. (11) 3293.8150 e-mail: info@wmfmartinsfontes.com.br
http://www.wmfmartinsfontes.com.br

Sumário

Prefácio IX

Há sempre um motivo 1
O homem sabe tudo desde muito pequeno 5
Viu, estávamos esperando você 8
Quando o pai vai embora 13
O que é justo? 15
Sobre higiene 20
Quem abandona quem?... 22
Quando o assunto é sono, cada um é de um jeito 27
Gostar "muito", gostar "com desejo" 31
Berrar para ser ouvido... 35
Separação, angústias 39
Perguntas indiretas 42
Existem mães cansadas? 48
É como se o maior fosse a cabeça e o menor, as pernas... 51
O que é uma coisa de verdade? 55
Morremos porque vivemos... 57
É o bebê que cria a mãe 61
Mais um tempo em casa... 63
Não existe "tem de falar" 66
Ele vai ser artista 69
Perguntas mudas 73
O que está feito, está feito 76
Entender outra língua, adotar os novos pais 79
As crianças precisam de vida 83

Quando tocam no corpo da criança	87
Um bebê precisa de colo	90
Bebês grudados, gêmeos ciumentos	94
Dizer "não" para fazer "sim"	97
Nus, na frente de quem?	102
"Faz de conta que ela morreu"	106
"Alguém" é quem?	109
Brincar de Édipo...	113
Perguntas que retornam	118
Crianças agressivas ou agredidas?	122
Escrever para ajudar a si próprio	125
Acolher de maneira civilizada	127
Você teve um pai de nascimento	131
A criança que mexe em tudo	138
Não existe mão certa	142
Os objetos é que estão a nosso serviço	147
Viu, estava com vontade de dar umas palmadas em você	159
A mãe arranca os cabelos, o filho parece galinha depenada	163
O pai não é um bebê	168
Passividade não é virtude	172
Mandar nas próprias mãos	177
O direito de saber o preço das coisas	181
No campo do imaginário	185
A realidade e o imaginário	192
Que a realidade permaneça nas palavras da realidade	197
Ter prazer todos juntos e cada um no seu lugar	202
Você queria nascer e nós queríamos um filho	208
Nada a ver com o diabo	213
Vale tudo?	218
Não é mentira, é brincadeira	222
O interdito e o desprezo	226
Romeu e Julieta tinham quinze anos	234
Cartas de quarta-feira	239
Mais cartas de quarta-feira	246

Psicoterapia, psiquiatria, reeducação e psicanálise 251
O que se deve fazer nessa idade 261
Tanto o pai quanto a mãe devem desejar a criança 267
Veja, estou tocando você: sou eu, é você 273
Fascinados pelos elementos 275
Quando os circuitos do computador se embaralham 280
Branca de Neve é alguém que trabalha dia e noite 286
Não só com os pais, mas com muitas outras pessoas 289
Explicar o barulho, fazer com que se goste de música gostando dela 295
A verdade nem sempre deve ser dita 300
Cabe à criança responsabilizar-se 307
Por que a escola deve ser tão triste? 312
Prepare seu futuro! 317
Não agüento mais! 325
As crianças são alegres quando o lugar é alegre 332
Elas sempre são inteligentes em alguma coisa 338
Ser muito dotado no plano escolar não significa ser superdotado 349
Mimar os netos não é amá-los por eles mesmos 355
Quem tem razão? 360
Todo trabalho merece recompensa 362

Apêndice: Exemplo de uma psicoterapia 365
Índice remissivo 379

Prefácio

Em agosto de 1976, durante minhas férias, recebi um telefonema. O diretor da France-Inter, Pierre Wiehn, que eu não conhecia, convidava-me a participar, na volta às aulas, de um programa de rádio sobre problemas dos pais com seus filhos. Em plenas férias, pensar na volta! Não. Um não categórico também diante da dificuldade de um programa desses, sabendo que há tantos fatores inconscientes em jogo nos problemas de educação. Alguns dias depois, o assistente do diretor da France-Inter, Jean Chouquet, tentava por telefone ser mais convincente. A demanda é grande, dizia-me ele; muitos pais, desde que o rádio se tornou o companheiro sonoro do lar, buscam nele respostas para seus problemas psicológicos. Precisamos fazer um programa sobre as dificuldades ligadas à educação dos filhos. Talvez. Mas por que dirigir-se a mim, já tão ocupada com meu trabalho de psicanalista? Isso é papel de educadores profissionais, psicólogos, mães e pais de família jovens. Muitas pessoas tratam dessas questões. Minha resposta é não... e não pensei mais no assunto.

No início das aulas, porém, Pierre Wiehn voltou a me ligar. Venha apenas para conversarmos: estamos estudando o tema, venha refletir conosco. Gostaríamos de discutir nossas idéias com você. É um projeto a que damos a maior importância. Eu acabara de voltar, descansada, ainda não estava tomada pela pressa dos horários. Aceitei.

Assim, numa tarde do começo de setembro, fui ao grande edifício da Rádio France encontrar esses senhores, refletir com eles e, pouco a pouco, deixar-me ganhar para a causa deles.

Sim, era verdade, havia algo a ser feito pela infância. Muitos pedidos por parte do público. Como responder de maneira eficaz sem prejudicar, sem doutrinar e, usando essa audiência, fazer algo por aqueles que são o futuro de uma sociedade que nunca os ouve? É verdade que todos os responsáveis pelos atendimentos médico-psicológicos constatam que os distúrbios de adaptação pelos quais as crianças lhes são trazidas geralmente remontam à primeiríssima infância. Além dos distúrbios reativos recentes, devidos a acontecimentos escolares ou familiares, existem verdadeiras neuroses e psicoses infantis, que começaram com distúrbios que seriam reversíveis caso alguém tivesse ajudado os pais e as crianças a se entenderem sem angústia nem sentimento de culpa de parte a parte. Esses distúrbios acarretaram um estado patológico crônico, constituído de dependência, rejeição e desenvolvimento desarmônico da criança. No início, os pequeninos exprimem seu sofrimento moral por disfunções digestivas, perda de apetite, de sono, agitações ou apatia, quando não pela indiferença a tudo e pela perda do gosto de brincar, de fazer bagunça; o retardo de linguagem, os distúrbios da motricidade, os distúrbios de caráter são sinais mais tardios da perda de comunicação linguageira com o meio. Esses fenômenos precoces são numerosos na primeira infância e completamente ignorados pela maioria dos pais, que se contentam em esperar a idade escolar punindo ou dando calmantes às crianças incômodas, porque um dia um médico lhes indicou esse remédio, que passam então a usar cotidianamente. Pode-se dizer que até a idade da escolaridade obrigatória as dificuldades relacionais da infância escapam como tais à consciência dos adultos. Ora, são elas que preparam um futuro psicossocial perturbado. Não é que os pais não gostem dos filhos, eles não os entendem, não sabem ou não querem, em meio às dificuldades de sua própria vida, pensar nas dificuldades psíquicas dos primeiros anos de seus filhos e filhas que, desde as primeiras horas de vida, são seres de comunicação e de desejos, seres que precisam muito mais de segurança, amor, alegria e palavras do que de cuidados materiais ou de higiene alimentar e física. Mais que isso: a medicina e a cirurgia fizeram tamanhos progressos que salvam muitas crianças que antigamente morriam cedo, vítimas de doenças infecciosas ou de distúrbios funcionais e transtornos fisiológicos; outras são salvas depois de uma vida fetal difícil e um nascimento prematuro seguido de longa permanência em incubadora; mas é verdade que essas crianças, tão bem atendidas em termos médicos e recuperadas fisicamente, com freqüência apresentam sintomas de regressão e dificuldades de desenvolvimento da linguagem no sentido amplo do termo, distúrbios de saúde psicossocial, tanto em seu meio familiar como em sociedade e com as crianças de sua idade. É mais tarde, na idade de freqüentar a escola, que se notam os efeitos de uma primeira infância perturbada em seu desenvolvimento antes dos três a cinco anos: essas crianças se vêem diante da impossibilidade de participar com segurança e alegria das atividades das crianças de sua idade. E é mais tarde ainda que, diante dos distúrbios de caráter, das descompensações psicossomáticas em cadeia, dos diversos sintomas de angústia ou de rejeição pelo seu grupo etário ou pelos adultos de seu meio, elas são levadas a atendimentos especializados. Algumas ainda têm sorte se comparadas a outras que passam a ser segregadas, separadas dos pais por internações em hospitais ou instituições, que quase sempre fazem delas cidadãos definitivamente marginalizados.

Algo já deveria ser feito bem antes, a partir do momento em que a mãe percebe que surgem problemas de relacionamento na educação do filho. Mas como? Em muitos casos, os pais são lúcidos, gostariam de entender o insucesso de seus esforços para criar os filhos; trata-se, porém, de problemas de educação no sentido amplo do termo e eles tentam "de tudo", como dizem, angustiando-se por não conseguir, enquanto a criança perde a alegria de viver por não conseguir se fazer ouvir – ela, cujos distúrbios de desenvolvimento são pedidos de ajuda dirigidos àqueles de quem, por natureza, espera tudo, porque é filho deles. Ao provocar a angústia dos pais, ela se angustia ainda mais.

Não seria possível, então, ajudar os pais em dificuldade a se exprimir, a refletir sobre o sentido das dificuldades de seus filhos, a entendê-los e vir em seu auxílio, em vez de tentar calar ou ignorar os sinais de sofrimento infantil? Informar sobre o modo de devolver a segurança a uma criança, permitindo que ela se desenvolva, recupere a autoconfiança depois de experiências difíceis ou fracassos, uma doença grave, uma invalidez residual, uma deficiência física, mental ou afetiva real? Não há experiência mais difícil para os pais do que constatar sua impotência diante do sofrimento físico ou moral do filho, nem experiência mais difícil para uma criança do que perder o sentimento de segurança existencial, o sentimento de confiança natural que vai buscar no adulto. Informar os pais. Responder a seus pedidos de ajuda. Desdramatizar situações emperradas. Desfazer a culpa de ambos os lados, para despertar a capacidade de reflexão; apoiar pais e mães para que pensem de modo diferente seu papel de auxiliares no desenvolvimento perturbado do filho; ajudá-los às vezes a compreender a si mesmos através das dificuldades que, aos olhos deles, são exclusivamente da criança perturbada, causa aparente – às vezes real – de seu desespero, das dificuldades que muitas vezes são, sem que o saibam, reação a sua própria falta de jeito, que entrava a evolução do filho no sentido da aquisição de autonomia, dando-lhe, conforme sua idade e índole, liberdade excessiva ou insuficiente. Seria isso possível? Não seria o caso de experimentar?

No entanto, não haveria o perigo de fazê-los acreditar em soluções prontas, em truques educativos eficazes, ao passo que muitas vezes se trata de problemas emocionais complexos que, nos adultos que se tornaram pais, estão enraizados na repetição dos comportamentos de seus próprios pais – ou, ao contrário, na oposição à sua condição de genitores, envolvidos jovens demais com responsabilidades familiares de que não conseguem dar conta, ao mesmo tempo que continuam sua própria adolescência prolongada, ou seja, comprometidos com uma vida responsável cedo demais? É claro que não se devia esperar muito desse tipo de programa; contudo, seria isso razão para recusar? É claro que, diga-se o que for, isso provocaria muitas contestações; contudo, seria isso razão para não tentar? É claro que muitas situações familiares são delicadas demais, um número enorme de processos inconscientes está em jogo nas perdas de comunicação em família para que os pais possam recuperar a serenidade necessária a essa reflexão; tanto mais que os pais em dificuldades esperam dos filhos, do sucesso deles, consolo para suas provações pessoais. Quantos pais feridos na própria infância, decepcionados na vida afetiva conjugal e familiar, desanimados profissionalmente, depositam todas as suas esperanças na progenitura, cujo menor fracasso os desespera, oprimem os jovens com uma responsabilidade paralisante, em vez de ajudá-los, num clima de segurança e distensão, a manter a autoconfiança e a esperança...

Como proceder? Em primeiro lugar, não respondendo ao vivo e a qualquer pergunta, ainda que anônima. Era preciso suscitar cartas detalhadas, garantindo aos que escrevessem que todas as suas cartas fossem lidas atentamente, embora poucas pudessem receber resposta, dada a brevidade do tempo no ar. Formular *por escrito* suas dificuldades já é um meio de ajudar a si mesmo. Essa era a minha primeira idéia.

Depois de ler a correspondência, seria preciso escolher entre os pedidos os que apresentassem, através de um caso particular, um problema capaz de interessar um grande número de pais, ainda que se manifestasse de forma diferente para cada criança. O modo de vida familiar, o número de filhos, a idade e o sexo, o lugar da criança entre os irmãos são todos fatores importantes de conhecer, pois deles dependem muitas reações emocionais e a visão que a criança em desenvolvimento tem do mundo no dia-a-dia, em busca de sua identidade, através dos processos de incitação, de rivalidade, de identificações sucessivas. Era preciso informar os pais que nos escutassem sobre os períodos privilegiados que todas as crianças atravessam, cada uma à sua maneira, ao longo do crescimento, períodos que lhes apresentam dificuldades para resolver e durante os quais a incompreensão, o desespero dos adultos ante seus fracassos são mais dolorosos do que em outros períodos e fonte de mal-entendidos, de equívocos, de interferências reacionais que prejudicam a resolução feliz dessas etapas evolutivas. Portanto, deveríamos falar, através de casos particulares, dessas dificuldades mais freqüentes, para que o programa servisse realmente à compreensão da infância por adultos que, em grande parte, não tivessem nenhuma idéia dessas provações específicas da infância e das modalidades reacionais que acompanham obrigatoriamente, segundo a natureza de cada criança, sua resolução favorável.

Os pais, os adultos, não sabem que, desde o nascimento, um filhote de homem é um ser de linguagem e que muitas de suas dificuldades, quando lhe são explicadas, encontram a resolução mais favorável ao seu desenvolvimento. Por menor que seja, se a mãe ou o pai lhe falarem dos motivos que conhecem ou supõem conhecer de seu sofrimento, uma criança será capaz de superar a dor conservando a confiança em si e nos pais. Será que ela entende o sentido das palavras ou entende a intenção de ajuda, de que esse falar é prova? Eu apostaria que desde muito cedo a criança está aberta para o sentido da linguagem materna, bem como para o sentido humanizante da palavra dirigida a ela com compaixão e verdade. Encontra nisso um sentimento de segurança e de pacificação coerente, bem mais do que nos berros, broncas, tapas, destinados a fazê-la calar e que, às vezes, atingem esse objetivo. Isso lhe confere uma condição de animal doméstico, submetido e assustado pelo dono, e não de ser humano ajudado em sua dificuldade existencial por aqueles que o amam e que, na ausência de palavras tranqüilizadoras porque explicativas, dispõem do choro e do mal-estar como únicos meios de expressão. Era essa comunicação humanizada que, a meu ver, vinha sendo esquecida nos dias atuais no tocante às crianças, testemunhas constantes da vida do casal parental e privadas de linguagem dirigida à sua pessoa – isso particularmente na vida urbana, com a mãe, na casa de uma cuidadeira ou na creche, ao passo que antigamente, na família tribal, havia sempre um adulto auxiliar que, na falta dos pais, sabia falar, cantar, acalentar, reconciliar a criança consigo mesma, tolerando suas manifestações de sofrimento. Em seguida, ao longo de toda a sua educação, alguém que sabia responder com sinceridade a todas as perguntas de uma criança, estimular sua inteligência para a observação, o raciocínio, o senso crítico. Era essa linguagem que me parecia necessário fazer os pais descobrirem ou redescobrirem. Não são todas essas verdades do bom senso que têm de ser ditas a tantos pais que as esquecem?

Esse trabalho, esse serviço social, digamos, seria incumbência de um psicanalista? Um psicanalista é formado para a escuta silenciosa dos que vêm falar com ele para recuperar a ordem interior perturbada por experiências dolorosas passadas, cujo sentido perturbador procuram decodificar reevocando-as, aprisionados que estão por processos de repetição que entravam sua evolução humana. Caberia a um deles, eu, no caso, falar pelas ondas do rádio, responder a perguntas sobre educação? Essa pergunta fiz e continuo fazendo a mim mesma. É claro que falo informada pela psicanálise, informada também pelas duras experiências não resolvidas durante a educação daqueles que encontrei em minha profissão, jovens e menos jovens, e não posso falar de outro modo. No entanto, embora a evolução de cada ser humano passe pelas mesmas etapas de desenvolvimento, cada um experimenta diferentemente suas dificuldades, sempre associadas às de seus pais, em geral muito bem-intencionados. Acaso esse conhecimento do sofrimento humano, sempre particular e individual, pode contribuir para ajudar os outros? Não sei. A experiência o mostrará. Será que não existem sofrimentos evitáveis entre aqueles por que pais e filhos passam na sua vida comum, capturados que estão, como todos estamos, na armadilha de desejos inconscientes – marcados, entre pais e filhos nascidos deles, pelo interdito do incesto e pela difícil solução criativa desses desejos barrados uns com relação aos outros em família? Mas, embora eu seja psicanalista, sou igualmente mulher, esposa, mãe, e também conheci os problemas desses diferentes papéis e conheço os obstáculos à boa vontade. Falo como uma mulher que, embora psicanalista, está na idade de ser avó, e mais, mulher cujas respostas são discutíveis, cujas idéias que guiam essas respostas são contestáveis, num mundo em transformação onde as crianças de hoje serão os adolescentes e os adultos de amanhã, numa civilização em mutação. Tento apenas esclarecer a questão de quem pergunta. Os ouvintes, tanto os que me escrevem como os que me ouvem e aqueles que aqui irão ler minhas respostas, não deveriam imaginar-me como depositária de saber um verdadeiro, que não poderiam questionar. Trata-se de um momento de uma pesquisa, a minha, que vai ao encontro dos problemas atuais concernentes às crianças de hoje, em muitos aspectos submetidas a experiências e a um ambiente psicossocial em transformação e a situações novas para todos. Em minhas respostas, meu objetivo é estimular os pais em dificuldade a ver o problema sob um ângulo um pouco diferente do seu, estimular no espírito dos ouvintes não diretamente envolvidos a reflexão sobre a condição da infância que nos rodeia, essa infância que todos nós, adultos que com ela convivemos, devemos acolher e apoiar, para que essas crianças alcancem com segurança seu senso de responsabilidade.

Será a infância de hoje cópia da nossa? Deveremos repetir em nossos comportamentos os que deram certo na criação das gerações passadas? Certamente não. As condições da realidade mudaram e mudam todos os dias, é com elas que as crianças de hoje têm de lidar para se desenvolver. O que não muda é a avidez de comunicação das crianças com os adultos. Ela existe e sempre existiu, pois é próprio do ser humano exprimir-se e buscar, através das barreiras da idade e da língua, comunicar-se com os outros e também sofrer com sua incapacidade para fazê-lo e com a inadequação de seus meios.

Espero que todos os que lerem as respostas elaboradas por mim a essas cartas de pais, às mais raras de jovens, sejam levados a refletir por sua vez sobre esses problemas, sobre seu sentido, sobre as respostas diferentes que poderiam ter sido dadas. E também a refletir sobre esse extraordinário meio de informação e ajuda mútua que é a radiofonia, que permite a pessoas que não se conhecem comunicarem-se a respeito de problemas que outrora permaneciam no recesso das famílias.

Alguns encontrarão neste livro lembranças de sua própria educação, das dificuldades que tiveram quando crianças ou que seus pais tiveram com eles, bem como aquelas que tiveram ou têm com seus próprios filhos e que conseguem resolver sem ajuda. Espero que todos que convivem com outras famílias além da sua passem a olhar de modo diferente pais e filhos aflitos, observem com outros olhos as reações das crianças que brincam nas praças, daquelas que penam em aula, daquelas que perturbam seu sossego. Esse programa talvez os ajude também a conversar com essas crianças de um jeito diferente do que costumam fazer, a não as julgar rápido demais, a encontrar, refletindo, respostas para as dificuldades diárias que lhes são confiadas, das quais leremos aqui muitos exemplos. Talvez encontrem, melhor que eu, as palavras apropriadas para enfrentar a difícil condição humana parental e a não menos difícil condição humana infantil, junto com aqueles com quem convivem e que os questionam.

Este livro relata os primeiros meses do programa de France-Inter: *Lorsque l'enfant paraît**.

---

* Título de poema de Victor Hugo, incluído na coletânea "Folhas de Outono". (N. da T.)

Agradeço a todos os membros da pequena equipe que formamos: Bernard Grand, o produtor sempre de olho no seu cronômetro! Jacques Pradel, que dialoga comigo no ar; Catherine Dolto, que resume todas as cartas que seleciono, o que nos permite escolher os temas dominantes do dia; os dedicados técnicos e secretárias da sala 5348, 116, avenue du President-Kennedy, Paris XVIe.

Há sempre um motivo
(Quando o filho chega)

Françoise Dolto, você é psicanalista; contudo, não pretendemos oferecer aqui uma consulta pessoal. Você concorda?

Concordo plenamente. E, embora eu seja psicanalista, como você disse, espero também ter bom senso e poder ajudar os pais em suas dificuldades, essas dificuldades que precedem anomalias mais graves em seus filhos e que mais tarde acabam nos levando a médicos, a psicólogos, psicanalistas e outros pais. Existem muitas coisas desse tipo que, no começo, os pais não levam a sério e os médicos tampouco. Os pais só sabem que têm um problema: seu filho mudou. Gostariam de saber o que fazer, e muitas vezes eles mesmos poderiam descobrir se pensassem um pouco. Eu gostaria de ajudá-los a pensar.

De fato, mais vale prevenir que remediar. Por outro lado, não existem só dramas: a chegada de um filho é também fonte de alegria e de felicidade. Mas ainda é preciso entender essas crianças! O que nem sempre acontece.

Os pais geralmente recebem os filhos com alegria. Só que estão esperando um bebê e, aí, vem um menino ou uma menina. Preferiam uma menina e veio um menino; preferiam um menino e veio uma menina... Acrescente-se a isso que, numa família, não há só os pais. Há também os avós e, além disso, principalmente os filhos mais velhos. Tal acontecimento – o nascimento de um novo membro – é um pequeno drama para muitas crianças mais velhas. Devo até dizer que, se não há ciúme quando a criança tem, digamos, entre um ano e meio e quatro anos, bem, isso é um mau sinal: a criança anterior *tem de* demonstrar ciúme, porque, para ela, ver pela primeira vez todo o mundo admirando alguém menor que ela é um problema: "Quer dizer que é preciso se 'fazer de bebê' para ser admirado?" Até então, ela achava que, tornando-se grande, um menino grande ou uma menina grande, seria bem vista.

Acho que devemos ajudar os pais no exato momento em que seu bebê chega, pois tudo fica mais complicado nos meses seguintes.

Você falava de bom senso. É verdade que, às vezes, um pouco de bom senso permite desemaranhar uma situação que, de início, parecia extremamente confusa e dramática. Talvez pudéssemos esclarecer isso com um exemplo concreto.

É preciso saber que a criança que tem uma reação insólita tem sempre um motivo para isso. Fala-se de *caprichos* da criança: os caprichos acabam se instalando porque os chamamos de caprichos. Na verdade, quando uma criança apresenta de repente uma reação insólita, que incomoda a todos, nossa tarefa é *entender* o que está acontecendo. Uma criança empaca na rua e não quer mais andar: talvez não queira usar os sapatos que está calçando; talvez não queira ir para aquele determinado lado; talvez estejamos andando rápido demais e talvez ainda seja o caso de levá-la de carrinho, mesmo achando-a já bastante grande para prescindir dele: "Teve boas férias; está com as pernas bem firmes..." Nada disso! Ao se ver de volta ao mesmo lugar, depois das férias, a criança quer que se pegue o carrinho de novo, como antes. Isso não dura muito. Os caprichos, a meu ver, provêm de uma incompreensão da criança: ela já não se entende, porque o adulto já não a entende. É uma questão de bom senso! Vi muitas crianças que começam a ter caprichos. É o que acontece com toda criança viva e inteligente que quer explicar o que sente ou deseja e não sabe como: então, resmunga, não concorda com nada, berra e... começam a berrar à sua volta. Não é assim que se deve agir. É tentando entendê-la e pensando: "Deve haver um motivo. Não sei qual é, mas vamos pensar! E, sobretudo, não se faça disso um drama logo de início.

Outro acontecimento que concerne a todas as famílias que têm filhos em idade escolar: o começo do ano letivo; muitas vezes, para uma criança pequena, sair da família, ir para um lugar desconhecido, conhecer gente nova, é um grande acontecimento.

Você está falando da criança que vai pela primeira vez à escola ou daquela que volta às aulas?

De ambas. Comecemos pela criança pequena que vai à escola pela primeira vez.

No verão passado, estava trabalhando tranqüilamente no meu jardim quando escutei uma menininha comemorando a chegada de seu padrinho: para ela, era uma festa. Bem! Esse senhor desceu do carro e viu a menina: "Nossa! Como você cresceu! Logo, logo você vai para a escola!" Então ela lhe disse, contentíssima e achando-se muito importante: "Vou, sim, vou para a escola. Assim que começarem as aulas." Ou seja, dali a dois meses. "Ah! Você vai ver só, não é mole. Vai ter de ficar quietinha, não vai poder correr. Veja, você está pondo o dedo no nariz agora, não vai poder fazer isso. Além disso, seus amiguinhos, sabe, vai ter de se defender de seus amiguinhos. Vão puxar suas tranças. O quê? Vai continuar com as tranças? Não, vai ter de cortar o cabelo!" Um verdadeiro quadro de horror! A menina estava toda feliz antes da chegada do padrinho, continuava feliz ao recebê-lo... Depois, não a escutei mais. Eis uma criança que ficou completamente arrasada pelo discurso de um adulto, que provavelmente queria apenas provocá-la. É somente um exemplo, mas quantas vezes os adultos anunciam à criança sua entrada na escola como o fim da boa vida!

Já não precisamos nos espantar, então, quando virmos crianças chorando e sendo praticamente arrastadas pela calçada por não quererem entrar na escola.

Algumas crianças esperam esse momento com impaciência, porque ganharão uma mochila etc. Depois, chegam à escola: vêem-se no meio de um tropel; não estavam esperando por isso. Quando voltam, quando a mãe vai buscá-las, essas crianças ficam muito ansiosas, sobretudo no segundo dia. E, no terceiro dia, já não querem ir para a aula. Creio que, felizmente, existem escolas que acolhem as crianças de outro jeito... Há, portanto, uma progressão a seguir: não se deve bater de frente com uma criança que tenha certa fobia de ir para a escola. O papai talvez possa se ausentar um pouco do trabalho para ir buscá-la ou para levá-la, de manhã. Para ir para a escola, muitas crianças são obrigadas a ficar primeiro na casa de uma cuidadora, coisa com que não estavam acostumadas; também é preciso acordar muito cedo, quando, para elas, a escola era ficar com outras crianças brincando: de repente, não é nada disso. A mamãe não as avisou que iriam ficar com a cuidadora e de lá iriam para a escola, que a cuidadora viria buscá-las e que a mamãe só voltaria a vê-las à noite. Acho que é preciso dizer às crianças o que vai acontecer, sem amedrontá-las, mas mostrando-lhes que estamos com elas: "Vou pensar em você." As crianças precisam disso. Ou então: "Olha, trouxe uma figurinha para você, ou um bilhete de metrô. Quando estiver chateado na escola, ele estará no seu bolso. Foi o papai que lhe deu esse bilhete de metrô. Com isso você já se sentirá mais confiante." Coisas assim. Elas precisam da presença dos pais. Aquele meio é insólito. Os pais têm de se fazer representar através de alguma coisa que deram para o filho, para que ele tenha confiança em si mesmo.

É preciso dizer também que a criança não consegue falar do que aconteceu na escola. Quando uma criança está no meio familiar, só consegue falar do que acontece naquele meio, do que está pensando no momento. *A criança está presente no presente.* Ora, perguntam-lhe: "Como foi na escola?" e brigam com ela porque ela não consegue contar nada.

Vejamos uma criança que está voltando para a escola pela segunda ou terceira vez. Portanto, agora a questão já não é medo; em compensação, essa criança pode estar perturbada pela chegada de um novo professor ou por uma mudança de colegas, de ambiente, de série etc.

É importante saber se ela foi feliz na escola no ano anterior. Se foi um pouco indiferente ou teve problemas, o segundo ano será, ao contrário, feliz: porque não queria reencontrar a mesma professora. Vi muitas crianças levadas ao hospital por pessoas que diziam: "Ele fica doente todos os dias antes de ir para a escola e, aos domingos, fica ótimo." Eu conversava com a criança e, na verdade, o que acontecia era que ela não gostava daquela professora: queria encontrar outra professora, a do ano anterior. Infelizmente, a nova professora dissera: "Quem não for bem vai voltar para a série dos pequenos." Ora, de fato, era justamente o que a criança queria. Eu lhe explicava então que tinha muita sorte: "Você tem muita sorte de não gostar da sua professora; pois, quando gostamos da professora, não tentamos saber tudo e passar para outra série, no ano seguinte."

Se não gostam da professora, a pergunta a ser feita para as crianças é: "Ela explica bem?" Muitas vezes, respondem: "Não gosto da professora, mas sim, ela explica muito bem." "Bem, isso é o principal. Uma professora está ali para explicar. Para o resto, existe a mamãe."

O homem sabe tudo desde muito pequeno
(A chegada de um irmãozinho)

Voltemos à chegada de uma criança pequena em uma família em que já existem meninos e meninas de três ou quatro anos. É preciso prevenir essas crianças com muita antecedência, explicar-lhes a gravidez da mãe?

Para os mais velhos, é preciso explicar que um bebê está chegando e que não se sabe se será menino ou menina; para que a criança entenda por que a mãe está preparando um berço. E, sobretudo, para que as mães não se espantem quando tudo o que fizerem for contrariado; por exemplo, se a mãe está arrumando o berço, a criança dá, como que por acaso, um chute nele... A mãe não deve nunca lhe dizer que ele ou ela é mau. Seu filho ou sua filha está diante de algo insólito. Estão preparando a chegada de um bebê, e, para ele ou ela, ser um bebê é algo pior do que ser grande.

As mães às vezes dizem: "Vamos comprar esse bebê." Isso é zombar de um ser humano que sabe perfeitamente que um dia foi bebê. No inconsciente, o ser humano sabe tudo desde pequeno. A "inteligência" do inconsciente é a mesma que em nós, adultos. Portanto, sempre que temos a oportunidade de conversar com as crianças sobre as coisas da vida, é preciso dizê-las com simplicidade, tais como são.

No entanto, com relação a esse bebê que vai nascer, o mais velho dirá: "Por quê? Não quero. – Mas esse bebê não é *para você*." Contudo, em muitas famílias, os pais anunciam: "Um irmãozinho ou uma irmãzinha para você." De repente, a criança espera, é claro, ter imediatamente um amiguinho de sua idade, porque conhece crianças que têm irmãos e irmãs. Então, pensa: "Que venha de uma vez." "Mas você sabe que quando nasceu era um bebezinho pequeno." Mostram-lhe fotos: "Olhe você quando era pequeno. Bem, ele vai nascer assim." E, se a criança decidir de antemão: "Ah! Se for menino, não quero", ou "se for menina, não quero", podem lhe responder: "Sabe, não há nenhuma necessidade de você gostar dele/a, ele/a tem pais, assim como você tem pais." Acontece que a criança a quem dizemos que não precisa amar seu irmãozinho ou irmãzinha será aquela que mais os amará, simplesmente porque isso é algo natural. Quando uma criança diz que não gosta de seu irmãozinho ou irmãzinha, é só para dizer qualquer bobagem à mãe e tentar contrariá-la: aporrinhá-la, como se diz.

Você falava dos chutes no berço agora há pouco. Isso não é muito grave. Mas acho que, às vezes, as coisas se complicam. Ouvi falar particularmente do caso de um menininho de quatro ou cinco anos que mordeu com bastante crueldade um bebê. É algo comum?

Relativamente comum e, nesse caso, a mãe precisaria ter uma enorme presença de espírito. O mais importante é não dar uma tremenda bronca no mais velho, pois ele já está bastante envergonhado pelo que fez. É preciso chamá-lo de lado e dizer: "Está vendo como você é forte? Mas seu irmãozinho, ou sua irmãzinha, é muito fraco/a, pequenininho/a, como você era quando pequeno. Agora ele sabe que tem um irmão grande e confiará em você. Mas, veja, não é ele que você deve morder. Isso não adianta. Você não pode comê-lo." Porque, imaginem que as crianças pequenas, quando encontram algo bom, elas o experimentam, elas o comem. Para elas, o canibalismo não é algo tão distante. Tanto mais que vêem com freqüência o bebê mamar no seio da mãe e, para elas, um bebê que mama na sua mãe é canibal. Não entendem nada desse mundo insólito. Isso passa rápido quando a mãe percebe que a reação deles não é apenas malvada, é sobretudo uma reação de angústia.

Mas quando as reações de ciúme – ou mesmo de rejeição (um chute no berço, a mordida etc.) – continuam, isso não se torna, apesar de tudo, grave? O que se deve fazer?

Torna-se grave se os pais ficarem ansiosos. Em segundo lugar, quando a criança sofre muito por se sentir deixada de lado. Não é que esteja sendo deixada de lado, mas talvez não esteja sendo ajudada como deveria. E como se pode ajudar uma criança enciumada e que sofre? É o pai quem melhor pode fazê-lo. O pai, uma irmã da mãe, uma tia, uma avó... Caso seja um menino, é um homem que deve ajudá-lo. Por exemplo, domingo, o pai diz: "Venha, nós os homens..." E deixam a mamãe com seu bebê: "Ela só pensa no bebê dela." O pai tem de dizer umas coisinhas assim: "Você é grande; você vem comigo." Promove, por assim dizer, o mais velho, para fazer frente a suas reações de ciúme do tipo voltar a fazer xixi na cama, só querer comer laticínios, gemer por qualquer coisa ou não querer mais andar. O que é tudo isso? É um problema de identidade: uma criança tenta imitar aqueles que admira, e ela admira o que papai e mamãe admiram. Então, se eles parecem admirar o bebê, não têm mais saída: é preciso apoiar o mais velho em seu desenvolvimento, é preciso que encontre crianças de sua idade, não mantê-lo o tempo todo em torno do berço, com a mamãe e o bebê.

Imaginemos agora uma família em que há crianças um pouco mais velhas que aquelas de que falamos até agora – cinco, seis ou sete anos. Essas crianças não têm reações de rejeição quando um bebezinho chega, mas têm às vezes reações igualmente surpreendentes.

Uma criança, a partir de cinco-seis anos, quer se apropriar do bebê. Quer cuidar dele melhor que a mãe ou que o pai. Nesse caso, é preciso prestar muita atenção, porque a criança pode se desviar de seu próprio destino de menino ou de menina que tem de crescer no meio de seus coleguinhas, e passar a ser uma verdadeira mamãezinha ou um verdadeiro papaizinho. Isso é muito ruim para ela e também muito ruim para o bebê, para quem a mãe passará a ter duas cabeças e duas vozes. Na medida do possível, a mãe e o pai têm de dizer para si mesmos que são, para cada filho que nasce, pais de um filho único. De fato, ele é *único*, quanto à sua idade, quanto a suas necessidades. Quanto aos outros, eles podem ajudar, contribuir, cooperar. Mas não devem ter essa obrigação. Esta é a melhor maneira: querem cuidar do bebê? "Bem! Está certo, hoje eu deixo." Mas isso não pode se tornar um álibi para a mãe: "Já que ele cuida, não cuido mais." É muito ruim para o bebê. Aproveito para dizer que, a meu ver, é perigoso um irmão mais velho ser padrinho ou madrinha de um bebê. As crianças não têm como entender o que seja um laço espiritual. Para elas, é um laço de autoridade. É ruim por dois motivos: primeiro, porque é claramente melhor escolher padrinhos e madrinhas adultos, que podem realmente ajudar a criança no caso em que a mãe ou o pai, por um motivo ou outro, estejam impedidos de cuidar dela; em segundo lugar, acho que é muito mais interessante convidar padrinhos e madrinhas que não sejam da família. Tampouco avós e avôs. Sei que existem tradições que vão nesse sentido. Bem, azar.

Viu, estávamos esperando você
(Finalmente, o filho chegou)

Finalmente, o filho chegou. Os pais se fazem um grande número de perguntas: devemos falar com nosso filho como um bebê? Ou devemos considerá-lo um pequeno adulto? Devemos isolar a criança? A criança deve ser mantida numa espécie de redoma, sem barulho, sem música etc.? Devemos arrumar a criança quando os amigos chegam?

Você disse: "Arrumar a criança...", como se fosse um objeto!

Não devo estar muito longe da verdade ao dizer que alguns pais consideram seu bebê uma espécie de pequeno objeto.

Sabe, antigamente, todo o mundo vivia em uma sala comum, a única aquecida, e o berço ficava ali. As crianças se tornavam bem mais sociáveis que as crianças de hoje, protegidas demais do barulho da vida familiar. Não devemos esquecer que, *in utero*, a criança está misturada com a vida da mãe; ouve também a voz do pai. Ela ouve, *in utero*. Aí, a audição é perfeita. Sobretudo perto do fim da gravidez, ouve tudo. E, de repente, ao nascer, são os grandes barulhos que chegam. Precisa ouvir logo a voz modulada da mãe, que reconhece, bem como a voz do pai. Acho que o primeiro colóquio do bebê, nos braços da mãe, é muito importante: "Está vendo, estávamos esperando por você. Você é um menininho. Talvez você nos tenha escutado dizer que esperávamos uma menininha. Mas estamos muito contentes de que você seja um menininho."

Qual pode ser o efeito dessas palavras sobre um bebezinho que só tem algumas horas ou alguns dias? Isso é realmente muito importante?

É muito importante. Posso dizer que existem crianças que se lembram das primeiras coisas que foram ditas à sua volta. Surpreendente, não é? É como uma fita magnética gravada. Então, digo isso não para que lhes façam longos discursos, mas para que saibam que podemos nos dirigir à criança, desde seu nascimento, e que ela precisa disso. É assim que a introduzimos em nosso mundo, enquanto futuro homem ou futura mulher, e não enquanto coisinha, bebê, ursinho. É um ser humano; é claro que também precisamos lhe fazer carinhos; mas precisamos sobretudo respeitar nela o futuro homem ou a futura mulher.

Portanto, desde os primeiros meses, deve-se fazer a criança participar um pouco da vida familiar, do que acontece durante o dia...

Sobretudo do que lhe diz respeito. Quando há muito barulho, por exemplo: "Está vendo, é seu irmão derrubando uma cadeira." Ou então, quando a criança chora; nem sempre é preciso pegá-la no colo, às vezes basta falar com ela: "E então, você não está bem? Como você está infeliz!" Ter frases e tons de voz que acompanhem o sofrimento da criança; este se torna, então, humano (também para a criança), porque é falado. Tudo o que é falado se torna humano. Tudo o que não é falado permanece, para a criança, insólito e não é integrado à relação que tem com a mãe.

Acho que todos os que tiveram um primeiro filho se perguntaram se deviam deixá-lo chorar ou pegá-lo no colo. Costuma-se ter medo de criar maus hábitos. Mas, antes de mais nada, deve-se criar "hábitos" em uma criança?

O que você chama de hábitos? Se, do lado dos pais, isso significa mudar completamente o jeito de viver porque um filho nasceu, não é possível. É claro que a criança precisa ter suas mamadas regulares. Precisa que cuidem dela, que a troquem. É claro que a mãe não tem mais a mesma liberdade que tinha antes, e o pai não tem mais sua mulher só para ele. É verdade, há uma mudança no sentimento que eles têm de liberdade; mas também é tão agradável debruçar-se sobre um berço e falar com o filho! Acho que ele tem de ficar inserido na vida familiar como estava na barriga da mãe. Se devemos deixá-lo chorar? Não por muito tempo. Podemos perfeitamente niná-lo, *devolver-lhe o ritmo*. Por que ninar o acalma? Porque é o ritmo do corpo da mãe quando ela andava por toda parte carregando-o na barriga. E, sobretudo, ao niná-lo, falar com ele: "Pronto. A mamãe está aqui. O papai está aqui. Sim, sim, estamos aqui." Coisas assim. Então, quando ele tiver vontade de chorar, vai voltar a ouvir na sua memória as modulações da voz dos pais e ficará tranqüilo.

Por hábitos, quero dizer regras de vida: por exemplo, de manhã, vai passear, vão lhe dar comida e depois pô-lo para dormir. E os pais decidem que essa sesta vai durar uma hora e meia, duas horas ou duas horas e meia. Caso percebam, por exemplo, que, passada meia hora, a criança chora no seu quarto, eles devem obrigá-la a continuar descansando mesmo que não queira?

Cada um deve adquirir seu próprio ritmo. Mas, por que "no seu quarto"? Uma criança dorme onde estão todos.
Quando tem sono, adormece em qualquer lugar e é bem melhor. Dormirá melhor se ouvir conversas ao seu redor. O bebê precisa dormir muito, mas não

é necessário isolá-lo por isso, como se estivesse num deserto. Quando dormia na barriga da mãe, o barulho não o incomodava; depois, acordava, porque, na barriga da mãe, o bebê já dorme e acorda.

A criança deve ser integrada à família, viver o máximo possível no ambiente comum. Assim mesmo, para descansar, não precisa ficar isolada em certos momentos, ter um mundo na sua medida?

Vi famílias que conservavam um "quarto de criança" até que o filho completasse catorze anos, simplesmente porque se gastou muito para montar um quarto de criança. Acho que um bebê não precisa de nada mais além de um berço e uma espécie de caixa para não ficar uma bagunça pela casa toda: depois que a criança deitar, todos os brinquedos voltam para a caixa. Quando a criança começa a engatinhar, convém colocar um tapetinho ao lado dessa caixa para que possa ir até ela sem se machucar; na verdade, está integrada à vida dos pais, mas também tem seu canto.

É desejável que a criança durma em um canto separado. Algumas famílias têm um único cômodo como moradia; nesse caso, pode-se instalar uma cortina, para que os pais continuem tendo sua vida própria e a criança seu cantinho próprio. Nos casos em que a família mora em dois cômodos, é bem melhor que a criança durma separadamente, para que os pais tenham sossego; móveis muito simples, construídos pelo pai, são quase melhores que móveis novos, laqueados, que a criança, até quatro ou cinco anos, estraga. Pois é preciso saber que uma criança *tem de estragar, tem* de fazê-lo. E isso porque a brincadeira da criança não consiste no respeito das coisas. Se lhe ensinarem cedo demais a respeitar o que custou caro, os móveis, o papel de parede, isso a impedirá de estar "viva": uma criança é saudável se for alegre e se os pais não estiverem em alerta permanente: "Que mais ele vai aprontar?".

De noite, se os pais quiserem dormir, isso não é motivo para fazer a criança dormir. Ela vai para o quarto dela: "Agora você vai nos deixar (é o pai quem tem de dizer isso), você vai deixar sua mãe em paz. Precisamos ficar juntos." Rapidamente, a criança vai se acostumar a isso, sobretudo se falarem com ela de modo gentil. Há também os amigos dos pais: as crianças querem conhecê-los. Por que não? Colocam-lhe seu pequeno roupão e ela vai conhecê-los. Adormece por ali? Nesse momento, levam-na de volta para seu quarto. É preciso ter bom senso, saber que respeitar uma criança é integrá-la à vida dos pais e ensiná-la a respeitá-los; por outro lado, também é preciso que sinta que seu próprio sossego é respeitado e que ninguém vai contra seu próprio ritmo.

Você disse que uma mãe nunca deveria se afastar de seu bebê. Ora, infelizmente, isso é ideal, bem diferente da vida de todos os dias. Muitas mães são obrigadas, profissionalmente ou por outros motivos, a deixar alguém cuidando do filho, mesmo bem pequeno. Deve-se realmente tentar evitar ao máximo essa situação, e, se não for possível, como fazer?

Suponhamos que os pais escolheram como solução o berçário, uma pessoa em casa ou uma pessoa na cidade que cuida da criança. No início, o melhor seria certamente a criança ficar em casa. A solução do berçário não é ruim, se o regulamento for bastante flexível para que a mãe possa pegar a criança quando tiver um dia livre. Mas, como sempre, é preciso falar com a criança: "Vou levá-la para o berçário e depois venho buscá-la. No berçário, você vai encontrar todos os seus amigos, as professoras, as tias" (não sei como são chamadas, isso muda conforme os berçários). A mãe deve falar e avisar. Ao ir buscar o filho, não deve se atirar sobre ele para lhe dar beijos e abraços. Se a mãe se põe a acariciar imediatamente o filho, ele pode ficar com medo dela. Tem de falar com ele, pegá-lo no colo, voltar a fazê-lo sentir seu cheiro, pois a criança reconhece a mãe pela voz e pelo cheiro. Volta a reencontrar de verdade sua mãe sobretudo quando chega em casa, não no caminho, não na rua ou no berçário. Pode parecer espantoso para a mãe, pois ela reencontra o filho imediatamente. Mas a criança só a reconhece de fato no contexto em que há o espaço e a voz conhecidos, papai, mamãe, ela e seu berço. É claro que estou falando do bebezinho bem novo, até quatro, cinco ou seis meses. Passado certo tempo, ele conhece seus ritmos e fica muito feliz de voltar para casa. Contudo, deve-se continuar não beijando e abraçando a criança se ela não der o primeiro passo. É bem melhor que a mãe traga um bombom em vez de beijar e abraçar a criança.

Você dizia que a presença da mãe é muito importante para o desenvolvimento da criança. Então, em termos ideais, isso deveria se estender por um, dois ou três anos?

O ideal? Isso deveria "se estender", como você diz, até a idade em que a criança anda com segurança; em geral as crianças andam com segurança, começam a fazer acrobacias, por volta dos dezoito meses, já que começam a andar entre doze e catorze meses. O ideal é – para que as mães tenham momentos de descanso – que duas ou três mães com filhos mais ou menos da mesma idade combinem entre si, formem um grupo e revezem quem fica com as crianças uma tarde... Assim, a cada três dias, é a mesma mulher que fica com elas. Passado certo tempo, se acostumarão com o ritmo. E as crianças crescem bem melhor com outras crianças de sua idade do que sozinhas.

Até agora falamos bastante de casais que esperam a chegada de um filho. Contudo, devemos dar um pouquinho de atenção às avós... Imagine só, algumas avós nos escrevem.

A avó é uma figura muito importante. Desde cedo, é importante que a criança saiba seu nome; que não chamem de "vovó" toda senhora idosa, que se distinga pelo nome a avó paterna da avó materna: "Sabe, a vovó que vem hoje é a mamãe do seu papai, ou é a mamãe da sua mamãe." Muitas vezes há tensões entre a mãe da criança e a mãe ou a sogra dela. A criança se dá conta disso muito rapidamente. Não se deve esconder essas coisas; é melhor lidar com elas com humor. E, sobretudo, a mãe e a avó não devem jamais brigar na frente da criança, simplesmente porque uma quer o contrário da outra. E as avós tampouco devem fazer de conta que a criança é delas: "Ah! É meu filho! Ah! É minha filha!" Devem dizer à criança: "Você é meu neto, você é minha neta. Seu pai é meu filho; ou sua mãe é minha filha." Coisas assim. O senso genético, o senso da linhagem, dos ancestrais nasce rapidamente na criança quando ele lhe é transmitido desde cedo em palavras. Ela entende muito rápido com quem está lidando se lhe falarem a respeito. Às vezes, abusa disso, mas não faz mal.

Por outro lado, as avós não devem ter medo: "Ah! Não sei se a minha filha (ou minha nora) vai gostar que eu faça isso ou aquilo." Não! Devem fazer com a criança o que têm vontade de fazer e, se for preciso, se explicar depois. A criança entende muito rápido. Além disso, uma avó pode mostrar fotos, pode falar do passado do papai, do passado da mamãe, o que interessa muito a criança a partir dos três, quatro anos. Para ela é uma revelação ficar sabendo que seu pai e sua mãe também foram crianças. Só a avó pode lhe contar isso.

Falando de avós, uma mãe nos conta que sua filha de cinco anos está indo para a escola pela primeira vez este ano; tudo correu bem: aliás, fez um grande esforço para levá-la pessoalmente de manhã, pediu para o pai ir buscá-la na hora do almoço, para que a filha se sentisse realmente protegida. Tudo correu bem nos quinze primeiros dias; mas, subitamente, depois de uma visita à casa da sogra, a menina começou a chorar e a se recusar a ir para a escola. Por quê? A mãe tenta analisar: "Minha sogra disse o seguinte para a minha filha: 'Trate de estudar bastante na escola porque a vovó não gosta de crianças que não estudam.'" Se a brutal rejeição da escola vem de fato dessa cena, a mãe se pergunta o que fazer para devolver à filha o gosto pela escola...

É difícil responder a essa pergunta; a avó falou de estudo. Ora, trata-se justamente do maternal; a criança tem plena consciência de que não se estuda ali: as crianças vão lá para brincar e cantar juntas. Essa criança deve estar pensando: "Mas ela não entende o que é o maternal." Talvez seja disso que se deva falar com a criança, explicar-lhe que a vovó não sabia disso porque, quando ela era pequena, não existia o maternal como hoje; ou que, para ela, estudar queria dizer fazer coisas com as mãos, dançar, cantar. E prometer-lhe também que a mamãe ou o papai vão explicar para a vovó como é o maternal...

Quando o pai vai embora

Quando um filho nasce, tende-se a considerar que se estabelecem relações privilegiadas primeiro com a mãe, que a criança se identifica mais com a mãe do que com o pai. Quando o pai se ausenta por alguns dias ou semanas, é comum que, na sua volta, a criança não o aceite ou, antes, se mostre hostil.

E o pai fica chateado... Sim. É preciso entender em primeiro lugar que o tempo não é o mesmo para uma criança e para um adulto. Dois ou três dias são, para uma criança, duas ou três semanas... Dois dias é muito tempo. Para começar, quando o pai vai embora, ele tem de avisar a criança e, sobretudo, dizer-lhe: "Vou pensar em você." A mãe também precisa falar do pai que partiu, para que ele continue a existir na fala da mãe. E, na volta, os pais não devem se surpreender se o filho lhes faz cara feia ou parece indiferente. Não devem manifestar nenhuma chateação, devem se comportar naturalmente: "Bom dia! Bom dia, minha filha! Bom dia, minha mulher!" Depois de muito pouco tempo, a criança voltará a andar em torno do pai.

Tampouco convém atirar-se em cima da criança para beijá-la e abraçá-la. Os pais não sabem, mas antes dos três anos, a criança não sente esses beijos e abraços como algo bom, porque ela não sabe até onde as pessoas irão. (Tanto mais que ela ama muito intensamente, e que amar quando se é pequeno se manifesta por colocar na boca o que se ama. A devoração, sinal de amor, está muito perto do canibalismo que, com o desmame, dá lugar a um tabu.) Os pais acham que ao abraçar e beijar dão provas de seu amor e que o filho, ao beijá-los e ao abraçá-los, dá provas do amor dele. Não é verdade, ou melhor, é um ritual que lhe é imposto, que ele sofre, que não prova nada. A criança prova seu amor trazendo brinquedos para o pai, subindo no colo dele, dando-lhe sua boneca. Então, nesse momento, o pai ou a mãe que estiveram ausentes devem lhe falar tanto de sua pessoa: "Estou contente de encontrar você de novo", como desse objeto que o filho acaba de lhe trazer: "Ah! Como é bonito! É muito bonito o que você está me trazendo." Tudo ficará resolvido, porque o objeto que lhe interessa, interessa também ao pai.

A respeito das separações temporárias, temos muitas cartas de pais que viajam por necessidade: caminhoneiros, representantes, jornalistas de rádio e de televisão;

todos se perguntam se não é um grande drama na vida de uma criança estar constantemente separada do pai. Alguns chegam até a pensar em mudar de profissão. Como a criança vive essa separação?

Tudo depende da maneira como se fala com ela. Se o pai lhe explicar o que faz quando não está presente, se contar para o filho (mesmo que a criança não pareça estar entendendo) que dirige um caminhão, que faz televisão ou que é representante... ou qualquer outra atividade profissional, de modo vivo, com palavras simples, isso ficará no ouvido da criança. Além disso, cabe também à mãe, quando o pai está ausente, lembrar aos filhos que o pai está trabalhando, que está pensando neles, que logo estará de volta. Quando já são bastante grandes, ela pode mostrar-lhes o calendário: "Está vendo, nesse dia ele vai voltar. O que você vai fazer para o seu pai? Um desenho bonito? Ele vai ficar contente." *Deve-se* falar do pai quando ele está ausente; depois da terceira ou quarta ausência, a criança consciente – uma criança tem "consciência" a partir de doze, catorze ou dezoito meses – saberá muito bem que, quando o pai vai embora, ele volta e que, durante sua ausência, todo o mundo pensa nele, já que se fala dele.

Outra coisa importante: não se deve fazer a criança acreditar, sobretudo quando ela fica um pouco desordeira, difícil, quando contesta a mãe, fica com raiva – o que acontece entre dezoito e vinte e dois meses –, que o pai, na sua volta, se portará como policial. Particularmente, a mãe não deve dizer: "Vou contar para seu pai." Seria muito, muito inabilidoso da parte dela, porque, assim, a criança acumula um monte de pequenos sentimentos de culpa que associa à idéia da volta do pai. E esse sentimento de mal-estar diminui a alegria do retorno. Tampouco se trata de excluir o pai, sob pretexto de que ele não está. Crianças mais velhas às vezes pedem para a mãe não contar ao pai determinada ação de que não se orgulham muito. Caso sejam bobagens sem importância ou dificuldades de caráter que visavam outra criança ou a mãe, é prudente da parte dela responder: "Claro que não, você sabe que estava errado(a), você provavelmente não o teria feito se seu pai estivesse aqui, não vou amolá-lo com essas coisas de criança." Se, ao contrário, tratar-se de um acontecimento sério, que a mãe deve comunicar ao pai, ela não deve mentir para o filho, mas tampouco deve ameaçá-lo com o fato de contar ao pai como se estivesse apelando a uma força punitiva. Deve ajudar a criança a considerar o pai como um conselheiro da mãe e como responsável, junto com ela, pelas medidas a adotar para ajudar a criança a superar suas dificuldades. Em suma, o importante, quando o pai está ausente, e para todas as crianças, seja qual for sua idade, é conservar a idéia de sua presença e a confiança nele.

O que é justo?
(Nervosismos e caprichos)

Uma mãe nos diz que, desde o nascimento de seu primeiro bebê, está convencida da necessidade de ouvir, entender, dialogar. Contudo, escreve o seguinte: "A vida não é simples. Há o cansaço, o nervosismo ou situações em que tendo a perder o autocontrole diante do meu filho." E a pergunta dela: "Você acha que esses momentos de falta de controle, que acontecem com qualquer mãe, são prejudiciais para a criança?"

A questão aí é sobretudo o temperamento da mãe; ela não vai mudar de temperamento só porque teve um filho. Se às vezes um filho irrita a mãe, é preciso lhe dizer: "Olhe, hoje estou nervosa." A criança logo entenderá; muito depressa tem a intuição do que está acontecendo. Depois de um momento de raiva, deve-se dizer a ela: "Viu? Eu estava nervosa." O que não se deve fazer de modo algum, depois de um momento desses, é abraçá-la e beijá-la para apagar o momento ruim; é preciso falar-lhe, num tom mais suave e rir com ela. Em todo caso, não acusar, só a ela, por um nervosismo vindo da mãe. Abraçá-la não serviria para nada; a criança não entenderá uma brusquidão seguida de beijos e abraços. Falar é sempre preferível aos agarramentos, sejam eles de raiva ou de ternura, que são mais animais que humanos.

A outra pergunta da mesma mãe: "Você acha que uma mãe que acabou de cometer um erro, e que aceita mostrar para o filho que cometeu um erro, cresce aos olhos dele?" Ela se indaga, portanto, sobre o juízo que o filho fará dela.

A priori, para o filho, o que a mãe faz está sempre certo. Contudo, a mãe não deve se surpreender quando, por volta dos dois, três anos, o filho também tem, de vez em quando, uma pequena explosão de humor e de palavras desagradáveis. Deve dar risada e dizer a ele: "Olhe só, de vez em quando você também se irrita, como eu!"

Portanto, na sua opinião, não é um erro por parte de um adulto reconhecer sua irritação passageira diante da criança?

De jeito nenhum. Não deve dizer a ela: "Eu errei", mas sim: "Eu estava nervoso"; a mãe pode acrescentar: "me desculpe", a criança sempre quer isso, desculpar os pais.

Sobre isso, tenho um depoimento ao mesmo tempo divertido e profundo. É uma senhora que lhe escreve: "Meu filho tem agora treze anos; quando tinha cinco ou seis, eu estava brigando com ele, repreendendo-o por uma bobagem e ele começou a gargalhar. Fiquei possessa, é claro. Queria fazer picadinho dele. Em seguida, passado um tempinho, me acalmei. Sentamos na cama. Perguntei-lhe por que tinha começado a gargalhar. Ele me disse: 'Mamãe, se você se visse quando está furiosa, seria a primeira a rir.' [...] De fato, acho que não devo ficar muito bonita no meio desses espetáculos. Por isso, hoje, agora que ele está com treze anos, quando quero repreendê-lo, digo-lhe: 'Venha cá, está na hora de irmos para a frente do espelho.' A raiva cede. E nós dois damos risada..."

Conseguiram pôr humor na tensão entre eles. É muito bom.

Em suma, temos aí um filho que ajudou a mãe a superar seus ataques de raiva.

Outra carta vai um pouco na contramão do que você tinha explicado: "Como agir com um caçula enciumado do mais velho? [...] Tenho três filhos, duas meninas de doze e nove anos, e um menino de três. Acontece que a menina de nove anos está sempre com ciúme do que sua irmã mais velha faz, diz ou recebe. E garanto que faço o possível e o impossível para ser sempre eqüitativa. Contudo, essa menina nunca está contente: como ela é hipersensível, a menor contrariedade se transforma num drama, com gritos, choros, ataques de raiva. Diz então que ninguém gosta dela, que vai embora e, como é muito independente, obedecer é para ela uma grande dificuldade. O que fazer?"

Essa menina está sem dúvida numa situação difícil: é a segunda, e do mesmo sexo que a mais velha. Portanto, o desejo dela é sempre o de se igualar à mais velha. Quando o irmãozinho nasceu – o primeiro menino –, ele foi para os pais, de fato, como um filho novo, pois um segundo do mesmo sexo é, de certa forma, apenas uma repetição do conhecido. Imagino que foi sobretudo depois do nascimento do irmãozinho que o ciúme se tornou doloroso para essa menina. A mãe se engana ao tentar fazer de tudo para haver eqüidade: *não existe "justiça" para a criança. Tudo é injusto, a seus olhos, quando ela não tem tudo.* A mãe faria bem melhor em dizer: "É verdade, você tem razão, sou injusta, sou muito injusta. Talvez você esteja infeliz de estar nesta família." A mãe deve falar com essa filha a sós, não diante da mais velha, nem diante do irmãozinho. Aliás, talvez o pai e a mãe juntos pudessem conversar com ela e dizer: "Se você está realmente muito infeliz... bem! seu pai e eu vamos ver se podemos fazer o sacrifício de pô-la num colégio interno. Será um grande sacrifício financeiro para nós, mas se você realmente fosse mais feliz lá... vamos pensar no assunto..." Não deve tentar ser justa, pois o próprio mundo não é justo. Pode-se, aliás, dar outro exemplo à criança: "Sabe, existem países onde o sol brilha sempre e outros onde chove o tempo todo. Você gostaria, talvez, de estar em outro lugar. Você não está contente." Além disso, o importante é sublinhar tudo o que é diferente entre ela e a irmã. É sobretudo sublinhando as diferenças entre as crianças que as ajudamos a se identificar consigo mesmas e não com o outro. Também destacar todas as suas qualidades. Por exemplo, quando for comprar um vestido ou uma fita, uma coisinha, a mãe pode falar baixinho com cada uma, para que a irmã não escute, e perguntar-lhe ao ouvido que cor ela prefere... deve estimular cada uma a refletir sobre seu próprio gosto, a exprimir sua escolha. Caso contrário, a filha (a segunda) acha que o que a mais velha escolhe é bom ou é melhor. É uma criança dependente demais e que sofre muito com isso; ela só se faz de independente, mas não é verdade. A dependência, assim como o ciúme, provém do sentimento (imaginário) de valer menos. É função da mãe dar um valor pessoal a cada um dos filhos. É doloroso invejar um outro, sempre inimitável.

Essa é uma situação comum entre as crianças?

É, mas principalmente nesse caso, porque a criança sente que isso faz a mãe sofrer. A mãe considera o ciúme um defeito, mas não é. É um sofrimento que pede compaixão e amor da parte da mãe. É uma etapa normal e inevitável do desenvolvimento entre filhos de idade próxima.

É grave?

Não sei se é grave ou não. Acho que não; deve ser decorrente do fato de que a mãe sofre com o sofrimento da filha, ao passo que, se ela a ajudasse pondo palavras no sofrimento, a criança já se sentiria compreendida. Contudo, repito, não se deve falar com essa menina diante do irmão ou da irmã...
Não tenho certeza de que isso não seja resultado de um certo ciúme da mais velha com relação à menor.
Meu conselho é não tentar "ser justa", mas simplesmente ajudar a segunda conversando com ela francamente. Sem isso, a criança não saberá mais do que se queixar.

Uma senhora nos diz: "Tenho uma filhinha de cinco anos cujas reações às vezes me deixam perplexa. Que atitude tomar diante dessa menininha que bate em mim ou que finge bater em mim quando lhe dou uma ordem ou lhe recuso alguma coisa? Isso evidentemente só acontece quando ela está de mau humor." E acrescenta que "tentou de tudo": a indiferença, a ironia, a fúria...

Você acha que é uma avó ou uma mãe?

Era o que eu estava me perguntando....

Então, suponhamos que seja a mãe... Isso ocorre quando estão a sós ou quando há outras pessoas?

Ela não diz.

Bem, mesmo assim vamos prosseguir: "Tentei de tudo: a indiferença, a fúria..." E o que mais?

A ironia.

A ironia... Acho que elas acabaram entrando numa espécie de jogo: Quem vai mandar em quem? Deve ser uma menininha inteligente, pois é totalmente diferente fazer de conta que bate e bater de fato. Fazer de conta significa dizer: "Atenção! atenção! Sou eu que mando! Não é você." Quando ela bate de verdade, talvez seja porque está irritada. Acho que, quando a criança bate de verdade, a mãe pode lhe dizer: "Escute, você não está gostando do que lhe digo, mas estou fazendo o que posso. Se não estiver satisfeita, é só não vir me ver. Fique no seu quarto, no seu canto. Mas, se você vem para perto de mim, digo-lhe o que penso." Acho que é preciso falar com essa menina e não brincar de estar chateada, zangada ou sei lá o quê. Também é preciso fazer graça com ela: "Veja, sua mão quer bater em mim? E você, o que acha disso?..." Porque a criança pode ter reações de mão ou de pé que escapam completamente ao seu controle. Pode parecer estranho, mas é preciso dizer: "Por que essa mão quer bater em mim? Porque eu disse algo que não lhe agrada? Mas você também me diz às vezes coisas que não me agradam. Eu por acaso bato em você?" Ou, se ela tem um ursinho: "Muito bem! o tapa que você me deu, vou devolvê-lo no seu ursinho. E o ursinho, o que ele acha disso?..." É preciso conseguir colocar isso num jogo; tenho a impressão de que, na verdade, o que essa menininha mais quer é que sua avó (ou sua mãe) cuide dela e só dela. Infelizmente, não nos dizem se isso ocorre em público ou se é um jogo íntimo.

Tenho a impressão de que isso também ocorre em público, já que a mãe (ou a avó) escreve: "Tentei de tudo, um pouco em função dos que me rodeavam." Então, ou ela se aconselhou com pessoas próximas, ou isso se desenrolou diante de testemunhas. O que coloca outro problema: nossa correspondente tampouco nos diz se costuma bater nessa criança. Ou se, quando a criança era pequena, tinha uma cuidadeira que batia nela.

As crianças adquirem os hábitos dos adultos, sobretudo quando são pequenas. Essa se acha muito esperta em usar (emprestar) a linguagem dos adultos. Isso sempre surpreende. É freqüente ouvir pais que falam num tom brusco com os filhos quando eles são pequenos: "Cale a boca! Não mexa nisso!..." etc. Depois, ficam completamente surpresos quando a criança começa a se sentir uma pessoazinha e agir de forma parecida...

E a palmada?

Depende.

De modo geral, você acha que a atitude de devolver um par de tapas...?

As mães, quando eram pequenas, às vezes levaram umas palmadas e não acharam nada ruim... Por que então privar os seus filhos disso? Elas fazem o que lhes fizeram. Algumas crianças são muito sensíveis a isso: se não lhes dão umas palmadas de vez em quando, acham que não são amadas. Depende do estilo da mãe. Não é possível dizer se é bom ou ruim. A palmada é todo um conjunto de coisas.

Mas isso não a choca?

Não. Acho que, se possível, deve-se evitar tudo o que é humilhação para a criança. Não se deve nunca humilhá-la. É destrutivo, seja uma zombaria ou uma bronca. Além do fato de que acalma o adulto e às vezes a criança na hora, a palmada pode ser nociva a longo prazo (e o longo prazo é efetivamente o objetivo da educação). Em todo caso, se o pai ou a mãe querem punir o filho desse modo, que nunca seja em público. Toma-se a criança à parte, no quarto dela, e dá-se a bronca. Se a mãe está com os nervos à flor da pele..., o que se pode fazer? Não se pode impedi-la. Isso não significa que seja uma mãe má. Algumas mães nunca tocam no filho, mas, nas palavras e no comportamento, são bem mais agressivas, sádicas até, do que se batessem.

É importante saber que esse é um sinal de fraqueza dos pais, de fraqueza de seu *self-control*, como escrevem muito corretamente aqui. Portanto, é um mau exemplo que o adulto dá. Um adulto que fala com brusquidão e agressividade, que age com violência e se entrega a explosões temperamentais ante o filho, não deve se espantar se, alguns meses ou anos depois, vir essa criança falar e agir da mesma forma com os mais fracos. Repito: para toda criança pequena, o que o adulto faz é visto como "certo", cegamente por assim dizer: e, mais cedo ou mais tarde, a criança o imitará, tanto na relação com o próprio adulto quanto na relação com as outras crianças.

Em todo caso, para voltar à palmada, quando o adulto, por falta de autocontrole, não consegue evitar uns tapas, que não seja nunca com a desculpa fácil de que age assim para educar: porque é mentira. E que, pelo menos, não seja nunca uma ação retardada: hoje à noite ou sábado vou lhe dar "sua" palmada. Essa é uma atitude perversa, de que o adulto goza e que portanto perverte a criança, humilhante para os dois e antieducativa; se teme o adulto, a criança perde rapidamente sua estima por ele e julga-o pelo que ele é: um ser fraco, incapaz de se controlar ou, pior, friamente sádico.

Sobre higiene

Desta vez, tenho diante de mim um depoimento. Vou resumir essa longa carta, que vem de uma mãe de cinco filhos. O mais velho tem dez anos e a última vinte e cinco meses. De fato, o problema é o da aprendizagem da higiene pelas crianças. Essa mãe aproveitou os cinco filhos para fazer cinco experiências diferentes, ou seja: para o primeiro filho, ofereceu o penico várias vezes, deu-lhe bronca quando sujava a fralda ou se recusava a ir para o penico. Com a segunda...

Sim, mas a partir de quando? Ela não diz?

Acho que diz. Mas, nesse caso, teríamos de ler a carta detalhadamente.

O importante é principalmente o mais velho, os outros se criam por identificação.

Aqui está! "Sou mãe de cinco filhos. Tive um bem perto do outro: o mais velho tem dez anos e a última vinte e cinco meses. Entre meus dois primeiros filhos, há apenas um ano de diferença. Como muitas mães, eu tinha pressa em tirar as fraldas do meu primeiro menino, sobretudo porque a irmãzinha dele veio logo a seguir. Por isso, empenhei-me em lhe oferecer o penico com a maior freqüência possível, às vezes a cada hora, dando-lhe bronca quando não havia resultado, dando-lhe bronca também porque sujava a fralda. Depois de um ano de esforços, tirou a fralda; com exatamente dois anos, de dia, e, com dois anos e meio, de noite. Portanto, não havia de que se orgulhar", diz ela. Assim foi com o primeiro filho. Em seguida, inverteu um pouco o sistema. Ofereceu o penico, mas sem dar bronca, ou deu bronca sem oferecer o penico etc. Até o último, enfim, o quinto, a quem deu liberdade total: nunca lhe ofereceu o penico. Sua conclusão é a seguinte: todos os seus filhos tiraram a fralda de dia aos dois anos e de noite com dois anos e meio.

É muito divertido e instrutivo, agradeço a essa mãe seu depoimento.

E ela acrescenta: "Acho inútil querer que nossos filhos tirem a fralda a qualquer custo."

Acho que isso vai consolar muitas mães que se atormentam porque o filho ainda não tirou a fralda. Devo dizer também que ela teve sorte de o mais velho não ter continuado a fazer xixi na cama: começou a instruí-lo cedo demais. É por volta dos dois anos, a partir do momento em que uma criança é capaz de subir e descer uma escada sozinha, uma escada portátil, até o último degrau, ao qual se agarra com as mãos, bem, é nesse momento que seu sistema nervoso está constituído e que ela consegue, portanto, tirar a fralda se prestar atenção. Antes, não consegue. Essa mãe teve outro filho, um ano depois; acho que o mais velho deve ter tomado o interesse da mãe pelo seu bumbum como algo muito agradável: graças a isso, ela cuidava dele muito especialmente.

Acho que foi muito esperto o que ela fez, sem saber, para o mais velho. Desse modo, ele continuou chamando a atenção materna depois do nascimento do segundo. As outras crianças criam-se por identificação ao mais velho. Todas querem fazer tão bem quanto o mais velho, tão cedo quanto puderem. É claro que não conseguem fazê-lo de dia antes de mais ou menos vinte e um meses nas meninas e vinte e três meses nos meninos; os meninos tiram a fralda mais tarde que as meninas. Contudo, coloca-se uma questão: esse mais velho não seria um pouco mais perfeccionista, menos livre, com movimentos menos flexíveis que os outros? Se não for assim, ótimo. Contudo, é realmente uma pena perder tanto tempo com o penico, quando há tantas outras coisas a fazer para desenvolver a destreza das mãos, da boca, da fala, do corpo inteiro... Quando a criança já é destra, hábil com as mãos, acrobata, ou seja, goza com liberdade e relaxamento de uma boa coordenação de seus movimentos e de um tônus controlado, quando já fala bem, ela sente prazer em tirar a fralda sozinha, em fazer como os adultos, isto é, ir ao banheiro. Aproveito para dizer que as mães não deveriam nunca pôr o penico na cozinha, nem no quarto das crianças. Ele deve estar sempre no banheiro, exceto à noite, e – a menos que faça muito frio e somente durante o inverno – a criança deve sempre fazer suas necessidades no banheiro e nunca nos cômodos onde se fica e onde se come.

Quem abandona quem?

Temos aqui a mãe de um bebê de três meses: ela explica que esse bebê irá para o berçário quando tiver seis meses, e pergunta como facilitar a transição entre a vida na família e a entrada no berçário. Diz também que todos à sua volta procuram por todos os meios explicar-lhe o quanto os berçários são ruins para as crianças, mas ela não pretende ceder. Pergunta-lhe, por exemplo, se deve cuidar menos do filho na semana anterior à sua partida ou deve aproveitar os feriados para confiá-lo o máximo possível a pessoas da família, os avós por exemplo.

Certamente não. Essa mãe deve cuidar de seu bebê... Acho que é importante que ela vá à casa de outras pessoas com seu bebê mas que não o confie a elas e vá embora. Para o bebê, é completamente diferente ser confiado a adultos no meio de outros bebês, como será no berçário daqui a três meses, e ser abandonado com adultos. Porém, será de grande ajuda se essa criança sempre vir a mãe conversando com outros adultos, em vez de ficar a sós com ela. Aliás, todos os bebês deveriam visitar com freqüência outras pessoas com a mãe. Toda vez que a mãe se desloca, deve – quando possível – levá-lo junto para que conheça todos os seus tios, tias, avós etc. Nem por isso a mãe deve deixá-lo e ir embora. No entanto, esta evidentemente é uma idade complicada para pôr a criança no berçário.

É um pouco cedo?

Não, não é isso: ao contrário, pode-se pô-las no berçário muito cedo. A criança adquire rapidamente esse ritmo. Mas é uma idade em que a mãe vai lhe fazer muita falta. Portanto, é preciso prepará-la para isso... Ela não diz que trabalho vai fazer, e se vai lhe tomar todo o tempo?

Aparentemente, ela faz questão de não perder a atividade que exerce nesse momento. Acho que está de licença-maternidade, mas quer muito retomar sua atividade.

A criança vai se acostumar em algumas semanas, mas a mãe terá de explicar ao filho: "Sou obrigada a trabalhar. Fico com muita pena de deixar você no berçário, mas ali você encontrará outros amigos, encontrará bebês pequenos."

Deve-lhe falar com freqüência dos outros bebês e levá-lo ao parque para lhe mostrar os bebês com suas mães; deve nomeá-los: "os outros bebês", "os amiguinhos", "os colegas", "as menininhas", "os menininhos" etc. Nunca deve lhe dizer que esse ou aquele bebê é mais bonzinho que ele; a criança tem de ter certeza de que, para a mãe, é ela quem mais a interessa, mesmo que, em sua frente, com outra mãe, ela converse com outra criança.

Em todo caso, ela não deve se desinteressar do filho ou cuidar menos dele...

Certamente não. No berçário, as mulheres cuidam muitíssimo dos bebês. Então, por que ela não? É claro que, na sua presença, enquanto fala com ele, ela também tem de cuidar da casa, como as mulheres fazem: elas cuidam de muitas outras coisas ao mesmo tempo que cuidam dos bebês.

Essas perguntas sobre o problema da separação de um bebê pequeno reaparecem com freqüência.

Tenho duas cartas sobre isso. Uma vem de uma avó que lhe diz: "Vou ficar com minha neta a partir de janeiro próximo. Você poderia me indicar as precauções a tomar diante dessa mudança de vida?" Esse bebê terá então apenas três meses.

Ela não diz se a criança vai continuar vendo os pais?

Aparentemente vai. Contudo, não dá muitos detalhes: "Vou ficar com ela das oito da manhã às cinco e meia da tarde, exceto quartas, sábados e domingos, portanto ela mudará de pessoa que cuida dela, de roupa de cama e até de ambiente."

Isso retoma portanto o que eu já disse: esse bebê deveria, desde já, passar algumas horas com a mãe ou com o pai na casa da avó. Para conhecer o ambiente. Para que sua mãe lhe diga: "Veja, aqui é a casa da sua avó." Pelo que esta última diz, ficará com a neta apenas de dia e quase todos os dias. É perfeito. A criança deve ser prevenida. Ela tem de conhecer esse novo ambiente com a presença e a voz de seu pai, a presença maternante e a voz de sua mãe. Além disso, convém que leve algumas coisas da mãe consigo, para que sinta seu cheiro, brinquedinhos que tem em casa devem ser levados todos os dias para a casa da avó e trazidos de volta, e, além desses, brinquedinhos que encontrará sempre na casa da avó e que, passado certo tempo, levará consigo e guardará na casa dos pais, assim como haverá outros que levará e deixará na casa dela. Deve haver um objeto preferido que vá e volte com o bebê, da casa da mãe para a da avó e da casa da avó para a da mãe. Essa criança terá naturalmente dois lugares onde se sentirá igualmente bem. É preciso que sinta a continuidade de sua pessoa entre esses dois lugares. Assim, ela irá se virar bem. Também seria bom a avó levá-la para passear durante a semana e os pais no dia deles.

Sem drama. Essa outra carta vem de um pai. Ele vai um pouco mais longe que a avó da carta anterior, mas é ainda a respeito da separação: "Quais poderiam ser as conseqüências imediatas, e sobretudo a longo prazo, para uma criança que, com vinte meses, vai sofrer uma separação de três meses e meio de seus pais?"

Vinte meses... ela provavelmente já anda, corre e fala. Portanto, é fácil entender sua linguagem pelo menos, ainda que não fale totalmente bem. Ela tem de ser preparada, devem falar-lhe da mudança. O pai ou a mãe deve levá-la para o lugar onde ficará e dar adeus, mesmo que ela chore; não devem partir quando o filho estiver dormindo ou sem que ele os veja partir. Depois, precisam escrever cartões, mandar desenhos feitos por eles, pacotes de biscoito, bombons, pelo menos uma vez por semana e de modo regular; a criança deve receber dos pais sinais de que estão pensando nela. Isso é o que importa. Vinte meses é uma idade muito boa para a separação... Os pais devem manifestar sempre sua presença por meio de provas de seu pensamento, mas não se espantar se a criança não ficar contente. É certamente sua maneira de reagir. É bem melhor que uma criança reaja a uma separação. E, quando reencontrar os pais, se fizer um pouco de cara feia, eles devem entender, falar com ela, não a recriminar. Tudo correrá bem. Como a separação é indispensável, bem, é apenas uma provação pela qual tem de passar. Quando ela for embora, a avó, ou a pessoa na casa de quem passou algumas semanas, talvez sofra mais que a criança. Ela não deve ir embora bruscamente. Quanto aos pais, deverão voltar a falar da separação e da alegria que foi reencontrar o filho, sem fazer, na frente dele, o relato de sua suposta indiferença quando se reencontraram.

Outra mulher nos escreve o seguinte: "Tenho um menino pequeno de dois anos e meio. Quando tinha a idade crítica de sete meses, eu o abandonei três dias por semana."

Dá para perceber que a mãe se sente culpada, pois diz "abandonei" em vez de "confiei" a alguém da manhã até a noite.

Portanto, por motivos profissionais, deixou essa criança na casa de uma cuidadeira: "Devo acrescentar que sou privilegiada, já que sou professora. Portanto, tenho longas férias que posso passar com meu filho." No segundo ano, trabalhava quase todos os dias. Voltou a deixar o filho com a cuidadeira. Tudo correu bem. Agora, este ano (a criança tem dois anos e meio): "Não exerço mais minha atividade, mas quis pôr meu filho no maternal, para que tivesse contato com outras crianças."

Agora que parou de trabalhar?

Exatamente.

Puxa! É curioso.

Ela explicou ao filho que a escola é um lugar onde nos divertimos muito, onde conhecemos amiguinhos: "Infelizmente", diz ela, "depois do primeiro dia de aula, essa criança se recusa sistematicamente a ir para a escola, chora muito." E quer saber se deve insistir ou, ao contrário, esperar alguns meses antes de colocá-la de novo na escola.

Acho que essa mãe entendeu muito bem seu problema. O filho estava com uma cuidadeira... Vimos que ela sente que o abandonou. Contudo, a criança parecia estar feliz com a cuidadeira. Ela não nos diz se havia outras crianças por lá ou se era só seu filho... É claro que, com dois anos e meio, ir para a escola e encontrar muitos amiguinhos, enquanto a mãe, que essa criança amou e passou a encontrar todos os dias, fica em casa é um pouco insólito para ela. A mãe poderia fazer pelo filho tudo o que se pode fazer numa escola maternal, sem contar tudo o que ele não pode fazer na escola, ou seja, falar com a mãe e participar de tudo o que ela faz, as compras, a comida, a arrumação...

Tenho a impressão de que ela fez isso para que o filho tivesse contato com outras crianças. É filho único.

Exatamente, já que é uma mãe com experiência de ensino... Talvez ela possa agora passar para outro estilo de maternidade, um estilo que a cuidadeira não podia ter. Já que agora a mãe voltou para casa, não digo que o filho deveria voltar a ficar com a cuidadeira, mas talvez, em vez de suprimi-la por completo, confiá-lo à cuidadeira uma ou duas tardes por semana, por exemplo. Assim, a mãe terá um pouco de tempo para descansar. Por que parou de trabalhar? Provavelmente, para descansar ou por outro motivo, que ela não conta. Então, talvez possa dar um jeito de ficar com o filho, mas, ao mesmo tempo, agora que ele sabe o que é a escola, prepará-lo para fixar sua atenção em trabalhos, ocupando-o com brincadeiras, desenhos e canções. Também é preciso dizer que dois anos e meio é realmente cedo para ir para a escola.

De fato, só se pode pôr uma criança na escola com dois anos e meio se ela já está acostumada a encontrar outras crianças para brincar, fora de casa e em casa, e se ela for para a escola atraída pela companhia de um amiguinho que já conhece ou de uma criança mais velha que tem vontade de imitar. Dois anos e meio é cedo demais.

De modo geral, qual é, na sua opinião, a idade ideal para mandar uma criança para o maternal?

Não existe "criança de modo geral". Cada criança é diferente. Algumas se entretêm muito bem em casa quando lhes ensinam a se entreter e, sobretudo, a fazer com a mãe tudo o que ela faz em casa. A criança já tem de ser muito hábil em casa, saber se ocupar sozinha, brincar sozinha, falar sobre todos os seus atos, brincar e fabular com seus ursos, com suas bonecas, com seus carrinhos; fazer brincadeiras, sozinha ou com outra pessoa que, trabalhando ao lado dela, a acompanha: ela colabora, descasca os legumes com a mãe, faz as compras, observa as coisas da rua. É só depois que a escola passará a interessar a criança, também depois de ter ido várias vezes ao parque brincar em liberdade com outras crianças, recorrendo à mãe a respeito dos menores incidentes de rivalidade, dos quais ela a consola explicando-lhe a experiência que acaba de viver.

Que idade, então?

Três anos, para uma criança desenvolta, três anos, está bem. Dois anos e meio, acho muito cedo, sobretudo para um filho único, que *primeiro* terá de se acostumar a conviver com outras crianças.

Por outro lado, será que existe uma idade limite que não deve ser ultrapassada? Não se deve manter uma criança em casa por tempo demais, não é mesmo?

Não, mas isso também depende do modo como ela se ocupa em casa e de seu conhecimento do mundo exterior, os vizinhos, a rua, o parque público etc. Antigamente, as crianças iam para a escola aos seis anos, porque tinham feito em casa, em família, com as pessoas amigas, tudo o que se faz no maternal. Para a criança, a família não se reduzia a seu pai e sua mãe. Tinha avó, tios, tias, primos, vizinhos. E ela participava do trabalho da casa. Então, a criança ficava muito contente de ir aprender a ler e escrever, já que era muito desenvolta, cantava canções, dançava, sabia brincar sozinha e ser útil... Em suma, tudo o que uma criança pode fazer com seu corpo, com sua inteligência manual e corporal: ser realmente um pequeno companheiro da vida de todos os dias. Em todo caso, com dois anos e meio, o maternal – exceto para algumas crianças extremamente desenvoltas e já desejosas de estar o tempo todo em contato com outros amiguinhos – é cedo demais.

Quando o assunto é sono, cada um é de um jeito

Temos aqui uma contestação do que você disse sobre o sono da criança; você afirmou que a criança adormecia em qualquer lugar ou sempre que sentia necessidade de dormir e que colocá-la na cama no quarto, "obrigá-la" a ir para o quarto para "dormir", era de certo modo condená-la ao deserto. Ora, uma mãe nos diz: "Tenho um menininho de dezesseis meses. Essa criança se recusa a adormecer quando não está na sua própria cama, no seu quarto, exceto nos longos trajetos de carro. No entanto, quando está em companhia de outras pessoas, quer de todo modo participar da animação geral, força-se a permanecer acordado." Portanto, essa senhora acha que o meio dos adultos é prejudicial ao sono do filho; e o sono é um dos aspectos essenciais do desenvolvimento de uma criança nessa idade.

Ela tem toda a razão. Generalizamos demais. Existem crianças que, desde que nascem, adormecem quando precisam e no seu ritmo, onde quer que estejam. Esse menino não. Provavelmente, está particularmente centrado na relação com os adultos. Não existe uma criança igual a outra. E a mãe, desde que ele era pequeno, deve tê-lo feito adquirir o hábito de dormir somente na sua própria cama. Bem! Essa mãe tem razão. Já o acostumou a certo ritmo de vida. Por que não? Já que ela entendeu que, posto no quarto, ele adormece, tudo bem, convém continuar assim e não precisa se questionar. Fico muito contente que as pessoas contestem o que digo. Falei de modo bastante genérico: sei que, na fazenda, as crianças dormem na sala comum desde bebês, porque nenhum outro cômodo é aquecido. Quando meus filhos mais velhos eram pequenos, era tempo de guerra, só podíamos aquecer um cômodo, aquele onde estávamos. Hoje, as condições mudaram. Além disso, algumas crianças são particularmente excitáveis e outras são mais tranqüilas e conseguem dormir em qualquer lugar quando precisam. Pelo que nos diz, essa criança dorme no carro, enquanto existem outras que, assim que entram no carro, não querem mais dormir.

Por outro lado, insistamos nisso, tampouco faz mal deixar uma criança adormecer num lugar onde também haja muitas outras pessoas.

O menino em questão se acostumou a dormir na sua cama. Tem uma mania por sua cama ou pelo carro. Por que não? Parece ter conservado ritmos que lhe foram dados desde que era muito pequeno. Mas quem sabe isso não muda? Por ora, continua na sua cama, mas é possível que, qualquer dia, saia dela e volte para a sala comum. Nesse caso, acho que ninguém deveria ficar zangado ou admirado. Essa criança também tem de tomar iniciativas próprias perante os adultos que, se não os incomodar, deixam que ela o faça. Quando uma criança tem "hábitos", é menos adaptável à mudança. Não encontra sua própria segurança em si mesma, em todas as situações.

Bem, isso responde a essa carta. Mas talvez pudéssemos ampliar um pouco a pergunta e falar do sono da criança, de sua importância, da duração...

É muito difícil precisar. Eu mesma tive três filhos, cada um diferente do outro no que se refere ao sono. É claro que, a partir de certa hora, eles ficavam no quarto, mas nem todos na cama. Acho que se deve evitar que as crianças durmam antes de o pai chegar. Em contrapartida, pode-se deixá-las com roupa de dormir enquanto não tiverem vontade de ir para a cama. Se estiverem muito cansadas, bom, que durmam. Crianças que nunca são obrigadas a ir para a cama vão de livre e espontânea vontade a partir do momento em que conseguem subir nela sozinhas. Por isso são interessantes as camas sem grades e não muito altas, com uma cadeira ao lado para que se coloquem nela brinquedos e livros ilustrados para a criança olhar antes de dormir e ao despertar.

Deve-se chegar ao ponto de acordá-las quando o pai chega?

Se estiverem realmente dormindo, claro que não. Mas o pai pode dizer a elas: "Venho sempre dar boa-noite quando chegar." Então, se a criança estiver na cama, acordar e vier receber o pai, acho que é bom deixá-la ficar um tempinho de pijama na sala onde estão os adultos, porque uma criança precisa muito ver o pai, não é? Deixá-la aí, cinco, dez minutos... Isso pode terminar com um pouquinho de leite antes de voltar para a cama. Uma criança dorme bem melhor quando tem um pequeno despertar feliz como esse e toma alguma coisa antes de voltar para a cama: um pedaço de pão com alguma coisa em cima, um pedaço de bolo, alguma bebida. Com um abajur fraquinho, com seus brinquedos à sua volta, ela adormece quando tem sono.

Dito isso, também é preciso que ela saiba respeitar o tempo de seus pais. Gente grande precisa de sossego e de estar junto sem a presença dos filhos.

Outra carta lhe pergunta se o fato de dormir no quarto dos pais pode ter repercussões sobre a "saúde mental" de uma criança de cinco a seis anos.

Em primeiro lugar, a carta não diz se essa família tem espaço ou se vivem todos num cômodo só. É efetivamente preferível que a criança não esteja, de noite, no meio da intimidade e do sono dos pais. Se isso não for possível, o importante é que não durma na cama dos pais, mas que não seja repreendida por ter esse desejo; deve-se conversar com ela a esse respeito e dizer-lhe, por exemplo, que, quando o papai era pequeno – se for um menino –, ele tinha sua própria cama; e, se for uma menina, que deve aceitar ser uma menininha e não brincar de papai ou mamãe com o pai do outro sexo, como se fosse adulta.

Outras perguntas sempre se repetem. Uma menina – que agora tem dez anos e meio – dividia o quarto com o irmão, que tem seis. Um dia, seus pais arrumaram um quarto para ela. E agora ela quer voltar a dormir com o irmão, porque fica angustiada sozinha no quarto. O que fazer?

Em primeiro lugar, os pais parecem ter arrumado esse quarto separado sem que a menina pedisse. Seria bem mais sensato que as crianças continuassem a dormir juntas, até a nubilidade da menina. Para o menino, isso ainda não tem nenhuma importância...

Nubilidade quer dizer...?

Nubilidade quer dizer menstruação: portanto, o momento em que fica mocinha. Nesse momento (talvez antes até), ela ficará muito contente de ter seu quarto, e o menino também. Mas, por enquanto, por que a mãe não transforma o outro quarto em quarto de brincar? Estuda-se no quarto de dormir e brinca-se no outro quarto. Seria mais sensato: por enquanto, não se deve separar as crianças, que são só duas nessa família. Caso fossem várias meninas e um só menino, haveria um quarto de menino *e* o quarto das meninas.

Além disso, recebemos muitas cartas que mencionam o problema das angústias noturnas. Isso me parece sempre ligado a um problema particular da criança; agora mesmo, a menina tinha dez anos e meio: para você é claro que ela tinha angústias por causa da mudança de ambiente.

Com certeza, e sobretudo porque ela ainda não tinha desejado essa mudança...

Existem outras explicações possíveis para as angústias noturnas?

Evidentemente. Os pesadelos são comuns por volta dos sete anos, são até necessários. Nesse caso, acho que podemos dizer que a menina se "acomodou" um pouco demais à idade do irmão, ao passo que ele teve de "espichar à força", para ser da idade da irmã. Acho que, antes de ser separadas, essas duas crianças precisariam ter amigos diferentes, em vez de ser falsamente tratadas como gêmeas, como o foram desde a primeira infância. Não se pode apressar a separação quando a coabitação foi por muito tempo o modo de vida. Isso se faz lentamente, por meio de uma modificação da psicologia da criança, modificação que vem em grande parte dos amigos: a criança sempre precisa ter um amigo, com quem se entenda bem – o que, no nosso jargão, chamamos de "ego auxiliar". As crianças necessitam de companhia. No nosso caso, elas certamente ficam bem mais felizes dormindo no mesmo quarto. Até agora, cada uma é o ego auxiliar privilegiado da outra. Não será separando-as bruscamente à noite que vamos ajudá-las. Mas sim ensinando-as a viver separadas de dia – nos fins de semana e nas férias, cada uma precisa fazer amigos e companheiros de brincadeira diferentes.

Quando se trata de dois meninos, por exemplo, até que idade dois irmãos podem dividir o mesmo quarto?

A infância toda, a puberdade toda, até mesmo a adolescência. Pode-se, por exemplo, fazer com que haja uma pequena separação no cômodo, para que, no lugar onde estudam, a luz de um não incomode o outro, que eventualmente tem outro ritmo de atividade e de sono. Não creio que seja ruim que as crianças do mesmo sexo durmam juntas. Talvez fique difícil a partir da puberdade. O que importa é isolar as crianças para o sono. Não acho beliche uma coisa muito boa, embora as crianças pequenas o achem muito divertido. No beliche, durante o sono, todos os movimentos de um são transmitidos ao outro, a menos que essas camas estejam bem chumbadas na parede. Todos nós regredimos no sono, as crianças que dormem nesse tipo de cama com comunicação ficam como que na dependência uma da outra, uma dependência imposta pela disposição da mobília. Bicamas separáveis são preferíveis quando se tem pouco espaço; ainda mais que são mais cômodas para arrumar e também mais cômodas quando uma das crianças está doente e tem de ficar em repouso.

É ruim pôr para dormir crianças, ainda que do mesmo sexo, gêmeos ou de idades diferentes, na mesma cama. O que era menos inconveniente no campo (e olhe lá) é inconveniente na cidade, onde a promiscuidade é contínua (ou quase) de dia. Cada um deve ter seu espaço à noite, sem estar sempre encostando no corpo do outro. Dormir no mesmo quarto é algo totalmente diferente e não é nocivo, a menos que o mais velho já seja adulto quando o outro ainda é criança.

Gostar "muito", gostar "com desejo"
(Acordar à noite)

Voltemos ao acordar à noite: às crianças que acordam no meio da noite e começam a chorar.

De que idade?

Uma menininha de três anos, que de modo geral é muito equilibrada, diz a mãe. Não obstante, faz três meses que ela acorda todas as noites. Então, a mãe começou uma pesquisa pessoal com suas amigas que também têm filhos muito pequenos que acordam com freqüência, três ou quatro vezes por noite: "Fui a meu pediatra lhe dizer que era contra o fato de ser acordada desse jeito, porque não ia agüentar muito tempo nesse ritmo. Pedi-lhe calmantes para a criança, mas ele se recusou a receitá-los. No entanto, sou a favor dos calmantes e da volta às fraldas, à noite."

Por que a volta às fraldas? O que uma coisa tem a ver com a outra?

Confesso que isso apareceu do nada.

Trata-se de uma menininha grande, ela já tem três anos; não é como os despertares noturnos das crianças pequeninas... e apareceu faz apenas três meses... Ora, três anos é a idade em que a criança se interessa pela diferença dos sexos. É a idade em que a menina é tomada de um amor incendiário pelo pai. Essa mãe não fala do marido, mas provavelmente deve estar na cama com o marido. Acho que a garotinha queria ter um companheiro ou uma companheira de sono, como a mamãe.

Aliás, essa mãe diz que, quando a menina acorda, é para gritar "Mamãe! Mamãe!" ou "Água!" ou "Papai!" e, se nada acontece, vira um drama, uma choradeira.

Seria certamente muito bom para essa menininha se, de tempos em tempos, fosse o pai que a acalmasse, dizendo: "Shhh! A mamãe está dormindo. Todo o mundo precisa dormir. Durma." A mãe também poderia fazer algumas pequenas mudanças no quarto da criança. Ela poderia ter sempre por perto um copo de água, no criado-mudo. Muitos "xixis na cama" (digo isso por causa das fraldas que ela menciona) desaparecem quando a criança tem água por perto. Isso é algo totalmente paradoxal para os pais! É que a criança, um pouco inquieta ou angustiada, precisa de água. Ora, a maneira imediata de "fazer" água é fazer xixi na cama; a segunda, é beber. Muito bem, se a criança que costuma fazer xixi na cama tiver um copo de água por perto, ela o beberá. Talvez seja uma criança que tem medos noturnos; é normal aos três anos. Isso acontece de novo aos sete, geralmente sob a forma de pesadelos. Aos três anos, a criança acorda para procurar a mãe, voltar a ser pequena e estar de novo perto dela, porque é a idade em que se cresce, adquirindo a consciência de ser menina ou menino. Pode-se brincar de cabra-cega durante o dia com a criança, deixar o quarto escuro. Brincar de pôr uma faixa sobre os olhos e fingir que é de noite; levantar, fazer alguma coisa, acender a luz, apagar etc. Mas convém evitar acordar papai ou mamãe. Acho que, depois de algumas explicações, através da brincadeira, a criança entenderá muito bem que deve deixar os pais sossegados; quando crescer, terá um marido, mas por enquanto é pequena, embora já não seja um bebê.

Acho que é uma menina que ainda não adquiriu autonomia suficiente com relação à mãe. Por exemplo, escolher o que quer vestir de dia, como vai se pentear, fazer várias coisinhas sozinha. É a idade em que começa a vaidade. As mães podem ajudar bastante as crianças a não terem mais essas voltas noturnas ao "ninho", tornando-as independentes durante o dia. Bem! Que mais posso dizer? Não entendo nada dessa história das fraldas. Se chegou a isso, será porque a criança ainda faz xixi na cama?

Parece que sim.

Será que a criança se incomoda de precisar fazer xixi de noite?

Acho que a mãe fala das fraldas à noite para tirar da criança um pretexto para acordar...

Justamente, essa criança fala de xixi porque acha que a diferença sexual é uma diferença de xixi. Acho absolutamente necessário a mãe lhe explicar que os meninos e as meninas têm sexos diferentes, pronunciar a palavra "sexo", dizer que não é uma questão de xixi; ela é uma linda menininha e se tornará uma moça e, depois, uma mulher, como a mãe. Mas, também, talvez essa criança de três anos ainda esteja presa numa cama com grades e não consiga sair sozinha para fazer xixi. Basta o pai tirar as grades ou trocar a cama.

Uma palavrinha sobre os *calmantes*.

O médico tem toda razão: os calmantes só resolvem o problema da mãe. Mas o que também ajudaria a mãe sem prejudicar a criança seria sua filha ir às vezes dormir em outro lugar, por exemplo, na casa de uma amiguinha. Se a menina fosse dormir na casa de uma prima ou de uma amiga, em uma semana o problema estaria resolvido. Porque essa criança está sozinha e, acho eu, com três anos ela está com ciúme daqueles dois que estão juntos na cama.

Em todo caso, não se deve nem dar bronca nem acalmar, e sim entender o que está acontecendo com ela por ocasião da mutação dos três anos: seja pelo crescimento de seu corpo apertado numa cama que a infantiliza e em que ela mal pode se mexer, seja pelo desenvolvimento de sua inteligência que a faz observar os "xixis", isto é, a diferença sexual, para a qual não recebeu palavras informativas tranqüilizadoras por parte da mãe. Drogar uma criança que não dorme não é uma solução. Mais vale entender que ela está crescendo em tamanho e em conhecimento, agir para resolver uma das questões e conversar com ela sobre a outra.

Outras duas cartas. Uma vem de uma avó, a outra de uma mãe. Nesse caso são crianças um pouco mais velhas, que apresentam problemas um pouco mais específicos. Aqui está a carta da avó, que se preocupa com seu neto de onze anos. Esse menino ainda faz xixi na cama há muito tempo, apesar de suas repetidas consultas com o médico: "Vendo-o crescido, com esse grande problema, o que a senhora nos aconselha? Que mais devemos fazer?"

Diria o seguinte à avó: ela é muito boazinha de perguntar. Essa criança já é grande; ela mesma teria de cuidar de seu desenvolvimento sexual. Porque a verdade deve ser dita: no menino, o problema de fazer xixi na cama é sempre um problema misturado com o problema da sexualidade. Não sei se essa família, o pai sobretudo, se preocupa com o filho. Não há menção ao pai. Menciona-se um irmão mais velho, acho.

Mas quem escreve é a avó.

Essa avó tem de dar o máximo de afeto inteligente a esse menino, sem ficar fixada no seu xixi ou não-xixi. Quanto ao menino, se estiver chateado, ele mesmo poderia consultar um especialista. Certamente há algum na região onde essa mulher mora. São os chamados CMPP[1]. Lugares onde há psicoterapeutas. A previdência social reembolsa os tratamentos psicoterapêuticos. Caso esse menino esteja preocupado, ele pode conversar com alguém, na idade em que está, bem antes da puberdade. Mas também é preciso que não o culpem por um controle esfincteriano impossível, sinal de uma imaturidade psicológica da qual a família e a avó talvez sejam cúmplices.

---

1. Os Centre Médico-Psycho-Pédagogique são ambulatórios públicos destinados ao diagnóstico e tratamento ambulatorial ou em domicílio de crianças e adolescentes de 3 a 18 anos cuja inadaptação esteja ligada a distúrbios neuropsicológicos ou a distúrbios de comportamento. (N. da T.)

A outra carta diz respeito a um adolescente de catorze anos. Dizem que esse menino tem uma angústia noturna, um medo doentio do escuro, desde os sete anos. Adormece e, às vezes, quando acorda no meio da noite, sente medo.

Portanto, começou com sete anos. Devo dizer que as crianças que não têm pesadelos por volta dos sete anos não são crianças normais; de fato, aos sete anos, toda criança tem pesadelos duas ou três vezes por semana pelo menos. Por quê? Porque é a idade em que devem diferenciar entre *gostar muito* e *gostar com desejo*. Aos olhos da criança, o pai e a mãe gostam muito um do outro, mas, além disso, têm o desejo e a intimidade de seu próprio quarto a preservar. No escuro, a criança é tomada de angústia... Contudo, esse menino já vem arrastando angústias desde os sete anos, tem catorze anos e está mais do que na hora de ele conversar com um psicoterapeuta, de preferência um homem, para que possa expressar livremente seus pesadelos e entender seu sentido. Aos sete anos – é possível falar disso com todo o mundo – a criança tem pesadelos a respeito da morte dos pais, o que é excelente, normal e inevitável. Sua infância tem de morrer dentro dela: isso significa "separar-se definitivamente da mamãe do leite" e do "papai dos dentes de leite". Isso provavelmente não ocorreu com esse menino nessa idade. Agora é tarde demais para responder assim, pelas ondas do rádio. Essa criança precisa conversar com um psicoterapeuta.

Berrar para ser ouvido

Temos aqui uma carta enviada por uma professora: seu filho, de três anos e meio, está com algumas pequenas dificuldades. Primeiro, a mãe desenha um quadro da família: seu marido trabalha, muitas vezes chega tarde, mas assim mesmo, à noite ou durante o fim de semana, encontra tempo para brincar com as crianças, para conversar com elas (porque há também um irmãozinho, que logo fará um ano e que é muito bem aceito pela criança de três anos e meio). A criança em questão vai para a escola desde os dois anos e meio e comporta-se bem lá; no começo, houve alguns contratempos: na escola, ele era o "pequeno"; a professora tratava-o um pouco demais como bebê, o que o ofendia; depois, as coisas entraram nos eixos. "Durante aquele tempo, sucederam-se pessoas que cuidavam das crianças em casa: três, durante o ano escolar. Este ano – e é aí que está o problema – há uma nova senhora tomando conta de meus dois filhos e ela parece não estar sabendo lidar com os acontecimentos..."

Que idade tem essa senhora?

Está com cinqüenta e dois anos e por sua vez tem uma filha de dezoito. Queixa-se de que o menino lhe desobedece, é grosseiro com ela e até lhe dá pontapés. A mãe interrogou a criança, que confessou seu comportamento; apesar disso, todos os dias a cuidadeira tem muita dificuldade para se fazer obedecer. Segundo ela, cada dia aparece um novo conflito. Agora, à noite, o menino se mostra cada vez mais nervoso e irritadiço. Começa a berrar sem motivo aparente, até por coisas sem importância da vida familiar.

De fato, ele está com os nervos à flor da pele.

É isso. Quando a mãe lhe pede algo, seja apenas lavar as mãos antes de sentar à mesa, ele se recusa. Quando a mãe quer continuar falando, o menino berra: "Pára, pára, pára..." Ela escreve: "Esses gritos impedem qualquer tentativa de explicação." Para completar o quadro, mais uma palavra sobre essa criança: é sensível, afetuosa, carinhosa, brinca com freqüência com o irmãozinho e é visível que gosta dele. A carta termina com uma pequena autocrítica: "Parece-me que muitas vezes pedimos demais desse menininho. Pedimos que seja muito bonzinho, educado, que faça pequenos serviços. Gostaríamos de encontrar o justo equilíbrio entre nosso desejo de ter um filho feliz *e equilibrado e nossos próprios problemas de nervosismo; não nos zangamos na hora certa, não estamos à altura de nossos princípios." Pede alguns conselhos quanto à atitude a adotar para que esse menininho não se feche e para que seja menos agressivo.*

Parece que existe um fenômeno de rejeição à cuidadeira atual. É evidentemente difícil encontrar alguém que saiba tomar conta de um menino pequeno, sobretudo uma mulher que, de acordo com o que diz a mãe, parece não ter criado nenhum menino. Ora, um menino é muito diferente de uma menina. Se ele não for um pouco violento quando é pequeno – ou seja, entre dois anos e meio e três anos e meio –, não é bom sinal, o menino precisa dizer "não" ao que diz uma mulher, a mãe ou a cuidadeira. A mãe não deve se zangar, porque, geralmente, quando uma criança diz "não", isso quer dizer que irá agir no sentido do "sim", dois ou três minutos depois. O menino tem de dizer "não" à identificação com uma mulher, para que diga "sim" quanto ao seu devir de menino. É muito importante entender isso. A carta não diz o que o pai faz, se cuida de seu filho mais velho levando-o para passear, por exemplo..., retirando-o desse mundo de mulheres e de bebês.

No começo da carta, diz que ele volta tarde à noite, mas que mesmo assim acha um tempinho para o filho, ao menos no fim de semana...

Mas ela diz que ele cuida *dos* filhos e não deste mais velho em particular, que é muito diferente, quanto à idade, de seu irmãozinho. Parece que ele está um pouco igualado demais a esse irmãozinho. Ora, ele quer ficar grande, já que foi "promovido" cedo demais, indo para a escola com dois anos e meio. Ele certamente precisa brincar fora da escola com crianças de sua idade. Um bebê não pode ser suficiente como companheiro.

Ele parece sensível e inteligente. Parece ter ficado ofendido ao ser tratado como "pequeno". Ora, ele era efetivamente muito pequeno quando começou a ir para a escola. Acho que essa mãe poderia ajudar o filho a se acalmar deixando de mandá-lo lavar as mãos sozinho, por exemplo. Não é muito difícil dizer: "*Vamos* lavar as mãos", ou seja, a mãe o acompanha e o ajuda, ou, ao menos, o vê lavar as mãos. Sobre o que lhe pede, deve ter com ele algo um pouco íntimo. Acho que ele ficará contente. Outra coisa que acalma muitíssimo as crianças nervosas é brincar com água. As mães não costumam saber disso. Há sempre uma pia, uma bacia ou um bidê onde a criança pode se divertir com água à noite, ao voltar da escola ou quando está nervosa. Podem lhe dizer: "Olhe, seu pai lhe trouxe um barquinho." No banheiro, a criança se diverte muito e se acalma. Ensina-se a ela como resolver com um pano de chão as inundações involuntárias.

Isso parece receita de avó... Existe alguma explicação mais científica?

Nos apartamentos, as crianças quase não têm contato com os elementos naturais. A vida é água, terra, árvores, folhas, bater nas pedras, tudo isso... As crianças pequenas precisam ser agressivas de modo indiferenciado. Nesse caso, poderíamos realmente dizer que a cuidadeira serve simultaneamente de pedra, árvore, parede, de tudo; e, naturalmente, como diz a mãe, essa mulher não está sabendo lidar com a situação. A mãe não pode mandar a criança para a casa de um amigo de quem ele goste? Acho que esse menino não está sendo educado como um "grande"; é disso que ele se defende. Ao mesmo tempo, os pais gostariam que ele fosse um "grande", mas só do lado civilizado. Quando ela fala das exigências dos pais em relação ao filho, parece que ele tem cinco ou seis anos; há coisas realmente contraditórias nessa carta, no que diz respeito ao menino. É difícil. O mais importante, contudo, é que a criança não se sinta culpada. A mãe diz: "Ele confessa." Ora, confessar que deu pontapés quer dizer o quê? Seus pés estão cheios de nervosismo, e ele bate. Sua boca, cheia de gritos e de sofrimento, e ele diz bobagens para a cuidadeira. Acho que ele não está suficientemente ocupado, como um menino da sua idade, e que não tem válvulas de escape suficientes para sua necessidade de movimento. Nessa família, não há lugar para a alegria de viver.

Voltemos à carta... pois, embora você já tenha dado muitos elementos para uma resposta, gostaria de levantar um problema mais geral; o que essa professora diz aplica-se a um número enorme de famílias. Lembro o seguinte: "Parece-me que muitas vezes pedimos demais desse menino." Pedem-lhe que seja bonzinho, educado, que faça pequenos serviços; depois, ainda querem que seja equilibrado. Não é ser exigente demais pedir tantas coisas a uma criança pequena?

Com certeza, e, sobretudo, o que lhe pedem é conformar-se ao desejo dos pais. Os pais gostam de ajudar esse filho? São sempre educados com ele? Será que gostam e sabem brincar com ele? Por exemplo, com figurinhas para classificar, com um jogo de cartas – o jogo do mico é tão fácil –, ou então com cartões-postais? Quando se pede para uma criança ser boazinha, ela não tem a menor idéia do que isso quer dizer, exceto ficar imóvel e ser útil; ou seja, não ter iniciativas próprias, não é? Acho que esse menino "serve de cobaia", como todos os filhos mais velhos, e que sua mãe talvez esteja errada em criticar tanto a si mesma. Ela talvez tenha razão quando se pergunta o que fazer com esse filho, porque ele parece estar prestes a estourar. Falei de brincadeiras com água. Mas existem outras brincadeiras: brincadeiras de encaixar, de esconde-esconde, brincadeiras nas quais ele possa correr, rir. Uma criança precisa de alegria. A criança é boazinha quando está alegre, quando está ocupada e pode falar do que lhe interessa, fazer brincadeirinhas com seus bichos de pelúcia etc. A mamãe pode lhe dizer: "De que você quer brincar hoje?", em vez de brincar de lhe pedir para fazer alguma coisa. De tempos em tempos, ela também pode ajudá-lo.

Por exemplo, pede-se a crianças de três anos e meio para arrumar suas coisas. É cedo demais. É preciso ajudá-las: "Venha! Você me ajuda? Vamos arrumar juntos." Cooperando.

A mãe também diz: "Gostaríamos de ter um filho feliz e equilibrado." Acaso a imagem que um adulto tem da felicidade e do equilíbrio pode corresponder ao mundo de uma criança pequena?

É bem difícil. É uma mãe que trabalha com ensino. Parece ser um pouco perfeccionista e "intelectualizante", sem se dar conta, porque está acostumada a lidar com crianças que têm, *em outro lugar*, a mamãe "delas" para brincar, dar risada, se divertir. Talvez seja isso.

Separação, angústias

Tenho aqui a carta de um pai – o que é bastante raro na nossa correspondência – que levanta o problema dos filhos de pais separados ou que se encontram, digamos, em situação ilegal (concubinato). Ele pergunta se esse tipo de situação – o adultério ou a paternidade ilegal – pode causar neurose nas crianças. Diante de tal situação, uma criança sofrerá automaticamente? "No final das contas, tudo não depende do modo como as crianças representam os problemas na cabeça delas, no nível delas, na medida delas? Explicando uma situação em termos simples, não poderíamos evitar que uma criança fosse lesada?"

Lesar? Sofrer? Cada ser humano tem suas dificuldades particulares. Acho importante que os pais assumam sua situação, seja ela legal ou ilegal; que possam dizer a um filho de quem ele veio, e que sua vida tem um sentido para a mãe que o pôs no mundo e para o pai que o concebeu... Às vezes, as crianças têm muitos papais, mas têm um único pai; têm uma mãe que as carregou na barriga, e é preciso dizer-lhes isso, pois às vezes elas também têm muitas mamães, desde a cuidadora até a avó. Para uma criança, mamãe e papai não quer dizer de jeito nenhum pai ou mãe *biológicos*. Acho que as crianças muito pequenas precisam saber, primeiro, quem é sua mãe e quem é seu pai; bem como se aquele homem, companheiro escolhido por sua mãe, seu "papai" atual, é ou não é seu pai. Agora, todas essas situações ilegais, de concubinato, por que não? Se os pais as assumem, explicarão ao filho o sentido da vida deles, o sentido que sua concepção teve para eles, e o sentido da sua vida; se, contudo, os pais vivem separados, os dois o amam e ambos se sentem responsáveis por ele até o momento em que for capaz de ser responsável por si mesmo. Acho que uma criança precisa saber que tal criança é seu meio-irmão por parte de pai, aquela outra é sua meia-irmã por parte de mãe etc. Seu sobrenome tem de lhe ser explicado como o referente à lei que rege o estado civil para todos; nem sempre é conforme aos sentimentos de filiação ou à concepção.

Elas precisam saber disso desde muito pequenas ou...

Pequenas, no sentido de que isso nunca deve ser escondido. Um dia, a resposta será mais explícita, porque a criança fará a pergunta direta, seja por iniciativa própria, seja depois de ouvir algum comentário. Mas é importante que os pais nunca desejem esconder esses fatos. "Ué, por que aquela pessoa disse que ele não é meu papai, se é meu papai?" Então, imediatamente, a mãe ou o pai que ouviram a pergunta devem responder a verdade. Quando os pais têm clara sua situação, não devem fingir que não escutaram; por mais cedo que a criança faça a pergunta, é preciso lhe responder com a verdade. Disso depende sua confiança em si e nos pais. Se ela entende ou não, é um outro assunto. Um dia, ela fará a pergunta de modo mais preciso. "Fulano me disse que você não é casada com o papai", ou "que você não é casado com a mamãe." – "É verdade. Estava esperando você ficar grande o suficiente para entender essas coisas. Sou seu pai biológico, embora você tenha o nome de solteira da sua mãe", ou então "Não sou seu pai biológico, mas considero-o meu filho. Vivo com sua mãe porque nos amamos e porque ela se separou do seu pai", ou "Você nasceu de um homem que ela amou, mas eles não se casaram" etc. A verdade simples tal como ela é.

Na carta desse senhor há também um depoimento: "Separei-me de minha mulher e organizamos um plano razoável, de acordo com o qual nossos dois filhos – atualmente com sete anos e três anos e meio – morariam tanto com um como com o outro, passando praticamente o mesmo número de dias e tendo o mesmo número de refeições com um e com o outro, segundo ritmos variáveis, ao que se deve acrescentar também duas temporadas anuais de oito dias em que ficamos junto com eles, na casa dos avós. Todo o mundo me disse, inclusive psicólogos, que esse plano era ruim, que as crianças deviam ser responsabilidade de apenas um dos membros do antigo casal, e só ver o outro ocasionalmente." E ele acrescenta: "Enfrentando ventos e marés, pensei que essas pessoas estavam simplesmente loucas, que não sabiam o que é o amor de um homem ou de uma mulher por seus filhos." Passa em seguida a descrever os resultados: "Depois de três anos, as crianças não parecem mais anormais que as outras, vão bastante bem na escola. Minhas relações com elas melhoraram muito, perderam toda a agressividade que existiu em certa época. Noto também que a gagueira do meu filho desapareceu desde então."

É um depoimento muito interessante.

Ele a deixa muito espantada?

Não. Geralmente os pais não se entendem, ao passo que aí parece que os pais, embora separados, se entendem bem entre si. Aliás, entendem-se tão bem que passam oito dias junto com os filhos. É muito raro encontrar pais separados que possam passar oito dias com os filhos. A carta não diz se essas crianças são meninos, ou menino e menina, nem se cada um dos pais voltou a se casar. O problema é bem mais complexo quando um dos cônjuges volta a se casar, quando há um bebê e também o outro tem por sua vez outros filhos. Não creio que haja solução pronta; a verdadeira solução é que os pais, responsáveis pela vida de um filho, continuem a se entender, para que esse filho viva bons momentos com ambos os pais, se for possível, e que possa ter clara a sua situação; que saiba que seus pais, embora divorciados, sentem-se ambos responsáveis por ele. Esse senhor conseguiu fazer algo pelo qual o parabenizo. Poderíamos pensar que os filhos, que moram ou com um ou com o outro dos pais, acabam não sabendo mais onde é a casa deles. Nesse caso, por exemplo, o de sete anos ainda mora com o pai ou com a mãe; por enquanto não tem tantos deveres para fazer. Além disso, é verdade que uma criança estuda melhor, faz melhor seus deveres quando tem seu próprio canto num mesmo lugar e vê o pai sempre que tem vontade, sua mãe tanto quanto possível. Mas, se der para resolver as coisas desse modo, por que não? O importante é, de fato, que ele sinta que os dois pais estão de acordo para que viva da melhor maneira possível os ritmos de sua própria vida, segundo sua idade, sua freqüência à escola, seus amigos; é importante que não haja segredinhos, coisas que possam ser ditas a um e não ao outro. Isso infelizmente é raro, por causa da suscetibilidade e da rivalidade dos pais separados, cada um apegado ao tempo que "possui" os filhos; também por causa dos diferentes modos de vida do pai e da mãe divorciados.

Perguntas indiretas
(Paternidade, nascimento, sexualidade)

Temos aqui uma carta vinda da Suíça, de uma mulher que adotou uma menininha. Antes, a menina vivia num meio de língua alemã. A mãe em questão é francófona. Preocupa-se em saber se a chegada num meio francófono não produziu um choque nessa criança. Esclareço que ela adotou a menina com dois meses de idade e que ela tem agora cinco ou seis. Ela ouviu com atenção o que você disse sobre a linguagem da criança. Você comparou, acho, a memória da criança com uma espécie de fita magnética que grava tudo.

É verdade.

Bem, a pergunta específica da mãe é: "O que essa criança viveu in utero *e durante os dois primeiros meses de vida pode ressurgir um dia? Como dizer a ela, e sobretudo quando dizer, que foi adotada?"*

Não diz que idade a criança tem agora?

Seis meses.

Então, temos várias questões aqui. Em primeiro lugar: com que idade dizer a uma criança que ela é adotada? Creio que essa não é uma boa pergunta, já que isso nunca deve ser escondido. Quando a mãe fala com amigos, seus amigos sabem que é uma criança adotada, e seu pai, é claro, também sabe – porque ela tem, suponho, um pai adotivo. Acho importante que, com freqüência, a mãe diga aos quatro ventos ou a seus amigos: "Que alegria é para nós ter essa filhinha, nós que não podíamos ter filhos", ou então, "eu que não podia carregar filho na barriga". Isso se chama "carregar filho na barriga", não é? A menina sempre escutará. E, quando disser, como qualquer criança: "Onde eu estava antes de nascer?" – pergunta que todas as crianças fazem por volta dos três anos –, nesse momento, será muito simples lhe dizer: "Mas você sabe muito bem. Sempre digo que eu não a carreguei na barriga. Você teve uma mamãe que a concebeu com um senhor que ela amava, você cresceu na barriga dela e ela pôs você no mundo. É sua mãe de nascimento. Fez você muito bonita, mas não podia ficar com você. Como ela não podia ficar com você, procurou um papai e uma mamãe que pudessem criar você, e fomos nós os escolhidos", ou "Nós estávamos procurando um bebê que não pudesse ficar com seu papai e sua mamãe de nascimento." É preciso dizer sempre estas palavras: "Papai e mamãe de nascimento..." "Queríamos adotar uma menina, disseram-nos que você estava sem seus pais e então fomos buscá-la." Ela dirá: "Mas onde?" Nesse momento lhe dirão: em tal lugar, em tal cidade. Ela voltará a fazer essa pergunta várias vezes na vida. Essa verdade deverá ser dita pouco a pouco com palavras que vão se tornando cada vez mais conscientes para a criança; é preciso dizer-lhe sempre que "sua mamãe de nascimento" gostava muito dela. Convém sempre dizer isso a uma criança, e sobretudo a uma menina, pois as conseqüências são bastante graves quando a menina cresce com uma mãe que ela pressente, se é que não sabe, ser estéril. Essas meninas se desenvolvem com um futuro (inconsciente) de esterilidade. Portanto, a resposta vem sozinha: nunca se deve esconder a verdade. "Então não sou como os outros?" – poderá dizer uma criança. – "Você é como nós. Somos seus pais adotivos, você é nosso filho adotivo. Isso quer dizer escolhido."

A preocupação dessa mãe é que, "quando a criança chegou de uma província alemã, todos os vizinhos ficaram sabendo. As crianças que logo serão seus companheiros de brincadeira...".

Todo o mundo sabe.

Todo o mundo sabe e ela quer ser a primeira a lhe dizer. Portanto, na sua opinião, pode-se dizer isso desde muito cedo.

Muito cedo. Ela sem dúvida ouvirá dizer "adotado" ou "adotivo". Adotivo? Adotado? Perguntará o que essa palavra significa, mas os pais podem evitar essa "revelação", contando-o por ocasião da gravidez de uma mulher conhecida, do nascimento de um bebê. Aproveitarão a oportunidade para lhe explicar. Também se pode fazer a criança entender o que é a adoção por meio da história dos pássaros: o ovo e a galinha. Uma galinha põe ovos que são chocados por outra galinha. Quem é a verdadeira mamãe? Existem muitas verdadeiras mamães. Existe a mamãe de nascimento e existe a mamãe de criação.

Agora, a outra pergunta sobre a língua alemã. É claro que essa criança, tendo sido gestada em língua alemã e tendo vivido até os dois meses nessa língua, escutou fonemas alemães, que permanecem em seu inconsciente profundo. Isso não tem nenhuma importância. Não é prejudicial. A única coisa que poderia acontecer é ela ter afinidade com a língua alemã mais tarde. Então, deve-se dizer: "Não é de espantar, já que sua mamãe de nascimento, e talvez também seu pai de nascimento, eram suíços alemães. Na barriga da sua mãe e também dois meses depois de você nascer, você ouviu falar alemão."

Vejamos agora uma carta que volta ao mesmo problema, interrogações sobre a origem, por um atalho. Faz uma pergunta dupla. A primeira: "Tenho um bebê pequeno, uma menininha de dois meses, que chora regularmente no final da tarde." Ela pergunta se os bebês precisam chorar ou gritar em certos momentos, mais ou menos como os adultos têm necessidade de falar.

Não acho que os bebês tenham necessidade de chorar, em todo caso não de gritar de desespero. As mães percebem muito bem de que tipo de choro se trata. Existem choros que desaparecem rapidamente, que são como um pequeno sonho; mas, se uma criança sempre chora na mesma hora, é porque deve ter acontecido alguma coisa nessa hora na sua vida. Ninguém mais sabe o que foi, esqueceram. É preciso tranqüilizar a criança, pegá-la no colo, embalá-la... O embalo, como já disse, lembra o andar da mãe, a segurança de que gozava quando estava na barriga dela.

Agora, sou eu que quero fazer uma pergunta. Um bebê (mesmo de dois meses) tem "estados de humor"?

Claro que sim. Um bebê tem estados de humor. Cada criança é diferente; cada pessoa é diferente; e isso desde o nascimento. Talve seja o entardecer que angustie essa criança; pode-se acender a luz, explicar-lhe; acho que se a mãe tem alguma coisa para fazer nesse momento pode pô-la num canguru ou num lenço grande, carregá-la bem colada ao corpo e reconfortá-la falando com ela. Não é bom para um bebê ficar chorando sozinho, ao contrário do que se ouve dizer dos supostos bons hábitos que devem ser criados. Além disso, às vezes algumas crianças têm mais fome numa refeição que na outra. É preciso buscar o motivo do choro, ajudá-las.

A carta acrescenta: "Pois bem. Quando tive esse filho, meu marido aproveitou para filmar seu nascimento..."

É muito bonito...

... e ela pergunta se pode mostrar esse filme à criança? E em que idade?

Por que não? Quer dizer, quando os pais passarem o filme... bem, a criança pode estar presente, sem ser obrigada a estar presente ou a assistir.

Continuo: "Devemos esperar o nascimento de outro filho ou podemos mostrar esse filme logo?..."

E se não houver outro filho? Nesse caso, a criança não teria o direito de vê-lo? Não, acho que ela pode estar presente quando se assiste ao filme, se os pais fazem isso de tempos em tempos (embora eu me pergunte o que os leva a olhar com freqüência essa lembrança de um dia). Depois, quando a criança falar de seu nascimento (e isso também vai ocorrer): "Como eu era quando pequena?"..., irão com certeza mostrar-lhe fotos em álbuns. E a mãe acrescentará: "Sabe, quando você nasceu, seu pai fez um filme. No dia que você quiser, podemos assistir a esse filme." Também é muito possível (e é muito importante que a mãe não se ofenda) que a criança se limite a responder "Ah, tá", e que vá embora ou diga: "Isso não me interessa." Eu não ficaria nem um pouco surpresa. No entanto, virá um dia em que estará muito interessada no filme. Acho que o ser humano, adolescente ou adulto, tem prazer em assistir a filmes de sua infância e, por que não?, de seu próprio nascimento.

Mas, em geral, as crianças só assistem a esses filmes porque seu desejo depende do desejo de seus pais. Elas se interessam por seu hoje, por seu amanhã, não por seu passado.

Peço também que você responda a uma carta relacionada com esta, embora se refira a outro assunto: o da sexualidade das crianças. Tem a ver com o diálogo com os filhos: as perguntas que essa menininha poderia fazer sobre seu nascimento ou sua adoção, outra criança pode fazer sobre a sexualidade. É uma carta sobre crianças de oito a doze anos. A mãe pergunta como conversar com elas, nessa idade, sobre a vida sexual, onde parar para não chocá-las? Deve esperar que façam perguntas ou deve provocá-las, temendo que o assunto seja abordado entre colegas de classe, de maneira pouco saudável? Que fazer se a criança não fizer perguntas?

Em geral, depois dos três, quatro anos, idade das perguntas diretas, as crianças não fazem perguntas, se chamarmos de "pergunta" a pergunta direta. Mas fazem perguntas indiretas, praticamente desde o dia em que começam a falar, a partir do momento em que formam frases. Um tipo de pergunta indireta: "Como serão meus filhos? – Vai depender (suponho que é um menino falando) da mulher que você escolher. – Sei. Ah, é?" E acabou. Não se fala mais nada. Ele volta à carga: "Por que você me disse que vai depender da mulher que eu escolher? – Você sabe que tem um papai, como todo o mundo. Às vezes você ouve dizer: ele se parece com o pai por isso, ele se parece com o pai por aquilo. Por que um filho se parece com o pai? Porque o pai importa tanto quanto a mãe na vida de um filho. – Ah?" E basta. Se a criança não formular uma pergunta mais precisa, fim de conversa. Dissemos algo que está no caminho da verdade e, um dia, a pergunta virá.

E quanto à geração: "Onde eu estava antes de nascer? – Antes de nascer você estava na minha barriga." Aproveita-se o encontro com uma mulher grávida para explicar à criança que diz: "Nossa! Como essa mulher é gorda! – Você não sabia que as mamães carregam seu bebê dentro delas antes do nascimento? Daqui a algumas semanas, daqui a alguns meses, você vai ver um carrinho de bebê e a mamãe sem essa barrigona: haverá um bebê no carrinho." Eis um modo de dizer que a mãe carregou o bebê na barriga. O que, aliás, a maioria das mães faz sem dificuldade alguma. É mais difícil responder "Como ele saiu? – Por baixo, entre as pernas da sua mãe, pelo sexo de sua mãe. Você sabe que as mulheres têm um buraco ali. Ele se abre para deixar sair o bebê". O que é ainda mais difícil para os pais é fazer a criança entender o papel do pai. Por isso é preciso dizê-lo logo de saída, aproveitando uma pergunta indireta, camuflada. Uma criança diz: "Aquele amiguinho não tem papai. – Você se engana, isso não é possível. – É verdade, ele me disse. – Está enganado, ele não conhece o pai, mas teve um pai de nascimento (sempre essa expressão, "pai de nascimento"). Talvez tenha morrido. Não sei. Mas, de qualquer modo, se a mãe dele não tivesse encontrado um homem, ele não teria nascido. Ele teve um pai de nascimento, posso lhe garantir, e você pode dizer isso a ele. A mãe dele amou um homem e esse senhor lhe deu uma semente de criança. Então, a criança dirá: "Como? – Bem, pergunte a seu pai." Acho preferível que a mãe sempre mande a criança para o pai, ou que os pais juntos expliquem que as sementes de criança estão nos sexos, tanto do menino como da menina. "Precisa de uma metade de semente de vida de mulher e uma metade de semente de vida de homem para que o encontro delas na barriga de uma mulher dê vida a um ser humano menino ou menina. Não fomos nem seu pai nem eu que decidimos seu sexo."

A mãe cuja carta estávamos lendo acrescenta que não concorda com o marido: "Meu marido acha que a criança tem de saber tudo e até ver tudo, e que devemos instruí-la sobre o prazer sexual. Não sou dessa opinião."

O prazer, a criança já conhece. Não conhece o prazer com outra pessoa, mas conhece o prazer do lugar genital. O pai tem razão. Deve-se ensinar à criança que o desejo sexual dá prazer aos adultos na união. Para falar de homens e de mulheres que geram, ou que são pai e mãe, deve-se pronunciar a palavra "desejo": "É algo que você vai conhecer quando for grande, com uma menina que você amará muito, que você desejará." Pronto! É assim que se pode falar do amor, que implica uma relação corpo a corpo, sexual. Quanto ao prazer que o sexo da criança já lhe proporciona desde cedo, deve-se dizer que é natural, mas não procurar ser *voyeur* em relação a ele e tampouco suscitar seu voyeurismo.

Você falou de um problema apresentado por um menino pequeno, e que mandamos conversar com o pai. Mas o que acontece se ele não tiver pai?

Se não tiver pai, isto é, se não houver um homem em casa e for um menino, acho que a mãe pode lhe dizer: "É um homem que vai lhe explicar isso, porque eu nunca fui homem e portanto nunca fui um menino pequeno. E os problemas de um menino pequeno podem ser explicados por um homem." Ou procurar seu médico e lhe dizer: "Meu filho fez tal pergunta. Vou esperar lá fora. Conversem vocês, entre homens." É assim que a explicação deve ser dada. Sou contra as explicações dadas pelas mulheres a meninos. É claro que, se o médico de família for uma mulher, ela saberá como falar, mas seria melhor que fosse um homem a fazê-lo. Se for um homem a iniciar um menino no amor por uma moça ou uma mulher como algo acompanhado de desejo sexual, é preciso que fale não só do prazer, mas também do respeito do não-desejo do outro. E que acrescente: "É algo que não é possível com sua mãe ou suas irmãs. Terá de ser uma moça que não seja da sua família." E se o menino perguntar por quê: "Pois bem, quando você crescer, poderá escrever um livro sobre isso. É muito complicado. Não sei lhe responder. É a lei de todos os humanos." As crianças aceitam perfeitamente bem, quando sabem que os pais estão submetidos a essa mesma lei no que lhes diz respeito. Pode-se perfeitamente dizer: "Não sei como lhe responder, pois a proibição do incesto não é um problema simples, mas *a lei* para os humanos é essa; com os animais é diferente." A meu ver, também acho que, conversando com as crianças, deve-se reservar o termo "casamento" para a união sexual de homens e mulheres comprometidos perante a lei e nunca deixar que empreguem esse termo quando falam do coito dos animais; para isso, fornecemos a elas o termo acasalamento. Pode-se também falar da procriação que precisa da união sexual entre parceiros de sexo diferente sem que a união sexual venha sempre acompanhada de procriação.

Releio a carta escutando o que você disse: "Meu marido quer a todo custo que essa criança saiba de tudo e até veja tudo."

Acho que o marido em questão não se dá nem um pouco conta do perigo que é, para uma criança, assistir ao coito dos próprios pais, a pedido destes. Se um dia ela os surpreender, azar dela. Mas caso percebam que ela assistiu, devem dizer: "Muito bem, sabe, é aquilo que eu tinha lhe contado. Pronto, o que você viu foi isso." A meu ver, esse senhor se engana pensando que o filho deve assistir às relações sexuais dos pais. Seria traumatizante, pois a genitalidade de um ser humano se constrói no pudor, no respeito do outro e na castidade dos adultos com relação às crianças: mais que isso, na castidade deles com relação às sensações das crianças relacionadas com uma sensibilidade em desenvolvimento. Não, não, nada de trabalhos práticos incestuosos com a cumplicidade dos pais. É pervertedor.

Existem mães cansadas?

Vou lhe apresentar agora cartas de contestação...

Sem problema, é sempre muito interessante.

... de pessoas que não concordam com o que você diz.

Eu concordo com as contestações!

Uma mãe a acusa de fazer abstração da realidade social: "Quando fala das mulheres, das mães e de seus filhos pequenos, você esquece todas as mães que, depois de dois, três meses, gritam: 'Não agüento mais cuidar de bebê!'" E ela continua dizendo que a maternidade também pode ser um inferno, que seria preciso renunciar ao mundo para seguir seus conselhos e ficar o máximo de tempo em casa para criar o filho. Em seguida, ela pergunta por que você fala tão pouco dos pais.

Como vêem, não se pode agradar a todo o mundo. Essa mulher teve filhos e não descobriu as alegrias da maternidade quando eles eram pequenos...; muito bem, existem pessoas assim, é verdade. Talvez existam menos agora que a maternidade pode ser evitada. Antigamente, isso não era possível sem que as mulheres prejudicassem a saúde. Então, o que dizer a essa mulher? Primeiro, que não ouça nosso programa. Depois, é verdade que as dificuldades sociais, as moradias pequenas demais fazem com que as mães fiquem nervosas. No entanto, devo dizer que muitas dessas mulheres nervosas que têm moradias pequenas gostam assim mesmo de seus filhos e fazem de tudo – conforme todas as cartas que recebemos – para criá-los e ajudá-los da melhor maneira possível. E é isso que nós, de nossa parte, procuramos fazer também. É claro que não podemos transformar as moradias, nem a saúde de mães sobrecarregadas. Sabe, as crianças..., tenho a impressão de que elas escolhem os pais e sabem muito bem que sua mãe é como é. Como são constituídas das mesmas heranças que ela, também entendem seu nervosismo. Considero um falso problema levantar a questão social a propósito do amor dos pais pelos filhos. Da separação entre os filhos e as mães que trabalham, já tratei aqui: o importante é que a mãe fale com o filho a respeito. Por outro lado, se ela *puder* ficar com o filho, convém que não faça disso uma obrigação penosa, não se tranque sozinha em casa: ao contrário, que saia todos os dias, que freqüente outras mulheres com seus filhos na praça, que leve o filho nas visitas aos amigos, eventualmente amigos que tenham filhos. Conheço algumas para quem o mero convívio com seu bebê pesa, elas ficam entediadas; nesse caso, devem se organizar com outras mães, é possível montar grupos para tomar conta das crianças e dispor assim de dias de descanso; e é preferível que uma mãe que não suporta ficar em casa trabalhe e pague uma cuidadeira em vez de ficar deprimida.

Acho que, ainda assim, é preciso responder à segunda pergunta: "Você fala pouco dos pais. Contudo, eles poderiam ajudar as mães e cuidar dos filhos meio a meio. Não seria nada mau."

Essa mulher tem razão. Quanto a isso, temos de fortalecer hábitos relativamente recentes. Muitos pais têm profissões que não lhes permitem tomar conta dos filhos diariamente. Mas os outros, aqueles que não têm coragem, devem ser ensinados. Assim que aprendem a fazê-lo, descobrem as grandes alegrias de que se privavam: acho que compete às mães ajudá-los a descobrir essas alegrias. Pois, se nunca é cedo demais para que um pequenino se sinta seguro fisicamente tanto com seu pai como com sua mãe, também é preciso que o pai se sinta seguro com o filho.

Outra mãe nos escreve, dentro do mesmo espírito: "Fale-nos de amor!" Ela começa com um depoimento: "Quando nos comportamos com uma criança de maneira extremamente gentil, cuidando dela com carinho, mimando-a um pouco, beijando-a, raramente lhe pedimos sua opinião. Geralmente é mais para satisfazer uma necessidade pessoal de ternura do que por outra coisa."

Com certeza.

Ela continua: "Eu me pergunto – por mais duro que seja reconhecê-lo – se, com relação a meus filhos, alguma vez fiz o menor gesto de amor. Há momentos em que acredito detestá-los tanto que me custa conseguir fazer um gesto gentil, ter um olhar cúmplice, compreensão." E é aí que ela lhe pede: "Então, fale-nos de amor." É verdade, e devo dizê-lo, existem pais que às vezes deixam escapar: "Eu estrangularia meus filhos..."

É verdade. Mas esses pais deveriam entender que o filho é como eles. O amor humano é sempre ambivalente. Para a mãe é uma felicidade beijar os filhos, é claro... Mas, e a criança, do que ela gosta? De estar em segurança, perto de sua mamãe. Portanto, conversar com a criança sem ter medo de se contradizer: "Sabe, eu não gosto de você, não quero mais vê-lo." Na realidade, isso não é verdade. Então, é preciso lhe explicar: "Continuo gostando de você, mas você me irrita, me deixa nervosa, estou cheia." A criança pensará consigo mesma: "Ah, entendi! Eu também sou assim às vezes com relação à mamãe." Aliás, muitas crianças dizem esse "não gosto de você" para suas mães. E tudo vai se tornar muito humano entre elas. Amar é isso: não tem nada a ver com tudo cor-de-rosa e sorrisos falsos imperturbavelmente "bons". É ser natural e assumir suas contradições.

Então, dizer "não gosto de você", "não gosto mais de você", pode ser uma maneira de falar de amor?

Exatamente.

Outra pergunta, na mesma carta, sobre o beijo que os adultos dão nos filhos... Você recomendou não beijar os filhos na boca...

Não. Sobretudo quando eles não o pedem. Isso pode criar uma excitação sensual que é uma armadilha.

Essa mãe nos escreve: "Mas como fazem os russos?" Porque os russos, os adultos – é algo bem conhecido – se beijam na boca... Bem, então, isso não cria problemas para os filhos deles...?

Não, justamente porque é social. Não são intimidades sensuais. Tudo o que é social é deserotizado. Entre nós, o costume é dar a mão; mas existem países, a Índia, por exemplo, onde dar a mão é muito inconveniente, onde isso implica uma intimidade tátil, justamente porque esse gesto não está "socializado". Tudo depende do meio e do país. Com a criança, devemos evitar intimidades que adquirem uma dimensão erótica no contexto de nossa sociedade; contudo, se numa sociedade é comum dar beijos na boca, então beijar na boca não quer dizer mais nada. Alguma outra coisa, em compensação, implicará o erotismo... Em suma, os pais devem evitar com os filhos essa coisa do corpo-a-corpo.

É como se o maior fosse a cabeça e o menor, as pernas
(A relação entre irmãos)

Falemos de um problema que diz respeito a quase todas as famílias: a convivência entre as crianças e também o relacionamento de certos capetinhas com os pais. Na primeira carta que lhe faz essa pergunta, trata-se de uma mãe que tem dois filhos, um de sete anos e meio e o outro de quatro. São meninos. Ela diz: "É como se o maior fosse a cabeça e o menor, as pernas. Ouvi alguns de seus programas. Você disse que é quase anormal uma criança não ter ciúme de um irmãozinho. Ora, o menino de sete anos nunca demonstrou ciúme. É uma criança que parece, por assim dizer, quase madura demais para sua idade." Ela se pergunta em que momento a linguagem adulta, que tende a utilizar com essa criança, torna-se apesar de tudo complicada demais.

Quando falei de ciúme, eu o situei entre dezoito meses e cinco anos. Ora, essa criança tinha justamente quase cinco anos quando o irmão nasceu. Eu disse que o problema do ciúme vinha da hesitação da criança mais velha entre duas possibilidades: o que vale mais a pena (dada toda a admiração da família), identificar-se com um bebê, ou seja, regredir na própria história, recuperar hábitos que se tinha quando pequeno ou, ao contrário, progredir e identificar-se com os adultos? Esse mais velho parece ter optado pela segunda solução. Teve uma resistência, uma espécie de temor prudente de regredir ao ver seu irmão pequeno; ao mesmo tempo, já era capaz – pois ia à escola e convivia com crianças de sua idade – de se identificar com o pai ou com meninos grandes. Escolheu isso; talvez quase em excesso, porque, de acordo com o que diz a mãe, ele se comporta e fala como um pequeno adulto. Bem! Quando as duas crianças estão juntas, talvez se note entre elas uma diferença muito grande. E é desse jeito que o mais velho mostra seu ciúme: de modo indireto. Passar a impressão de estar no nível dos adultos, quando ainda não está, para não ser confundido com o menor, que não consegue fazer o mesmo. Acho que não há por que se preocupar muito com essa alma sensata demais, talvez um pouco inibida, pouco brincalhona. Na primeira oportunidade, a mãe deve receber colegas da idade do mais velho ou um pouco maiores, e ao mesmo tempo reunir amiguinhos, entre dezoito meses e três anos, de seu caçula. É sempre bom para as crianças estarem com crianças um pouco menores e um pouco maiores que elas, não só da mesma idade.

E quanto à outra parte da pergunta...

Conversar com ele como um adulto?

"Como saber quando ele já não entende as explicações...?" Afinal, sete anos e meio não é tão velho assim...

Acho que com sete anos e meio a criança entende todas as explicações. Só haveria perigo se ele não fizesse senão falar, se não fizesse mais nada com as mãos nem com o corpo, se ficasse capturado na fala, separado dos sentimentos, sensações e desejos de sua idade. Se não tivesse também mãos, braços e pernas, ficaria isolado de seus colegas. Aliás, sua mãe diz isso: "É como se o menor fosse as pernas." Convém que o mais velho jogue futebol, faça esportes, que seu pai o leve para a piscina. É evidentemente um perigo quando uma criança quer ser, em palavras, o companheiro dos adultos, e abandone completamente os de sua faixa etária, suas brincadeiras, seus interesses, para brincar de ser gente grande.

Outra carta traz o problema da atitude a tomar com crianças que têm catorze, doze e oito anos e que brigam muito entre si. Não param de brigar. A mãe diz que chega a ter crises nervosas por causa disso. O pai, analisando os fatos, concluiu que as crianças o fazem de propósito, para tirá-la do sério. A pergunta: "É verdade que as crianças podem ser suficientemente perversas, por assim dizer, para se divertir com um ataque de nervos da mãe?"

Não, não se trata de forma alguma de perversão. Essas crianças não são perversas. Mas é tão engraçado puxar uma cordinha que faça o sino tocar, ou manipular os adultos como se fossem marionetes! Tenho a impressão de que essa senhora serve de marionete para os filhos. Tenho certeza de que se ela, quando eles brigam – é claro que para isso são necessários dois cômodos! –, optar por fechar a porta do cômodo onde está, pôr algodão nos ouvidos e não ligar para mais nada, dizendo: "Escutem! Se houver feridos, levo para o hospital, mas não quero mais me preocupar com vocês", bem, tudo se acalmará. Ademais, se for possível, ela pode sair e dar uma volta: tudo ficará calmo na sua ausência, em todo caso não se agravará, e ela se sentirá melhor. O mais importante, contudo, é que ela não se meta. Com três meninos é muito difícil: creio que seria interessante o mais velho sair do meio familiar o máximo possível e ficar com crianças mais velhas, da idade dele. Catorze anos... sinceramente, ele já deveria ter uma vida própria, amigos, voltando, é claro, para as refeições com os pais ou para fazer seus deveres. Caso ela tenha a sorte de ter um cômodo onde as crianças possam estudar tranqüilas ou se isolar das outras quando assim desejarem, isso é algo bom. É preciso pensar nos meios de "defesa passiva", isto é, colocar uma tranca, que pode ser fechada por quem está no quarto. Se ele a deixar aberta, é porque se diverte brigando com os outros. E pronto, é isso. Mas, ao menos, deu-se a quem tinha vontade de ficar sossegado a possibilidade de se isolar.

Por outro lado, alguns pais se preocupam com o que chamam de "ataques de fúria". Temos aqui a carta de uma mãe de três meninos, um de sete anos e meio, outro de quatro e meio e o terceiro de dois anos. O menor, desde que aprendeu a andar, tornou-se, ao que parece, muito furioso, muito exigente, fica tentando de todo modo irritar os irmãos o dia inteiro. Essa mãe pergunta que atitude adotar ante uma fúria que ganha proporções bem consideráveis: "Que fazer para dissipar uma fúria infantil? Pode-se tentar evitar as cenas sendo muito conciliador? Não o seremos demais?..."
É preciso acrescentar que essa criança tem excelente saúde. E para completar, que a mãe não se inquietava muito, mas foram os vizinhos que a alertaram; ao escutarem essa criança de dois anos ter ataques de fúria, vieram vê-la e lhe disseram: "Você deveria prestar atenção. Essa criança deve estar doente. Vai ter convulsões."

Respondamos primeiro a este último ponto: as convulsões não ocorrem durante crises de fúria. Crises de fúria podem ser dramáticas numa criança, mas não terminam em convulsões. Todavia, acho que nessa família deve ser o segundo que, com cara de santo, deixa o menor nervoso e dá um jeito para que ele tenha ataques de fúria, porque ele próprio ainda deve ter ciúme dele... É difícil ser o segundo. O segundo certamente gostaria de manter um entendimento privilegiado com o maior e isolar deles (ou do maior) o terceiro. Três meninos, é muito difícil. Sem que ninguém perceba, o segundo deve impor ao terceiro um lugar de realmente pequeno. E esse pequeno é colocado o tempo todo em posição de inferioridade pelos outros, porque não pode brincar com eles. A mãe poderia resolver muitas coisas interessando-se mais pelo menor, não para ser "conciliadora" com ele, mas para ajudá-lo a se desenvolver. E há mais uma coisa: às vezes, simplesmente acontece de as crianças serem furiosas. Ela deve pesquisar se, na família, não há alguma outra pessoa que também é furiosa.

Ela diz isso na carta: "Meu marido, quando criança, era extremamente furioso."

Então, é preciso dizê-lo a essa criança. O pai é quem deve lhe dizer: "Quando eu era pequeno, era como você: ficava facilmente furioso e percebi que com isso não arrumava amigos, empenhei-me muito em vencer a mim mesmo. Você também vai conseguir." Aliás, pode ser interessante que esse pai cuide mais desse filho, sem culpá-lo, já que se reconhece nele. Porém, é claro que os ataques de fúria incomodam os vizinhos.

Portanto, uma vez mais, se entendi bem, diante de um ataque de fúria infantil, deve-se primeiro dialogar, não berrar mais alto que a criança, não tentar lhe dar bronca.

E menos ainda zombar dela. Dialogar é quase impossível durante um ataque de fúria, depois que ele começa... Mas convém não dar bronca nessa criança, e tampouco dar bronca nos mais velhos por terem-na deixado furiosa.

É preciso fazer como um regente de orquestra: acalmar um pouco os mais velhos e, depois, todos devem se calar. E, caso o pai esteja presente, não será nada mau ele levar a criança para outro cômodo e acalmá-la ali. E, em seguida, voltarem juntos: "Pronto, agora acabou. Quando ele for grande, conseguirá controlar sozinho sua fúria; mas ele ainda é pequeno e ponto final." E para os outros: "Não é agradável nem cômodo ser assim; eu sei, eu era como ele."

Justamente: até que idade, na sua opinião, essa criança pode ser levada a berrar?

Em primeiro lugar, antes dos quatro anos e meio, cinco anos, uma criança não consegue se controlar sem ajuda afetuosa, sem perigo. A criança furiosa é como uma pilha elétrica, precisa se acalmar. É a água que acalma muito as crianças, como já disse. Brincar com água à vontade é algo que diverte muito e também acalma; é aconselhável que uma criança que teve um ataque de fúria, ou que faz tempo que não tem nenhum, mas sente que está chegando, tome um longo banho agradável ou que, com suavidade, o adulto lhe passe uma esponja úmida fresca no rosto e nas mãos. As crianças precisam de banhos, estas mais que outras, prolongados, relaxantes, ou de chuveiradas agradáveis. Nada de chuveiradas frias, que excitam, mas quentes, calmantes.

Isso também não deve virar um instrumento de tortura! Ser ameaçado de banho toda vez que reclamar!

Tem de ser prazeroso. Ou, se não for muito pequeno, podem levá-lo para a piscina. As crianças precisam de água; e de encontrar crianças de sua idade. Ele irrita os irmãos porque não tem outros companheiros.

O que é uma coisa de verdade?
(Papai Noel)

Tenho aqui uma pergunta exclusivamente sobre Papai Noel. Veja! É um pai que pede sua opinião sobre esse mito: "Devemos deixar a criança acreditar em Papai Noel e no ratinho dos dentes de leite, ou então nos ovos de Páscoa? Quando colegas de escola lhe disserem a verdade, a explicação dos pais sobre o simbolismo do Papai Noel bastará para compensar o desapontamento da criança, que vai perceber brutalmente que seus pais mentiram?"

Acho que essa é uma falsa questão. As crianças precisam muito de poesia, e os adultos também, já que eles mesmos continuam se desejando um Feliz Natal, não é? O que é uma coisa de verdade? Papai Noel faz ganhar tanto dinheiro: isso não é verdade? Quando se ganha muito dinheiro, parece ser uma coisa de verdade, não é? Então, acho que esse senhor se preocupa com que o filho acredite em Papai Noel, como se falar dele fosse mentir. Mas um mito é poesia; e ela também tem sua verdade. É claro que não se deve continuar com essa história por muito tempo, nem dizer que Papai Noel só dará presentes se a criança obedecer aos pais etc.

Se os pais "aumentam a história" e parecem levar essa crença muito a sério, mais até do que o próprio filho, ele já não poderá lhes dizer: "Sabe, meus amigos me disseram que Papai Noel não existe." É nesse dia que é preciso lhe explicar a diferença entre um mito e uma pessoa viva, que nasceu, teve pais, uma nacionalidade, que cresceu, que morrerá e que obrigatoriamente, como todos os seres humanos, mora numa casa no chão, não nas nuvens.

Devo lhe dizer desde já que o ouvinte em questão é violentamente contra Papai Noel, sobretudo aqueles que andam pela rua.

Talvez porque ele ache, com razão, que essas boas pessoas fantasiadas despoetizam o verdadeiro Papai Noel, aquele no qual ele acreditou e que não encontrávamos na rua todo o mês de dezembro, que só existia na noite de Natal. Isso o irrita. Ou, ao contrário, é um senhor que já não tem muita poesia no coração. Em todo caso, não sei se vocês ainda acreditam em Papai Noel, mas eu continuo acreditando. Não vejo problema em contar – pois todo o mundo sabe que sou a mãe de Carlos, o cantor – que, quando Jean (este é seu verdadeiro nome) estava no maternal, ele me disse um dia: "Mas como podem existir tantos Papais Noéis? Há azuis... roxos... vermelhos!" Estávamos passeando na rua e por toda parte havia Papais Noéis. Então, eu lhe disse: "Sabe, aquele Papai Noel, eu o conheço, é Fulano de Tal"; era um dos empregados de uma loja de brinquedos, ou de uma confeitaria, que estava fantasiado de Papai Noel. "Está vendo, ele se fantasiou de Papai Noel, e o outro também é um vendedor da loja fantasiado de Papai Noel." Ele me perguntou: "Mas e o de verdade?... – O de verdade está apenas no nosso coração. É como um duende gigante que imaginamos. Quando somos pequenos, gostamos de pensar que duendes ou gigantes podem existir. Você sabe que os duendes não existem. Os gigantes dos contos tampouco. O Papai Noel não nasceu, não teve um papai, uma mamãe. Não é vivo; só é vivo na época de Natal, no coração de todos os que querem fazer uma surpresa para festejar as crianças pequenas. E todos os adultos lamentam já não serem crianças pequenas; então, eles gostam de continuar dizendo para os filhos: 'É o Papai Noel'; quando somos pequenos, não conseguimos ver a diferença entre as coisas de verdade vivas e as coisas de verdade que só estão no coração." Ele escutou tudo isso e me disse: "Então, depois do Natal, ele não vai embora no seu trenó, com suas renas? Não vai subir para as nuvens? – Não, já que está no nosso coração. – Então, se eu puser meus sapatos na janela, ele não vai me dar nada? – Quem não vai lhe dar nada? – Não vai haver nada nos meus sapatos? – Claro que vai. – Mas, então, quem vai ter posto?" Eu sorri. "É você e o papai que vão pôr alguma coisa? – Sim, é claro. – Então eu também posso ser Papai Noel? – Claro que pode, você pode ser Papai Noel. Seu pai, Marie e eu vamos pôr nossos sapatos na janela. Você porá coisas dentro. Aí, você saberá que é você o Papai Noel para os outros. E eu direi: Obrigada, Papai Noel; será você que receberá o obrigada, mas farei de conta que eu não sabia. Para seu pai, não vou dizer que foi você, será uma surpresa também." Ele ficou encantado, maravilhado, e me disse na volta do passeio: "– É... agora que sei que ele não existe de verdade, que o Papai Noel é realmente legal."

A imaginação e a poesia infantis não são nem credulidade, nem puerilidade, mas inteligência em outra dimensão.

Morremos porque vivemos

Se não respondemos a todas as cartas é porque recebemos muitas; por outro lado, algumas abordam os mesmos problemas: respondemos àquelas que os explicitam melhor. Espero que desse modo as outras cartas também obtenham uma resposta. Como dizia no começo, minha resposta não encerra a questão nem é a única possível. Eu mesma, às vezes, só tenho opiniões, um certo jeito de ser com as crianças. É por isso que gosto das cartas de "contestação"; algumas mães nos escrevem: "Eu faço de outro jeito e dá muito certo." É sempre muito interessante, porque é outro tipo de mãe que resolve de um jeito diferente daquele em que eu pensaria as mesmas dificuldades; pois é preciso dizer que as crianças nos apresentam questões profundas sobre nós mesmos. Nossa tendência é simplesmente encontrar a solução no que nossos pais fizeram por nós, ou no contrário do que eles fizeram. Geralmente, é assim que começa; então, é preciso conseguir estudar cada criança, descobrir qual a natureza dela e ajudá-la a superar da melhor maneira possível sua dificuldade.

Uma carta cujo tema diz respeito a todo o mundo: a morte. Como falar sobre ela com os filhos? Nossa correspondente mora no campo: "As crianças vêem os animais morrerem e acabam fazendo muitas perguntas."

Há uma formulação muito bonita nessa carta: "Como lhes dizer por que se morre?" Ora, morremos porque vivemos, e tudo o que vive morre. Toda criatura viva está, desde o dia de seu nascimento, num itinerário que a conduz à morte. Aliás, só dispomos de definições da vida pela morte, e da morte pela vida. Portanto, a vida é parte integrante de um ser vivo, assim como a morte. A morte faz parte do próprio destino de um ser vivo. E as crianças sabem muito bem disso.

"Elas vêem os animais morrerem..." Mas a morte dos animais é algo completamente diferente! Aliás, é preciso dizer isso desde cedo para as crianças, porque os animais não têm fala e não têm história. A história dos animais domésticos está misturada com a vida da família, mas, não tendo história, os animais não têm descendentes que possam se lembrar de sua vida da maneira como os pequenos humanos se lembram da vida de seus pais. Sabemos que as pessoas mais velhas, antes de morrer, retornam a suas lembranças de infância e voltam a chamar pela mãe. Nós temos uma história. Nosso corpo está intimamente ligado às palavras que recebemos de nossos pais. Por isso, é muito importante responder às crianças sobre a morte e não cobrir esse assunto com um véu de silêncio.

Com que idade as crianças começam a abordar esse problema?

Abordam-no ao mesmo tempo que abordam a diferença sexual, por meio de perguntas indiretas: "Você vai morrer velha?", por exemplo, ou: "Você já é muito velha? – Muito velha? Não! Não tanto quanto essa ou aquela pessoa, mas já sou bem velha, é verdade. – Então, você vai morrer logo? – Não sei. Não sabemos quando vamos morrer." Em cima disso, é possível – as crianças ouvem falar de acidentes nas estradas, por exemplo – dizer: "Aquelas pessoas não sabiam, quando saíram de férias, que iam morrer uma hora depois. Está vendo? Ninguém sabe quando vai morrer." A conclusão de tal fala é dizer: "Vivamos bem todos os momentos de nossa vida."

Há também a pergunta feita nas famílias religiosas. Existem crenças na vida após a morte, existem crenças na metempsicose. Nada sabemos sobre isso. Essas são respostas da imaginação dos humanos, que não conseguem "pensar" a morte. Um ser vivo não consegue pensar a própria morte. Sabe que vai morrer, mas sua morte é algo absurdo, algo não pensável. O nascimento..., não assistimos ao nosso nascimento, são os outros que assistem a ele. E nossa morte também, são os outros que assistem a ela. Nós – por assim dizer – vivemos nossa morte, mas não assistimos a ela: nós a realizamos.

As crianças indagam sem angústia sobre a morte até perto dos sete anos. Começam a se fazer essa pergunta por volta dos três anos e, repito, sem angústia. É preciso, justamente, falar-lhes da morte. Aliás, elas a vêem. Pessoas morrem em torno delas, crianças morrem em torno delas. Acho que sempre se pode responder a uma criança:

"Morreremos quando tivermos terminado de viver." É um jeito engraçado de dizer, mas é verdade. Vocês não têm idéia de quanto essa fala tranqüiliza uma criança. "Fique tranqüilo. Você só morrerá quando tiver terminado de viver. – Mas não terminei de viver! – Muito bem! Já que você está vendo que não terminou de viver, está vendo que continua bem vivo." Meu filho pequeno ouvira falar da bomba atômica. Voltou da escola e me perguntou: "É verdade a bomba atômica? É verdade que Paris inteira pode desaparecer?... – Sim, sim. Tudo isso é verdade. – Mas, então, isso pode acontecer antes do almoço? Depois do almoço? (Tinha três anos.) – Sim, poderia... se estivéssemos em guerra, mas agora não estamos mais em guerra. – Mas, e se acontecesse, mesmo que não estejamos em guerra? – Bem, veja, não estaríamos mais aqui. – Ah! Então prefiro que aconteça depois do almoço." Respondi: "Você tem toda razão." E pronto. Vêem que houve um pequeno momento de angústia: "Será que vai acontecer antes do almoço?" Ele estava com muita fome naquele momento e logo iríamos comer. A criança está no atual o tempo todo. O que diz tem a ver com o instante. Se alguém da família morre, é importante nunca privar uma criança da notícia dessa morte. Ela percebe a expressão carregada dos rostos familiares. Seria grave, uma vez que ela amava essa pessoa e que se preocupa com sua ausência, se não ousasse fazer a pergunta. Ao mesmo tempo, não lhe contar é tratá-la como um gato ou um cachorro, excluí-la da comunidade dos seres falantes.

É comum mentirem para as crianças a esse respeito. Fala-se de viagem para longe, de uma doença que acaba sendo interminável e da qual ninguém mais dá notícias. A situação se torna insólita, sufocante.

Atendi... me trouxeram crianças no consultório, crianças que tinham decaído do ponto de vista escolar a partir de certa data... Investigávamos o que tinha acontecido. Bem, era depois da morte do avô, ou da morte da avó, sobre a qual não lhe tinham falado. Quando a criança pedia para vê-la: "Sabe, ela foi para o hospital, está muito doente." E pronto. Escapavam, mudavam de assunto. Bem, bastava explicar para aquela criança que a avó tinha morrido e levá-la para o cemitério para ver para onde vão os corpos das pessoas que morrem. Falar-lhe do coração que ama que, este, não morre enquanto houver pessoas que se lembrem daqueles que amaram. É a única maneira de responder a uma criança.

Seria bom que no dia de Finados as famílias dessem uma volta pelos cemitérios, tão bonitos nessa época, e depois respondessem a todas as perguntas das crianças, que ficariam decifrando os nomes nos túmulos, as datas... Isso lhes pareceria muito longínquo, haveria muitas reflexões. Depois, a alegria. Seria feita uma comida bem gostosa e diriam: "Muito bem, nós estamos bem vivos por enquanto."

Agora há pouco, você disse que a morte de um animal é diferente da morte de um ser humano.

Queria dizer, a morte de um animal que matamos para comer.

Tenho como única lembrança dos meus dois ou três anos de idade um pequeno drama de minha infância. Tinha um patinho, um pato que alguém ganhara num sorteio e me dera. Brincava com aquele pato todos os dias, num quintal. Tinha decidido que a casa dele era numa caixa. Essa caixa estava inclinada, apoiada num muro. Um dia, o pato deve ter passado perto demais da caixa, que caiu em cima dele e ele morreu. Aquilo me afligiu muito. É a lembrança de infância mais distante que tenho. Por isso, acho que a morte de um animal pode ser extremamente importante para uma criança.

Mas isso tem a ver com o problema da morte de todos os que amamos. Quando esse ser vivo morre, é todo um pedaço de nossa vida, de nossa sensibilidade, que já não encontramos. Você sofreu com a morte daquele patinho, primeiro porque pode ter se sentido culpado de negligência; a morte nos deixa culpados. Aliás, isso é curioso, porque não há nada de errado em morrer, já que todos devemos morrer. Mas, quando temos alguma participação naquilo, então nos acusamos de ter, de alguma forma, atingido o que era tão doce e bom, agradável e vivo, no vínculo com o outro, vínculo que foi rompido. De fato, acho que nunca se deve zombar de uma criança que chora seu gato, seu cão, seu patinho. Assim como tampouco se deve zombar de uma criança que conserva os pedaços de uma boneca ou de um ursinho estragados... A criança não distingue um do outro. Tudo o que ela ama é vivo. É claro que tem uma vida diferente. Por isso, não devemos jogar fora os pedaços de um objeto de que uma criança gostou. Quando um patinho, um gatinho ou um cachorrinho morre, as crianças gostam de enterrá-lo, isto é, proporcionar a essa criatura um rito de luto. Todos os humanos aceitam a morte através de um rito de luto. E por que não respeitar esse modo que a criança tem de superar o mistério, já que para nós tanto a morte como a vida são um mistério?

É o bebê que cria a mãe
(Alimentação)

Uma carta diz respeito ao problema do aleitamento. A mulher está grávida atualmente e pede-lhe para falar das vantagens e desvantagens do aleitamento materno. Convém dizer, ampliando a questão, que em algumas maternidades há quase uma espécie de terrorismo do aleitamento: deve-se amamentar! Para muitas mulheres isso se converte num grande problema, porque elas logo percebem que não conseguirão fazê-lo.

Existe também o contrário, ou seja, algumas clínicas e hospitais transmitem às mulheres que gostariam de amamentar uma espécie de angústia: "Ah! Mas você nunca terá liberdade se amamentar." Acho que cada mulher vai reagir de acordo com a maneira como ela mesma foi maternada: se sua própria mãe a alimentou ao seio, ou se lamentou não tê-la alimentado ao seio... Conheci mães que não tinham leite e que queriam amamentar a todo custo, quando, visivelmente, a criança não obtinha o que precisava. As mães devem evitar idéias *a priori* a esse respeito; devem esperar a chegada do bebê. É o bebê que cria a mãe. Antes disso, ela pode dizer tudo o que quiser: "Vou fazer isso, vou fazer aquilo." Quando o bebê chega, ela muda completamente de opinião. Então..., ela não precisa se questionar antes da chegada do bebê. É melhor viver dia a dia as alegrias e as tristezas da vida, sem fazer muitos planejamentos.

Agora mesmo, porém, você dizia que isso pode ser decorrente de problemas que a mãe teve com sua própria mãe, na infância... Disseram-me que você tinha uma historinha sobre isso...

Seria um pouco longa para contar... É a história da mãe que deu à luz durante a guerra? É uma história incrível. Eu mesma, que na época estava fazendo minha formação psicanalítica, custei a crer. Aconteceu no hospital onde, na época, eu fazia residência. Na sala dos plantonistas, o interno nos disse: "Uma mulher fantástica deu à luz, tem muito leite, vamos poder alimentar três..." Durante a guerra, havia falta de leite. Depois, no dia seguinte: "Não sabem o que aconteceu? Bem, ela deu de mamar ao seu bebê uma vez e depois o leite secou completamente..." Ninguém entendia nada. Eu disse: "Alguém tem de conversar com essa mulher. Talvez a mãe dela não a tenha alimentado ao seio e, ao sentir seu bebê no seio, tenha sido tomada de uma espécie de culpa profunda." Naturalmente, risos generalizados na sala... Os psicanalistas têm cada idéia! Passaram-se alguns dias – eu ia ao hospital duas vezes por semana – e fui recebida por gritos e uma fila de cumprimentos... Disseram-me: "Você não sabe o que aconteceu? – Não, não sei. – Bem, o leite voltou. – Ah! – Contei toda a história, bem como a sua idéia à chefe dos plantonistas", disse a interna da maternidade. E a chefe conversou com a mãe, que se pôs a soluçar dizendo que fora abandonada e nunca conhecera a própria mãe. A chefe teve a presença de espírito que as outras não tiveram...; maternou aquela jovem mãe, foi doce e afetuosa com ela, dizendo: "Você foi feita para ser uma boa mãe e vai ficar com seu bebê." E acrescentou: "Vou dar-lhe a mamadeira que sua mãe não lhe deu." E, depois de ter posto o bebê nos braços da mãe, a chefe deu à mãe uma mamadeira, abraçando-a com ternura. O leite voltou pouco tempo depois. É uma história verídica.

Agora, uma pergunta específica sobre a alimentação das crianças. A mãe é de origem vietnamita: "Meu filho é muito difícil; com quase sete anos, só come arroz, massas, carne de boi e batatas, e nenhum outro legume. Recusa os legumes verdes. Quanto às frutas, só aceita laranjas, bananas ou maçãs. Tento variar bastante o cardápio, mas o menino se recusa a comer o que não escolheu. Isso não pode comprometer seu crescimento?" Essa mãe acrescenta que praticamente não faz comida vietnamita e que, de qualquer modo, a criança a recusa. Quando comia na escola, aceitava comer praticamente tudo; mas ele mesmo pediu para voltar a comer em casa com os pais.

Essa criança tem uma alimentação plenamente suficiente para ela. Não come legumes verdes, mas come maçãs, laranjas, bananas... Não acho que haja algo inquietante nessa história. O mais inquietante é que a mãe fique inquieta.

Ou seja, é para ela ficar tranqüila?

Ela tem de ficar tranqüila. Acho que o menino se comporta assim para provocar a mãe. Ela deve parar de se incomodar com isso. Deve preparar, para si e para o marido, pratos gostosos que ambos comerão. Para o menino, ela pode fazer o que ele pede, sempre a mesma coisa. E quando ele os vir saboreando um prato gostoso, depois de algum tempo também passará a comer aquela comida, sobretudo se a mãe parar de se inquietar e deixá-lo realmente escolher e comer o que quiser.

Mais um tempo em casa
(Escola. Publicidade)

Não devemos esquecer todas aquelas ou todos aqueles – são muitos – que nos escrevem simplesmente para mandar uma palavrinha de estímulo e para dizer: "Em casa vai tudo bem."

Justamente, temos aqui a carta de uma mulher que tem dois filhos, de seis e três anos, e que agradece por não fazermos um drama de situações bastante comuns, ao mesmo tempo que diz o quanto a vida familiar lhe dá alegrias, apesar das mil e uma dificuldades que as crianças apresentam; conseguimos resolvê-las, porque somos uma família grande e unida. Escreve também que, segundo ela, os psicólogos complicam a vida familiar.

De nossa parte, tentamos não complicar as coisas, mas, antes, elucidá-las.
Temos aqui uma espécie de carta-tese sobre a escola e a casa. Professora de maternal, a mãe está atualmente de licença; tem dois gêmeos de dezenove meses que ficam em casa: "Quando as crianças têm entre quinze e dezoito meses, todo o mundo olha para elas e diz: 'Já é tempo de elas irem para a escola, não devem ficar tempo demais em casa.' Mas eu preferiria que elas ficassem mais um pouco em casa. E se eu mesma fizesse uma escola para elas? Seria grave? Afinal, vivemos cerca de setenta anos. Então, por que não tentar manter os filhos cinco ou seis anos em casa?..." Além disso, ela lhe pergunta: "Como organizar essa escola em casa?"

Essa mulher está coberta de razão, se os pais puderem ficar com as crianças até a idade do que hoje se chama "a grande escola", e as crianças chegarem nessa grande escola verdadeiramente "socializadas", isto é, conhecendo amiguinhos, sabendo brincar sozinhas e com outros, sabendo estar separadas dos pais e, sobretudo, hábeis com as mãos, com o corpo e com a palavra, sabendo tanto se divertir como ficar quietas; pois é esse o sentido da escola. Só que aqui há uma coisa a mais: são gêmeos. Você disse *dois* – sempre se diz *dois* gêmeos. São gêmeos, são muito pequenos. Eles certamente precisam, desde bem cedo, de vida social. Quando os pais não podem dar a seus filhos uma vida social de duas ou três horas por dia, num parquinho ou entre mães que combinam reunir seus filhos, acho que é ruim. E essa falta de vida social entre crianças é o que a escola maternal remedia. Se em algum lugar houver várias crianças, não se deve hesitar em agrupá-las em "pseudo-salas de maternal" de três ou quatro pequeninos.

A mesma mãe faz outra pergunta: "Nesse caso, se for bom para os meus filhos, o que devo fazer? Preciso organizar horários, como na escola, isto é, incutir-lhes hábitos, montar um pequeno maternal, ou ocupá-los de acordo com seu humor?"

A partir de três ou quatro anos, conforme a criança, é bom habituá-las a ficar quietas para realizar uma tarefa. Vinte minutos aqui, vinte ali, ao longo da manhã. Escolher objetos que a criança agrupará sozinha: "Tente pintá-los, recortar ou colá-los..." Acho bom que a criança não faça isso apenas de modo lúdico; deve fazer algo que a interessa, mas regida por uma disciplina de horário e de lugar. Não em qualquer lugar, não na cozinha um dia, no quarto no outro. É isso! Um mesmo local, onde estão guardados todos os pequenos objetos e onde se adquire o costume de arrumá-los numa caixa – a das coisas ditas "da escola".

No final dessa carta: "Apesar dessa tese em defesa de minha idéia, se eu percebesse que de algum modo poderia estar prejudicando o desenvolvimento de meus filhos com esse meu projeto, não hesitaria nem um instante em renunciar a ele." E então, podemos tranqüilizá-la?

Com certeza.

Não deve desistir desse projeto?

Não deve desistir, apesar das pequenas dificuldades pecuniárias que isso acarreta, conforme ela disse.

Outra carta, bastante breve desta vez: "Temos um menininho de três meses. É uma criança muito esperta, muito alegre. Dizem até que está adiantado para a idade. Decidimos, meu marido e eu, que vou parar de trabalhar até que ele tenha cerca de dois anos, o que me permitirá cuidar dele e, sobretudo, continuar a amamentá-lo. No entanto, se eu não trabalhar, teremos pequenos problemas financeiros. Então, pensamos resolver esses problemas, ao menos uma pequena parte deles, fazendo o bebê posar para fotos publicitárias." Ela pergunta o que você acha disso e, em especial, se pode ser prejudicial para um bebê ser, digamos, "usado" tão cedo para ganhar o pão de cada dia. Caso você concorde, até que idade uma criança pequena pode fazer esse tipo de trabalho, sem que se corra o risco de topar com um pequeno convencido em casa?

Há uma primeira questão: se essa criança "alimentar", alimentar-se e alimentar sua família desde muito pequena, acho que será possível remediar alguns inconvenientes depositando-se, a cada vez que ela ganhar um cachê, uma parte – mas uma boa parte, digamos dez a quinze por cento, talvez até *fifty fifty* – numa poupança da criança. Assim, quando ela crescer e souber disso, ficará muito orgulhosa de ter ajudado sua família e ter permitido que sua mãe ficasse com ela. Caso contrário, sentirá que foi um tanto "explorada".

Até que idade? Três anos é certamente uma idade difícil de ultrapassar para um trabalho de modelo, uma espécie de pequeno exibicionismo passivo; então, é bom prestar atenção. Uma foto de tempos em tempos, mas não convém criar um sistema de rentabilidade por esse meio para além dos dois anos, dois anos e meio.

Não existe "tem de falar"
(Palavras e beijos)

Temos aqui uma mãe cuja filha de dezoito meses sempre foi um bebê fácil de criar: dormia bem, comia bem, sorria bastante, enfim... uma criança perfeitamente feliz. Depois das férias, ela mudou completamente. Durante três semanas, a mãe foi com a filha para a França e elas fizeram uma espécie de tour pela família, com etapas de um ou dois dias: muitos quilômetros, quase quatro mil em muito pouco tempo. Desde a volta dessas férias, a menininha não suporta mais ir para o colo de outra pessoa que não seja o pai ou a mãe. Chora por qualquer coisa. Se, enquanto está passando o aspirador, a mãe lhe pede para empurrar uma cadeira ou um pequeno móvel, a criança se recusa e começa a berrar. A mãe se pergunta sobre o significado dessa mudança de atitude. Também esclarece, no fim da carta, que logo chegará (no mês de fevereiro) um irmãozinho...

Esta última frase é muito importante porque, se esse bebê vai nascer em fevereiro, quer dizer que já estava a caminho no mês de julho. Ora, a virada ocorreu no mês de julho. Portanto, essa menininha tinha seis meses [*sic*] naquele momento e estava passando simultaneamente por duas experiências difíceis e importantes: mudar de ambiente, ver muitas pessoas novas e, sobretudo, sentir – pois os bebês sentem – que sua mamãe estava grávida. Conheci uma mulher que teve muitos filhos e que me disse: "Sempre percebia que estava grávida – como amamentava, não havia outros sinais de gravidez – pelas reações do menor. Ele regredia, queria ficar sempre no meu colo, gritava quando eu lhe pedia alguma coisa... Devo estar grávida de novo, pensava eu, e era verdade." Então, nossa menininha sentiu isso. Por outro lado, dezoito meses é uma idade em que se requisita muito a mãe. Seria bom a mãe passar muito tempo com ela, manipular muitos objetos enquanto conversa com essa criança, brincar de várias coisas. Deve também explicar à filhinha que ela está sofrendo porque sua mãe vai ter um bebê e que esse bebê não é para agradá-la, mas porque sua mãe e seu pai decidiram ter outro filho; e explicar-lhe que, nesse momento, isso é algo que lhe causa dor, mas que mais tarde ela ficará muito contente.

Outra carta refere-se a um menininho de dezessete meses, filho único, que tem dificuldade de largar a fralda, sobretudo a do xixi: "Nós, as jovens mamães, ficamos *muitas vezes desorientadas com os manuais, os conselhos, as idéias prontas de como criar um bebê. Meu filho, aos dezessete meses, não fala. Com que idade uma criança tem de falar?"*

Não existe "tem de falar". Contudo, para que uma criança fale na idade em que for falar, é preciso sentir que, quando você fala com ela, ela está ligada, olha para você, faz mímicas e que, por sua vez, procura fazer contatos, quer se fazer entender. Além disso, o mais importante é que a criança não fala com facilidade quando é o único interlocutor da mãe ou do pai. Uma criança aprende a linguagem falada vendo a mãe falar dela ou a favor dela com o pai, introduzindo-a na conversa quando fala de alguma coisa. A criança também tem de falar com outras pessoas: falar, para uma criança, é trazer seus brinquedinhos e outras coisas similares. Não se deve dizer a ela: "Você está nos incomodando", mas sim: "Você pode ouvir o que estamos conversando."

Acho que, quando essa senhora escreve linguagem, está pensando nas palavras da linguagem falada.

Sim, mas a linguagem de palavras só vem de modo sadio quando a criança tem algo a dizer. Ora, antes mesmo de falar, ela diz muitas coisas, faz com que muitos de seus pedidos sejam entendidos. Essa mãe não deve se preocupar com a fala. Um menino geralmente fala mais tarde que uma menina. É algo sabido. As meninas em geral têm a língua mais solta, porque, justamente, não têm pipi. Elas têm de ser notadas por outra coisa.

Nunca pensei nisso.

Mas é assim. Os meninos falam mais tarde. Às vezes, os mais velhos falam mais cedo porque têm muita vontade de se meter, como terceiros, na conversa do pai e da mãe. Mas o segundo não tem pressa; é o primeiro que fala por ele quando precisa dizer algo. Dezessete meses, para um menino, é muito cedo. Devo dizer que seria bem melhor se a mãe tivesse trocas com o filho, trocas manuais, observações de objetos manipulados, brincadeiras faladas com os bichos de pelúcia, em vez de: "Chega de xixi! Chega de cocô!" Dezessete meses é um pouco cedo demais para atacar a fralda em favor da privada. Ao contrário, porém, não é cedo demais para a destreza manual, o empilhamento de cubos, os jogos de bola e os jogos de boca: fazer bolhas, cantar com ritmo: "Brubrubru", um monte de ruídos. A melhor maneira de ensinar uma criança a falar é a mamãe brincar de fazer barulhos, cantar músicas.

A mãe acrescenta que esse bebezinho é muito afetuoso, muito paparicado, tanto por ela como por seu marido, e que, estando acostumado a esse afeto em família, quando encontra outras crianças, ou até animais, tende a ser muito, muito afetuoso. Então, ela nos diz: "Uma amiga minha, que tem um bebê de catorze meses e meio, e que meu filho beija, acaricia etc., diz que meu filho é muito chato, grudento. Há algo a fazer a esse respeito?"

Talvez seja verdade, não sei. Combina bastante com o fato de que ele não fala. Quando as crianças não falam, tendem a ficar com os braços e a boca num corpo-a-corpo, ou seja, a abraçar e beijar. É provável que essa criança tenha sido um pouco acariciada, beijada demais. Aproveito para dizer às mães que para elas é muito agradável beijar o bebê – eles têm o corpo tão macio –, mas as crianças pequenas, antes dos dois anos, dois anos e meio, confundem beijar com um certo canibalismo. E, em vez de amar falando, cooperando no agir, na brincadeira com objetos, amam no corpo-a-corpo. Acho que, nesse momento, esse pequeno está às voltas com isso. Acho que, quando a outra criança está presente, deve-se dizer a ele: "Você sabe que ele é pequeno. Deve achar que você vai comê-lo. Talvez você também ache que a vovó, sua tia, eu, quando o beijamos, estamos comendo você... Muito bem! Defenda-se. Veja, ele quer se defender e a mãe dele o defende porque ele não está gostando." Ele não deve continuar a fazer isso. Não é bom, nem para o pequeno, nem para ele, brincar assim de agarrar e beijar o tempo todo. Dezessete meses é a idade motora, a idade de fazer acrobacias e bagunça, a idade de brincar de bola, de mexer em tudo, um tudo bem mais interessante que as pessoas.

Em suma, esse pequeno certamente faz com o menor o que fizeram e ainda fazem com ele, e a que teve de se submeter. Ele foi um objeto para seu meio. Foi agarrado, beijado, acariciado, quando deveria ter sido associado à vida dos adultos mediante a linguagem e o agir em cooperação. Quem é criado como bichinho de pelúcia ou bichinho de estimação, acredita ser isso: e, ao crescer, agride.

Ele vai ser artista

Quando temos um filho, é claro que desejamos que ele vá "o mais longe possível", como se diz, e, por que não?, que se torne artista, por exemplo. Esta mãe tem três filhas (nove, sete e seis anos) e nos escreve sobre a mais velha e a mais nova, que manifestam disposições bastante extraordinárias para o desenho. A mais velha, diz ela, desde bem pequena (dezoito meses) já gostava muito de desenhar. Aliás, além de sua boneca, essa passou a ser praticamente sua única ocupação. Seus desenhos têm sempre a mesma inspiração: princesas, fadas, com vestidos muito longos, cheios de bordados, motivos extremamente geométricos e muito precisos, um pouco surpreendentes para uma criança dessa idade. Em contrapartida, na escola, é uma aluna média, que chega a ter algumas dificuldades. A mais nova – de seis anos – é muito calma e se dá muito bem com as outras duas – faz desenhos de cores bem vivas, que muitas vezes, diz a mãe, não têm nenhuma relação com a realidade: parece ver os objetos nas cores só dela: "Por exemplo, um enorme sol com belos raios vermelhos ou laranja, muito vivos." A pergunta: "Há algo para deduzir desses desenhos?" Em outras palavras, deve-se explicar os desenhos das crianças?

De jeito nenhum. Em contrapartida, acho que pode ser interessante para a criança falar de seus desenhos. Caso não os mostre, não se deve dar muita importância para o fato. No entanto, se a criança vai mostrar os desenhos para a mãe, esta não deve dizer bobamente: "É muito bonito" e encerrar a conversa. Deve fazê-la falar do que está representado, da história que haveria ali: "E depois?... E aqui?... Aqui, por exemplo? e ali? O que é isso? Ah, entendi! Olha, eu nem teria percebido que é isso." É importante conversar a partir dos desenhos. O interessante para a criança é isso e não ser admirada. A criança cujos desenhos são admirados pode ser levada a se repetir, como parece estar ocorrendo com a mais velha. Talvez essa criança mais velha quisesse despertar o interesse da mãe quando as duas outras nasceram. Talvez por isso não se adapte tão bem à escola. É difícil para ela: sente-se sempre compelida a atrair o interesse da mãe por meio de sua atividade. Acho que, nesse momento, seria bom sua mãe ajudá-la inventando, por exemplo, um jogo de recortar os desenhos, se a criança quiser, é claro; suas fadas, suas princesas e todo o resto poderiam ser colocados em certos contextos: castelos, estradas e, em seguida, poderiam ocorrer histórias entre esses personagens. Isso vai animar a criança e ajudá-la a ficar mais ligada na escola.

Quanto à menor, que tem o senso das cores..., temos visto um número cada vez maior de crianças que têm o senso das cores. Pergunto-me se não será a televisão em cores, ou então as revistas coloridas; quando éramos crianças, tudo isso não existia.

Todas as crianças têm um período "artístico" de desenho; todas têm também um período "artístico" musical. É aconselhável desenvolver esse gosto na época em que interessa a criança. Para tanto, o adulto não deve tentar explicar o desenho, mas estimular a criança a falar dele.

Acho que essa pergunta foi feita porque todos sabem que você é psicanalista: os psicanalistas têm a reputação de encontrar explicações às vezes bastante surpreendentes.

Não são "explicações". Simplesmente a criança se exprime pelo desenho; e é a criança que no momento oportuno traduz esse desenho em palavras.

Em todo caso, não vale a pena dissecá-los.

De jeito nenhum. Aliás, é por isso que nunca escrevi sobre os desenhos infantis e sua interpretação. Uma criança que não consegue se expressar por palavras pode fazê-lo por desenhos. Além disso, é preciso saber que algumas crianças param de desenhar justamente porque os pais ficam à espreita do que elas estão querendo dizer. Pois, quando as crianças se exprimem somente por meio de um desenho com um psicanalista, é precisamente porque esse desenho é o *segredo delas*, que querem continuar guardando. Aliás, outras coisas são possíveis: pode-se construir marionetes, brincar com a fala, com sons, pode-se também brincar com modelagem. Muitas vezes, uma criança que só desenha vê o mundo apenas em duas dimensões; no nosso caso, é de certo modo o que a mais velha faz. Em contrapartida, a modelagem, mesmo muito malfeita, por representar personagens que brincam entre si, é muito viva. São coisas que não podem ser feitas na escola. A partir do momento em que se aprendem os sinais, em que se escreve, em que se fazem desenhos para a escola, tudo isso se torna "escolar", ao passo que tudo o que se faz em casa é *expressão* que, se a mãe está disponível, pode iniciar trocas entre a criança e ela; o que é impossível com uma professora de escola, obrigada a atender muitas crianças. Há mais uma coisa que a mãe poderia fazer: ajudar suas menininhas (a segunda também, de quem ela não nos fala muito) a modelar ou a desenhar a partir da música; ela verá que a criança faz ambientes coloridos corresponderem a certas músicas. As crianças talentosas gostam muito dessa brincadeira; gostam também de desenhar sonhos e histórias, ouvir histórias lidas ou inventadas pela mãe e ilustrá-las. Não devemos esquecer tampouco que as crianças que não desenham podem muito bem vir a ser artistas, desenhistas ou pintores depois da puberdade, e que as crianças com talento na infância podem deixar de tê-lo depois da puberdade.

Temos aqui outra carta, de uma mãe de quatro filhos: uma de cinco anos e meio, gêmeas não-idênticas que têm quase quatro anos e uma menininha de um ano. A pergunta dela refere-se a uma dessas gêmeas, que se chama Claire, muito carinhosa, muito sensível e que, como se diz, parece ter uma espécie de temperamento artístico. Lembro-lhe sua idade: mais ou menos quatro anos. "A música exerce sobre ela uma atração muito forte. Acontece, por exemplo, de ela ficar um pouco triste ou até chorar quando uma música que acha agradável pára. Por outro lado, fica muitas vezes distraída. Meu marido e eu resolvemos não dar demasiada importância a tudo isso para não influenciá-la a ponto de lhe criar problemas." Ela lhe pergunta, contudo, que atividades poderiam ser sugeridas à menina para desenvolver um pouco esse dom: "É possível detectar numa criança tão pequena se ela um dia se tornará uma artista?"

Se essa criança tiver bom ouvido, se gostar de música, por que não começar desde já com aulas de música, evidentemente com um professor que se interesse pela especificidade de cada criança e não alguém que a obrigue a fazer escalas e exercícios chatos? Também existem discos – não aquelas coisas repetitivas –, discos muito bem-feitos e que explicam à criança os grandes compositores. Também seria interessante fazê-la ouvir boa música e não apenas música ligeira ou gravada. Por exemplo, se houver um harmônio ou um órgão na igreja, a mãe pode levar a criança até lá, se isso lhe interessar.

A música é uma expressão extremamente útil para muitas crianças sensíveis. Além disso, há a dança; pois não basta gostar de música e ficar passivo: a música fala aos sentimentos, mas também aos músculos, e é importante que essa menininha saiba exprimir com todo seu corpo o que sente. O senso musical começa extremamente cedo. Se essa criança é musicista, não se deve esperar para educá-la na música. Gostaria de dizer também que lamento a existência desses pianinhos de brinquedo sempre desafinados. O ouvido é tão importante que não deve ser deformado. Seria melhor não ter instrumentos que produzem sons do que ter um pianinho de brinquedo desafinado – o que é uma forma de zombar do ouvido, um órgão tão sensível na criança. Um diapasão seria bem melhor; ou então esses aparelhinhos chamados *melódica*, que têm notas afinadas e com os quais se faz a educação musical das crianças na Alemanha a partir dos dois anos. Existem baixos, médios e sopranos, a criança escolherá o instrumento que preferir. Se há um piano em casa, cuide de que esteja sempre afinado. As crianças não devem "martelar" as teclas, e sim aprender a chamar cada som pelo nome correspondente: as notas são como pessoas, devemos conhecê-las pelo nome e reconhecê-las.

Essas crianças "artistas" precisam de mais ajuda que as outras, justamente por serem mais sensíveis?

Precisam de respeito, isso sim! Toda criança tem de ser respeitada, mas uma criança "artista" tem antenas, sente as coisas. Se tiver uma reação insólita diante de alguma coisa, não se deve dizer a ela: "Como você é bobo(a)!...", o que os pais dizem quando não entendem uma reação de recolhimento ou de alegria. Considero muito importante que as crianças "artistas" disponham de meios para se exprimir e sejam respeitadas em sua expressão, que sejam educadas por professores artistas na disciplina que as atrai. Ouvir música, não por tempo exagerado a cada vez, ir ao museu, olhar pinturas, fazer isso desde cedo é muito importante.

Perguntas mudas
(Ainda sobre a sexualidade)

Uma jovem de vinte e três anos está casada há três e é uma "futura" mamãe, futura no sentido forte do termo: ainda não tem filhos e não está grávida...

E já está preocupada!

Ela lhe pergunta se os pais podem andar nus na frente do filho sem que isso seja traumatizante para ele.

É sempre traumatizante para a criança. Os pais têm de respeitar sempre o filho, como se fosse um hóspede de honra. E eles não andariam sem roupa diante de um hóspede de honra! Para uma criança, a nudez dos pais é tão bela, tão sedutora, que ela se sente lastimável em comparação a eles. Essas crianças desenvolvem sentimentos de inferioridade ou, pior, já não vêem a si mesmas, já não sentem o direito de ter um corpo próprio. Por isso, a mãe e o pai têm de estar sempre em trajes decentes em casa, como os adultos ficam na praia, não nus.

Outra lhe pergunta se é preciso explicar a uma criança de três-quatro anos por que os pais se beijam na boca e não fazem o mesmo com ela. E uma outra pergunta, que se soma à anterior: "Podemos beijar nossos filhos na boca em casa e evitar fazê-lo em público?"

Não! Nem num lugar nem no outro. É ainda mais sedutor quando ocorre na intimidade. Acho que as crianças entendem desde muito cedo que os pais têm intimidades entre si que elas não têm o direito de ter. É precisamente isso que faz uma criança ser criança e os pais serem adultos. Devemos dizer a ela: "Quando você tiver uma mulher (ou um marido), você também o fará." É claro que é totalmente inútil submeter propositalmente uma criança a esse espetáculo. Alguns pais brincam de deixar o filho enciumado. É inútil. A criança não foi feita para se tornar um *voyeur*.

Dito isso, quando um menininho ou uma menininha vêem os pais se beijarem na boca ao se despedir ou se encontrar e também vêm pedir esse beijo, temos de recusá-lo?

Devemos beijar a criança no rosto e dizer: "Assim não, eu gosto muito de você. Gosto dele e ele é meu marido, ou: Está vendo? Ela é minha mulher. As mamães não beijam os filhos na boca." Se houver uma avó ou um avô: "Não beijo minha mãe nem meu pai como faço com seu pai. E ele também não faz isso."

Esta mãe a ouviu falar um dia das palmadas. Lembro-me que, ao falar disso, você disse ser ruim dar uma palmada no filho em público.

Não se deve humilhá-lo nunca...

Ela escreve o seguinte: "Tenho vinte e sete anos e um filho de seis. Sou secretária de uma repartição para onde o levo às vezes. Faz algumas semanas, meu filho descobriu na escola uma brincadeira muito inteligente, que consistia em levantar a saia das meninas." A mãe não parece ter julgado isso muito grave; só tentou dizer a ele que não devia fazê-lo, que não era certo. Um dia, porém, a brincadeira adquiriu maiores proporções, já que o menino, que ela levara para o trabalho, levantou, na frente de todas as secretárias, a saia de uma moça que, ao que parece, ficou vermelha de espanto. A mãe se zangou, baixou as calças do filho e deu-lhe uma palmada "como nunca havia dado e como, aliás, nunca mais lhe darei. Foi humilhado, mas pelo menos compreendeu".

O que está feito, está feito!

Contudo, o que é mais importante, humilhar ou curar?

Como sempre, *entender o que está acontecendo.* Essa criança, com seu gesto, estava simplesmente fazendo uma pergunta muda sobre o sexo das mulheres. Não lhe responderam a tempo. Por isso continuou com sua brincadeira. Quando uma criança faz um gesto desses, é porque precisa de explicações dadas por um homem e uma mulher, ou seja, pelo pai ou pela mãe. Podem dizer-lhe: "Você viu que as menininhas não têm o mesmo pipi que os meninos, e não quer acreditar que sua mãe e as mulheres não têm pipi. Mas é assim. E, então, você está espantado: Como seu pai pode gostar de uma mulher que não é feita como ele? A vida é assim." Se tivessem lhe respondido desse modo, a criança não teria tido esse gesto público. Lamento, evidentemente, que a mãe tenha ficado envergonhada, incomodada, tenha transbordado de raiva e reagido violentamente... O menino entrou na linha, mas, quanto à pergunta sobre o sexo e quanto ao desejo de saber que sente em relação a isso, ele os recalcou antes de tê-los esclarecido. Lamento.

Ela também lamenta.

Como eu disse, o que está feito, está feito... Mas temos de saber que uma criança que faz esse tipo de gesto é uma criança que precisa de explicações; os meninos – sobretudo quando não têm irmãzinhas – não querem acreditar no que seus olhos vêem quando percebem pela primeira vez, e particularmente na escola, que as meninas não têm o mesmo pipi que os meninos. Durante muito tempo, eles ficam convencidos de que sua mãe e as mulheres adultas em geral têm um pênis, como os homens. É preciso informá-los sobre isso, esclarecê-los. Portanto, seus gestos são perguntas mudas.

Outra pergunta: "É bom que uma menininha de quatro anos assista ao parto de sua mãe?" A mulher que lhe escreve está grávida e irá dar à luz em breve.

Se a mãe der à luz em casa, na fazenda, não é necessário afastar a criança, mas tampouco se deve fazer com que assista. Ela pode entrar, se quiser, e sair, se quiser. Em todo caso, é melhor se abster, sobretudo se o parto não transcorrer em casa. Poderia ser traumatizante. Sei que isso está na moda. Mas realmente não acho educativo. É provável que seja até muito frustrante para uma garotinha, incapaz de fazer o mesmo por muito tempo ainda. A presença de um filho mais velho no parto da mãe é inútil com certeza, talvez nociva; e, na dúvida, é melhor se abster.

Por outro lado, para o bebê por nascer, essa presença é totalmente inútil. É da presença do pai que ele precisa, tanto quanto da presença da mãe, desde seu nascimento. Para muitas mulheres e homens, é muito natural estar juntos para acolher o recém-nascido que presentifica o desejo e o amor dos dois.

O que está feito, está feito
(Ansiedades)

Temos aqui uma carta que retoma algumas de suas colocações. Trata-se de uma mãe que nos escreve o seguinte: "Tudo o que você disse é verdade. É sempre o mais velho que serve um pouco de cobaia numa família." Ela tem uma filha de três anos e meio e um menino, seu irmãozinho, que tem dois anos e meio. Só se sentiu realmente mãe depois do nascimento do filho; quando a primeira filha chegou, ela e o marido mal tinham acabado de se separar de seu próprio meio familiar e ela viu essa filha um pouco de fora: "Devo ter acumulado situações traumatizantes durante os três primeiros anos da minha filhinha. Será possível consertar vasos quebrados?" Pois ela ouviu dizer que tudo já está dado nesses três primeiros anos e que não se pode voltar atrás. É verdade? E, se for, é possível, como ela diz, consertar vasos quebrados?

Ela não diz se realmente há vasos quebrados. Só está se sentindo culpada. O que não quer dizer que a criança não tenha se virado bem no meio de tudo isso. Não sabemos...

- *Deve-se dizer que houve algumas boas crises.*

Algumas boas crises?... Voltemos ao tema de que, efetivamente, aos seis anos, e não aos três, tudo já está dado: a mãe tem razão em certo sentido. Aos seis anos, a criança já construiu um caráter a partir das experiências que viveu até então. Por quê? Bem, porque no começo da vida ela ainda não tem referências. Se fosse criada por chineses, falaria chinês. Acontece, porém, que ela fala francês, e não somente a língua; "fala" também o comportamento dos pais; ensinaram-lhe, ela aprendeu, que para virar gente grande é preciso ser como sua mãe e seu pai. Essa criança terá um caráter marcado pelo tipo de relações que teve, mas isso de forma alguma quer dizer que seu caráter será catastrófico e neurótico.

O que está feito, está feito; agora, o importante é conversar com a criança, quando ela crescer, quando um dia disser: "Ah! mas você não gosta de mim. – Gosto sim, mas imagine que, quando você nasceu, eu não tinha a menor idéia do que era ser mamãe. E talvez tenha sido você quem me ensinou... Foi graças a você que eu soube ser mãe para seu irmão." Será incrível, para essa menininha, ouvir a mãe reconhecer que foi inábil, ouvi-la dizer que foi graças a ela que agora tem mais jeito com o segundo ou o terceiro filho. É importante dizer isso à criança, não esconder dela que, de fato, foi difícil e que por isso ela [a mãe] muitas vezes ficava com raiva. As coisas devem ser abertas entre pais e filhos; não se deve tentar "correr atrás do prejuízo". Não é porque não se deram todas as mamadeiras de que uma criança necessitava dos três aos dezoito meses e ela ficou raquítica que, de repente, deve-se dar a ela, aos nove anos, as mamadeiras que lhe faltaram quando bebê. A criança se construiu tal como é: talvez, com um caráter mais difícil que seu irmãozinho – e nem isso é certo; talvez também tenha criado mais defesas, não sei. No entanto, é verdade que a estrutura da personalidade, tudo o que se desenvolverá em seguida já está pronto nessa idade, antes dos três anos... nesse momento, é preciso entender o caráter da criança, porque ela já tem seu pequeno caráter, não é? É preciso sobretudo amar seu caráter. Ela mesma precisa amar o seu caráter, isto é, é preciso ajudá-la a se entender, conversar com ela sobre o que gostaria de fazer, por exemplo... É a própria criança que deve dizer o que gostaria. Se for um menino, o papel do pai é fundamental – ou do avô, de um tio, de um homem. A mãe não tem como resolver sozinha as coisas se a criança já estiver voltada para dentro. É na relação com um homem que ela irá se abrir. E o pai tem de estar presente por isso e para isso. Aos três anos, as crianças gostam de agir como o pai do mesmo sexo para despertar interesse no outro. Também precisam ter amigos da mesma idade.

Outra mãe nos escreve algo divertido: "Ouvindo-a falar, se não fui uma mãe perfeita, serei ao menos uma avó exemplar com os filhos de meus filhos!" Os filhos dela têm agora onze, doze e treze anos, e ela acha que cometeu alguns pequenos erros de educação quando eles eram muito pequenos: "Tenho a impressão de que os problemas que tive decorrem da sensibilidade de meus filhos. Acho que, no fim das contas, as crianças são mais equilibradas, mais serenas, quando são menos sensíveis."

É verdade.

Mas, então, com crianças sensíveis, devemos, por assim dizer, ficar cheios de dedos, agir de modo diferente?

Não. Primeiro, precisamos reconhecer essa sensibilidade nelas. É claro que uma criança mais sensível é uma criança que tem alegrias mais intensas que as outras, e também tristezas mais intensas. Talvez, nesses momentos, se possa compartilhar com ela suas alegrias. A criança precisa que sua sensibilidade não seja considerada nem boa nem ruim, mas um dado de fato que é reconhecido e que implica aceitação e depois controle de sua parte, e não pena nem vergonha.

Uma carta refere-se a um menino de quatro anos, muito agitado e agressivo, que apresenta também sinais evidentes de inadaptação escolar, tem dificuldades, grande agitação verbal e motora e falta de concentração, que o impedem de participar das atividades em classe. Em casa, é muito agressivo, "constantemente rebelde ao que se pede a ele, alimenta-se mal, ainda molha a cama. É uma criança ansiosa".

Isso já parece algo mais sério. Acho que essa mulher deveria procurar um atendimento médico-pedagógico... Trata-se do que chamamos uma criança instável, portanto, uma criança ansiosa. Então, no que diz respeito aos "instrumentos de bordo", de que a família dispõe: quando ele estiver nervoso, a mãe nunca deve irritar-se com ele; ao contrário, deve ficar calma, tentar lhe dar algo para beber: água para beber e água para brincar. Como eu já disse. Brincar com água e tomar banhos todos os dias ajuda muito as crianças nervosas. A música também as acalma, não disquinhos de má qualidade, mas Mozart, Bach. Contudo, neste caso, acho que ele precisa de uma consulta médico-pedagógica.

Por outro lado, a mãe escreve: "Ele come mal." Isso não é verdade. Se ela o deixasse realmente em paz, comendo o que quer e sem atormentá-lo com as refeições, já faria muito por ele; é muito ruim obrigá-lo a comer quando ele não tem fome: nessas condições, ele come apenas angústia e mais nada.

Entender outra língua, adotar os novos pais

Falemos um pouco de crianças adotadas e de pais adotivos. Uma mulher adotou duas crianças: um tem atualmente nove anos; o outro, que está no centro das perguntas que ela faz, é um pequeno vietnamita, que chegou à França com seis meses e meio, no final de abril de 1975. Assustou um pouco a mãe adotiva com espasmos e até síncopes diante de qualquer contrariedade. Isso ocorreu entre seis meses e meio e nove meses: por exemplo, quando a mamadeira terminava, a criança sofria violentos espasmos. Você tem uma explicação para isso?

Tenho. Trata-se de uma criança traumatizada pelo próprio fato que deu origem à sua adoção. Esteve em plena guerra quando estava sendo amamentado, foi bruscamente separado da mãe; havia combates à sua volta e esse menininho guarda tudo isso na memória. Não me espanta nem um pouco: uma criança de seis meses já é um bebê grande, que conhece bem o cheiro da mãe, o som de sua voz, as palavras em vietnamita. Tudo isso se quebrou, talvez pela morte da mãe, em todo caso por sua partida para a França. Ele evidentemente recuperou uma segurança existencial para seu corpo; mas toda sua pessoa simbólica foi construída de outro jeito e foi interrompida numa quebra. Ele "sofreu" um segundo nascimento ao chegar à França de avião, o que lhe deixa, por assim dizer, como que uma lembrança de "vida fetal prolongada" e uma ruptura que foi um segundo nascimento muito traumático. Tampouco me espantaria se ele fosse até um pouco retardado. Ele foi transplantado, como se diria de um vegetal, para outro solo. Agora, *é necessário* que ele volte a passar por ataques de raiva, *é absolutamente necessário*. Esses ataques de raiva, esses espasmos são modos de reviver as marcas dos acontecimentos dramáticos vividos por ele, para esgotá-las.

Atualmente, está com dois anos e não quer tirar as fraldas. Quando a mãe o troca, não quer que afastem dele as fraldas sujas, como se percebesse que tudo aquilo lhe pertence e como se não quisesse perdê-lo, como se aquilo lhe lembrasse a convivência com seus pais vietnamitas antes de ter sido arrancado deles.

Exatamente, no seu corpo de necessidades, sobrevive a lembrança de seu desejo pela primeira mamãe, anterior à idade de seis meses. No corpo dele. E na sua vida simbólica, em francês, ele ainda não tem dois anos. Ainda não tem, por assim dizer, nem dezoito meses, pois precisou de tempo para entender uma outra língua, para se adaptar e para *ele próprio adotar seus novos pais*: precisou de pelo menos três, quatro ou cinco meses para isso. Assim, essa criança de dois anos precisa ser considerada como se tivesse nove meses a menos, se não um ano a menos, embora seu corpo seja "mais velho"... Do ponto de vista da linguagem – e, quando digo linguagem, não são apenas "palavras", é também a maneira de reagir afetivamente –, ele tem pelo menos nove meses a menos.

Agora, a questão dos ataques de raiva... Nos primeiros meses de vida, esse pequeno foi carregado em meio a um drama ruidoso e angustiante; talvez tenha até havido dias em que não foi alimentado. Carrega a guerra dentro de si e seus ataques de raiva são a maneira de que dispõe para reencontrar a si mesmo na época em que estava com sua mamãe de nascimento. Como sua mãe adotiva pode ajudá-lo? Explicando-lhe, agora que já é grande o suficiente para entender francês, que, quando era pequeno, sua mamãe e seu papai de nascimento estavam na guerra, que morreram ou desapareceram, que ele ficou sozinho e que por isso foi acolhido na França, onde encontrou outra família. Mesmo que pareça não entender, repetindo-o várias vezes, ele ouvirá, e isso pelo menos dará um sentido a seus ataques de raiva: sinais de seu sofrimento moral. E, sobretudo, ninguém deve zangar-se quando ele fica com raiva. Devem dizer a ele: "Sim, entendo, havia guerra quando você era pequeno e a guerra ainda está dentro de você. Precisa colocá-la para fora."

Quando se zangam com ele e querem dar-lhe uma palmada, esse menininho tem uma atitude bastante surpreendente: ele ri. Tem-se "a impressão de que os castigos não o afetam".

Não é verdade. Os pais interpretam esse riso como se "nada o afetasse". Não é isso. Ele vive numa forte tensão nervosa: o riso e os choros podem simplesmente ser a mesma coisa. São apenas expressões de sua tensão. Ele está sob pressão e a exprime desse modo, provavelmente porque se sente muito orgulhoso. O mais importante é não humilhá-lo. Quando está com raiva, acho que o melhor é levá-lo para outro cômodo e conversar com ele em voz baixa, calmamente. E, quando a raiva passar, contar-lhe o que acabei de dizer.

Então, o que fazer nesses casos? Conversar com as crianças? Explicar-lhes sempre sua situação anterior?

Sim, sempre. E dizer-lhes expressões como: "pai e mãe de nascimento", um *outro* país, um *outro* lugar, uma *outra* casa. Quando são crianças que ficaram em berçários, que viveram numa pequena comunidade de crianças, com alguns adultos, cada qual encarregado de várias crianças, as famílias adotivas ficam muito surpresas ao ver que elas não procuram os adultos; em contrapartida, ficam muito felizes quando têm à sua volta cinco, seis crianças se mexendo, pulando... Não precisam de carinhos. Pode-se dizer disso o seguinte: é o costume; ou melhor, o que foi vivido nos primeiros meses permanece como engrama, isto é, como um modo conhecido e reconfortante de viver, registrado na memória numa fita magnética. Isso se exprime por meio de comportamentos agradáveis ou desagradáveis, por meio de comportamentos de certa forma insólitos. Acho que as próprias crianças encontram mais facilmente a explicação se os pais a fornecem com palavras. Tudo isso se resolve logo, porque uma criança adotiva adota os pais, assim como seus pais a adotam.

Há também muitos casais mistos – quero dizer: de nacionalidades diferentes –, por exemplo, alemães que se casaram com francesas, franceses casados com alemãs etc. Temos aqui uma mãe alemã, cujo marido é francês. Ela pergunta se é arriscado para o equilíbrio psíquico de uma criança criá-la numa família bilíngüe, se é melhor usar de preferência a língua materna ou a língua paterna, mesmo sabendo que moram atualmente na França. Ela também pergunta se existem alguns períodos particulares no desenvolvimento da criança em que seria preferível usar tanto a língua materna como a língua paterna. Infelizmente, ela não diz a idade do filho. Deve ser bem pequeno, acho.

Nem o sexo?

Não... Acho, contudo, que deve ser um menino, pois fala de um filho ao longo de toda a carta.

Sabemos que os fetos ouvem a sonoridade das palavras, a voz dos pais; esses pais provavelmente falavam e falam entre si, alternadamente, em francês e em alemão. Bem, basta que continuem a fazê-lo. Contudo, seria melhor que a criança fizesse toda a escola primária numa mesma língua até saber ler e escrever bem nesse idioma. Nesse momento, a mãe ou o pai devem ajudá-la com a língua da escola, o francês ou o alemão, conforme for. No entanto, como a mãe é alemã, é impossível que ela seja maternal sem usar sua própria língua; se tiver de disfarçar seu modo de falar natural, moldando-o a uma língua que não é a sua, não terá mais os sentimentos diretos e intuitivos que uma mãe tem naturalmente pelo filho.

Portanto, não há risco de traumas para a criança? Enquanto a escutava, pensei num casal de amigos meus que são de nacionalidades diferentes. A filhinha deles se exprime perfeitamente nas duas línguas. No começo, falava uma espécie de charabiá bastante espantoso, mas, pouco depois, construiu para si dois mundos distintos. Quer dizer que, para ela, havia pessoas que faziam parte do mundo alemão e outras, do mundo francês; ela nunca respondia a um na língua do outro.

Por que faria isso? Era muito esperta. É perfeitamente natural. Ainda assim, devo acrescentar algo: se uma criança, por volta dos dois anos – quando está aprendendo bem uma língua –, for levada para outro país, precisará de ajuda; geralmente, quando a criança deixa de falar sua primeira língua, deve-se voltar a falar com ela nesse idioma, voltar a cantar músicas de quando ela era pequena, ao mesmo tempo que é introduzida pouco a pouco, através de meios bem simples (nomes de objetos...), na nova língua: "Aqui, isso se chama assim." Contudo, deve continuar a falar com os pais como falava antes. Será com crianças, seus coleguinhas, que aprenderá a outra língua.

As crianças precisam de vida
(Lazer)

Falemos agora do lazer das crianças. Uma carta expõe esse problema no caso de uma criança bem pequena. Quem escreve é a mãe: "Tenho um menininho de quinze meses. Fico em casa, mas para mim é um pouco difícil dar atenção ao meu filho porque tenho muitas tarefas domésticas e também trabalhos da universidade para fazer." Faz algumas semanas, ela tem a impressão de que esse menininho de quinze meses está se entediando: "Fica andando sem rumo, com o dedo na boca. Pede colo o tempo todo." Na verdade, ela nos pergunta se existem jogos de imaginação para crianças dessa idade. Ou, então, se aconselhamos algum livro?

Não, uma criança de quinze meses é pequena demais para livros ou coisas assim. Aos quinze meses, o lazer ocorre sempre na companhia de outra pessoa. Ela precisa de outras crianças. Acho que, se essa mãe está muito ocupada, deveria contratar uma cuidadeira que fique com o menino duas vezes por semana, por exemplo, junto com outras crianças. Além disso, ela bem poderia brincar com ele duas vezes por dia durante meia hora. Podem brincar com cubos, de correr um atrás do outro, de subir numa escada ou com água, como eu já disse. Ela pode lhe mostrar como se divertir numa pia cheia de água, com barquinhos, uma esponja, brinquedinhos... Ela tem razão: seu filho está entediado. A mãe deve conversar com ele de tempos em tempos. Caso contrário, a criança pode mergulhar no isolamento interior. Creio que ela tem razão em se preocupar e buscar uma solução.

Uma outra – que tem cinco meninas e um menino – teve a última filha com quarenta e um anos: essa menininha tem quatro anos agora. Foi para a escola e, como todos os outros filhos, teve pequenos problemas de rejeição. Não se divertia muito no começo; agora, parece estar aceitando bem. Contudo, desde que começou a ir para a escola, a mãe percebeu que essa menina se recusa a desenhar, o que gostava muito de fazer antes. Que atitude deve tomar: como aconselhou a professora da escola, deve esperar que um dia dê um clique nela?

Não vejo problema nenhum nisso. Essa menina é a última das cinco?

· *Sim, a última, os outros são grandes: vinte e cinco, vinte e três, dezessete, quinze e catorze anos.*

Portanto, é como uma filha única, já que há dez anos de diferença entre ela e o filho anterior. Acho que esse é o motivo de seu comportamento: ela desfrutou de uma condição totalmente particular, rodeada de muitas pessoas adultas. É preciso explicar-lhe que é difícil ir para a escola porque, antes disso, ela estava sempre em companhia de gente grande; mas que verá que as crianças são bem mais divertidas que os adultos.

Essa menininha só aceita desenhar para uma priminha, que é sua amiga.

Assim, ela se identifica com os grandes que cuidavam dela. Acho que o pai deveria cuidar um pouco mais dessa filha; é ele que tem a chave para lhe facilitar a passagem do estado de bebê para o de menina grande... Tenho um pouco a impressão de que nessa família todos ocupam o lugar de pais, todo o mundo é pai-mãe.

Quanto ao desenho, parece que é mais a mãe que está frustrada. Antes a menina desenhava e agora não desenha mais. Bem, é porque tem outras coisas para fazer, e coisas que despertam seu interesse! A criança que não está acostumada a conviver com crianças de sua idade precisa de mais ou menos três meses de observação para se sentir à vontade na escola. Isso virá. A mãe não deve se preocupar.

Uma carta bastante divertida apresenta o problema da chegada, em casa, de um filhote de cachorro. Essa mãe tem duas filhas de onze e sete anos. Essas crianças não dão muito trabalho. Durante o dia, elas ficam com uma senhora que vem à casa deles já faz cinco anos e meio; a mais velha pede de modo praticamente constante, faz vários meses, que lhe comprem um cachorrinho. Então, é isto: "Moramos num apartamento de três cômodos. Isso traz problemas. Sinceramente, também pensamos em todas as obrigações que um cachorrinho implicaria. Mas o pedido de nossa filhinha é cada vez mais insistente. O que você acha? No Natal, devemos fazer esse esforço que não nos agrada muito, ou isso poderia ser um desejo passageiro de nossa filha?"

É difícil, porque, pelo que a mãe diz, não há lugar no apartamento deles. O cachorro ficaria infeliz. É verdade que as crianças precisam de vida em torno delas e que nos imóveis modernos não há muita vida. Quem sabe poderiam encontrar um animal que ocupe menos espaço, que não precise ser levado para passear, não precise descer para fazer xixi etc., um *hamster*, por exemplo.

Não li, intencionalmente, o postscriptum *da carta: "Atualmente, temos na cozinha um pintinho de quatro semanas, que ganhamos num sorteio. É da minha filha menor, que cuida muito pouco dele. Em contrapartida, a mais velha – portanto, aquela que pede o cachorro – cuida do pintinho e brinca bastante com ele; mas, embora ela esteja muito apegada a ele, também nesse caso foi preciso fazê-la entender que, daqui a dois meses, seremos obrigados a levá-lo para o campo." Bom! Contudo, creio que há uma questão: pode-se continuar recusando algo a uma criança que insiste tanto?*

Claro que sim, quando a recusa for justificada; nesse caso, ela se justifica pelo bem-estar do pintinho que irá se tornar galo ou galinha; no outro, pelo bem-estar do eventual cão: um animal tem de estar tão feliz quanto seu dono. Ora, se o dono está feliz por ter um cão e o cão, infeliz, isso é algo que deve ser evitado e explica o motivo da recusa dos pais.

E outras recusas? Por exemplo: um passeio, a compra de um livro, uma sessão de cinema...

Os desejos são, antes de mais nada, imaginários; encontram seus limites no possível, na "realidade".
Não vejo motivo para recusar a uma criança algo que não incomode os pais, que não lhe seja nocivo e que também não o seja para o que for comprado. Agora, no caso dessa menina... talvez ela fique contente em ter um *hamster*. Afinal, um *hamster* é muito bonitinho e bonzinho e não cheira muito mal, é divertido e exige cuidados. É isso o importante: que a criança cuide dele; a mais velha é capaz de cuidar do pintinho, a menor ainda não. Muito bem! Já tentaram peixinhos vermelhos? Ou uma tartaruga? Ou sei lá o quê... Em todo caso, deve-se conversar bastante antes de decidir pela compra de um animal pelo qual a criança teria de assumir a responsabilidade.

É preciso ter imaginação...

É isso. As crianças também gostam de cuidar do crescimento das plantas. Na verdade, elas *precisam de vida*.
Acho que a criança de que estamos falando entenderá que não pode ter um cachorro. Talvez ela tenha vontade de copiar algum amiguinho que tem um jardim. Podem dar-lhe como exemplo um cachorro que está infeliz na casa de alguém que ela conhece; *é preciso conversar com ela*. Ela só não pode pensar que os pais se recusam a lhe dar o cachorro porque querem aborrecê-la.

Uma mãe nos escreve: "Quando se tem uma filha, deve-se encerrá-la no seu papel de menininha, oferecer-lhe exclusivamente coisas femininas?"

Desde que começamos este programa, sempre se falou de respeitar o desejo das crianças. Quando há um único filho, ele geralmente se identifica com as crianças que encontra, sejam elas meninos ou meninas; por exemplo, se um menino só brinca com uma vizinha, uma menina, ele se identificará com ela e a pequena vizinha se identificará com ele. Desse modo, haverá brincadeiras de "boneca" para o menino e de "carrinho" para a menina. Mas, quando a criança é criada sozinha, imita o pai se for menino e a mãe se for menina... Contudo, os meninos certamente precisam ter bonecas, pratos e talheres de brinquedo...

As meninas, você quer dizer...?

Não, os meninos! Os meninos tanto quanto as meninas. Acontece que, quando meninos e meninas estão juntos, eles mesmos querem se distinguir um do outro, se diferenciar. Nada podemos fazer quanto a isso. É o que ocorre quando as crianças são pequenas. Gostam de se diferenciar umas das outras de modo que, geralmente, os meninos preferem brincadeiras corporais e as meninas brincadeiras conservadoras. Faz parte da índole natural de cada sexo. A partir dos três ou quatro anos, as crianças preferem brincar com e como aqueles de quem gostam: se houver uma criança dominante, seja ela menina ou menino, que escolhe as brincadeiras, pois bem, a outra brincará daquilo, porque gosta de sua companhia. O que não impede que, se os meninos brincam com bonecas, eles brinquem de um jeito diferente das meninas, e as meninas brinquem com carrinhos de um jeito diferente dos meninos.

Quando tocam no corpo da criança
(Cirurgias)

Tenho aqui cartas que falam de crianças que vão ou passar por uma pequena cirurgia, ou ser hospitalizadas por algum motivo bem mais sério. Uma menininha de dois anos e meio, filha única, será hospitalizada em breve para ser submetida a uma cirurgia de coração aberto. Isso exigirá uma hospitalização de dois meses, alguns dias de UTI, portanto, com visitas muito limitadas. Por outro lado, os pais dizem que a filha fica com uma cuidadeira meio período, que se sente muito bem com ela, gosta muito do contato com outras crianças, já está acostumada com o hospital, onde esteve várias vezes para consultas. Perguntam como preparar sua filhinha tão pequena para esse acontecimento.

O mais importante é os pais não ficarem ansiosos. Esse tipo de cirurgia é comum agora e não é perigoso. Portanto, a única coisa que pode interferir é o aspecto "psicológico". Quando se é obrigado a fazer essa cirurgia é porque a criança, que já não vive tão mal, ficará muito melhor depois. É sobretudo nisso que se deve pensar. Uma cirurgia é sempre algo penoso, mas sua finalidade é a cura dos distúrbios que a criança apresenta atualmente e que podem se agravar se ela não for operada imediatamente.

Como ajudá-la? Em primeiro lugar, não é certo que seja impossível a mãe ficar mais freqüentemente junto da cama da filha; ela deve conversar sobre isso com a chefe das enfermeiras, pedir-lhe permissão para fazer companhia à filha. Seria melhor. Muitos hospitais o permitem. Caso ela não obtenha esse "favor", pode preparar de antemão bonecas para a filha: deve comprar quatro; vestirá duas, uma de enfermeira e a outra de médico, e as dará à filha no hospital. Como não se pode tirar do hospital os brinquedos que se tem ali, então, a mãe deverá preparar as mesmas roupas para as duas bonecas que ficarão em casa e que a criança encontrará ao retornar. Dessa forma, ela facilitará a passagem entre o hospital e a casa, porque é justamente isso que é difícil: a volta do hospital, ao contrário do que a mãe pensa. A criança viverá no hospital durante dois meses; é muito tempo, dois meses nessa idade são quase oito meses ou um ano para nós. A criança precisa encontrar em casa os mesmos objetos que lhe serviram de companheiros enquanto estava lá.

Acho que a angústia dos pais por sua filhinha vem também de outra coisa, ou seja, de certas palavras: "de coração aberto". Esse "coração aberto" é uma expressão que angustia as pessoas, quando, na realidade, não se trata de uma cirurgia perigosa. O coração é uma palavra que nomeia simbolicamente o lugar do amor; mas, nesse sentido, é importante que a mãe saiba: não vão mudar o "coração" de sua filha. Ela deve explicar isso à menina. "O coração que o doutor vai operar é o do seu corpo, mas, no seu coração que ama, ninguém pode mexer nem abrir."

Outra pergunta, que retorna com freqüência, diz respeito às crianças que têm dois, três, quatro anos, ou até poucos meses... É o problema da fimose ou das hipospadias. Esses são termos um tanto eruditos. Primeiro, seria preciso explicá-los rapidamente.

São pequenas anomalias do pênis dos meninos; a fimose é o prepúcio estreito demais, pode atrapalhar a criança para urinar, mas sobretudo a atrapalha sempre que tiver ereções. Provoca ereções dolorosas; no inverno, também pode rachar. Muitas crianças sofrem incômodos por isso. Assim, não há nenhum interesse em conservar uma fimose. Porém, quem deve dizer isso é o pediatra. Evidentemente, a cirurgia de fimose causa medo nos meninos; é preciso explicar-lhes que têm de fazê-la para terem um belo pênis, como o papai, um pênis que possa ter ereções sem causar dor. Também é preciso saber que essa cirurgia não é muito dolorosa.

Temos aqui a carta de uma mãe cujo filho tem uma fimose que será operada dentro de um ano, um ano e meio: "Você se dá conta? Consegue imaginar que essa operação não é nada divertida e que pode até ser traumatizante para um menininho de quatro anos? Confesso que é uma perspectiva que me deixa terrivelmente em pânico. Não tenho coragem de falar sobre isso com meu filho, porque tenho medo de lhe transmitir minhas próprias angústias. Meu marido e eu nunca falamos a respeito, como se quiséssemos exorcizar nossa angústia." Isso às vezes adquire proporções enormes!

Entendo, mas trata-se de uma fimose...?

Ah! desculpe..., de uma hipospadia bastante acentuada, diz ela.

É completamente diferente. Numa hipospadia, o orifício do pênis, em vez de estar no centro da glande, está sob o pênis, às vezes muito perto da glande, às vezes bem perto da base do pênis. Aliás, é disso que sofria Luís XVI; ele foi operado já adulto, porque sem essa operação não podia ser pai. Uma criança que tem uma hipospadia molha as calças, não tem como não fazê-lo. É muito embaraçoso para um menino. Diante disso, não sei por que os pais estão angustiados, já que, depois da cirurgia, ele será, ao contrário, muito mais feliz. É, de fato, uma cirurgia desagradável, mas esses desprazeres não são nada perto do prazer de ter um pênis normal, como os outros meninos. É isso que devem lhe dizer. Os pais sempre ficam ansiosos quando o corpo de seus filhos é tocado. Mas, nesse caso, estão errados, pois a criança – e é preciso explicar isso a ela – será muito mais feliz depois.

Tudo isso apresenta, de forma geral, o problema da hospitalização das crianças. A conclusão é que não se deve fazer um drama desse acontecimento?

Não, especialmente porque as crianças costumam ficar felizes no hospital; assim que melhoram um pouco, elas têm companhia. Quando a criança vai para o hospital, nunca se deve faltar à visita prometida; isso é muito importante. Se a mãe perceber que não poderá passar um dia, não deve fazer o filho acreditar no contrário. Muitas vezes, no hospital, a criança só pode ver os pais por trás de vidros. E os pais começam a chorar porque o filho está chorando; ficam angustiados. Contudo, é normal que a criança chore: nesse momento, os pais têm de ter a coragem de suportar seu choro. Não devem ir embora pensando: "Já que ele chora quando me vê, não venho mais." É melhor que a criança chore, grite, sofra a tristeza de ter visto a mãe sem poder estar nos seus braços do que evitar-lhe essa tristeza a pretexto de que ficam muito aflitas, a mãe e a criança. Azar! A mãe tem de ter a coragem de ficar aflita, sem demonstrá-lo em excesso. É bom para a criança (mesmo que chore) ver a mãe, mesmo que ela chore! Seria bem pior não vê-la e achar que ela a esqueceu.

Um bebê precisa de colo
(Acalmar)

Temos aqui uma mãe cujo filho (que tem dezoito meses) vomitava sempre desde o nascimento, com os sintomas nervosos "habituais" do recém-nascido. Por volta dos onze meses, ficou durante uns dez dias aos cuidados dos avós; a partir daí, começou a bater a cabeça contra a grade da cama. Isso adquiriu proporções significativas, pois agora esse gesto se tornou um instrumento de pressão para a criança: ela sabe que, quando bate a cabeça na cama, os pais vêm imediatamente. A mãe também esclarece que o filho foi circuncidado aos nove meses (por causa de uma fimose) e que certamente guardou uma lembrança um pouco dolorosa dessa cirurgia: "Gostaria de entender o que isso quer dizer. Essa criança está buscando uma resposta para uma pergunta? Como explicar seus distúrbios?" Em outros aspectos, é uma criança feliz, uma criança que brinca bastante...

Portanto, as dificuldades começaram depois da passagem pela casa dos avós, passagem que veio logo depois da cirurgia de fimose... Acho que é um menino que não foi preparado, com explicações claras, para sua cirurgia. Como vocês sabem, eu já disse muitas vezes que nunca é cedo demais para dizer a verdade para um bebê.

Não o prepararam para essa cirurgia, e tampouco para a temporada na casa dos avós. Atualmente, quando bate a cabeça (ou seja, quando está semi-adormecido ou mesmo durante o sono), é o pai, mais que a mãe, que deveria acariciar-lhe a cabeça de trás para a frente e dizer-lhe: "Sabe, quando você era pequeno, nós o deixamos na casa de seus avós e você não sabia que iríamos buscá-lo de novo. Não lhe explicamos isso e você achou que estava na prisão. Achou que era prisioneiro. E agora você bate como um prisioneiro contra as grades. Mas você não é prisioneiro. Nós o amamos. Além disso, papai e mamãe estão ao seu lado, no quarto. Estou aqui pertinho." Pois é uma criança precoce; o que a mãe nos conta de seus vômitos da época em que era bebê já é um sinal de que precisava de companhia, uma companhia especial, não qualquer uma.

Aproveito para dizer que as crianças que vomitam têm muito mais necessidade de colo. Há um sistema, na educação dos bebês (e alguns pediatras aderem a isso), de acordo com o qual não se deve criar "maus hábitos" nas crianças; não se deve, digamos, niná-las; não se deve, digamos, carregá-las contra o corpo.

Contudo, *deve-se sim*. É claro que isso não vai durar até os vinte e cinco anos. Pouco a pouco, vai-se mudando o jeito de ser com a criança. Mas é absolutamente necessário que os bebês sintam que dispõem de uma segurança total. Ora, o bebê só terá essa segurança quando der um encontrão, por assim dizer, na mãe. No berço, ela busca dar um encontrão na mãe, mas só encontra o berço. Então, a primeira coisa a fazer é forrar o berço com muitas almofadas...

Foi o que fizeram. Dizem até que, desde então, o assunto perdeu toda a importância que tinha.

Claro! Talvez devam tirar as grades da cama... Também é preciso contar para esse menininho sua cirurgia de fimose e por que foi operado. É o pai quem deve explicar-lhe todas essas coisas relativas à sua futura virilidade; ele foi ferido no começo. Não devemos esquecer que, durante meses, esse menino sofria cada vez que urinava, que tinha uma ereção, ou seja, de sete a dez vezes por dia. Era também por isso que ele se sentia muito mal e que a cirurgia era necessária. É preciso falar-lhe disso, e dezoito meses não é muito cedo para fazê-lo. Mesmo com dois meses ou com seis dias, não é cedo demais para falar a uma criança de sua sensibilidade, dos sofrimentos por que passa: dizer-lhe que vão fazer tudo o que podem para ajudá-la, mas que não podem poupá-la de certas experiências dolorosas.

Agora há pouco você falava dos pediatras. Pois, veja só, temos aqui a carta de uma pediatra. Pede que você fale das chamadas "cólicas do bebê"; crianças, embora saudáveis, que sofrem de cólicas, choram sem parar, às vezes durante seis ou oito horas por dia.

Acho que um bebê que chora assim teve um nascimento um pouco traumático ou é uma criança mais sensível à brusca separação da mãe, ou, então, teve uma mãe ansiosa quando ele estava *in utero*. É preciso estimular as mães a manterem o filho contra o próprio corpo o máximo de tempo possível. Se não puderem fazê-lo, devem conversar com ele, mantê-lo o mais perto possível do lugar onde trabalham, embalá-lo quando chora. Não há nenhum interesse em deixar uma criança chorar, a pretexto de que está com cólicas e de que vai passar. Ela sente o mundo, e seu mundo é a mamãe, não é mesmo? É claro que chorar é melhor do que não chorar e sofrer. Todavia, tampouco se deve deixar o bebê chorar sozinho. Ele tem de ouvir uma voz que o entenda. Um bebê precisa de colo. São os costumes atuais que fazem com que a criança não esteja rodeada pelos avós ou por uma família numerosa. Antigamente, o bebê ficava no colo quando não estava dormindo. Há muitas crianças que choram e que só precisam de um pouco de colo, só precisam ser embaladas; basta conversar com elas, basta a mãe não ficar ansiosa. Outras têm dificuldades para digerir o leite e precisam ser ajudadas. Antigamente, havia muitos remédios caseiros, muito simples; eu mesma apliquei um deles a um dos meus filhos que chorava, era um produto que fazia o leite de vaca coalhar mais facilmente, da maneira como coalha o leite de mulher. Era tempo de guerra, não havia leite e eu não tinha o suficiente para o meu primeiro filho: o xarope de papaína o aliviou. Agora existem leites muito bem adaptados às crianças.

Há ainda mais uma coisa a fazer, em que as mães raramente pensam, e que consiste em massagear delicadamente, por cima da fralda, a barriga do filho; isso também ajuda a criança a não ter frio na barriga; e, se estiver molhada, uma bolsa de água quente ajuda. Todas essas pequenas coisas fazem diferença.

Não se deve esquecer que, por outro lado, alguns bebês realmente têm dor de barriga, porque algo mais grave está por vir.

Além disso – repito –, é preciso falar com o bebê num tom delicado, muito calmo, e nunca lhe dizer: "Fique quieto!", berrando. Pois, nesse caso, a criança se calará, mas ficará com mais angústia ainda por não poder manifestá-la para se submeter ao desejo da mãe.

Ficará apavorado, mas não manifestará mais nada.

Isso mesmo! O que é pior. Ao contrário, seria melhor dizer-lhe: "Coitadinho, você está com dor de barriga." Coisas assim, simples, enquanto se prepara a comida, se faz faxina… E, sempre que puder, a mãe deve embalá-lo um pouco, massagear-lhe a barriga, conversar com ele. É o que podemos dizer. Mas é sempre difícil. Veja, nessa mesma ordem de idéias, houve uma carta que me interessou muito: a de uma mãe de gêmeos… Se você conseguisse encontrá-la…

Achei. Cathy e David são gêmeos nascidos prematuramente – com sete meses e meio – e, por isso, conta a mãe, ficaram durante um mês e meio na unidade de prematuros. "Quando tinham por volta de cinco a seis meses, precisei deixá-los várias vezes num berçário, e isso…"

Ela disse inclusive "um berçário sem horários fixos"… É muito interessante haver lugares assim, onde as crianças não ficam obrigatoriamente o dia todo.

"… três ou quatro horas por dia, a cada vez. As condições de acolhimento eram excelentes. Contudo, eis o que ocorria na hora das refeições e da troca: nessas ocasiões, as puericultoras vestiam uma blusa branca para pegar as crianças; meus filhos começavam imediatamente a berrar; o berreiro tinha início assim que as blusas brancas se aproximavam e durava todo o tempo dos cuidados… Pensei então que eles associavam as puericultoras de blusa branca às enfermeiras que haviam encontrado na unidade de prematuros e, para transmitir confiança aos gêmeos, para lhes mostrar que as blusas brancas não significavam uma separação entre nós, eu mesma passei a vestir uma

blusa branca ao dar-lhes banho ou mamadeira em casa. A partir desse momento, não houve mais nenhuma reação de susto ou de outro tipo em casa." Passados vários dias, quando a mãe levou os filhos ao berçário, não houve mais nenhuma reação às blusas brancas das puericultoras.

Isso mostra quanto as crianças precisam da mediação materna para tudo o que é novo. Nesse caso, não se trata de coisas novas, mas do passado que foi angustiante e ao qual as crianças não queriam retornar; essa mãe realmente demonstrou uma intuição e uma inteligência maternas pelas quais a parabenizo.

Bebês grudados, gêmeos ciumentos

Retomemos a mesma carta, para chegar à pergunta da mãe. O menininho e a menininha, que agora têm cinco anos e meio, cresceram juntos, sem que se pudesse dizer que um dominasse o outro. Eram muito diferentes um do outro, tinham centros de interesse claramente distintos; sempre houve entre eles ao mesmo tempo uma grande emulação e uma grande rivalidade, até os cinco anos, quando foram para a escola. Nessa época, tinha-se a impressão de que a menina era mais adiantada que o irmão: "Sentíamos que ela dominava o menino, sobretudo porque se virava muito bem." Por volta dos cinco anos, foi o menino que deu um salto para a frente, muito repentino, sobretudo no âmbito da escola. Estavam na mesma classe e parece que a professora elogiou muito o menino por seus progressos. A mãe esclarece que, em casa, nem ela nem o marido teciam comparações entre os dois filhos ou faziam comentários: "A partir daquele momento, tive a impressão de que a menina passou a se deixar esmagar pelo irmão. Apresentou até uma tendência a regredir: linguagem pior, distúrbios de memória etc." Essa situação já dura seis longos meses. A mãe pediu para que os filhos ficassem em classes diferentes, o que aliás as crianças aceitaram com muito prazer. A pergunta é: "Como ajudar a menina a sair desse impasse, como levá-la a recuperar a confiança em si mesma?"

Tenho a impressão de que essa menininha acabou de descobrir sua feminilidade, ou seja, o que a diferencia do irmão. Por muito tempo, pelo fato de serem gêmeos, era algo natural: a questão nem se colocava. É possível que os pais não lhes tenham falado o suficiente da diferença entre eles, nunca lhes tenham dito coisas simples como: "Você vai se tornar um homem; você vai se tornar uma mulher", desde muito pequenos. Acho também que ela teve o azar de ter uma professora. Se fosse um professor, como ela tem a língua bem solta – é normal entre as meninas –, teria ido de vento em popa para agradá-lo. O menino, nesse momento, teria pensado: "Bem! Mais uma vez é ela que fica por cima!" Mas, na escola, o menino encontrou outros meninos. Pensou: "Olha! São como eu e ela não é como eu." Talvez os pais não tenham falado o suficiente da diferença sexual. É por isso que as crianças se sentem aliviadas de ficar separadas. Pois gêmeos de sexo diferente, como esses, não podem se apaixonar um pelo outro, como ocorre normalmente entre meninos e meninas a partir dos três anos: todas as crianças que estão na escola, nessa idade, meninos e meninas – digamno ou não –, têm um namoradinho ou uma namoradinha entre os colegas. E a menininha fica de olho no irmão; até então, era ela a sua preferida. Mas eis que agora ele tem meninos como amigos e, além disso, talvez se sinta atraído por uma menininha. Ela se sentiu desalojada de seu lugar de única companheira e, ao mesmo tempo, de única menina para seu irmão, o que é normal. Os pais têm de lhe explicar isso. Devem dizer a essas crianças, desde já, que sempre serão amigas, mas que, como irmão e irmã, devem conseguir se separar, porque cada um deles foi feito para ter outro companheiro mais tarde: ela, um menino que será seu namorado e depois seu marido, e ele, uma outra menina, mais tarde sua mulher.

E quando são gêmeos idênticos, duas meninas ou dois meninos?...

Nesse caso, é completamente diferente, porque é grande a rivalidade entre gêmeos. Geralmente, fica camuflada até a puberdade: até lá, costumam comportar-se como um binômio, não se consegue separá-los. E é uma pena. Vendo isso, os pais deveriam vesti-los de forma diferente desde bem pequenos, darlhes brinquedos diferentes, mesmo que eles os trocassem entre si... conseguir que fossem convidados separadamente para ir à casa de amigos diferentes quando possível, colocá-los em classes diferentes. Mas é verdade que existem gêmeos inseparáveis. Caso se desenvolvam bem, sem prejudicar um ao outro em classe por um excesso de dependência e se realmente ambos o desejarem, pode-se deixá-los juntos.

É sempre ruim criar de forma exatamente igual duas crianças próximas, o que também se aplica a gêmeos.

Esse fato, deve-se dizer, não é muito conhecido; vemos tantos irmãos ou irmãs pequenos vestidos do mesmo jeito...

Exatamente. Ora, os gêmeos devem ser individualizados desde muito pequenos, porque, se não for assim, grudam um no outro: um é o dominante, o outro, o dominado, e isso é ruim para ambos. Talvez seja pior para o dominado do que para o dominante. Seria melhor, sempre que possível, separá-los. Quanto à classe, duas escolas maternais diferentes, se for viável... É preciso agir assim o mais cedo possível porque, depois de adquirirem o hábito de estar sempre grudados, não se consegue mais separá-los e, na puberdade, isso se transforma numa guerra terrível: nenhum deles aceita a chegada de um terceiro escolhido pelo outro. Há sempre um que se coloca como rival do outro, se este começa a prestar atenção num amiguinho. Por isso, é melhor que não estejam ininterruptamente sob a vista um do outro. Sejam gêmeas ou não, as crianças devem ser vistas pelos pais como pessoas totalmente diferentes. É muito importante, mesmo que sejam muito parecidas.

Muitas vezes ouvi dizer à minha volta: "Gêmeos não devem ser separados." Não é porque estavam juntos antes de nascer que têm de continuar a ser vistos como reflexo um do outro. É como se os "coisificassem": são sempre reportados a seu passado... É preciso avaliá-los hoje e, *hoje*, são diferentes. Geralmente, têm um padrinho e uma madrinha diferentes; estes podem levá-los para passear separadamente. Como vêem, é preciso distingui-los o tempo todo, permitir que desenvolvam personalidades tão diferentes quanto possível.

E, nesse caso também, não hesitar em conversar com eles, em explicar.

Naturalmente.

Dizer "não" para fazer "sim"
(Obediência)

Esta carta traz o problema da autoridade na família: "Gostaria de saber a partir de que idade se pode exigir a obediência de uma criança: guardar os brinquedos, permanecer à mesa, ir para a cama, parar de brincar, fechar uma porta." Essa senhora tem um filho de dois anos. Acrescenta: "Tenho de usar de artimanhas o dia inteiro para ser obedecida, pois, faz alguns meses, ele entrou numa fase do 'não' sistemático, que se afirma cada vez mais."

Essa criança está mudando sua psicologia de bebê, que não podia deixar de fazer o que a mamãe pedia; antes, era sempre como sua mãe queria, porque os dois eram apenas um. Agora, ele consegue distinguir "eu-eu" de "eu-você": está se tornando tão "eu" quanto sua mãe. É a fase do "não", que é um período muito positivo se a mãe o entender. A criança *diz* "não" para *fazer* "sim". Isso quer dizer: "'Não' porque você está me pedindo" e, imediatamente depois, "mas, na verdade, *eu* até quero fazer isso".

A mãe poderia ajudar muito o filho dizendo-lhe: "Sabe, se seu pai estivesse aqui, acho que ele também lhe diria a mesma coisa." Não deve insistir muito. Alguns minutos depois, a criança fará o que lhe pedem. E o fará para se tornar um "homem" e não continuar sendo uma "criança" em quem mandam, como se manda num cão ou num "filhote", que precisa de um dono. Ora, ele está ganhando a possibilidade de dizer: "Eu..." Não é muito cômodo para a mãe, mas é um momento muito importante.

A mãe também fala de "arrumar". Muito bem, uma criança não pode arrumar as coisas sem perigo antes dos três anos e meio, quatro anos. Uma criança que arruma as coisas cedo demais pode tornar-se obsessiva...

O que isso significa?

Alguém que, mais tarde, fará as coisas por fazê-las, mas não porque elas têm um sentido: de acordo com uma espécie de rito. Deixa de estar entre os vivos, fica submetido como uma coisa às outras coisas. Embora os pais conheçam bem a utilidade da arrumação, a criança não sabe nada sobre isso: quanto mais desordem houver, mais se sente no direito de viver. Quando uma criança brinca, ela faz bagunça, tem de ser assim. Ainda não tem a *sua ordem*. *Sua ordem* virá com sete anos. No entanto, pode começar a pôr as coisas em ordem aos quatro anos, sobretudo se, cada vez que fizer isso, a mãe lhe disser: "Bem! Agora, antes de fazer outra coisa, vamos arrumar aqui. Venha! Ajude-me." Ela faz três quartos do trabalho, a criança faz um quarto, a contragosto, mas o faz. Passado certo tempo, também o faz porque vê o pai arrumando. Mas, atenção!, meninos cujo pai nunca arruma nada têm muita dificuldade de se tornarem "ordeiros". É preciso ser ajudado pelo pai, que pode, por exemplo, dizer ao filho: "Veja, eu não aprendi a pôr a casa em ordem quando era pequeno. Isso me atrapalha muito. Não acho minhas coisas. Sua mãe tem razão. Tente se tornar mais ordeiro que eu." É sabido que os meninos não se tornam ordeiros justamente porque era a mãe deles que queria que deixassem a casa em ordem quando eram pequenos e não foram ajudados pelo pai, seja por meio do exemplo, seja com palavras que lhes permitiam entender a perturbação que a bagunça traz para a vida cotidiana.

Quanto aos outros problemas: permanecer à mesa ou ir para a cama? Se uma criança diz simplesmente "não" e não vai?

Mas não está "certo" ir para a cama quando não se está com sono! Para os pais, o importante é terem sossego a partir de uma certa hora da noite. Nesse momento, deve-se dizer: "Bem, agora está na hora de você *nos* deixar em paz; queremos ficar em paz! Vá para seu quarto e durma quando tiver sono!" Só isso. A criança irá para a cama, não porque a obrigam, mas porque está com sono; ou, então, adormecerá numa ponta do tapete, num lugar em que faça menos frio; uma ou duas horas depois, os pais podem colocá-la na cama. A criança tem de aprender por si mesma os ritmos da vida. Se a mãe mandar e decidir sobre tudo, ela acabará não tendo seu corpo próprio: seu corpo continuará pertencendo ao adulto. É um perigo para a aquisição da autonomia.

Outra carta diz respeito também aos pequenos problemas noturnos nas famílias. Uma mãe escreve: "Tenho um capetinha de catorze meses. Já aos oito meses ele quebrou as grades da cama para poder descer e bater na porta quando não queria mais dormir. Agora, com catorze meses, descobriu outro sistema. Adormece muitas vezes na frente da porta-balcão do apartamento. Acaba adormecendo no chão. Para não perturbá-lo, simplesmente instalamos um tapete um pouco mais grosso. Assim ele não sentiria frio. Curiosamente, desde que instalamos esse tapete, ele o usa cada vez menos." E as perguntas: "O que pode atrair uma criança para o canto de um apartamento? A paisagem por trás da porta-balcão ou as luzes da rua? Talvez também o ar fresco, porque é uma criança que detesta lençóis e cobertores, e os arranca sempre? Por que está indo menos para esse lugar desde que pusemos o tapete?"

É meio complicado. Acho que, mesmo que a mãe não tivesse colocado o tapete, depois de algum tempo ele teria feito a mesma coisa. No começo, a criança se volta para algo que lhe parece uma saída: gostaria muito, por exemplo, de passear na rua. Por que não, já que não tem sono? Então, vai para o lugar onde, talvez, haja algo para ver. Distrai-se. Ainda não sabe ler, olhar imagens sozinho. Portanto, vai olhar o que se mexe, a vida...

Quando as crianças vão para a cama, não se deve guardar seus brinquedos antes de elas adormecerem. Deve-se primeiro fazê-las dormir e depois arrumar os brinquedos. Os brinquedos fazem parte delas...: vão dormir porque elas vão dormir. Essa criança está vendo que a vida continua. Pouco a pouco, irá se acostumando com seu próprio ritmo e com suas necessidades de descanso e de sono. Em algum tempo, irá sozinha para a cama. Por enquanto, quebrou as grades, tudo bem; não precisa mais delas.

Com oito meses, é um desempenho e tanto!

Sim, significa que ele é forte! A partir do momento em que a criança consegue fazer algumas acrobacias, é preciso pôr ao lado de sua cama, para que não caia, escadas ou uma cadeira, um pequeno tamborete, para que possa descer com facilidade da cama pulando as grades: para uma criança que não está dormindo, não há nada pior que se sentir presa numa jaula. Isso é difícil sobretudo para o filho único... Quando são dois ou três no mesmo quarto, não há problema, porque se divertem até o momento em que o primeiro adormece.

A propósito da fase do "não" nas crianças...

Ela se situa por volta dos dezoito meses para os meninos muito precoces; em outros, aos vinte e um meses... É um momento a ser respeitado, que não deve ser impedido. Não se deve responder nada. Um pouco depois, a criança fará o que a mãe pediu.

Temos aqui de novo a refeição em família. Quem escreve é uma mãe: ela tem uma filha de cinco anos, a mais velha de dois outros filhos. Ela e o marido não estão de acordo quanto à maneira de ensinar essa criança (muito pequena) a ter modos à mesa: "A meu ver, meu marido lhe pede coisas demais para sua idade, pois exige que essa mencininha se sente direito, com os cotovelos junto ao corpo, coma de boca bem fechada, sem fazer barulho. E eu acho que seria melhor ir por etapas, esperar que algo tenha sido adquirido para ir mais longe, para pedir mais. Durante a semana, as crianças fazem as refeições na cozinha, mas, aos domingos, as refeições viram um verdadeiro tormento para todos por causa das constantes observações de meu marido para nossa filha. Como chegar a um equilíbrio entre refeição educativa, por um lado, e refeição agradável, por outro? O que se pode de fato pedir a uma criança de cinco anos? Não deveríamos esperar um pouco mais?" Outro aspecto bastante importante: "Meu marido bate em nossa filha com o garfo, de leve, é claro." Essa senhora se apressa em escla-

recer que, por outro lado, o pai é exemplar, brinca bastante com os filhos, gosta muito deles, acompanha seus estudos, lê livros para eles... Mas, na mesa, as coisas beiram a histeria...

É chato que a mãe nos escreva sem que o pai nos tenha dado sua opinião. Devo dizer que essa menina, com cinco anos e meio, já deveria comer como gente grande. Talvez, de tanto fazer as crianças comerem sozinhas, na cozinha, a mãe não as tenha ensinado a comer direito. Uma criança pode fazê-lo sem problemas com três anos. Exatamente como um adulto. Acho que, de certa forma, o pai gostaria que a filha fosse apetitosa para os olhos; trata-a até um pouco como um produto alimentício: espeta-a com um garfo! Gostaria que a filha fosse realmente perfeita – provavelmente porque a adora –, e ela deve sentir isso. Pergunto-me se tudo não se deve especialmente à angústia da mãe, se a menina não joga um pouco com a situação. Ela percebe muito bem que o pai e a mãe brigam por causa dela com a história das refeições. Em vez de sair do sério a respeito do que acontece na mesa, a mãe poderia chamar a filha de lado, no dia em que o pai não está, e dizer-lhe: "Escute, vamos dar um jeito para que você coma perfeitamente bem; seu pai tem razão: você tem de conseguir comer direito. Talvez você ache divertido que seu pai só cuide de você na mesa. Bem, eu não gosto disso. Seria bem mais agradável se, na mesa, falássemos de outra coisa."

Parece uma guerra na hora das refeições. Para a mãe, é muito ruim. Para a menina, não é nem bom nem ruim, não tem nenhuma importância, por assim dizer, pois o que obtém são liberdades do papai para com ela, que fica no lugar de rival triunfante perante a mãe. O chato é que não há mais refeição em família. Então, a mãe deve fazer esse esforço no que se refere à filha. Acho que ela pode começar a comer direito em menos de uma semana.

Se você me permite um comentário pessoal, há uma grande distância entre comer direito e estar no exército... Pode-se realmente pedir a uma criança de cinco anos não apenas que coma direito, mas também que não fale, que coma de boca fechada? Isso é realmente importante para sua educação?

É importante somente porque o pai exige...

Ele estaria certo se não desse tanta importância a isso?

Se desse apenas a importância necessária, bem, tenho certeza de que a menina já comeria direito. Ela provoca o pai para que haja atritos; é muito engraçado, aos cinco anos, ver papai e mamãe brigarem por sua causa. E, mesmo que a mãe não o diga, a filha o sente e, no final, é ela a rainha durante as refeições, já que o pai só se ocupa dela. Pergunto-me se a mãe não poderia chamar o marido de lado – fora, é claro, da hora das refeições e não na frente das crianças – e dizer-lhe: "E se as crianças continuassem a comer antes de nós, mesmo nos fins de semana, até que ela coma direito?" Talvez isso também seja muito divertido para ele. Não sei. Esse já é um outro problema: o do pai, que não escreveu carta nenhuma e não se queixa de nada, que repete a cada refeição o mesmo roteiro, como se ele e a filha fossem dois palhaços que representam um esquete que deu certo.

Uma pergunta que eu ia lhe fazer: existe uma fase do palavrão? Explico: uma mãe de três filhos – dois meninos de sete e quatro anos e uma menina de três – nos escreve o seguinte: "Pessoalmente, não sou muito sensível aos palavrões. Mas, afinal, é um tanto delicado socialmente, quando temos visita em casa, ouvir as crianças andando pelo apartamento xingando-se como caminhoneiros. Nossa família não tem o hábito de dizer palavrões. Portanto, isso vem da escola." Ela acrescenta: "O último, de aquisição recente, é 'puta'. Eles dizem: 'Puta! Puta! Puta!' O anterior, que era 'bosta', parece já ter caído em desuso, o que me parece de bom augúrio para os próximos. [...] Que devo fazer? Fingir que sou surda?"

Para uma criança, falar palavrões *lhe dá moral*. É fantástico, ela vira realmente gente grande. E mesmo escrevê-los nas paredes, a partir do momento em que sabe escrever, é fantástico. A mãe deve dizer aos filhos, por exemplo: "Muito bem? Que palavrões vocês sabem?" Serão poucos. Quatro, cinco... E o pai dirá: "Você só sabe quatro ou cinco? Escute! Aprenda mais alguns porque na escola você precisa ter uns novos." Então, se o pai não souber muitos, que invente alguns, qualquer um. E diga logo: "Isso é para a escola. Aqui, você tem de ser como seus pais. Mas o importante é saber todos. E, se não souber escrevê-los, eu mostro como se escreve." A criança ficará muito contente: portanto, é permitido quando se está no meio dos colegas, porque isso *lhe dá moral* e, em casa, vive-se como em casa; cada casa, cada família, no seu estilo.

Quando as crianças estão no quarto, com a porta fechada, a mãe não deve ficar escutando atrás da porta. É o mundo delas. E quando, por acaso – isso acontece –, elas pronunciam palavrões na frente de todo o mundo, deve dizer: "Aqui, estamos com outras pessoas. Comporte-se como gente grande..., senão você vai parecer um bebê." No caso de crianças que *realmente precisam* pronunciar palavrões, a mãe deve dizer: "Isso você vai fazer no banheiro. Tudo o que é caca é feito no banheiro. Então, vá! Por favor, alivie-se no banheiro." E as mães ficarão muito surpresas de ouvir os filhos berrarem no banheiro todos esses palavrões e, depois, vê-los contentes. Porque *eles têm necessidade* de pô-los para fora. Há também as crianças "respondonas". A réplica da mãe tem de ser do tipo: "Sabe, eu não ouvi nada, pus meus tampões de ouvido." A criança não é boba: a resposta significa que não é bom dizer aquilo tudo. E, porque a mãe o deu a entender com malícia, a criança lhe agradecerá.

Nus, na frente de quem?

Já falamos dos problemas da nudez dos pais diante dos filhos e você respondeu de forma bastante rápida, porque esse não parecia ser um problema muito importante... Pois bem, chegou uma avalanche de cartas de contestação e sobretudo muitas de naturistas que nos escrevem...

Então, seria interessante falar mais detidamente a respeito.

Primeiro, os naturistas: "Levamos nossos filhos regularmente a centros de naturismo. Nossos filhos nunca têm vergonha de seu corpo ou do corpo dos pais." Por outro lado, eles acham que esse é um excelente meio de iniciar a educação sexual dos filhos.
Depois, a carta de uma mãe que também não concorda com o que você disse: "É preciso ser natural em tudo." Portanto, acusa-a de fazer um julgamento muito rígido sobre o nu. Por fim, outros não entenderam muito bem o que você disse; entenderam que, na sua opinião, os pais não deveriam demonstrar carinho diante dos filhos. Acho que este é um outro problema; não se deve misturar tudo...

Em primeiro lugar, nunca falei de vergonha. É justamente o contrário. As crianças têm muito orgulho do corpo dos pais: para elas, seus pais são sempre perfeitos em sua nudez, como, aliás, em todo o resto. Contudo, há alguns períodos na vida da criança em que ela não vê todas as coisas. Quando é pequena, não vê os órgãos sexuais, por exemplo. É somente a partir do momento em que percebe a diferença sexual (e não somente sexual), a diferença entre todas as formas, que começa a "ver" verdadeiramente, a observar os corpos. Os adultos têm de saber, por exemplo, que uma criança entre um ano e meio e dois anos e meio não tem o senso de volume e da diferença. O momento em que percebe diferenças é muito importante, porque é então que a realidade se estrutura. Portanto, nessa idade, a diferença de volume é para a criança diferença de beleza: *o grande é melhor que o pequeno*; ela se sente inferior aos adultos, embora, nesse mesmo momento, já formule frases tão bem quanto um adulto. No entanto, não é capaz de valer tanto, no plano sexual e no plano corporal, quanto esse "maravilhoso" papai ou essa "maravilhosa" mamãe. Foi isso precisamente o que eu disse.

Quanto aos adultos que ficam nus nas praias, bem, é algo que pertence ao âmbito do *social* e isso não interessa às crianças nem mais nem menos que tudo o que descobrem no mundo. Saber que os pais são feitos como todos esses outros adultos, por que não? Mas os pais têm uma importância diferente: o fato de ter a nudez deles cotidianamente diante dos olhos faz com que os filhos continuem não querendo vê-los. Colocam-nos numa espécie de – como dizer? –, numa espécie de esconderijo imaginário, porque a nudez dos pais, sua beleza, os fere. E isso os pais não entendem.

A partir de cinco anos e meio, seis anos, sete anos, dependendo da criança, elas, ao contrário, passam a só prestar atenção em si mesmas e em seus amiguinhos. Portanto, a partir daí, os pais podem fazer o que quiserem, desde que não obriguem as crianças a agir como eles. Mas as crianças entram de novo num estado de inferioridade no momento da pré-puberdade. Eu mesma vi um número significativo de incidentes psicológicos em meninas que iam passar ou tinham passado férias em campos de nudistas pela primeira vez; os pais achavam que a filha era "suficientemente grande" e ela mesma ficava muito contente com a idéia de ir. Depois, na volta, os pais não entendiam por que essas mocinhas – porque conheci pelo menos seis – se apagavam, tornavam-se muito tímidas. Quando tive a oportunidade de vê-las em psicoterapia, no hospital, era como se elas tivessem escondido de si mesmas a realidade: *não queriam ver mais nada.* Escondiam-se igualmente de si mesmas: "Sou tão feia! Sou tão sem-graça! As outras meninas são tão lindas!" Na verdade, elas eram particularmente bem-feitas. Isso faz pensar. É até muito curioso que, quanto mais os moços e as moças são belos, mais se acham feios. Por quê? Porque, se tudo o que têm pode ser visto..., o que acontece com seu *valor* como pessoa? O que se torna inquietante no momento da puberdade é que se sentem devorados pelos olhos dos outros.

Foi por isso que eu disse que a nudez dos pais não deixa de ser arriscada para os filhos; não porque ache isso inconveniente. Na evolução da sensibilidade das crianças, alguns momentos são muito particulares. Caso se tratasse de nudez entre crianças mais ou menos da mesma idade, não haveria nenhum sentimento de inferioridade. Digo isso para quem pediu minha opinião... Aqueles que sabem o que fazer, devem continuar a fazê-lo! Não é o caso de preocupá-los.

Seria lógico, por exemplo, para os que praticam o naturismo, passar férias em um campo de naturistas e, depois de voltar para casa, deixar de ficar nus diante dos filhos?

Por que não? Contudo, creio que seria melhor perguntar primeiro para as crianças o que elas acham e não lhes impor coisa nenhuma. Sempre que surgem dificuldades entre pais e filhos é porque a criança não teve liberdade de dizer não ao que lhe era proposto ou porque, caso tenha concordado e, diante da experiência, tenha mudado de idéia, sua recusa não foi aceita.

Algumas cartas falam de uma espécie de "volta ao natural". Uma mãe nos diz: "Não nos escondemos para comer e não nos escondemos para dormir. Por que deveríamos nos esconder quando tomamos banho ou quando tiramos a roupa, por exemplo?" Outros pais também acham que o fato de andar nus na frente dos filhos pode ser uma excelente forma de iniciar a educação sexual.

Eu não acho. Imagino que os pais que ficam nus em qualquer ocasião ainda assim não permitem que os filhos lhes toquem o corpo ou o sexo. Na verdade, até onde isso iria? Para um ser humano, é extremamente perturbador não ser iniciado no interdito do incesto. É sobre o interdito do incesto que se constrói o valor de um sujeito: ele não *pode*, do ponto de vista da energia de sua libido (isto é, da riqueza de sua energia sexual), voltar para a mãe (se for um menino), para o pai (se for uma menina).

A energia sexual – para dar uma imagem – é como um rio que parte de sua nascente e vai para o mar. Pois bem, se um rio parar no meio do caminho, torna-se um lago, que deixa de ter uma dinâmica. E, se o rio remontar à nascente, aonde vai desaguar? Vai se acumular cada vez mais: é esse acúmulo de energia que cria tensões na criança.

O interdito que incide sobre o incesto não é assimilado pela criança antes de, no mínimo, sete, oito, nove anos, dependendo de cada uma. Antes disso, a criança que tem uma excitação sexual quer tocar o que a excita; e, nesse momento, entra em um estado de tensão sexual que, nos meninos, é visível na ereção; nas meninas, esse estado não pode ser visto, mas é igualmente real e sentido com precisão, excitando um desejo de corpo a corpo.

Quanto à educação sexual, isso não tem quase nada a ver com a forma e a aparência dos órgãos sexuais. Trata-se sobretudo de uma educação da sensibilidade, que começa justamente com o interdito de mamar no seio da mãe a vida inteira, o interdito de ser tocado por ela a vida inteira, o interdito de poder ter intimidades sexuais com ela. Essa mãe nos diz: "Comemos na frente de todo o mundo..." Bem! Talvez ela faça todas as suas necessidades em público, na frente da família! Mas me surpreenderia se ela chegasse ao ponto de pedir aos filhos que assistissem às suas relações sexuais...

Não. Aliás, ela esclarece que não se trata de exibicionismo. Ela não vai buscar o filho quando tira a roupa. No entanto, esclarece: "Não fechamos nenhuma porta para nossos filhos." Pronto!

Então, ela tem de permitir que seus filhos fechem a porta se quiserem. Pois algumas crianças, por volta dos sete, oito anos, não querem ser vistas nem por seus pais. É curioso, mas é verdade. E vemos pais que dão bronca nelas: "Você tem de deixar a porta aberta quando toma banho", quando o que a criança quer é fechá-la. Sempre se deve respeitar o que a criança quer quando não é prejudicial. Ora, se nos impomos demais, a criança acaba querendo se defender e sofre por não poder fazê-lo. Aliás, acho que a maioria desses pais que expressam o desejo de "natureza", de nudez, tiveram eles mesmos pais rígidos demais. Aqueles que tiveram pais naturistas sabem perfeitamente que houve um período de suas vidas em que ficaram incomodados com isso e em que, em vez de estimular sua sexualidade através de sua sensibilidade, isso estimulou uma reatividade sexual que fazia vibrar tão-somente o corpo. Ora, o corpo e os sentimentos têm de caminhar juntos. Chegar à idade adulta tanto com desejo como com controle do desejo e responsabilidade por seus atos implica todo um autocontrole. Por que os humanos escondem por pudor sua sensibilidade sexual? Justamente porque não querem ficar à mercê de qualquer pessoa que, vendo em seu corpo o sinal de seu desejo – um desejo físico que não corresponderia à sua sensibilidade, à sua ética ou à sua inteligência –, poderia tirar vantagem deles. Expondo seu desejo, ficariam desarmados diante de todo mundo: "Muito bem, você me deseja. Então, vamos." O que distingue os humanos dos animais no plano sexual é efetivamente o amor pelo outro associado ao desejo; é a ética humana que reprova o estupro como ataque à liberdade do outro e como desejo não consentido pela linguagem entre os parceiros.

No momento das pulsões incestuosas do Édipo, no momento da puberdade, as pulsões sexuais podem ultrapassar as barreiras da moral consciente e criar nos indivíduos conflitos existenciais. São períodos sensíveis, em que o papel dos adultos para com os jovens – cujo desejo os adultos têm a responsabilidade de ajudar a conhecer e dominar – não consiste em se aproveitar da perturbação da sexualidade sem experiência dos jovens. A curto prazo, isso provoca sedução e dependência, o contrário da autonomia e do acesso ao senso de responsabilidade. A longo prazo, acarreta recalcamento ou distúrbio da sexualidade, com eventuais conseqüências não só sobre a genitalidade adulta, mas também para o equilíbrio da personalidade e para a autoconfiança, devido aos fracassos culturais que disso decorrem.

Eis por que a opção nudista de alguns pais me parece tão perigosa na educação quanto a opção pelo silêncio total no que diz respeito ao corpo e a ausência de informação. É em nome da profilaxia das neuroses que digo isso.

"Faz de conta que ela morreu"
(Agressividade)

Temos aqui mais uma mamãe desconcertada. Ela ouviu com muita atenção o que você disse sobre o problema da morte... "Mesmo assim, tenho uma pergunta para lhe fazer em relação a um aspecto do problema que você não abordou. É o desejo da criança de matar o pai ou a mãe, conforme seu sexo. O desejo, particularmente, da minha filha de que eu esteja morta. Tento entender esse problema. Confesso que é um pouco difícil. O prazer dela consiste em brincar de papai e mamãe conosco. Então, ela conta a seguinte história: 'Você seria o papai' – ela diz para o pai –, 'você seria o bebê' – para a mãe – 'e eu seria a mamãe...' Com freqüência entramos na brincadeira dela, mas, às vezes, não temos vontade. Nessas ocasiões, a menina diz: 'Bom! Eu sou o papai e vocês os filhos'. E, se lhe perguntamos onde está a mamãe, ela responde: 'Ela morreu.' Outro dia, estava com uma de suas amigas, de seis anos, e nenhuma delas queria ser a mamãe. 'Está bem, faz de conta que ela morreu...'"

Como vocês vêem, as crianças usam o "faz-de-conta"; esse "faz-de-conta" é muito importante para entrar na fantasia, no mundo imaginário. Pois é num mundo imaginário que isso acontece, um mundo totalmente diferente da realidade. Vemos, por exemplo, meninos pequenos brincarem com um fuzil ou um revólver e "matar" todas as pessoas... Pois bem, eles adoram quando lhes dizemos: "Pronto, morri!", enquanto continuamos cuidando de nossas ocupações. Precisam de fantasias que lhes permitam abandonar a terrível dependência que têm com relação aos pais na realidade. Imaginam então que estão em um outro mundo onde poderiam ser adultos: se estivéssemos nesse mundo... Mas não estamos. E não vale a pena os pais se meterem nas brincadeiras das crianças. É melhor que não o façam. Essa senhora também nos diz: "Sim, sei, o complexo de Édipo..." É verdade. É assim que isso é vivido, e o importante é que os pais não façam cara de ofendidos. Ao contrário, devem aceitar verbalmente estar mortos, mas não fingir nem brincar de estar mortos, pois *estariam* mortos se estivéssemos em um outro mundo. Tudo isso é muito bom para a criança.

Você acaba de falar de crianças que brincam com fuzis ou revólveres. Muitos pais se insurgem justamente contra essa indústria do brinquedo um tanto mortífero. Isso choca? Deve-se impedir as crianças de ter esse tipo de brinquedo...

Se não os oferecermos, eles os fabricarão com papelão ou qualquer outra coisa. Precisam dessas fantasias de controle da vida e da morte. Um ser humano é isso. Tem de conseguir, por assim dizer..., não encontro a palavra exata, mas seria algo como "domesticar" os mistérios da vida. A criança entra num mundo imaginário para consegui-lo. É graças a essas brincadeiras que a criança suporta, em seguida, a realidade, a restrição à liberdade imposta a todos pela natureza das coisas, pelo sofrimento, pelas leis sociais, pela morte. Se as crianças não pudessem brincar, ficariam indefesas ante essa horrível matança que existe no mundo. O imaginário serve para se defender do drama da realidade. Mas os pais não devem entrar nessa brincadeira; tampouco vale a pena gastar muito dinheiro com esses brinquedos de guerra. No entanto, eles devem saber que as crianças precisam brincar disso...

Passemos à agressividade... Uma mãe tem quatro filhos: uma menina de sete anos, um menino de cinco, uma menina de um ano e dez meses e um menino pequenino, que está agora com dois meses. O menino de cinco anos é muito agressivo. Também fica muito freqüentemente "nas nuvens" e fica bravo quando tentam tirá-lo de seus devaneios...

Ele é um segundo filho, depois de uma menina, posição difícil para o menino: é provável que, para a conquista da realidade, ele gostaria de ter a idade da irmã. A criança ainda não é capaz de diferenciar claramente, sem ajuda, entre crescer à imagem do outro e tomar seu lugar. Para ele, é um perigo. Gostaria de fazer tudo o que a irmã faz. Gostaria de *ser* sua irmã para ser grande, mas não para se tornar sexuado como uma menina; na verdade, gostaria de ser o pai, mas a irmã, mais velha, parece barrar-lhe o caminho. Acho que, nessa família, o pai deveria cuidar mais do filho, com momentos para brincarem e conversarem a sós: um filho tem de ser educado pelo pai bem antes que uma filha. Às vezes, quando o pai está com o filho, deve dizer-lhe: "É, as meninas não pensam como *nós*. Você é o mais velho dos meninos; ela é a mais velha das meninas. Você é o segundo em idade, mas é o mais velho dos meninos." Assim, ele possibilitará que a menina e o menino se desenvolvam distintamente. A partir dos três anos e meio, essas crianças têm de se desenvolver de modo muito diverso quanto à imagem de seu corpo diferentemente sexuado: a menina em identificação com a mãe, o menino em identificação com o pai, e isso até a completa autonomia, que podemos situar, no mínimo, na chamada idade da razão, a da dentição definitiva ainda incompleta: digamos oito a nove anos.

O menino é agressivo. Na escola, por exemplo, isso se traduz por brigas memoráveis...

Ele quer "mostrar" *que é* um menino.

A mãe acrescenta: "Já não sei muito bem o que fazer. Gostaria que ele conseguisse controlar essa agressividade espontânea." E ela acrescenta entre parênteses: "Em casa, pouca TV!" Portanto, acho que está pensando na influência nociva dos filmes...

Talvez sim... Mas, aqui, trata-se antes da influência insuficiente de um homem adulto na vida de seus filhos, sobretudo na vida desse menino. A mãe tem de fazer com que ele se encontre com meninos, tem de lhe dizer: "Você é um menino, sua irmã é uma menina. Você é o primeiro dos meninos e é por isso que está assim. Seu pai vai ajudá-lo, você não pode continuar tão agressivo assim sempre. Toda a sua força é muito boa, mas você pode usá-la de outra maneira." O pai lhe mostrará brincadeiras de meninos, jogos sociais, jogos de força e de dominação, jogos de destreza, tudo isso... A mãe cuidará mais da filha. A combatividade é uma qualidade social, uma marca de virilidade (mas também de feminilidade) educada.

Existem casos de agressividade, em geral?

Esse menino está na idade mais agressiva: é entre três anos e meio e sete anos que os meninos são mais agressivos, até o momento em que descobrem que a virilidade não é a agressividade em si, nem a força espetacular, mas o uso que fazem delas aceitando as leis da sociedade, a inteligência da conduta e dos fins, o respeito e a tolerância dos outros, o espírito de participação, a amizade, o amor, a responsabilidade. Tudo isso, num garotinho impetuoso, exige o amor e a atenção de um pai que reconheça essas qualidades no filho e o estimule a desenvolvê-las, transmitindo-lhe confiança. Tudo isso não se faz em algumas semanas. Essa mãe parece estar ansiosa demais e o menino com falta de pai. Talvez ela mesma não tenha tido irmão. Mães filhas únicas ficam sem recursos para a educação dos meninos, e pais filhos únicos para a educação de suas filhas.

"Alguém" é quem?
(Papai e mamãe)

Uma mãe lhe faz uma pergunta dupla. Ela tem uma filhinha de três anos, adorável, mas que sempre chora quando alguém lhe pede para fazer algo e nunca diz por quê...

"Alguém", quem? Ela diz que "alguém" pede. É a mãe que pede, ou quem?

Ela ou o pai...

... porque essa menininha talvez esteja numa fase sobre a qual já falei, a fase da oposição. Se assim for, ela gostaria de se opor à mãe, caso seja a mãe que queira impor seu desejo, ou se opor ao pai ou à irmã mais velha... Para uma criança, nunca existe um "alguém" indeterminado. Nunca. É sempre essa ou aquela pessoa. Talvez seja uma criança com medo, que se sente inferior à tarefa que os pais lhe propõem (uma criança, como dizemos em nosso jargão, "inibida", que não ousa agir). Talvez ela tenha sido desajeitada duas ou três vezes e se acha realmente muito desajeitada. Não tenho como responder a uma pergunta vaga demais.

Na mesma carta, há uma pergunta mais precisa. Essa senhora leu em um artigo as teorias de um psicólogo americano chamado dr. Gordon, que parte do princípio daquilo que a maioria dos manuais recomenda aos pais que estão em desacordo em relação ao filho: apresentarem-se a ele como uma frente unida.

Esse é um erro fundamental. Dois indivíduos diferentes não podem ter sempre a mesma opinião...

Claro... e a criança toma consciência disso muito rápido?

A principal questão que isso apresenta é a da opinião que cada um tem o direito de ter e de sustentar. Às vezes, pessoas discutem e não chegam a um acordo: o pai e a mãe, ou a avó e a mãe, enfim, duas pessoas adultas não são da mesma opinião. A criança percebe que há desavença entre elas. Quando pais chegam a discutir entre si e a criança está presente, acho que é preciso comentar com ela: "Olhe, nós nos entendemos bem. Contudo, temos idéias diferentes. É assim." Quando se trata de tomar uma decisão que diz respeito à criança – há casos em que um dos pais briga com a criança enquanto o outro acha que ele está exagerando –, é melhor os pais conversarem sobre o problema na ausência da criança. Pois, muitas vezes, são pais que concordariam em fazer um mesmo comentário para a criança, com a condição de que o outro não o faça; quando é o outro que o faz, ficam tentados a dizer o contrário, como se fossem eles o alvo e o outro o estivesse recriminando indiretamente: "Você educa mal seu filho..." É o espírito de contradição: um modo de discussão em que a criança acaba pagando o pato quando o assunto lhe diz respeito.

Adultos que acertam suas contas...

Isso mesmo. Uma querulência por trás da qual muitas vezes há uma insatisfação sexual. É uma pena, mas quem pode impedi-lo? Acho que vale muito mais a pena ser natural e dizer à criança: "Está vendo, apesar de nos entendermos bem, de amarmos você, não concordamos sobre muitas coisas." Contudo, algumas crianças – sobretudo a partir dos quatro anos e até os sete – fazem grande uso das desavenças entre os pais. Por exemplo, vão pedir permissão para a mãe, que a dá, quando o pai, a quem tinham pedido a mesma permissão, dissera não. "Mas a mamãe disse que podia!" Desse modo, elas põem constantemente os pais em contradição. Nesse caso, conscientes da manipulação, os pais deveriam examinar a questão e perceber que o filho está se divertindo em criar intrigas entre eles. É no momento do complexo de Édipo que as crianças jogam esse jogo a três. Se não se tomar cuidado, isso poderá transformar-se em um jogo perverso: ficar bem com um contra o outro, para que não seja ele mesmo, mas um dos pais, o terceiro excluído. Para a criança, esse é um período difícil.

E se, por exemplo, um pai explica algo ao filho empregando não as palavras "minha mulher" mas "sua mãe"? Isso também é importante? Ouvi você dizer isso uma vez; é verdade que a criança entende a diferença de termos?

Se é verdade? Claro que sim! É muito importante, sobretudo a partir do momento em que a criança tem sete ou oito anos. Por exemplo, quando a menina ou o menino são malcriados ou impertinentes com a mãe, se o pai está presente, cabe a ele dizer-lhes: "Não permitirei que ninguém na minha casa seja malcriado e desrespeitoso com minha mulher." A mãe deve fazer o mesmo, quando o filho diz coisas críticas ou desagradáveis sobre o pai diante dela. Às vezes, quando o pai está ausente (ou a mãe ausente), acontece de uma criança falar mal ou atacá-lo em conversa com o outro genitor. Geralmente escolhe motivos de queixa que sente que esse genitor está perto de aceitar em seu foro íntimo. Esse pai tem de ter coragem de cortar a conversa: "Escute. É meu marido (e não seu pai) ou é minha mulher (e não sua mãe). Se ele (ela) não lhe agrada, bem, vá procurar outro(a). Mas não venha falar disso comigo. Se você tem algo a dizer à sua mãe (ou ao seu pai), diga-lhe diretamente. Não tenho nenhuma necessidade de saber o que acontece entre vocês."

É importante que os pais possam falar assim, nem que seja para que a criança sinta que eles se respeitam mutuamente e não vigiam um ao outro.

Mas também é preciso saber que uma criança pode querer conversar sozinha com o pai, ou com a mãe, usando como pretexto falar do outro; depois de uma resposta como a que acabei de mostrar, é fácil resolver isso. "Puxa, não temos tantas oportunidades de conversar só nós dois, conte-me de você" etc. Ou então: "E se fôssemos dar uma volta juntos?" Digo isso porque geralmente as crianças não sabem como começar a conversa e acham que é queixando-se de um que serão ouvidas pelo outro. Quando, na verdade, querem apenas uma conversa a dois.

Como falar de Deus com uma criança? Em que momento? Essa pergunta nos é feita de forma mais personalizada, que nos remete aos desacordos entre pais. Trata-se de uma mãe que tem uma filha de oito anos; é divorciada e voltou a se casar faz dois anos. Do novo casamento, tem um bebê de quatro meses. Seu ex-marido era testemunha de Jeová e a menina de oito anos aderiu às idéias do pai. A mãe lhe pergunta o que responder a essa menina que julga tudo em termos do bem e do mal: "Este é bom; este é mau", ou quando a menina lhe diz: "Você será destruída se não se tornar testemunha de Jeová." A mãe nos escreve: "Estou um pouco consternada, porque passei a vida tentando abrir a cabeça da minha filha, falando-lhe da liberdade de pensamento, educando-a, justamente, no equilíbrio, e não lhe passando diretrizes de certo e errado."

Vou começar respondendo à pergunta: "Como falar de Deus?"

É muito simples, se os pais são religiosos, devem falar de Deus com o filho desde pequeno tal como o fariam com qualquer um de seus amigos, simplesmente como pensam e sem puerilidades. Sem "dizer coisas que estejam ao seu alcance", como se diz. Portanto, convém a criança simplesmente ouvir falar a respeito. Um belo dia, ela terá a intuição do que é Deus para seus pais, que falam dele. E será natural... Com relação a tudo o que é importante, é assim que se deveria proceder. Falar diante da criança, sem se dirigir especialmente a ela, porque os adultos gostam de falar do que é importante para eles.

Mas, para as crianças, fala-se sempre da idade da razão...

A questão de Deus se coloca implicitamente, bem antes da idade da razão, pois não é uma questão de razão ou de lógica. Falar de Deus é uma questão de amor. E, para o filho, é o principal fiador do amor dos pais que nele crêem. É importante nunca juntar Deus e punição: Deus que pune não pode existir, pois, para quem nele crê, Deus é todo bondade e todo compreensão pelo ser humano. Essa é uma resposta geral a uma pergunta geral.

E em que momento? Quando se quiser? Como se quiser?

Como se quiser, sim. E sempre da maneira como a mãe costuma falar disso. Quando está feliz, fala de Deus de um certo modo. Fala de outro modo quando está triste: roga a ele, louva-o. Pois bem, ela deve fazer como de costume e seu filho o aceitará ou não. Isso não importa. Ela deve continuar a ser ela mesma.

Então, passando para a carta dessa mãe consternada porque a filhinha julga tudo pelo bem ou pelo mal...

Ela pode dizer à filha: "Você está me deixando perplexa. Mas, como é seu pai que acredita nisso, entendo que você concorde com ele. Você é filha dele e pode pensar como ele." E quando a criança lhe diz: "Você será destruída", a mãe não deve dar muita atenção, porque, nessa idade, a filha gosta muito de dizer pequenas "maldades" à mãe. Aos sete, oito anos, precisamos dizer: "Pois é, mamãe, você não conta tanto quanto eu na vida." É normal. A mãe pode responder: "Entendo que você sofra com isso, mas tenho confiança porque faço o que posso. Reze por mim ao seu Jeová." Pode falar assim, muito delicadamente, sem criticar as crenças do pai. A criança sentirá que tem todo o direito de seguir a crença do pai e, pouco a pouco, respeitará a mãe, justamente porque esta se mostra tolerante.

Lembro-lhe que a mãe voltou a se casar faz dois anos. Agora, a filha tem oito anos; tinha seis quando os pais se separaram. Pode ter algo a ver com isso?

Certamente. A menina fica muito contente de trazer para esse lar – sobretudo porque há outra criança – a sombra ou a luz de seu papai: "Eu tenho *meu* papai!". As crenças do pai vêm, assim, apoiar seus desejos de rivalidade, para *posar* de diferente do menor, que tem outro pai. Está tateando o terreno, por assim dizer, para exprimir a ambivalência de seu amor pela mãe (e pelo padrasto). Por que não?

Brincar de Édipo...

Muito bem, finalmente chegamos ao famoso complexo de Édipo. A pergunta diz respeito a todos que têm filhos: o que vai acontecer? Meu filho ou minha filha têm complexo de Édipo? Gostaria de partir de duas cartas: temos aqui uma mãe separada do marido faz seis anos e que tem um menino de seis; ele nasceu um mês depois da separação. Ela escreve: "Ouvi falar do complexo de Édipo e me disseram que, para superá-lo, a criança precisa da presença do pai. Ora, meu filho nunca viu o pai. Então, como ajudar meu filho a resolver seu problema?" Eu acrescentaria "eventual", pois não é certo que essa criança tenha algum problema.

Ela não diz nada sobre o comportamento desse menino, se ele é possessivo e se tem ciúmes da mãe, se ela encontra outras pessoas?...

Ela esclarece, justamente, que mora com os pais, que tem vinte e oito anos e nunca sai. Não tem namorado. Leio a outra carta, antes de deixá-la responder: vem de uma mãe de dois filhos, uma menina de quatro e um menininho de um ano. Ora, desde a chegada do menininho na família, a menina está em oposição constante, mais particularmente com o pai. Com a mãe, mostra-se exigente, muito tirânica. Monopoliza bastante o irmãozinho; é como se o estivesse chocando. Vai para a escola com prazer e assiduidade. Mas tem-se de certo modo a impressão de que descarrega em casa. "Ora", nota a mãe, "parece-me que, para uma menina, conforme me disseram, a situação edipiana deveria provocar apego ao pai e ciúmes da mãe. Minha filha estaria fora das normas?"

Essa menininha parece estar, precisamente, em pleno complexo de Édipo, ou seja, tem muito ciúme porque o pai deu um filho à mãe e não a ela. Então, ela o monopoliza, como diz a mãe, para fazer de conta que é a mamãe do bebê. Brinca de pegar esse bebê para si, porque não é justo que seu pai não lhe tenha dado, a ela que o ama, a alegria de ser mãe!

Portanto, essa mãe pode ficar tranqüila... Sua filha está dentro das normas! Voltando à outra carta...

Morando com os pais, essa jovem parece, por assim dizer, ter de certo modo interrompido sua evolução com o nascimento do filho. Dedicou-se a criá-lo na casa de seus próprios pais: portanto, parece haver um homem – o avô – e que a criança pode se desenvolver como menino em identificação com esse homem, já que ele está presente. Mas talvez essa criança seja bastante possessiva; ou talvez também considere a mãe uma irmã mais velha, já que mora na casa dos pais dela. Não posso dizer nada sobre isso. Aliás, ela não diz se seu filho tem problemas. Todavia, deve ter o nome do pai, já que, de acordo com a carta, foi casada com o pai do menino. Portanto, a criança sabe que tem um pai e que foi o avô que, de certa forma, o substituiu perante ele.

É uma situação complexa para esse menino. De qualquer modo, ele certamente tem sua identidade de menino. Quanto a ela, com certeza tem uma identidade de menina, mas não posso afirmar se continua a ter atualmente uma liberdade e uma identidade de mulher. Talvez, no dia em que essa mulher se permitir viver sua vida de mulher, o filho se mostrará enciumado do homem que terá mais direitos sobre ela do que seu próprio pai e seu filho. Em todo caso, essa criança tem certamente no avô um elemento de entrada no complexo de Édipo, ou seja, essa relação em que a criança se identifica com o adulto, vendo nesse adulto a imagem acabada dela mesma e o modelo para se tornar adulto. Por enquanto, o menino sem dúvida deve estar marcando passo e ser um pouco "ignorante" em matéria de sexualidade...

Como os pais devem reagir quando o complexo se manifesta?

Conforme seus próprios desejos. Em primeiro lugar, devem saber que isso é normal. É preciso que digam ao filho: "Quando você for grande, fará o que quiser. Por enquanto, ainda não pode ter uma mulher só sua (se for um menino) ou um homem só seu (se for uma menina). Você queria já ser grande, gostaria de fazer como os adultos. Talvez, como muitos meninos pequenos, gostaria de virar o marido da sua mãe (ou a mulher do seu pai). Não é possível de verdade. A vida é assim."

Mais uma vez, não se deve hesitar em dialogar com a criança.

Claro. E dizer ao menino que, quando seu pai era pequeno, sofreu as mesmas coisas que ele; e que, quando a mãe era pequena, sofreu as mesmas proibições que a filha etc.

Agora que o complexo de Édipo caiu em domínio público, as pessoas se fazem milhões de perguntas sobre ele, embora sempre tenha existido, bem antes de se falar a respeito. E, sobretudo, aqueles que o temem não se dão conta de que o complexo se manifesta de maneira diferente do que se espera. Por exemplo, numa família em que há três crianças (e os dois mais velhos são meninos), aconteceu de a mãe ter saído com o pai duas ou três noites seguidas. Os meninos vieram lhe dizer: "Mas, afinal, por que você sai sempre com ele e nunca conosco?" Conosco equivalia ao comando dos meninos. Então, um tanto desconcertada, a mãe disse: "Mas é meu marido. Tenho todo o direito de sair com ele!" E um dos filhos disse: "Mas nós também queremos ser seu marido." A mãe não sabia o que responder. Diante disso, o outro menino respondeu ao primeiro: "Bem, entenda, ele é o marido dela para fazer filhos, e nós seríamos uns maridos assim!" A mãe concluiu: "Ele tem razão. É verdade." E pronto. Eles se calaram, um pouco aborrecidos com o fato de que a mamãe tinha um marido.

Outro modo de o complexo se manifestar: o menino que gosta do pai, que quer se identificar com ele, que quer que ele tenha sempre razão e que, ao mesmo tempo, gosta da mãe, que gostaria que ela tivesse intimidades com ele...: "Sabe, talvez ele (o pai) não volte para casa hoje à noite. Então, se ele não voltar à noite, ou voltar muito tarde, enquanto isso, posso sentar no lugar dele? Porque não tem sentido deixar um lugar vazio." É claro que diante desse tipo de conversa a mãe tem de ter presença de espírito, está sendo colocada à prova. Pode responder: "Esse lugar nunca está vazio, é o lugar do seu pai. Ele está sempre aqui, mesmo quando está ausente, eu penso nele." É muito ruim que, sob o pretexto de que o pai não está, a mãe deixe o filho tomar seu lugar; no imaginário do menino, ele se dá então o direito de se achar o marido da mãe. É ainda pior quando isso ocorre na cama, simplesmente porque a mãe gosta de um calorzinho: "Por que não, já que meu marido não está? Meu filho pode muito bem vir para a cama!" Isso seria muito ruim para as crianças.

Como vêem, é assim que o complexo de Édipo se manifesta na vida de todos os dias. A mãe deve prestar atenção. Não deve deixar nunca o deslizamento ocorrer, nunca deixar que um filho (ou uma filha) assuma as prerrogativas que são as do marido para com ela, do pai para com os menores, porque, na vida imaginária das crianças, essas pequenas prerrogativas significam que elas têm o direito, recebido da mãe (quem cala consente), de desejar substituir o pai. E isso as deixa culpadas e atrapalha seu desenvolvimento. É a mesma coisa com relação a uma menina. Lembro-me de uma menininha; numa manhã em que seu pai acabara de sair, depois de se despedir alegremente – naquele momento ela estava com três anos –, ela, que estava em pleno período de amor incendiário pelo pai, o acompanhara até a porta. Depois, foi correndo se refugiar no colo da mãe: "Oh, detesto o papai! – Ah é? disse a mãe, e por que você o detesta?" Depois de um instante de silêncio, aninhando-se na mãe (num tom desesperado): "Porque ele é bonzinho demais!"

Outro tipo de pergunta, aparentemente: "Como fazer um garotinho de cinco anos, cheio de vida e de sede de conhecimentos, entender que afinal existem momentos em que é preciso deixar que os adultos falem, que às vezes ele tem de se calar, ainda que seja por alguns minutos, durante o dia? É uma criança muito inteligente, muito sensí-

vel, mas tão tagarela! Reservo-me no entanto o direito, mesmo na presença dele, de tentar falar um pouco com meu marido, ouvir rádio, sem ser constantemente interrompida. O que você acha?"

O menino tenta manter um amor possessivo e ciumento sobre a mãe, quer monopolizá-la. É sem dúvida filho único, ou então com uma grande diferença de idade de um outro.

Tem um irmãozinho de dez meses, portanto muito pequeno...

É isso; o primeiro foi por muito tempo filho único. Ainda não tem, no irmãozinho, um interlocutor válido, de modo que quer se identificar com os grandes, com seu pai. Esse menino está em pleno Édipo. Quer conservar a mãe para si, impedi-la de conversar com o marido. Mas não é ela que deve rejeitá-lo. É o pai que deve dizer: "Agora, quero conversar com a sua mãe, fique quieto. Se não quiser escutar, saia daqui." Além disso, caso queira realmente ter uma conversa com a mulher e esse pequeno tagarela impedir, o pai pode muito gentilmente lhe dar, por exemplo, um chiclete ou uma bala. Depois que a criança comê-la, o pai lhe dirá: "Está vendo? Não é porque nós dois estamos conversando que você está abandonado. Vai ter de se acostumar..." É algo a ser tratado com humor. Esse menino defende visivelmente sua posição de mais velho. Talvez porque o pai, em seus momentos livres, não cuide suficientemente dele e não o estimule o bastante a crescer. Certamente não é cômodo, quando há um irmãozinho que começa a adquirir importância, um pequeno que ainda não fala... e um pai triunfante rival em todas as frentes! É minha, eu a quero para mim!

A criança às voltas com o complexo de Édipo sofre. Merece compaixão. Precisa de amor casto da parte dos pais e de palavras verdadeiras sobre o desejo interdito entre pais e filhos, bem como entre crianças de uma mesma família. Os pais devem se abster tanto de zombar quanto de dar bronca, abster-se também de palavras amorosas equívocas dirigidas a elas, de intimidades ambíguas com aparência de carinhos incendiários, de disputas rivais supostamente lúdicas em que a criança ainda possa ter esperança de triunfar em seu desejo incestuoso. Tudo isso apenas faria retardar seu desenvolvimento psicossexual.

Se a proibição do incesto não for claramente expressa e aceita entre sete e nove anos no mais tardar, os conflitos edipianos ressurgem na puberdade, agravando os problemas da adolescência, tanto para o jovem como para os pais e até para as crianças menores, pois os mais velhos são os que provocam, aos olhos delas, distúrbios em casa e dramas entre os pais. Muitas famílias sofrem pelo fato de os pais terem se deixado cair na armadilha do Édipo de seus filhos mais velhos. Cada um dos pais conservou seu preferido sem lhe permitir ter, a partir dos sete a nove anos, amigos pessoais fora da família, e sem tê-lo desestimulado a tempo de uma amizade inconscientemente amorosa, homossexual ou heterossexual, com um dos pais ou com um irmão ou uma irmã. É na puberdade dos mais velhos que tudo explode na violência ou na depressão, quando não na delinqüência para os jovens e na dissociação do casal parental... Não há certo nem errado... É a conseqüência do desejo incestuoso e de suas armadilhas quando não são desarmadas a tempo. Nesse caso, é preciso recorrer sem tardar à psicoterapia psicanalítica – felizmente muito eficaz.

Perguntas que retornam
(A separação; os gêmeos)

Algumas perguntas decididamente retornam: a começar pelo problema da presença prolongada das mães junto dos filhos.
Uma mãe tem três filhos: um menino de catorze anos, uma menina de sete e uma outra pequena de quatro; é esta última que lhe cria um bocado de problemas: "Parei de trabalhar quando estava esperando essa pequena", escreve a mãe. "Portanto, ela foi criada nas melhores condições possíveis, já que eu estava sempre por perto para cuidar dela. Contudo, ela está cada vez mais difícil e torna a vida impossível para todo o mundo. Tento entendê-la e ter paciência, mas ela me deprime, me faz sair do sério, me deixa esgotada [...]. Faz algum tempo, bate na irmã e morde a si mesma para se punir. Se está sozinha comigo ou com a irmã, é encantadora. Isso pode durar dias e dias, mas, assim que outra pessoa chega, ela fica infernal. Suponho que seja para que nos ocupemos dela. Não tenho mais coragem de convidar as amiguinhas dela a ir a minha casa, porque há sempre ataques de raiva, choros. E, quando tento explicar calmamente seu comportamento, ela me responde: 'Está bem, vamos tentar ser boazinhas.' Infelizmente, isso nunca dura muito tempo. Fico desesperada ao ver que fracassei desse jeito com ela."

Acho que a mãe já deveria ter voltado ao trabalho há um ano; não entendo por que ainda não o fez. Quando a criança diz: "*Vamos* tentar ser comportadas", é como se sentisse que não se trata apenas dela, mas de um trio que vai tentar ser comportado. Só está bem quando está a dois... Além disso, não há nenhuma menção ao pai nessa carta. Tampouco se diz se, quando bate na irmã ou fica com raiva da irmã, esta é ou não agressiva com ela. Não entendo muito bem. Por que a de sete anos, quando apanha da pequena, não se defende? É por isso que a pequena é obrigada a se morder depois, porque encontra diante de si uma mãe deprimida e uma irmã mais velha que parece ser um capacho. Não me parece que a menor seja a mais afetada nessa família. Tenho a impressão de que a mãe quis fazer demais por ela e por um tempo excessivo. É a única que criou em tempo integral. Com os outros não parou de trabalhar. É uma criança "mimada". A irmã maior certamente acredita ter menos direito ao amor da mãe. Será que deixa a menor bater nela para ganhar esse amor?

O que é uma boa intenção...

Sim, mas dizem também que de boas intenções o inferno está cheio! Neste momento, essa mãe deveria voltar a ter vida própria, talvez retomar o trabalho, sair da dependência que tem em relação à menor. Essa criança parece ter começado mal. A irmã de sete anos também. Além disso... e o filho, e o pai sobretudo, dentro disso? Quando uma mãe está deprimida, há sempre uma criança da família, a que tem mais vitalidade, que se torna insuportável. Parece o eletrochoque do pobre. É um modo de impedir a mãe de cair na depressão. Tem-se a impressão de que a criança não quer ver alguém deprimido e arma uma balbúrdia para que haja vida em casa; caso contrário, não haveria o suficiente.

Seria bom a mãe consultar um psicanalista para tentar esclarecer o sentido de sua depressão. Sim, acho que o problema começa na mãe, e também na irmã maior, que não têm defesas suficientes ante uma menininha que parece ser bastante violenta: foi criada com muitos cuidados e agora está farta. Fizeram demais por ela. Não encontra, diante de si, pessoas que estejam à altura de sua agressividade. A mãe deveria pegar o touro pelos chifres e depois voltar a trabalhar. E dizer para a irmã mais velha não ceder mais à menor nem ser maternante demais. A ordem se restabelecerá, sobretudo se houver um pai para cuidar dela, ou um avô, que não a deixe fazer o que quiser: essa menininha diz "nós" em vez de "eu", porque é um desejo que não é nem de menina nem de menino que nela faz a lei. Ela sofre e faz sofrer. Sente-se culpada. Chama por socorro e "nós" lamentamos!

A respeito da retomada do trabalho, uma questão reaparece com bastante freqüência, é a do "salário da mãe". Muitas mulheres não têm a possibilidade de ficar em casa para cuidar dos filhos, por motivos de pura e simples sobrevivência. Na sua opinião, o período de cuidados é bastante limitado no tempo?

Sim, se entendermos por isso a necessidade de que haja alguém em casa o tempo todo: isso até a aquisição do andar desenvolto, do falar bem e do se virar bem fisicamente, ou seja, vinte e quatro a trinta meses, no máximo três anos. Eu concordaria plenamente com a instituição de um salário, de uma verba para a mãe que fica em casa, até essa idade da criança, e por que não o pai? Haveria exceções, no caso de crianças um pouco mais frágeis que outras. A partir de uma certa idade, a determinar para cada caso, a criança pode ir para uma creche, manhã e tarde; não precisa mais ficar com a mãe depois que consegue se virar sozinha e que consegue estar com outras crianças. Educar uma criança não é dedicar-se a ela negligenciando a si mesmo, e menos ainda negligenciando o cônjuge, outros filhos e a vida social.

Agora, duas objeções sobre os gêmeos... Tenho aqui duas cartas, muito diferentes: uma vem de uma gêmea idêntica que escreve: "Pergunto-me por que todos os médicos, todos os psiquiatras, todos os sociólogos insistem em dizer que é preciso a todo custo separar os gêmeos. Discordo totalmente disso." Ela diz isso com conhecimento de causa, já que é uma gêmea idêntica. Fala do amor fraterno: "Digo-lhe tudo isso para mostrar que, na minha opinião, não há nada mais belo, mais agradável, que um profundo amor fraterno. Acho que esse amor só pode existir entre gêmeos idênticos. Por que querer separá-los? Por que correr o risco de privá-los de algo tão maravilhoso? Tenho agora dois filhos, de catorze e quinze anos, que brigam o dia inteiro. Fico desesperada. Dada a pequena diferença de idade entre eles, criei-os quase como gêmeos." E ela se surpreende com as reações deles...

O amor "sororal" existe. Pouco importa que essa mulher tenha sido gêmea da irmã ou não, ela teria amado sua irmã e sua irmã a teria amado. Muitas irmãs se gostam. Para isso, não é necessário ser gêmeo. Talvez nesse caso, contudo, o fato de ser realmente a réplica uma da outra as tenha ajudado. Seja como for, não há interesse em que duas crianças com diferença de um ano entre si sejam criadas como gêmeos...

Notemos, aliás, que essa mulher não fala de seu amor conjugal...

Você empregou – repito o que você disse – a palavra "sororal"?

O amor "sororal"! Sim, entre irmãs! Não se diz isso em francês? Não se pode dizer "fraternal", quando se trata de irmãs.

As meninas gostam muito de estar em dupla e se entenderem em família. Até o momento em que disputam o mesmo homem, quando ficam moças... Os meninos, de idades próximas ou gêmeos e amigos, são menos estreitamente ligados que as meninas. Acrescente-se a isso que o amor entre irmão e irmã também pode ser autêntico e sem ambigüidade a vida toda.

Agora, a outra carta, a de uma mãe: "Eu a escutei falando dos gêmeos. Ouvi você dizer que era preciso vesti-los diferentes um do outro. No meu caso, foi o contrário que se revelou verdadeiro. Tive gêmeos, menino e menina. Sempre os diferenciei. Quando estavam no mesmo chiqueirinho, a menina sempre mordia o irmão. Em seguida, eu os separei. Pus cada um num chiqueirinho. Mas a pequena sempre conseguia aproximar seu chiqueirinho e morder o irmão." Essa senhora teve outro filho, depois. E a menininha continuava mordendo o caçula:

"Um dia, vesti as crianças da mesma forma – finalmente vesti todo o mundo igual. Portanto, tratei-os como gêmeos, como se costuma fazer, e tudo desapareceu, tudo se acalmou [...]. Apenas os pais sabem realmente o que fazer diante de determinada situação. Não se deve tentar construir uma criança-típica, fazer o filho, ou os filhos, entrar no molde de uma espécie de criança ideal. Hoje em dia, tende-se a conhecer as coisas apenas pelos livros, pelo cinema ou por outra coisa..."

Sim. Inclusive escutando Françoise Dolto no rádio! A pessoa que me escreve tem razão, cada um deve buscar a resposta para suas próprias perguntas. Está certo. Não existe criança típica. Nesse caso, a menina que mordia os irmãos foi enganada pelo uniforme unissex!

Temos portanto duas cartas que contradizem o que você havia explicado...

Não, elas citam casos particulares em que outras soluções deram seus frutos.

E já insisti nisso: agradeço muito a quem tomou seu tempo para me escrever e contestar minhas respostas. Gostaria que as mães e os pais entendessem bem qual o espírito que anima minhas respostas. Reflito sobre todos os detalhes das cartas e tento, com a ajuda desses elementos, refletir com os pais, mas não no lugar deles. Se, diante de dificuldades análogas às que foram relatadas, houve pais que tiveram sucesso agindo de maneira completamente diferente daquela que aconselhei, fico feliz em expor seus depoimentos. Isso pode ajudar outros pais. E esse é nosso único objetivo.

Crianças agressivas ou agredidas?
(Volta da escola)

Mais uma série de perguntas. Trata-se de uma mãe que tem uma menininha de cinco anos e meio, um menininho de quatro anos e meio e uma outra menininha, de dois anos. Em breve, terá outro filho. Sua pergunta diz respeito à filha de cinco anos e meio, que é a mais velha. Ela vai para a escola, é bastante grande para sua idade e também um pouco gorducha, parece-se, aliás, com a mãe. Um dia, voltou da escola extremamente triste. Indagada pelos pais, contou que outras crianças de sua classe a chamaram de "batatona podre", o que parece tê-la desmoralizado enormemente. O problema preciso seria o seguinte: como ajudar uma criança a adquirir seu próprio sistema de defesa, ou mesmo de autonomia, num meio que não é o meio familiar?

Acho que foi a mãe quem se deprimiu quando a filha lhe contou isso. Conversando com a menininha, pode-se dizer, por exemplo: "O que você poderia ter respondido? Acho que a menininha que lhe disse isso está com inveja. Não sei de quê, mas deve estar com inveja." Pois é muito freqüente que as outras crianças ofendam uma criança de quem têm inveja. Bem! No entanto, existem também crianças que acabam sofrendo por causa de uma criança "sádica" na escola. Nesses casos, as mães e os pais não devem se dirigir nem à professora nem aos pais da criança que ofendeu o filho deles. Devem ajudar seu próprio filho, na escola, indo conversar com a criança que o ofendeu: "E então, o que foi que você disse para a minha filha? É muito feio o que você fez" etc. Os pais podem passar um pito, dar bronca na criança que fez uma ofensa real ao filho deles. Essa repreensão de homem basta; em seguida, é preciso ajudar: "Mesmo assim, você é uma gracinha. Por que é tão malvado com a minha filha? O que ela lhe fez? Nada, então por quê? Você a fez sofrer. Vamos lá, façam as pazes!"

Vejam, uma criança que ofende outra criança muitas vezes faz isso porque está sofrendo e tem raiva dessa outra que lhe parece mais feliz ou mais amada que ela. Inveja-a, gostaria de ser sua amiga.

Há também muitas crianças que não sabem responder a bobagens banais e fazem disso um drama. Nesse caso, pode-se pensar em casa em respostas possíveis. Por exemplo, há muitas respostas para "batata podre". Em família, é possível inventar coisas muito engraçadas, que a criança aprenderá e conseguirá dizer. Duelos verbais e senso de brincadeira.

Há também crianças que sempre apanham de outras. Esse é um caso diferente. Se parecer sério, o pai tem de ir ver o que está acontecendo. Muitas vezes, é um pequeno que agride o maior: o maior tem medo de sua força e não gostaria de bater em um menor porque, por exemplo, isso não se faz na sua família. Há também algumas crianças que – não se sabe por quê – se deixam bater e até provocam os outros para que batam nelas, mas então não é somente na escola. Não cabe entrarmos em detalhes aqui, mas para esses pequenos projetos de masoquista, esses que têm medo de tudo, há um método que os ajuda muito e que consiste em dizer: "Acho que você não presta atenção no jeito como os outros batem em você. Você logo foge, se esconde, assim nunca vai aprender a se defender. Ao contrário, preste bastante atenção. Aí vai poder perceber quais golpes doem e quais doem *melhor*." É preciso dizer isto: "doem *melhor*", embora não seja muito correto. Com a autorização de receber golpes e prestar atenção no modo como os recebe, geralmente a criança vencerá sua dificuldade depois de alguns dias, conseguirá responder e deixará de ser atormentada pelos outros.

É muito comum também tratar-se de um filho único a quem, em casa, inculcaram a idéia de não ser briguento, de que isso não é bonito. Então, voltando para casa, ele conta: "Os outros batem em mim, são malvados, todos batem em mim...", e os pais respondem: "Defenda-se, defenda-se!" Mas ele não aprendeu a se defender, porque nunca teve a oportunidade de ser agressivo. Mais uma vez, uma criança estimulada a prestar muita atenção no modo como é agredida logo saberá devolver os golpes e se fazer respeitar. É uma aprendizagem.

Acontecem muitas outras coisas nas escolas. É comum ocorrer o seguinte diálogo clássico entre crianças: "Meu pai é mais forte que o seu. Meu pai é mais inteligente que o seu. Meu pai é mais rico que o seu" etc. Então, o que fazer quando as crianças contam isso ao voltarem para casa? Deve-se deixar que resolvam o problema sozinhas ou ajudá-las a responder?

Primeiro, é preciso saber a quem a criança se dirige. Imaginemos que ela se dirige ao pai explicando: "Sabe, o outro disse que você..." Se o pai confiar em si mesmo e souber de seu próprio valor, pode responder: "Mas esse seu colega é um idiota. Se ele diz que o pai dele é legal por ser rico, é porque não tem certeza de que o pai dele gosta dele tanto quanto eu gosto de você. Não é o carro ou as roupas que provam que as pessoas são legais." Ou seja, coisas desse tipo... Toda criança gosta de seu pai e, quando recorre a esses meios para dizer ao pai o que o outro disse dele, é para ter certeza de que seu pai é forte, de que não é passível de ser humilhado. O pai pode sair dessa engrandecido. É o que acontece quando consegue responder: "Mas eu me acho alguém legal. Não preciso que os outros o digam. Você pode responder a seu colega: 'Meu pai é alguém muito legal. E eu também, filho dele, sou alguém muito legal.'" Pronto!

É inevitável que as crianças se vangloriem do pai. Lembro-me de um diálogo que surpreendi – as crianças não sabiam que eu estava ouvindo – entre duas crianças de três, quatro anos. Uma dizia: "Meu pai tem uma moto, ela anda muito rápido." E a outra: "Meu pai tem uma moto que anda muito rápido, muito rápido, muito rápido." Daí, chegaram a muito rápido, muito rápido... seguidos e isso durou cinco minutos; até que uma disse: "O meu pai tem uma moto que não pára nunca!" Para acabar, a outra cuspiu nela e elas se separaram. Que mal há nisso? São histórias entre crianças.

Vamos deixar a palavra final para uma carta que nos diz: "É verdade que a criança modifica completamente uma vida, transforma os seres e os faz dar o melhor de si mesmos. Ser pai não é algo inato, mas algo que aprendemos."

Podemos até dizer que em dois sentidos a criança é o pai do homem!

Escrever para ajudar a si próprio

> Tenho aqui a carta de uma mãe a quem você já respondeu – o curioso é que o problema já estava resolvido vários dias antes da resposta. Aqui está: "Aconteceu um pequeno milagre. Minha filha de dois anos, que acordava todas as noites desde os seis meses, parou totalmente de fazê-lo há um mês e meio. Certa noite, ao colocá-la para dormir, ela me disse: 'Tá bom, agora vou nanar.'" Era a primeira vez que a própria menina dizia isso; ouvia a mãe lhe pedir a mesma coisa todas as noites e evidentemente desejava dormir. A mãe termina: "Quando você me respondeu, alguns dias depois, eu já tinha resolvido o problema sem saber como nem por quê, exceto, talvez, por minha determinação de querer resolvê-lo. Mas foi algo totalmente interno."
> Incrível, não?

Fico muito feliz com essa carta, porque coincide exatamente com o que estou tentando fazer desde o começo, ou seja, ajudar os pais a ajudarem a si próprios nas suas relações com os filhos.

Acho que a carta que uma mãe escreve quando tem um problema já lhe permite tomar certa distância com relação a ele: ela reflete, formula sua carta sabendo que será lida; escreve-a portanto com toda a alma, por assim dizer. De minha parte, leio-a da mesma forma. Por isso, algo acontece através da carta e da leitura dela, e através dos que escutam. Porque ela sabe que meu objetivo não é dar receitas – pois cada criança, cada relação pais-filhos é diferente – e sim conseguir que os pais entendam que dispõem dos meios para resolver suas dificuldades sozinhos. Hoje em dia, as pessoas adquiriram o hábito de pedir que outros resolvam os problemas em seu lugar. Ora, se cada um se pusesse a refletir calmamente, sinceramente, se escrevesse seu problema com todos os detalhes, sabendo que será ouvido – o essencial é isso, é saber que alguém o está escutando –, ele mesmo se escutaria com uma parte de si próprio bem mais lúcida que aquela que se manifesta no turbilhão da angústia, da preocupação e do problema agudo.

Foi isso que essa mãe fez, e a filha também entendeu ao sentir o quanto os pais se interessavam por ela. A mãe tomou distância do que parecia um capricho e cujo sentido, de fato, consistia justamente em atrair o interesse da mãe: então a criança entendeu que em vez de se interessar por seu corpo, que faz e repete sempre a mesma coisa, a mãe interessava-se por ela enquanto ser humano que se desenvolve para aos poucos se tornar uma menina grande. É esse o trabalho que fazem os que nos escrevem. E fico muito feliz, porque é esse meu objetivo: que os pais considerem que seus filhos estão aí não para lhes causar problemas, mas para viver com eles, crescendo, evoluindo, ou seja, mudando um pouco seu jeito de ser todos os dias, por etapas. A vida é mais forte que tudo se permitirmos que se expresse sem nos fixar naquele momento em que as coisas enroscam: quando isso acontece, temos de pensar no problema, pensar em quando ele começou, até mesmo escrever para nós mesmos, perguntar-nos: "Afinal! O que aconteceu?", falar a respeito e não esperar uma resposta pronta.

Essa senhora não esperou minha resposta! Encontrou a própria solução. E por acaso minha resposta serviu-lhe para confirmar o percurso que ela já fizera.

Acolher de maneira civilizada
(Parto)

Você talvez esteja a par do congresso de pediatria que ocorreu em 1977 em Nova York, no qual médicos americanos – alguns deles, aliás, autoridades em seu país – pronunciaram-se a favor da volta do parto em casa, dizendo que muitas vezes – sobretudo nos Estados Unidos, não sei como é na França – os médicos consideram a gravidez uma espécie de doença que dura nove meses. Eles também são totalmente contra os partos induzidos. E dizem, por fim, que não haveria nada que impedisse as mulheres de voltar a dar à luz em casa. Muitas francesas que leram essa informação ou ouviram falar sobre isso gostariam de saber sua opinião a esse respeito.

O parto é algo normal, não uma doença. Contudo, no estado atual de organização das casas – acomodações pequenas, falta de espaço para se movimentar quando a família é grande –, seria difícil para uma multípara (chama-se "multípara" uma mulher que teve vários filhos) dar à luz em casa. Uma mulher que teve dois ou três filhos sem problemas pode muito bem dar à luz em casa, contanto que tenha quem a ajude. Mas que não venham dizer, alegando que é algo fisiológico, que ela deve dar à luz e, logo em seguida, voltar às suas ocupações – coisa que se fazia antigamente no campo e que provocava prolapso de útero nas mulheres. É preciso esperar que os músculos voltem ao lugar e o ventre da mulher recupere a tonicidade. É preciso repouso depois do parto. Mas, de fato, quando tudo vai bem, é inútil ficar no hospital mais de vinte e quatro horas.

Se tudo correu bem, se a mãe tem quem a ajude em casa, não só o bebê fica melhor, como também a mãe se sente bem melhor em casa. E sobretudo, para as crianças, se ela já tiver outros filhos, será melhor ver a mãe em casa e ver o bebê imediatamente. Além disso, em casa, há o pai. Pois é terrível: sob pretexto de que é pai, o homem deixa de ter a mulher para falar com ela sobre esse momento tão importante para os dois. E o bebê, que ouviu *in utero* (ou seja, no estado de feto) a voz do pai sempre misturada com a da mãe, de repente fica órfão de voz de homem, de voz de pai, e, muitas vezes, separado da mãe no hospital; a única coisa que ouve são bebês berrando. Alguém cuida dele, mas para ele é como um deserto de alguns dias; e alguns dias, para um bebê, são como quatro ou cinco meses para nós.

Portanto, penso que o parto deve ocorrer da maneira mais simples possível. Mas acho que, para um primeiro, ou mesmo um segundo bebê – e sobretudo se esses dois partos foram difíceis –, é melhor continuar indo para o hospital. Afinal, é uma segurança para o bebê e para a mãe – desde que possam voltar para casa o mais rápido possível.

Poderia haver, aliás, assistentes familiares (a França está começando a formá-las). Não é nem um pouco complicado ajudar uma jovem parturiente; as assistentes fariam breves estágios em hospitais ou em clínicas particulares de obstetrícia para aprender a cuidar das parturientes e dos bebês. Isso, talvez, pudesse até ser incluído – o que reduziria os custos para os hospitais – no valor do auxílio-maternidade[1]. As assistentes ajudariam as mães durante uns quinze dias para que elas realmente descansassem. Como há sempre um pequeno estado depressivo, fisiológico, que se segue a um parto, essas assistentes conversariam com a mãe, ajudariam-na psicológica e também materialmente, pois ela precisa disso, sobretudo porque os filhos anteriores ficam um pouco enciumados e se tornam mais exigentes quando a mãe está presente do que quando não está.

No congresso de pediatria a que nos referimos, também se falou de parto induzido: os médicos americanos são totalmente contra.

Fico contente com isso, e mais ainda por vir dos Estados Unidos! Porque o parto induzido foi instituído apenas para a comodidade dos obstetras.

Para ser mais rápido?

Para ser mais rápido, para dar menos trabalho. Exatamente como máquinas. Ora, não há parto que já não seja algo humano. Algumas mulheres dão à luz devagar. Outras mais depressa. Há mulheres que começam o trabalho de parto, depois passam por um tempo de descanso; com elas é preciso esperar pacientemente, sem angústia, a retomada do trabalho, porque essa criança é assim e essa díade, essa simbiose mãe-filho, está tendo dificuldade de se separar. É preciso ajudar a mãe para que ela se sinta totalmente segura, para que possa falar do que sente e também ajudar a criança a nascer. Mas, principalmente, nunca violentar, nem com gestos nem com palavras, porque a violência sofrida e a angústia experimentada por uma parturiente mal assistida criam um clima de tensão psíquica que marca a relação mãe-filho no começo da vida do recém-nascido, e às vezes se paga um preço muito alto por isso mais tarde.

---

1. Informaram-me que, desde 1945, existem na França associações de trabalhadoras familiares reconhecidas por um decreto do Ministério da Saúde datado de 1949; essas trabalhadoras familiares são formadas para ajudar as mães sobrecarregadas ou que retornam precocemente para casa depois de um parto. Essas associações têm filiais em todos os estados. As mulheres interessadas podem se dirigir a seu centro de Seguridade Social ou à assistência social de sua cidade. Há também uma revista sobre esse assunto: *Les Travailleuses Familiales*, editada pela Documentation Française, 29-31 quai Voltaire, Paris VIIe.

Fala-se muito de parto sem dor, mas também, cada vez mais, de nascimento sem violência (é o título de um livro, aliás[2]). A esse respeito, uma futura mãe lhe pergunta: "Quais poderiam ser as conseqüências, positivas ou negativas, no plano fisiológico ou no plano psíquico, do método tradicional, que se preocupa sobretudo com a ausência de dor da mãe?"

É evidente que esse livro revelou ao público a possibilidade de ajudar um bebê a nascer sem traumatizá-lo, ou melhor, traumatizando-o o menos possível, uma vez que a mutação de feto para recém-nascido já constitui um trauma natural; é uma mutação que envolve toda uma transformação do corpo: modificação circulatória, ventilação pulmonar, aparecimento de um mundo de sensorialidade subitamente diferente daquele em que a criança vivia até então (temperatura, luz, sonoridade, tato etc.).

Esse método de parto é evidentemente a conseqüência do parto sem dor. Espero que, em algumas décadas – porque isso não pode ser feito do dia para a noite, é algo que está começando –, muitas crianças nasçam nessas condições, ou seja, com pouco barulho, sem luz intensa e com a proximidade da mãe nas primeiras horas de vida. Até agora, a grande preocupação era verificar se a criança tinha tudo de que necessitava, sem pensar que já era uma pessoa e tinha de ser acolhida – como dizer? – de maneira civilizada. Era acolhida como um filhote de mamífero, até menos bem, pois um filhote de mamífero é amparado pela mãe que o lambe, o ajuda e o mantém perto dela. Os humanos ainda não tinham pensado nisso. Estamos começando a pensar, provavelmente porque nos sentimos tão "estressados" pela civilização que de repente nos damos conta de que as crianças podem ser "estressadas" inutilmente ao nascer.

Dito isso, a pessoa que me escreve mora no interior e não sei se na sua região há uma clínica que faça partos desse modo. Caso não haja, ela não deve atormentar-se com isso. Depois de ler esse livro, ela já entendeu que os traumas que seu filho possa ter precisam ser reduzidos ao mínimo. Deve tentar mantê-lo perto dela, pelo menos durante o dia, para que ele entre rapidamente em contato com seu cheiro. Caso ele tenha sofrido no parto, deve falar-lhe sobre isso desde cedo. (Vocês sabem que costumo dizer que se deve conversar com os bebês sobre as provações por que passaram. A voz carinhosa e modulada da mãe é o melhor bálsamo depois das dificuldades.) Ela deve dizer: "Agora você é forte. É grande. Você está bem." Etc. Acho que isso dará certo.

Quanto às vantagens do nascimento sem violência, já que ela me pergunta a respeito, sei que se fizeram estudos sobre crianças que nasceram dessa maneira – porque já faz uns trinta anos que esse método começou a ser empregado. Verifica-se, em famílias com vários filhos em que um só nasceu desse modo, que este não sente nenhuma angústia – nem pelo escuro, nem pelo barulho, nem pela soli-

---

2. Frédéric Leboyer, *Pour une naissance sans violence*, Ed. du Seuil.

dão –, ao passo que os outros sentem. É bastante notável constatar essa diferença em todos os casos. (É a única visível, já que não se pode comparar uma criança que nasceu de uma maneira com a mesma criança nascida de outro modo! Só se pode fazer observação numa família numerosa e com base nas estatísticas. É nítido que essas crianças têm muito mais autoconfiança e são menos angustiadas que as outras em situações que costumam angustiar os pequeninos.)

Você teve um pai de nascimento
(Mães solteiras)

Proponho-lhe abordar o problema das mães solteiras. Uma dessas mães escreve: "Tenho um filhinho de sete meses e me preocupa a repercussão que a ausência do pai possa ter sobre ele. Será preciso suprir a ausência do pai no futuro? Em que momento a criança pode se sentir frustrada por não ter tido pai? Devo falar-lhe desse pai desconhecido, mesmo que ele não faça perguntas, para que não se sinta diferente demais das outras crianças? Quando ele crescer, o fato de estar rodeado sobretudo de mulheres não o atrapalhará na sua identificação como homem?"

Tanto a menina como o menino precisam da presença masculina para se desenvolver direito. Essa senhora não tem nenhum parente do sexo masculino?

Ela não diz; escreve o seguinte: "... pelo fato de que não terá, no cotidiano, um modelo do sexo masculino para todos os seus atos diários."

Acho espantoso que uma mulher possa viver sem nunca ter amizade com homens ou casais.

Ela se indaga principalmente sobre o fato de não haver um homem na casa.

Na casa talvez não haja; mas o menino vai conhecer homens, encontrar pessoas, crianças que têm pai, mãe, irmãos e irmãs. E mais tarde, na escola, a população infantil e adulta em torno da criança lhe apresentará a sexualidade na dupla forma, masculina e feminina. Em todo caso, é impossível uma criança, menina ou menino, se desenvolver acreditando – por falta de cônjuge legal ou de companheiro sexual da mãe – que será uma mulher quando crescer (se for um menino), ou que seu desejo pelo outro sexo está proibido (se for uma menina que quiser se identificar em todos os aspectos com a mãe solteira). Esses são apenas dois exemplos para abordar um grande problema: falar com a criança sobre sua concepção, o que é necessário para ela, dizer onde se enraíza seu saber sobre si mesma e sobre seu valor para quem a ama e é responsável por sua educação.

É compreensível, porém, que muitas pessoas se perguntem por que viés abordar essa verdade.

Para uma criança criada pela mãe em circunstâncias especiais, dizer-lhe a verdade a respeito do pai biológico (genitor seria a palavra correta, mas as crianças falam de "pai de nascimento" e de "mãe de nascimento") implica fazer referência ao *nome de família*, ou seja, ao sobrenome da certidão de nascimento, sobrenome com o qual a criança será inscrita na escola (e que muitas vezes ela ignorou até esse momento). Esse sobrenome pode ser o do pai que ela não conhece: de um pai que primeiro a reconheceu e depois faleceu ou a abandonou, particularmente numa família onde não houver avós ou tios paternos para substituí-lo; ou então a mãe se divorciou quando a criança era muito pequena e voltou a se casar ou voltou a usar o nome de solteira; outro caso, a criança traz o nome de solteira da mãe que não se casou ou vive em concubinato com um homem que a criança chama de "papai". De qualquer modo, é com referência ao sobrenome que consta na certidão de nascimento que o que diz respeito a seu genitor deve ser explicado à criança, seja ela menino ou menina.

Imagino que seja um problema à parte quando a criança leva o sobrenome da mãe.

Se a criança leva o nome de solteira da mãe, não é impossível surgir – amanhã ou depois – a questão do incesto de sua mãe com seu avô materno ou com um tio materno; sobretudo se um desses dois ocupa um lugar tutelar. A ausência de explicações sobre o nome e sobre a lei que o impôs à criança ao nascer, a partir das circunstâncias de sua concepção e das relações de sua mãe biológica com seu pai biológico, acaba, mais cedo ou mais tarde, entravando a inteligência da linguagem, a vida afetiva ou a vida social. A respeito disso é preciso haver explicações claras, dadas pela mãe ou por familiares e repetidas várias vezes no decorrer do crescimento. Em suma, a criança precisa conhecer a lei que rege seu sobrenome. Se a filha ou o filho de uma mãe solteira leva o nome dela e além disso cresce numa vida familiar sem homens, ou até sem outros familiares, essa criança corre o risco de vivenciar-se como um atributo da mãe, como um filho partenogenético (nascido apenas da mulher). É uma mentira, e a criança fica marcada por uma irrealidade fundamental; além disso, fica angustiada, insegura diante do eventual problema da morte da mãe, sem a qual sua existência não está legalmente garantida. Toda mãe solteira deve prever quem assumirá a responsabilidade por seu filho no caso de ela vir a falecer, e dizer-lhe isso. Ainda não sabemos o suficiente sobre a insegurança existencial de uma criança sem família materna e paterna; vi algumas dessas crianças entrarem numa angústia geradora de debilidade neurótica a partir dos cinco anos, idade em que o problema da morte dos pais já não pode ser evitado. Essas crianças não obtinham nenhuma resposta para uma pergunta muda, que não ousavam abordar com a mãe, única responsável por elas: a mãe até previra essa eventualidade, mas nunca tinha conversado a respeito com o filho, que, por angústia, estava entrando numa regressão neurótica.

Mas voltemos ao problema do sobrenome. No caso concreto de hoje, caso de uma mãe solteira num ambiente feminino, convém dizer ao menino a verdade sobre sua concepção, sem nenhuma crítica à pessoa do genitor, sejam quais forem as circunstâncias da relação sexual de que a criança se originou, e, se possível, sem excesso de emoção nem sentimentos de culpa ou de sacrifício por parte da mãe. Independentemente das dificuldades que teve ou ainda tem para fazer frente a suas responsabilidades, ela teve ao menos a alegria de pôr no mundo seu filho e de amá-lo, alegria que deve ao homem que a tornou mãe. Dito isso, ela tem razão de querer falar com o filho. Deve explicar-lhe: "Você também teve um pai de nascimento. Mas você não o conhece porque não me casei com ele." Da mesma forma, caso a mãe viva com um homem que na realidade compõe um casal tutelar com ela, mas não é o pai biológico da criança, a meu ver não deve deixar de dizê-lo desde bem cedo, ou seja, no mais tardar antes da idade escolar, e mesmo que a criança não fale a respeito.

Bem, essas são as explicações sobre o pai no que se refere ao sobrenome. Fora isso – dirijo-me à especialista que você é –, como as crianças reagem de maneira geral à ausência de pai?

Você quer dizer: os filhos de mãe solteira?... Não existe "de maneira geral". Tudo depende do modo como a mãe fala do genitor ao filho, do modo como ela o amou e do modo como, em suas relações emocionais e afetivas, acolhe a presença dos homens em torno dela, sem falar das relações emocionais de seu filho com eles. No caso dessa mulher que se recusou a casar com o genitor, ela deve mostrar ao filho que seu pai existiu para ela, usando fotos desse homem quando se relacionava com ele; e, a partir das fotos dela quando criança, mostrar que ela mesma teve um pai, o avô materno dele etc. Depois, se um dia, ao ver um homem, a criança disser: "Queria muito que aquele senhor fosse meu papai", pode lhe responder: "Está vendo, você tem um modelo de pai no coração." Se o filho for um menino, pode acrescentar: "Cabe só a você se tornar tão legal quanto ele"; mas, caso lhe mostre um negro e ele for branco, ela deve lhe dizer: "Não! Você nunca vai ser negro, porque seu pai de nascimento era branco"; caso lhe mostre um senhor bem baixinho ao passo que ele é longilíneo, deve lhe dizer: "Não! Você provavelmente será alto, seu pai de nascimento era assim e você já é alto para a sua idade." Assim, tendo por referência o corpo, já poderá, sem negar a realidade do genitor, propor modelos ao filho. Existem muitos entre os esportistas, as pessoas da televisão etc. Ele certamente se interessará muito por eles.

Deve explicar-lhe também que ele é um caso particular pelo fato de a mãe não viver com alguém que o menino possa chamar de "papai", mas que tem a possibilidade de escolher homens para aconselhá-lo e para responder às perguntas dele quando ela não conseguir fazê-lo. O que uma mãe solteira deve saber é que há muitas coisas que ela não poderá explicar ao filho. Deve dizer-lhe então: "Veja, sou mulher. Nunca fui um menininho. Não sei responder a essa pergunta." Essa é, aliás, uma resposta que toda mãe de menino deve dar, até nas famílias mais clássicas, em que geralmente os meninos adquirem o hábito de recorrer apenas à mãe, com a cumplicidade ou, infelizmente, a indiferença do pai.

A mãe não deve substituir o pai?

Não é que não deva, não *pode*. Tanto para as meninas como para os meninos, são necessários substitutos masculinos tutelares e castos. Uma mãe sozinha já não é mulher. No melhor dos casos, é como que "neutra". Pode ser responsável no plano jurídico, responsável no plano da educação moral, mas não pode responder a tudo – sobretudo ao que é afetivo, sensível e emocional, em particular no menino. Se o fizer, estará se imiscuindo demais na sua sensibilidade. Deve dizer-lhe: "Isso são coisas de menino", e aconselhá-lo a perguntar para esse ou aquele amigo dela, esse ou aquele tio casado. Ou, se ele for perguntar para uma parente casada, esta, sem deixar de responder-lhe, pode deixar claro a posição dela e remetê-lo ao marido: "Ele poderá lhe responder melhor que eu, porque sou uma mulher como sua mãe, não tenho a experiência de um homem que, como você, foi menino e adolescente, com os problemas que se apresentam para todos os do seu sexo." Do mesmo modo, uma menina que nunca viu a mãe acompanhada de um homem não pode lhe falar com confiança de seus sentimentos pelos meninos. Sente a mãe frustrada. E, se lhe falar, é porque ainda é pequena e vive na dependência tutelar de uma mãe que considera, antes, como uma irmã mais velha órfã.

Portanto, é muito difícil criar um filho sem pai.

Com certeza, mas existem mulheres que conseguem resolver essas dificuldades, que dizem a verdade e que continuam a viver sentimental e sexualmente, como podem, sua vida de mulher, trabalhando, tendo uma vida social de cidadãs, não se encerrando na solidão, estimulando os filhos a se relacionarem com colegas de sua idade, sem lhes esconder as dificuldades, mas sem aprisioná-los num amor inquieto e possessivo.

Não é uma tarefa fácil para uma mulher sozinha.

Talvez. Mas, sabe, embora o desenvolvimento psicossexual e afetivo de uma criança criada sem pai por uma mãe solteira seja difícil, não é mais difícil do que, em muitos casos, o de um filho único ou caçula de mães que enviuvaram cedo e que nem a família materna nem a família paterna podem ou querem ajudar.

Ter uma mãe que idealiza um pai morto, por exemplo, é tão prejudicial para o filho que não o conheceu ou o conheceu pouco quanto se achar na ignorância sobre seu genitor e sobre quais foram, na realidade, as relações entre sua mãe e seu pai, em suma, aquilo que deu um sentido suficiente a sua existência para que ele nascesse. Um pai idealizado por uma mãe viúva incurável é esmagador para um filho, que, no período edipiano, tem de se fazer social e sexualmente de morto para rivalizar com ele. Há também viúvas que, de tão inconsoláveis, provocam a neurose dos filhos, assim como as mulheres abandonadas com um filho, que implicam com todos os homens, ou seja, atacam a vida nelas mesmas.

Reencontramos aqui mais uma vez o problema da fala. Primeiro, a mãe existiu biologicamente por meio da gestação e do sentimento de responsabilidade que esta acarreta. Depois, existe por seus atos e palavras em tudo o que se refere à educação do filho. O pai ausente existe simbolicamente na fala da mãe e de quem o conheceu e amou enquanto estava vivo e pode descrevê-lo para a criança tal como era. Toda criança, desde que a mãe não lhe tenha imposto um silêncio sobre o homem que a fez mãe, pode se relacionar com quem conhecia e gostava de seu pai e ouvir falar dele. E, sempre que possível, a mãe deve omitir sua decepção e permitir esse encontro com alguém que não tem os mesmos motivos que ela para sofrer com o que não pôde ter continuidade.

Volto a dizer, para uma mãe sozinha criar os filhos ela deve, primeiro, revelar-lhes a verdade sobre sua concepção: o sentido da vida deles enraíza-se aí; em seguida, reportá-los, desde a mais tenra idade, a adultos de ambos os sexos cuja forma de viver serve de referência para ela mesma, estimulando ao mesmo tempo seus filhos e filhas a escolherem, conforme suas afinidades naturais, entre aqueles que encontram: é importante que tenham exemplos fora do círculo familiar, ainda mais estreito por não haver ou já não haver pai.

Aliás, seria a mesma coisa se a mãe tivesse ido embora ou morrido e o pai ficasse sozinho para criar os filhos.

Temos aqui outra carta, a de uma mãe solteira que adotou, quando ele tinha dez meses, um bebê de mãe vietnamita e de pai soldado negro americano: ambos mortos. Essa senhora escreve que o filho é muito bonzinho, não tem problemas, mas que ela o acha indolente e pouco agressivo. Ela escreve:"Ele teve de ouvir comentários desagradáveis sobre sua cor."

Primeiro, pouco agressivo com relação a quem e a quê? E por que ela fala de comentários desagradáveis? Será que alguém lhe disse: "Você não é chinês"? Bem, por que ela não lhe explica a história de seu pai e de sua mãe? Acho que seria muito bom ela fazer isso e dizer-lhe que é graças às obras da Cruz Vermelha (provavelmente) que ela, que podia e queria fazê-lo, teve a chance de cuidar dele, e que seus pais biológicos certamente ficariam muito felizes de saber que ele está sendo criado por ela, que dispõe dos meios para isso, na França. O menino tem de poder responder às perguntas que lhe fazem sobre o pai. Se ela lhe der a existência simbólica do pai, ele não ficará frustrado. Poderá falar sobre ele como as outras crianças e dizer: "Meu pai morreu na guerra do Vietnã. Era um soldado americano." Era um soldado negro. Entre todos aqueles soldados americanos, havia muitos negros. Ela pode lhe mostrar fotos dos jornais da época. Creio ser imprescindível dizer-lhe a verdade. E é preciso explicar-lhe seu tipo asiático mestiço, falar-lhe de sua mãe biológica vietnamita que desapareceu de sua vida devido à guerra.

"Tenho medo de que ele sofra ou se apegue demais a mim", escreve ela ainda. "Tanto mais que já não tem nem avô."

Não, ele não sofrerá se ela falar com ele. E, também nesse caso, essa mulher não está só no mundo. Existem homens e mulheres à sua volta. O filho encontrará, entre eles, modelos de como é viver. Acho que ela vai encontrar o caminho certo. Mas entendo que algumas mães solteiras tenham perguntas. É bom que essa tenha perguntado. E se mais tarde tiver algum problema, poderá pedir a um psicólogo homem que cuide de seu filho e volte a lhe dizer as coisas que ela disse com sua voz de mulher, para que ele ouça uma voz de homem lhe falar de sua história para ajudá-lo a assumir seu destino.

Terceira situação: uma mulher que, de comum acordo com o namorado com quem teve um filho, decidiu continuar solteira e assumir totalmente a responsabilidade e a educação da criança. De família católica, ela se pergunta se, apesar de ter perdido a fé, não deveria batizar o filho. E, a esse respeito, acrescenta: "Não seria bom dar ao meu filho um padrinho e uma madrinha? Não é bom, principalmente quando uma criança não tem pai, ou quase nunca encontra homens, multiplicar os vínculos afetivos ao redor dela?"

"Multiplicar" os vínculos afetivos antes que ele mesmo crie os seus, não sei, mas ter amigos que se comprometam a cuidar da criança se algo acontecer com a mãe, com certeza. Seria uma segurança para os dois se a criança pudesse ter como padrinho e madrinha adultos, membros da família que garantissem sua educação, mas que também se responsabilizassem no caso dos incidentes que podem acontecer na vida de uma mulher sozinha com seu filho. Isso me parece importante. Se quiser arrumar, como ela diz, um padrinho e uma madrinha, deve procurar um casal a quem esteja bastante ligada e que aceite seu modo de ver as coisas; e que também aceite fazer uma pequena festa no dia em que for tomada essa decisão. Para isso, acho que seria melhor esperar a criança crescer um pouco. A mãe já pode lhe falar dos que aceitaram essa responsabilidade. No dia de seu primeiro aniversário, por exemplo, farão uma festa em que o padrinho e a madrinha estarão presentes, e a criança aprenderá por que chamar de "padrinho" e "madrinha" esses dois adultos que são diferentes dos outros e em quem ela pode confiar.

Ela também se pergunta se deve escolhê-los na família, entre pessoas próximas ou em qualquer outro lugar.

É comum escolher um padrinho e uma madrinha na família. Acho uma pena, principalmente para uma criança que não tem família do lado paterno, duplicar assim uma relação que já é uma relação de co-responsabilidade aceita legalmente no caso da família materna próxima. Para uma criança, basta ser tio ou tia. É preferível escolher um padrinho e uma madrinha estranhos à família e não jovens demais. Costuma-se às vezes escolher uma outra criança alguns anos mais velha. Acho melhor escolher adultos – da idade da mãe se possível, ou talvez um pouco mais jovens que ela –, que levem a sério seu papel. Porque, quando uma mãe é a única responsável pelo filho, pensar que: "Se algo acontecesse comigo, teria de haver alguém para me substituir na educação de meu filho" é de fato uma questão séria para ela.

Quanto a batizá-lo? Por que, se, ao que parece, esta já não é uma crença viva nela? Melhor seria, talvez, apoiá-lo mais tarde nas opções que lhe forem próprias. Acrescento que muitas crianças batizadas desconhecem a responsabilidade espiritual de seus padrinhos para com elas, a responsabilidade que eles aceitaram assumir. E, não é do fato de essa criança ter ou não um padrinho e uma madrinha diante da pia batismal que depende que haja um homem e uma mulher que aceitem responsabilizar-se por ela. Ora, ser padrinho e madrinha é isso. E se a criança os tiver efetivamente, ela precisa saber. É claro que a mãe não poderá lhe explicar isso quando a criança tiver um ano; mas durante seu desenvolvimento, aos dois, três e sobretudo por volta dos cinco, seis anos, será preciso retomar a questão: "Por que escolhemos essa madrinha?" Porque ela tem um papel muito importante, um papel de substituição, se algo acontecer com a mãe. E o padrinho deve substituir para a criança o pai que ela não tem. Ele se comprometeu a ser para ela um conselheiro e a apoiá-la em suas dificuldades até a idade adulta.

A criança que mexe em tudo
(Deambulação, exploração)

Uma pergunta que aparece muitas vezes diz respeito às crianças que mexem em tudo, ou seja, às crianças que estão começando a andar e que, passeando pelo apartamento, se transformam às vezes num verdadeiro furacão. Tenho aqui duas cartas. Primeiro, a de uma mãe que não faz drama da situação, mas simplesmente escreve: "Tenho um menininho de treze meses. Começou a andar faz dois meses, é cheio de vida e nos deixa esgotados. Assim que acorda, começa a trepar em tudo. Se estiver na cozinha, pega as panelas, as tampas e faz uma barulheira infernal batendo-as na geladeira ou no chão. Se está no banheiro, é o tubo de pasta de dente que vai parar na pia. Se está na sala, mexe nos botões da televisão etc. Que devo fazer? Deixar que destrua a casa inteira? Colocar fora de seu alcance tudo aquilo em que não pode mexer? Ou ficar proibindo tudo sem parar?"

A segunda carta fala de uma menininha de onze meses que explora o apartamento engatinhando, é claro, e põe tudo o que encontra na boca. A mãe, assim como a anterior, coloca o problema da intervenção. Deve deixar a menina fazer o que quer, tentando limitar os estragos, deixá-la brincar sozinha ou sempre brincar com ela para impedir que leve os objetos à boca?

São dois problemas interligados: a deambulação e a exploração. É normal que uma criança ponha tudo na boca, principalmente por não ter palavras para nomear o que toca. Já falei desse mexer em tudo. A menina de onze meses parece precoce; mas deve-se evitar ao máximo dizer: "Não mexa nisso!" É claro que a mãe tem de tirar de seu alcance tudo o que possa ser realmente perigoso. Além disso, sempre que puder, deve assistir a filha com o olhar e com palavras. Quando a criança põe coisas na boca, deve ficar vigilante e dizer: "É isso, é tal objeto, sentiu o gosto? É couro, é papelão, é tecido, é pano, é veludo, é tricô…" E, em seguida, pegar de volta o objeto. A criança deve explorar a casa toda dessa forma. Quando a mãe estiver presente durante essas explorações, poderá ir lhe dando o vocabulário de tudo em que toca, apalpa, pega e põe na boca.

O resto do tempo, quando a mãe está impossibilitada de acompanhar o filho com os olhos e comentar tudo o que ele está fazendo, pode deixá-lo num quarto, separado dos outros por uma pequena grade da sua altura (que seu marido pode fabricar), que contenha caixas de papelão, pequenos móveis, brinquedos, um monte dessas coisas de que as crianças precisam. A criança precisa ter a liberdade de mexer e pôr tudo na boca, sem que seja perigoso. Fora de casa, é claro que não é bom para a criança comer terra, lama, coisas sujas. Por isso, os brinquedinhos que carrega consigo deverão ser mais interessantes. Mas só se tornarão mais interessantes se tiverem um nome e estiverem incluídos, pelos dizeres da mãe sobre eles, na relação que a criança tem com ela.

Voltemos agora ao menininho de treze meses que já anda faz dois meses. Como a menininha, ele precisa conhecer tudo, saber como se toca e para que serve o que ele toca. Não basta dizer-lhe: "É uma tampa de panela", e sim: "Está vendo, esta tampa é maior que aquela", e mostrar-lhe uma outra: "É para pôr em cima desta panela"; e fazê-lo procurar entre duas ou três panelas: "Em qual cabe? Não, está vendo, não com esta, com a outra." Isso, meia hora de manhã e meia hora à tarde. É aquela aula de coisas da criança que mexe em tudo de que já falei. Quanto ao barulho que ele faz, à barulheira de que essa mãe fala, para controlá-lo ela pode, de vez em quando, brincar com ele de jogos de ritmo (as crianças adoram isso), cantando palavras ou rimas que invente. Esses exercícios motores, sonoros e verbais, são excelentes para um bebê. E a mãe não deve esquecer de abrir a escada portátil para que ele treine subir e descer dela. E deve, principalmente, levá-lo para passear, fazê-lo correr, brincar de bola, uma ou duas horas por dia (em duas vezes, é claro), porque é uma criança motora. Ela também precisa de brinquedos sobre os quais possa se sentar, com os quais possa avançar, fazer "bi-bi", cadeiras que possa empurrar por toda parte.

Os jogos sensoriais acompanhados das palavras da mãe e do pai começam bem cedo, desde o berço: visão, audição, tato, preensão; pegar, soltar, dar, atirar, apanhar. A partir da deambulação, vem o controle das coisas no espaço; a exploração e a experiência do corpo, a imitação do que os adultos e os familiares fazem. Vemos aí a inteligência humana em ação, bem como a aquisição da linguagem gestual mímica, sonora e verbal, pelo prazer de conhecer o mundo, de dominá-lo e de se comunicar com os outros.

Sobre o mesmo tema, tenho aqui uma terceira carta, interessante porque, paradoxalmente, as dificuldades talvez decorram do fato de a mãe querer muito fazer bem feito. Ela começa lhe fazendo uma pergunta muito geral: "Sei que você é a favor de uma política de extrema delicadeza (nunca erguer o tom de voz, explicar tudo pausadamente) com as crianças pequenas. Contudo, como impor as primeiras proibições a um bebê de doze meses que está começando a andar e a mexer em tudo? Como levá-lo pouco a pouco a obedecer a uma ordem importante? A meu ver, há um abismo entre a delicadeza e a compreensão e o deixar fazer tudo – que é uma das tendências de alguns jovens pais pertencentes aos meios da psicologia ou da pedagogia moderna."

Para proibir algo não é preciso fazê-lo berrando. E a delicadeza não exclui a firmeza nem certas proibições motivadas pela prudência.

Agora, quando a criança começa a mexer em tudo, como acabei de ter a oportunidade de dizer sobre a criança de onze meses, ainda é preciso retirar todas as coisas perigosas e deixar a criança experimentar, não como escreve essa senhora, pondo-a dentro de seu cercadinho, mas, ao contrário, dando-lhe caixas de papelão (para que possa brincar com elas, se esconder dentro delas), pequenos tamboretes, pequenos obstáculos que possa escalar.

Certo, interrompo-a para ler a continuação da carta, porque aqui se trata da experiência precisa dessa mãe...

Ela dá a impressão de ser uma mãe escrava, escrava do fazer bem feito, pelo que ela diz.

Ela escreve: "O que faço é o seguinte: entro com meu filho no cercadinho. Mostro para ele como enfiar argolas num pau. Empilho cubos para ele. Ele tem uma reação muito engraçada, que eu gostaria que você me explicasse e me dissesse se é comum: chuta as pilhas de cubos que fiz e não tenta remontá-las. Depois de uma ou duas tentativas, consegue enfiar as argolas no pau. Estimulo-o. Mas, de repente, fica irritado com tudo isso. Começa a chorar furiosamente, se agita e joga tudo para fora do cercadinho; é evidente que não se interessa por todos esses jogos de destreza próprios para a sua idade."

Ainda não são para a idade dele. Prova disso é sua irritação. Além do mais, por que essa senhora entra no cercadinho com o filho? Se estiver presente, pode deixá-lo engatinhar por todo o apartamento.

Aproveito para dizer que nos chegam muitas perguntas sobre: "Que jogos, que brincadeiras? Com que idade?" Então, essa senhora está totalmente enganada?

Está. O que ela quer que ele faça são jogos que uma criança de dezoito meses descobre sozinha, por prazer. Ele, ao contrário, está na idade das brincadeiras de mexer. Portanto, a mãe não deve prendê-lo num cercadinho, e sim ensiná-lo a mexer nas coisas: sugiro que ponha numa caixa um monte de pequenos objetos – o que chamo de "cacarecos": carretéis, retalhos de tapete, bolas de lã, sininho usado, chaves, fechaduras velhas, enfim, sei lá, tudo o que possa achar interessante para o tato. Também é bom ele ter brinquedos (animaizinhos, bonequinhos, um caminhão de madeira, papel colorido, um saco, uma malinha, cachorros, gatos de pelúcia, de borracha, uma trombeta, um tambor etc.). E a mãe deve deixar o filho manipular todos esses objetos nomeando-os e conversando com ele sobre eles. É isso que tem a ver com a idade que ele tem agora. Não o que ela quer que ele faça e cuja iniciativa não é dele.

Num outro trecho da carta, escreve que fica andando pelo apartamento de mãos dadas com ele "porque ele prefere assim", e que então ela não pode fazer mais nada.

Aí está uma mãe que não suporta desagradar ao filho. Mas, até quando? Não, assim não dá! Esse menino que gosta de brincar sozinho tem de poder fazê-lo, como acabei de dizer. E ela precisa ter suas próprias ocupações de mulher.

E, quando precisar colocá-lo no cercadinho, não é bom que entre junto com ele?

O cercadinho não deve ser utilizado o dia todo. Somente quando a mãe não pode ficar olhando o filho. Mas sem que ela também entre no cercadinho! Ele está na idade em que a atividade preferida é brincar sossegado atirando objetos. Deve pô-lo no cercadinho o menos possível e deixá-lo correr pela casa atrás dela. E quando ele tiver treze, catorze meses – desde já, se achar que ele já tem habilidade suficiente –, deverá abrir a escadinha de três degraus para que ele aprenda a subir. Uma criança que trepa (em mesas, por exemplo) – onde não for perigoso, é claro – é uma criança muscularmente inteligente. É isso que ele desenvolverá. E assim que puder, ou desde já se ele tiver interesse, deve deixá-lo brincar com água em volta do bidê.

O importante é saber como transmitir à criança o conhecimento das coisas em que é permitido mexer e das coisas em que é perigoso mexer. Pode-se começar com a caneta do papai ou da mamãe, ou com a caixa de costura da mamãe, por exemplo: é permitido olhá-las, observá-las bem, mas não mexer nelas. Além disso, existem muitas outras coisas – ou melhor, certas coisas – em que a criança só pode mexer com a ajuda do adulto. Junto com o adulto, ela aprende a conhecê-las e a manipulá-las (por volta dos dezoito meses): mas isso deve ser feito progressivamente, não mais que uma meia hora por dia, com a mãe explicando tudo com as palavras certas, e somente se isso interessar à criança; do contrário, não deve fazê-lo (mas acho que as crianças se interessam muito por isso).

E talvez ele esteja na idade de ouvir rimas cantadas, ouvir contar histórias. Com onze meses, a criança gosta de olhar pequenos livros de pano e saber coisas sobre cada imagem.

A mãe também pode fazê-lo reconhecer pessoas, levá-lo para passear, ir olhar os operários trabalharem enquanto lhe explica o que estão fazendo – sempre com a condição de a criança interessar-se por essas coisas –, conversar com outras pessoas. E, sobretudo, ele deve brincar com outras crianças. Seria bom se ela arrumasse uma amiga com um filho da mesma idade: eles brincariam juntos no cercadinho quando as mães estivessem ocupadas ou perto delas quando estivessem sossegadas.

Ou, ainda, pode deixá-lo pular em uma cama, por exemplo, subir nela, cair. Tudo isso é próprio da idade dele. Mas não todos esses jogos complicados que ela quer que ele faça e que o irritam.

Não existe mão certa
(Crianças canhotas)

Alguns pais lhe escreveram para falar dos filhos canhotos. Temos aqui, primeiro, uma mãe cuja filha de três anos e meio é efetivamente canhota. Sempre chupou o dedo e pegou os objetos com a mão esquerda. Para comer, usa a mão esquerda; bate a bola com a mão esquerda...

Com a mão ou com o pé esquerdo?

Com o pé esquerdo. E com a mão esquerda, quando a pega com a mão.

Ela é canhota mesmo.

Agora, ela desenha com a mão esquerda e escreve "da direita para a esquerda". Sua mãe não quer contrariá-la. "De vez em quando, a gente tenta fazer com que ela exercite a mão direita, mas logo percebemos que o que ela faz é muito desajeitado. Por outro lado, ela está começando a confundir 'frente' e 'trás', 'em cima' e 'em baixo', 'manhã' e 'noite', 'amanhã' e 'ontem'. Trata-se, contudo, de uma criança que falou cedo, que se exprime bem; pergunto-me, porém, se essa espécie de confusão – tanto no seu modo de escrever como na sua linguagem – não decorre do fato de sempre ter sido muito lenta e de eu sempre tê-la pressionado um pouco." A mãe pergunta se isso pode provocar uma dislexia?

São muitos problemas diferentes. Essa menininha parece se opor ao sentido da escrita. Ora, isso não tem nada a ver com o "canhotismo", pois também existem crianças destras com essa dificuldade. Ela parece se opor a que "em cima" seja em cima e "em baixo" em baixo... Gostaria que amanhã fosse ontem. Parece haver aí uma atitude afetiva de oposição que adota múltiplos aspectos e que de fato estaria relacionada com um "desritmação" que a mãe teria provocado pressionando-a sem parar.

Além disso, ela escreve: "Na nossa família, somos muito abertos para a vida, mas temos uma vida muito movimentada. Temos de conseguir fazer tudo." E a lentidão dessa criança era, por assim dizer, um obstáculo.

Pode ser. Mas é um problema completamente diferente do dos canhotos em geral. Posso dizer aos pais que normalmente todas as crianças se servem tanto da mão esquerda como da direita – com exceção dos destros rigorosos precoces, que são muito raros. Geralmente, as crianças se servem de ambas as mãos, de ambos os pés. Quanto mais tempo usarem os dois lados do corpo em tudo o que for motor, melhor, pois serão hábeis nos dois. É por isso que não se deve falar para as crianças de uma mão certa e uma mão errada.

É perfeitamente possível ensinar-lhes que, para se despedir de alguém, se dá a mão direita. Mas quando a criança dá a mão esquerda, não se deve dizer: "Dê a sua mão certa!" Nós simplesmente damos a mão direita, e a criança tem de dá-la também; contudo, se nos ensinassem a dar a mão esquerda, conseguiríamos fazê-lo do mesmo modo: é uma questão de convenção. Não é porque a mão seja bonita ou feia.

O importante é não contrariar uma estrutura neurológica da criança que vai se estabelecendo lentamente, com sua evolução, e que pode ser percebida pela destreza para escrever, pela destreza para brincar de coisas que exijam atenção. Ter um filho canhoto ou um filho destro deve ser motivo de igual felicidade. Não sei se vocês sabem que nos Estados Unidos algumas ferramentas são fabricadas diferentemente para os destros e para os canhotos, que, dizem, representam 36% dos consumidores.

É muito, em comparação com a França.

De fato. Na França, as pessoas são obrigadas a se adaptar, a ser destras para usar certas ferramentas, o que nem sempre é cômodo. As crianças deveriam ser respeitadas em sua "ambidestria", ou seja, deveriam poder trabalhar com as duas mãos por quanto tempo quisessem. Mas não deveriam ser autorizadas – seja qual for sua mão preferida – a escrever ao contrário: um destro escreve as línguas que se escrevem da direita para a esquerda da direita para a esquerda; portanto, o sentido da escrita não tem nada a ver com o canhotismo, não é mesmo?

Essa criança coloca duas questões diferentes: estender a mão direita é algo obrigatório para todos. Se não fizer isso, no futuro será, como se diz, mal vista por algumas pessoas, ainda que isso seja uma coisa idiota. É melhor não se meter em situações em que, por causa de uma convenção, nosso filho seja censurado. Nesse mesmo sentido, a convenção de escrever da esquerda para a direita em francês é tão importante que deixar a criança adquirir o hábito de escrever da direita para a esquerda – seja ela canhota ou destra – é prejudicá-la futuramente. Melhor seria dizer a ela: "Você não escreveu. Você desenhou. Pode até ser. Mas, quando você escrever, é da esquerda para a direita." Acho que essa mãe teria de pedir conselhos para alguém. Sob a aparente base de uma lateralização canhota, essa criança apresenta uma complicação que não se deve a isso.

Trata-se de outra coisa. Talvez queira criar para si uma particularidade? Não sei. Em todo caso, a mãe teria de fazer uma consulta... E acabar com a escrita da direita para a esquerda, pois a pequena terá muitos problemas mais tarde.

    Outra carta sobre o problema do canhotismo vem de uma professora. Sua filha tem cinco anos e meio e prefere usar a mão esquerda à direita. A mãe nunca a contrariou quanto a isso. Ela escreve: "Conversei recentemente sobre isso com uma psicóloga da empresa onde trabalho, que submeteu minha filha a testes e me disse, depois do teste, que ela era ambidestra com uma leve predominância da esquerda." Portanto, a psicóloga aconselhou a pedir com delicadeza, mas pedir assim mesmo, para a criança usar ao máximo a mão direita. Foi o que a mãe fez. Só que agora a criança vai mudar de escola. E sua futura professora é de outra opinião. Prefere não intervir. Diante disso, a mãe está indecisa. "Em casa, contrario-a um pouco, já que lhe peço para usar ao máximo a mão direita. E agora, na escola, não vão lhe pedir a mesma coisa."

    Mais uma vez, o problema não parece ter sido examinado até o fim – em todo caso, não até onde acho que se deveria ir. Gostaria de saber qual foi precisamente o conselho que a psicóloga deu à mãe e se é para tudo que ela quer que a criança se sirva da mão direita. Se é para tudo, é muito ruim. Mas não é ruim se for para certos gestos, como escrever ou estender a mão direita, como já disse agora há pouco.

    O que intervém aqui é sobretudo uma questão de olho. As crianças escrevem pertinho do nariz, mesmo que não tenham nenhuma miopia, escrevem ou olham as imagens bem de perto, a dez centímetros dos olhos. Manipulam os objetos bem perto do rosto, apesar de enxergarem perfeitamente de longe. É preciso saber que alguém pode ser destro ou canhoto de olho e até de ouvido. Destro de olho, da mão e do pé, é a fórmula de lateralização do destro completo. Ora, a psicóloga tem razão se a menina for ao mesmo tempo ambidestra ou com pequena dominância canhota da mão e destra de olho. Se a criança for canhota de olho, é preferível que escreva com a mão esquerda até deixar de fazê-lo por conta própria. Geralmente, as crianças destras de olho e canhotas da mão se corrigem sozinhas por volta dos oito, nove anos. Não têm como se corrigir antes. Se o fizerem mais cedo, ficarão com torcicolo ao escrever; porque o olho destro e a mão canhota, ou vice-versa, obrigam a ficar o tempo todo com o pescoço tenso quando se escreve, com o papel grudado no nariz, como fazem as crianças pequenas. Por volta dos nove, dez anos, as crianças já escrevem bem mais longe do rosto e as que são francamente ambidestras se reeducam sozinhas. Conheci umas cinco ou seis que se reeducaram assim, por volta dos dez anos, porque perceberam que podiam escrever igualmente bem com a mão direita e que, afinal, era mais cômodo fazer como todo o mundo e a letra ficava mais bonita.

    Resumindo, não sei se a mãe entendeu bem o que a psicóloga disse. Ela precisa saber se a filha é ou não destra de olho. Se for mesmo – e se for bastante hábil com a mão direita –, poder-se-á ajudá-la a escrever com essa mão. Pois, quando a criança é pequena, até os dez anos, é bom que use a mesma mão do olho diretor.

Em suma, não se deve contrariar sistematicamente um canhoto.

Claro que não! Não é saudável e pode ser nocivo. Trata-se de uma estrutura neurológica. Contrariar um canhoto verdadeiro pode acarretar uma inibição de sua expressividade e freqüentemente induzir a inépcia de toda a sua motricidade, a gagueira, ou, mais profundamente, a angústia.

Por fim, temos aqui a carta de um pai: "Tenho um menino de quatro meses e meio e uma menina de dois anos e sete meses. É evidente que ambos se servem geralmente mais da mão esquerda que da direita. O bebê ainda não entende muito bem, mas, com a menina, a mãe dela e eu a advertimos constantemente. Dizemos a ela que para fazer algo se usa a mão direita." No entanto, ela parece claramente ter muitas dificuldades motoras com a mão direita. Por exemplo, não consegue empurrar um objeto seguindo uma direção precisa com essa mão. O pai escreve: "Isso me chateia, acho isso grave, porque não conheço nenhum personagem da história, ou ao menos da história contemporânea, que tenha sido canhoto. Minha mulher me contou que conheceu uma médica que usava a mão esquerda... Espero que não esteja enganada..." Em suma, esse senhor parece fazer uma ligação precisa entre a inteligência e o fato de ser destro...

... e a ascensão social.

Não sei se é uma questão de ascensão social...

Como se fosse anormal ser canhoto! Pois bem, como já disse, é algo que não tem nada de excepcional. Seria tão perigoso corrigir uma criança espontaneamente destra, para torná-la canhota, quanto corrigir um canhoto para torná-lo destro. Não entendo a preocupação desse pai. Acho que a principal dificuldade está no fato de os pais não conseguirem mostrar diretamente ao filho como fazer os gestos que eles mesmos fazem. O filho deve se identificar com a habilidade dos pais, mas com a mão que, para ele, é a mais fraca; portanto, eles não podem levá-lo a fazer exatamente como eles. Talvez seja esse o problema. Em todo caso, é sempre preciso se alegrar de ter filhos que são como são e que, destros ou canhotos, não tentam fazer de conta que estão imitando os pais. A imitação é simiesca; já a identificação é um processo simbólico e de linguagem que leva a tomar iniciativas e a levar a bom termo sua realização sem prejudicar nem aos outros nem a si próprio e, em particular, sem contrariar a própria natureza.

O pai também lhe pergunta se é tarde demais ou cedo demais para intervir.

Nem cedo demais nem tarde demais. Os filhos são como são, como têm de ser. Contudo, ainda não dá para dizer, com dois anos e meio, se essa criança não se tornará hábil também com a mão direita. Ela é mais hábil com a mão esquerda, o que a torna por enquanto claramente canhota. Mas é bem possível que, por volta dos quatro ou cinco anos, ela seja mais hábil com a mão esquerda para certas coisas e, no entanto, bastante hábil com a mão direita; teria então condições de usar as duas mãos com muita destreza. Porque um destro que é só destro e que não é hábil com a mão esquerda muitas vezes também sofre limitações.

A liberdade, a agilidade, a harmonia e a eficácia de nossos gestos vêm, com efeito, do equilíbrio fisiológico de todos os funcionamentos de nosso corpo, combinados com os esforços exigidos pelo controle motor. Trata-se de todo um conjunto (nervoso, esquelético, muscular, circulatório e visceral). Ora, temos órgãos viscerais e sensoriais simétricos (e não se trata apenas de nossos membros superiores e inferiores): essa simetria concorre para a harmonia de nossos movimentos, dos mais inconscientes, como as mímicas faciais, os movimentos da laringe, da boca e da língua que presidem à emissão da voz e da fala, até os movimentos mais conscientes que podemos comandar e exercer voluntariamente. Acontece que, em todos nós, um lado domina o outro naturalmente; e a precisão nem sempre está do mesmo lado que a força. Chamam-se destros ou canhotos aqueles que – justamente – aliam de um mesmo lado força, precisão e habilidade.

Dito isso, convidaria esse pai a observar pela televisão os esportistas em competições. Verá muitos, inclusive entre os melhores atletas mundiais de boxe, esgrima, tênis, futebol, que são canhotos. Talvez isso o tranqüilize!

Os objetos é que estão a nosso serviço
(Arrumação ou bagunça?)

Para começar, tenho duas cartas, uma que lhe pede para falar de arrumação e a outra da bagunça. Com as questões que elas colocam, pensei que talvez pudéssemos tentar examinar esse tema, porque de fato muitos pais gostam de ter uma casa arrumada, sobretudo as mães que ficam o dia todo em casa e não suportam muito bem a bagunça. Primeiro, a carta de um médico: ele não esclarece de que criança se trata, simplesmente lhe pergunta: "Você poderia nos aconselhar sobre o modo de fazer com que uma criança seja ordeira sem torná-la maníaca por arrumação? Em outras palavras, como ensiná-la a arrumar suas coisas sem matar sua espontaneidade e respeitando-a?"

Não se pode fazer com que uma criança arrume alguma coisa antes dos quatro anos – tratando-se de uma criança inteligente, esperta e com boas relações com o mundo exterior. Antes de mais nada, porém, a criança tem de ver os pais arrumando as coisas e ouvi-los dizer: "Escute, não estou achando minhas coisas porque você deve ter mexido nelas." E, depois de ter procurado com a criança: "Está vendo? Você as deixa em qualquer lugar!" É preciso fazê-la notar que, de modo totalmente inconsciente, sua vitalidade a faz pegar as coisas, deixá-las em algum lugar quando perde o interesse e apanhar outra coisa: uma criança é isso. Não se pode ensiná-la a arrumar as coisas antes dos quatro anos, mas pode-se conversar com ela antes.

E depois dos quatro anos?

Para ensinar uma criança a arrumar as coisas, não se deve pedir isso o dia inteiro (enquanto ela está envolvida na ação, é impossível), mas sim no final de um período do dia. Na hora do almoço, quando se está arrumando a sala onde todos vão se reunir para a refeição, pode-se pedir-lhe: "Venha! Ajude-me. Tudo isso aqui vai para o seu quarto. Isso aqui, para o meu – se houver vários quartos. Isso, naquele armário etc." À noite, contudo, quando o quarto da criança está desarrumado, é impossível arrumar tudo antes que ela esteja na cama ou quase. É no momento em que a própria criança está se arrumando, arrumando seu corpo na cama para dormir, que ela entende que é preciso arrumar também as coisas, em todo caso, que isso já não é "contra a natureza", ou seja, desagradável para ela.

Arrumar não significa ser maníaco por ordem. Arrumar é pôr todas as coisas da criança num lugar reservado para ela (um canto do quarto, um cesto, um compartimento para brinquedos, um armário). Não se deve começar pondo uma coisa em tal lugar, outra coisa em outro: quando as crianças são pequenas, elas precisam de uma bagunça pessoal.

Com quatro anos, a criança entende muito bem que precisa arrumar suas coisas. E a mãe pode, mas não antes dos cinco anos, dizer-lhe: "Se eu encontrar coisas suas espalhadas em outro lugar que não seja no seu quarto, azar seu, vou confiscá-las. Você sempre as coloca onde não devem estar; não quero ver brinquedos seus nem no nosso quarto, nem na sala de jantar, nem na cozinha." O quarto da criança, em contrapartida, não pode ser arrumado, exceto uma vez por semana, na hora da faxina.

É só por volta dos oito anos que as crianças arrumam as coisas sozinhas. Antes disso, elas às vezes arrumam suas coisas de escola, sobretudo se são vários filhos – protegem suas próprias coisas dos menores, ou dos mais velhos que podem querer afaná-las –, desde que lhes tenha sido dado um canto particular e, se possível, fechado à chave. É importante que cada filho tenha um canto para si, sobretudo numa família numerosa, onde cada um possa pôr seus objetos preciosos fora do alcance dos outros, com um cadeado, por exemplo, um cadeado com chave ou com código. (E a criança não deve dizer aos outros onde guarda a chave do cadeado: se o fizer, é porque gosta que surrupiem suas coisas.) O único modo de ensinar arrumação é pelo exemplo – como tudo, aliás.

O que você descreve é um pouco o ideal. Mas, caso se tenha decidido inculcar ordem num filho antes dos quatro anos, isso poderia, como lhe pergunta esse médico, matar a espontaneidade da criança?

Sim, poderia torná-la maníaca, como escreve esse médico, ou seja, obsessiva: a criança não tem a liberdade de brincar como outra criança qualquer; é meio velha antes da idade no que diz respeito à arrumação; tem como que uma necessidade de que tudo esteja no lugar; é como se seu corpo estivesse desorganizado; sente-se mal na própria pele quando as coisas não estão arrumadas. E isso é um sinal de obsessão.

Ao contrário, uma criança se sente bem na própria pele com todos os seus brinquedos, livros, roupas bagunçados à sua volta. Com a condição, é claro, de que o pai ou a mãe não sejam maníacos e não briguem com ela o tempo todo por causa disso: o que significa que eles não tenham mania de arrumação e não queiram impô-la a ela. Isso seria danoso, porque as pessoas maníacas, intolerantes às surpresas e aos movimentos da vida, sentem-se muito mal nas relações sociais – que sempre desorganizam. Ora, o importante é a relação. Os objetos são feitos para servir à relação, na brincadeira e para suscitar o interesse por ela. Eles não mandam em nós. Somos nós que nos servimos deles.

Depois da arrumação, falemos um pouco da bagunça. Uma correspondente pergunta se, na sua opinião, a bagunça é um mero traço de caráter e se depende apenas da vontade do sujeito modificá-lo – ou se pode ser constitutiva de uma personalidade. Neste último caso, dificilmente se poderia pedir a alguém em quem a bagunça está profundamente implantada que modifique isso. Esclarece que tem três filhos, um de três anos e um de nove, que são, diz ela, "relativamente ordeiros", e um de dez anos e meio muito desordeiro. Seu marido também é muito desordeiro. Ela escreve: "É um homem maravilhoso. Muito ordeiro no trabalho, mas em casa é um terror. Estou longe de ser aquela mãe que passa o dia limpando e arrumando. Simplesmente gosto de poder encontrar o que estou procurando em casa. Nem ouso pedir demais." Um dia, depois de ter arrumado seu quarto com a mãe, seu filho de dez anos e meio lhe disse: "Sabe, não gosto do meu quarto assim. Quando ele está arrumado, sinto-me sozinho, isolado. Quando os brinquedos estão espalhados pelo chão, são um pouco como meus amigos."

O filho mais velho certamente quer se identificar com o pai. Este último dá um exemplo de bagunça e, para o filho, isso faz parte do jeito de ser do pai. Imagino que o menino tenha escutado o pai dizer: "Não gosto quando tudo está arrumado assim. Não sinto que haja vida etc." Ele faz como o pai: não é de admirar. Mas talvez também tenha a mesma natureza do pai. Se a mãe é alguém que arruma mais, o filho se empenhará um pouco mais que o pai, porque isso às vezes deve incomodar o pai. De fato algumas pessoas perdem uma boa hora por dia por causa da própria bagunça... E outras passam uma boa hora todos os dias arrumando inutilmente coisas que poderiam muito bem manter à sua volta.

O que me interessa no que esse menino diz é que ele gosta que as coisas estejam no chão. Notei com freqüência que as crianças gostam que o chão esteja coberto de seus pequenos objetos pessoais. Isso sempre me espantou, porque eu não gosto que as coisas estejam no chão, e sim ao meu alcance, em cima de uma cadeira. Minhas cadeiras muitas vezes ficam entulhadas de coisas quando não tenho tempo de arrumar; mas não deixo nada no chão, ou só deixo quando não tenho mais lugar nas minhas cadeiras! Mas as crianças não são assim. Talvez uma cadeira para um adulto seja como o chão para uma criança. Não sei.

Em todo caso, é preciso educar os filhos e isso só é possível pelo exemplo. Então, essa criança se vê entre o exemplo de uma mãe que talvez não arrume demais e de um pai que é muito bagunceiro. Aprenderá a arrumar o que é precioso para ela quando quiser protegê-lo de seus irmãos e irmãs. Voltamos, assim, ao tema anterior: ela precisa ter um lugar que possa ser trancado. A mãe lhe dirá: "Vire-se para achar as coisas que você quer achar." Quanto ao resto, uma vez por semana a mãe pode dar uma bronca geral para que todos arrumem um pouco as coisas.

O curioso é que é por volta dos quinze anos que a arrumação adquire as características que deve ter em um adulto; de fato, é somente nessa idade que as pessoas aprendem a arrumar de uma maneira que não seja nem compulsiva nem maníaca, mas que sirva para facilitar a vida. Com sua própria ordem! Cada um tem a sua. É por isso que uma mãe não pode impor ao filho seu tipo de ordem. Cada um encontra o seu por volta dos catorze, quinze anos.

Mas então – volto à questão da bagunça –, traço de caráter ou elemento constitutivo e incurável?

Nem um nem outro: modo de viver. Existe pensamento bagunçado? Existem pessoas muito ordeiras no pensamento e bagunceiras na vida prática. Outras que são o contrário. Não sei dizer. Sei lá.

Uma terceira carta sobre arrumação e bagunça. Na verdade, uma reflexão. Você deu uma primeira olhada na caligrafia e disse que o autor tinha certamente um espírito muito jovem. Ora, essa pessoa é professora honorária de maternal. E dá um depoimento...

... sim, muito notável.

... que, a meu ver, merece que nos detenhamos nele um certo tempo. Em primeiro lugar, ela escreve: "Existem dois tipos de bagunça. A verdadeira: a pessoa procura algo e já não sabe onde está. Só acha a metade do que procura..." Segundo ela, isso é um vício, preguiça, tolice intelectual.

Sim. É uma bagunça interior que se manifesta fora. E que faz as pessoas sofrerem.

... depois, a outra, que nós, adultos, chamamos bagunça quando se trata de crianças e que não é bagunça. E ela conta uma história da época em que era ajudante de professor: "Chego num maternal para uma curta substituição. Me dão a classe dos bebês..."

Dos menorzinhos.

Portanto, das crianças de dois a três anos. "... A diretora da escola me diz: 'Como você pode ver, temos pequenos armários; no final da tarde, as crianças arrumam seus ursos e baldes assim: um armário por criança, um urso e um balde por armário.' Quando chega o final da tarde – as crianças têm um faro prodigioso, devem ter sentido alguma coisa –, peço-lhes para arrumarem suas coisas: elas colocam todos os ursos de um lado, dois a dois, e também todos os baldes de madeira do outro. Intervenho: 'Não é assim que vocês costumam arrumar.' E elas respondem: 'Mas é que eles ficam tristes!'"

Os ursinhos?

É.

Claro!

"Aquilo me pareceu perfeitamente válido", continua ela. "Deixei que assim fizessem. E lá estavam todos os ursos sentados uns de frente para os outros. Às quatro horas, a diretora entra e diz: 'Mas como? E os bons hábitos? E a arrumação?' Eu lhe expliquei: 'É porque elas acham que os ursos ficam tristes!' Devo dizer que a diretora me olhou preocupada. Em seguida, ela disse: 'Vamos! Me arrumem isso direito!'" E nossa professora conclui: "E azar dos bebês que toda tarde eram vítimas de uma agressão afetiva, porque eram obrigados a não ser bonzinhos com seus ursos."

Em suma, para essa diretora as coisas eram mais importantes que as crianças. Para as crianças, contudo, não existem "coisas". Era o que eu dizia para as mães: à noite, não se deve arrumar tudo antes que a criança tenha adormecido ou esteja pegando no sono, porque as coisas que estão no chão são coisas vivas, que fazem parte de seu contexto. Para as crianças pequenas daquele maternal, os ursinhos eram o que ficava na escola depois de elas irem embora. É para estar junto com os outros que se vai à escola. Não para ficar num armário. "Separem-se. Não se comuniquem!" Quantas vezes não se ouve isso nas aulas de ensino fundamental? Quando uma criança está fazendo um dever, não deve dizer ao seu vizinho o que está escrevendo. No entanto, a aula é feita para se comunicar. E os ursos, nem mesmo os ursos podiam se comunicar! É terrível!

Mas, afinal, será que isso incomodava?

Mas se eles estavam todos bem arrumados juntos! Faça-me o favor!

Vejamos a continuação: "Também os adultos – uma mãe, por exemplo – pensam a respeito de uma determinada coisa: 'Isso está largado aí.' E a criança por sua vez pensa: 'Assim, eu posso vê-la.' Quando a gente gosta de algo, gosta de vê-lo...

Com certeza.

... O pior que pode acontecer é os brinquedos sumirem, porque isso quer dizer que não existe mais nada. Ao passo que quando um brinquedo está à vista, ele está vivo [era o que você dizia agora há pouco] e participa da vida da criança, mesmo que ela não brinque com ele. Sabe, fico furiosa quando vejo nos jornais idéias de decoração para quartos de criança."

Não foi o que eu disse sobre os móveis para as crianças? Responderam-me: "É, mas onde os fabricantes de móveis infantis vão encontrar compradores se você fica dizendo isso?" É verdade que com caixas enfeitadas pelo papai é possível fazer casinhas, garagens para os carros. O papel dos pais é justamente criar coisas vivas, que são lugares de arrumação para as crianças, mas ao alcance delas, não altos demais, lugares adequados para colocar os brinquedos e depois achá-los.

A carta prossegue – é um depoimento realmente interessante: "É preciso explicar para as pessoas, para os que têm mania de crianças ordeiras – os maníacos da 'arrumação' –, que não somos limitados por nossa pele. Considero minha biblioteca, por exemplo, uma espécie de anexo do meu cérebro. Gostaria de ressaltar tudo isso, porque durante toda a minha juventude me disseram: 'Jogue fora toda essa porcaria!' Se lhes tivesse dado ouvidos, não teria essa magnífica coleção de jornais históricos na qual posso voltar a mergulhar agora que estou um pouco mais velha. Sempre censurei os pais por não terem o senso da hierarquia dos valores. A ordem da casa não é a prioridade indiscutível." Cita o exemplo de uma criança que volta do acampamento de férias: "A primeira coisa que os pais notam é que a mala está bem mais pesada do que na ida. 'O que você trouxe?' (A criança havia trazido pedras, porque o monitor, um estudante de geologia, conseguira interessar as crianças por pedras.) 'Você pode guardar uma ou duas de lembrança. O que você quer que a gente faça com isso?' E o resto foi para o lixo!"

Isso é desrespeitar a personalidade nascente de uma criança.

Ela nota ainda que, às vezes, os pais exigem ordem porque eles mesmos carecem de imaginação. "Caso haja excesso de carros num quarto, basta comprar uma garagem!"

Ou que o pai faça uma garagem com uma caixa de papelão que ele decora, pinta. Será uma grande diversão e o filho ficará muito feliz porque o pai construiu a garagem de seus carros. Não é preciso comprar garagens.

Ela prossegue: "Por que os pais se queixam de que os filhos brincam no chão? O chão é a maior superfície possível. É normal que uma criança fique no chão. Uma mesa de adulto é alta demais. Uma mesa de criança é pequena demais, mal feita, não serve para nada."

Claro! Será que conseguiríamos fazer alguma coisa com uma mesa que ficasse à altura do nosso nariz? A mesa é da altura do nariz da criança.

E ela termina dando alguns conselhos práticos aos pais: "As crianças geralmente se opõem a ordens. Em compensação, são muito, muito permeáveis aos exemplos. Basta lhes explicar que quem é ordeiro ao menos acha o que está procurando; e lhes mostrar, por exemplo, que a agulha já está com fio, pronta para costurar etc."

É verdade. Que as ferramentas estão na caixa de ferramentas e que a gente as põe de volta ali quando termina de trabalhar... Mas as crianças têm de ver os pais fazerem isso. Vão fazê-lo porque os pais fizeram; não imediatamente, mas o exemplo prevalecerá com o tempo.

Que mais poderíamos acrescentar?

Que essa carta é maravilhosa e que devemos agradecer à autora esse depoimento.

(Algumas semanas depois)

Chegaram algumas objeções a essas reflexões sobre a arrumação e a bagunça. Parece ser algo que preocupa muitos pais...

E que é muito discutido.

De fato. Alguns até acham que você fez uma espécie de apologia da bagunça, que você deveria ter sido, digamos, mais taxativa e declarar: "A bagunça é ruim." Não me deterei nessas cartas. Outros lhe fazem perguntas precisas relativas a certos pontos que os deixaram um tanto surpresos.

Por exemplo, você disse que as crianças precisam ter um lugar trancado com um cadeado. A esse respeito, escrevem: "Sou mãe de quatro crianças, de nove anos, sete anos e meio, seis anos e quatro anos e meio. Entendo que cada criança deva ter um canto reservado. Mas por que falar em trancar? Não seria melhor ensinar os filhos a respeitar o canto do outro sabendo, justamente, que esse canto é acessível?" Isso daria, por assim dizer, mais peso à ordem.

Bem, isso é o ideal. Mas é extremamente difícil atingir o ideal logo de primeira, pois cada criança tem uma natureza diferente e, sobretudo, há geralmente uma que tem muita inveja de outra – é um mais velho que lamenta o fim de sua primeira infância e gostaria de ter as coisas do menor; é um menor que acha que vai ficar maior se pegar as coisas do maior. Ora, é preciso ajudar as crianças a se defenderem sem violência, se possível, ou seja, a adotar uma defesa passiva. Com um armário que possa ser trancado, não com chave mas com cadeado (e o melhor é um cadeado com código para que não possa acontecer de a chave ser perdida ou roubada), os pais ajudam aquele que é sempre alvo da habilidade de afanar de um outro: "Assim, cada um de vocês pode proteger suas coisas preciosas. Agora, virem-se e tolerem-se uns aos outros."

O que essa senhora diz sobre aprender a respeitar os bens alheios é correto. Mas existem realmente crianças perseguidas por irmãos e irmãs que roubam suas coisas...

Portanto, não vale a pena tentar o diabo...

Acrescento que esse armário fechado é também um indicador de que cada um se defende de ser violado nos seus contatos com o outro. Há o que ele permite e o que ele não permite. É simbólico. É claro que isso já não é necessário quando as crianças são grandes. É necessário justamente quando são pequenas, para que aprendam o que chamo de defesa passiva.

E não é só isso: os pais devem entender que, quando um filho se queixa de que o outro pegou suas coisas, é para tirar a mãe do sério, para que haja berros, briga, para que o outro leve bronca etc. Com o espaço trancado, tudo isso desaparece, o que dá aos pais uma grande serenidade e lhes permite sobretudo dar o exemplo, respeitando, eles também, os filhos, sem terem que parecer o tempo todo chateados porque um deles está chateado. Pois, quando um filho chora e a mãe imediatamente ataca aquele que o fez chorar, é como se o filho que desencadeou a reação da mãe fizesse parte dela. Nessas condições, a criança não consegue entender que também ela está perante o mundo de que o irmãozinho faz parte, de que a mãe faz parte. A mãe deve dizer: "Defenda-se, vire-se." E ser a primeira a dar o exemplo do respeito ao bem alheio e também da tolerância por aqueles que não são virtuosos ou nem sempre o são! Existem muitos santinhos e santinhas que envenenam a vida dos irmãos e irmãs com mães que não param de dar sermão: "O que é isso? Ele é pequeno, seja bonzinho com ele", "Como?! irmãos e irmãs brigando! Vocês têm de gostar um do outro". Não, um armário próprio, uma gaveta própria, ou seja, a defesa passiva é bem mais moral e eficaz. E também um esconderijo para ocultar dos adultos os pequenos tesouros, o diário, as lembranças, as economias...

Nesta carta, contestam delicadamente a idade que você indicou para o aprendizado da arrumação: "Li nos livros de Maria Montessori que o período em que a criança pode ser sensibilizada para a arrumação se situa entre dezoito meses e dois anos." Não foi a idade que você mencionou...

De jeito nenhum. É muito interessante essa reflexão da Sra. Montessori. Não esqueçamos que ela era italiana e que, na Itália, as crianças vivem amontoadas nas famílias. Já não sabem onde termina seu corpo e onde começa o dos outros. Dormem todos juntos. Os espaços são pequenos. E elas são criadas todas juntas em grande número.

É uma questão de diferença de culturas.

A questão é saber onde começa um e onde termina o outro. O que é verdade é que quando os pais recebem visitas, por exemplo, se estas deixarem suas coisas em um determinado lugar (a senhora, sua bolsa, o senhor, seu chapéu...), pode ter certeza de que a criança de dezoito meses trará o chapéu, a bengala ou a capa para o senhor, a bolsa para a senhora... Porque, para ela, tudo o que pertence a uma pessoa faz parte do corpo dela. Mas é justamente isso que tem de ser ultrapassado: não são os objetos que compõem a unidade de uma pessoa, é o domínio que ela tem dos objetos a distância, dos objetos que deixa de lado quando não precisa deles e que pega de novo quando precisa. É essa noção que é importante; e ela é adquirida mais tarde. Entre dezoito meses e dois anos, dois anos e dois ou três meses, tudo o que pertence a uma pessoa (suas roupas etc.) é visto como se fosse a própria pessoa. É quase fetichista. Portanto, no período que a Sra. Montessori indica, não se trata de arrumação, mas de fetichismo do espaço pessoal. Não é o caso de proibir esse modo de defesa contra um sentimento de dispersão. Mas não é algo que deva ser cultivado.

Essa mesma pessoa tem filhos que não arrumam as próprias coisas, mas são perfeitamente capazes de fazê-lo quando se explica a eles que é necessário...

Ou seja, de vez em quando.

... Esse é justamente o sentido da pergunta: pode-se ao mesmo tempo ser ordeiro e não se ter senso de arrumação; ter senso de arrumação e não ser ordeiro?

Pode-se ter senso de arrumação e preguiça de arrumar. Pensar, por exemplo: "Para que arrumar? Não vale a pena." Arrumar é, de fato, pôr-se a serviço dos objetos durante uma hora em que se poderia fazer outra coisa mais apaixonante, não é? É mais ou menos assim que as crianças sentem. Por isso é preciso dizer a elas de vez em quando: "Muito bem, agora tem um pouco de coisa demais espalhada, vocês têm de arrumar." Elas fazem isso muito bem quando não lhes pedem o tempo todo, de modo desesperado: "Arruma... Arruma suas coisas, arruma suas coisas." Nada cansa mais no espaço familiar do que ouvir sempre a mesma coisa. Já que não serve para nada, para que continuar? Mas, de vez em quando, e sobretudo com a ajuda da mãe, arrumar é necessário para as crianças e para a boa ordem de uma casa, para que se possa viver nela.

Gostaria ainda de acrescentar, referindo-me ao que disse há pouco sobre o fetichismo, que os objetos espalhados por toda parte podem ser, para a criança, uma maneira de ampliar seu território pessoal, de estabelecê-lo em toda parte. É de propósito que a criança põe seus brinquedos no quarto dos pais, para marcar claramente que está ali; quer mostrar que controla o espaço por intermédio dos brinquedos: para que a casa toda seja sua.

Aproveito para falar aqui das crianças que se enganam a ponto de dizer "na minha casa", quando estão "na nossa casa". Não sei por que os pais permitem que se diga isso, uma vez que eles geralmente dizem "em casa" ou "na nossa casa". A criança diz "na minha casa", porque quer ser o pequeno dono ou a pequena dona da casa.

Deve-se tentar corrigir esse defeito?

Sim. Os pais devem perguntar ao filho: "Afinal, por que você diz 'na minha casa'? Você sabe que aqui é a nossa casa. O seu espaço é o seu quarto – se a criança tiver um –, o seu armário. Mas, no geral, é a nossa casa, não a sua." É sempre importante usar as palavras corretas. Com isso em mente, não é o caso de se zangar com a criança, mas de recolocar as coisas no devido lugar, pois quem cala consente: pouco a pouco, a criança vai exibindo sua possessividade total e perde a noção do limite entre o que tem de adquirir desenvolvendo-se e o que lhe é devido (porque a casa pertence a seus pais e é sua casa).

Há também a bagunça dos objetos que não interessam mais – de que já falei ao me referir à criança de menos de quatro anos – e que ela abandona no lugar onde se desinteressou deles para ir brincar com outros objetos. É uma bagunça totalmente diferente da que consiste em afirmar seu território por toda parte. É antes uma negligência e uma velocidade grande demais do desejo que faz com que não se vá arrumar o objeto anterior. É aí, como disse, que pode entrar a educação: "Olha, você está brincando com isso agora; quando quiser brincar de novo com os brinquedos que você largou e deixou espalhados por todo canto, não conseguirá. Venha, vamos juntar tudo." É preciso ajudar a criança. São a mãe e o filho que arrumam. E ele fica muito contente. Mas, antes de mais nada, repito: são os objetos que estão a nosso serviço e não nós a serviço dos objetos.

Outra carta sobre a questão da arrumação. Quem escreve é uma secretária. É muito bagunceira e guarda tudo, os papéis, os barbantes... "É claro que isso passa uma péssima imagem de mim", escreve ela. "Vivo em conflito com meu filho mais velho que é excepcionalmente maníaco por arrumação. Ele tem grandes dificuldades de relacionamento comigo. Sou muito apegada às coisas, mas não sou ordeira. Existe algum meio de melhorar nosso relacionamento?"

Acho que ambos têm dificuldades um pouco contraditórias. Há algo aí a que não posso responder. É o jeito de conviver deles. É preciso haver tensões entre mãe e filho. Nesse caso, elas recaem sobre a arrumação, mas, se não fosse assim, recairiam sobre outra coisa. Cada um é como é. E pronto.

Para terminar, uma última carta sobre a desordem. Ela começa com um depoimento que, creio eu, irá agradá-la. Quem escreve é uma mãe: "Você disse que os filhos iam fabricando os pais pouco a pouco. Concordo plenamente. Quando minha filhinha nasceu, refleti que os bebês são verdadeiros bebês desde o começo, mas que os pais não se tornam verdadeiros pais do dia para a noite, é toda uma evolução." Em seguida, pede para você falar da bagunça: ela talvez seja um caso particular, mas coloca uma questão muito geral. Escreve: "Não sou uma pessoa bagunceira no espaço e sim no tempo, ou seja, sou absolutamente incapaz de cumprir um horário. Meu bebê (ela tem uma filha de quatro meses) foi amamentado conforme pedia, simplesmente porque eu não conseguia respeitar um horário. Curiosamente, os despertadores, relógios, pêndulos parecem parar de funcionar em contato comigo. Sempre estou atrasada e me pergunto se isso é bom para meu bebê. Dou-lhe de comer quando ela tem fome; dou-lhe banho quando está suja. E, de tempos em tempos, de manhã, levo-a para passear porque, assim, posso fazer outra coisa à tarde." Ela leu ou ouviu pediatras e também avós dizerem que um bebê precisa de horários regulares. Dizem-lhe – os avós em particular – que ela está "estragando" definitivamente a filha ao satisfazer seus mínimos desejos, por falta de regularidade. Comenta, com certo humor, que a filha lhe parece "deliciosamente normal por enquanto, apesar de tudo", mas pergunta se sua atitude pode ter conseqüências no futuro.

Acho essa carta muito interessante porque mostra que as pessoas têm uma idéia abstrata dos pais e acostumam o filho a ter uma vida regrada pelo pêndulo. Porém, não faz muito tempo que as pessoas vivem em função do relógio. Por muito tempo, os seres humanos viveram de acordo com suas necessidades e com as estações. Agora, por exemplo, as crianças têm de beber suco de fruta todos os dias! Mas, quando não existiam nossos meios de transporte, não havia frutas frescas no inverno. Todos se viravam muito bem sem o sacrossanto suco de laranja que as mães consideram indispensável dar aos filhos. E as pessoas não tinham carência de vitaminas por isso. Para voltar à pergunta dessa pessoa, acho que cada filho tem a mãe que lhe convém quando foi ela que o carregou na barriga. Ela não tem por que se preocupar com seu bebê. Talvez seja incômodo com relação ao marido, aos amigos e conhecidos não ter horários: por exemplo, se ela os convida para almoçar à uma da tarde e a comida só fica pronta às três, pode ser que eles reclamem, percam a fome de tanta fome que sentiram... não sei. Mas o bebê que teve essa mãe que o carregou segundo seus ritmos próprios e seu modo de ser com seu corpo é normalmente educado por essa mãe que lhe é própria. Bem mais grave seria se, agora, ele fosse para a creche, porque seu ritmo humanizado, o da relação com a mãe, que é totalmente regular para ele, mudaria e o desregularia. Mas, se essa menina puxou, como se diz, o lado da família do pai e se, nela, as mulheres têm ritmos alimentares e ritmos de vida regulares, quando ela tiver dois anos e meio, três anos, reclamará, repreendendo a mãe: "Mamãe, está na hora de sair. Mamãe, estou com fome." E então, pouco a pouco, a mãe irá se acostumando. Assim como já foi educada por seu bebê, será educada por sua menininha. Depois, se esta última ficar incomodada no relacionamento com os outros, a mãe a ajudará a se conciliar com essa desritmação natural. O afeto que se tem pelos outros ajuda a fazer concessões; acho, aliás, que essa mulher faz isso muito bem – pois, então, que continue!

Portanto, as avós podem ficar tranqüilas: não será uma criança mimada, como se diz?

Será uma criança tão pouco mimada quanto sua mãe, que não parece ser uma mulher mimada. Ela tem seus ritmos próprios, tal como o sol: são diferentes dos outros. Não está regulada pelo pêndulo, mas por si mesma. Existem pessoas assim. Elas têm de se aceitar tais como são e entender que de cães não nascem gatos; essa mãe não pôde fazer outra criança além daquela que carregou dentro de si e que está acostumada com seus ritmos, entendendo-se muito bem com eles. Então, por ora, está tudo bem. Essa mulher tem humor suficiente e respeito pela filha para que eles perdurem no dia em que a criança tiver de ritmar seus dias de acordo com o tempo que a escola lhe impuser. Mas esse dia ainda está longe!

Viu, estava com vontade de dar umas palmadas em você
(Violência dos filhos, violência dos pais)

Temos de falar das palmadas e do problema da violência...

Da violência dos pais?

... com relação aos filhos. Temos aqui uma mãe que sente dificuldade de se controlar. Antes, é preciso explicar que ela adora os três filhos, todos muito lindos e que foram todos desejados: uma menininha de cinco anos e meio e dois meninos de três anos e de sete meses respectivamente. Quando o último nasceu, a menininha começou a detestar o "seguinte", isto é, o irmão que vinha depois dela, "porque – explicou – ele não é bonito". Quando a mãe lhe disse: "Mas, afinal, ele é parecido com o papai, portanto é bonito", a menina começou a chorar e respondeu: "Não é verdade. Eu é que sou parecida com o papai. Ele não é bonito. Não gosto dele." Esse é um pequeno retrato da família.

Agora, a pergunta propriamente dita. A mãe escreve: "Às vezes, a situação foge ao meu controle. Perco a paciência, não consigo mais me controlar. A cabeça esquenta e bato." Esclarece: "Fico assustada com minhas reações violentas. Há momentos em que detesto minha menina. Mostro isso a ela sacudindo-a, mas também olhando para ela com, como se diz, 'um olhar mau'. Dá para imaginar? Eu, que sonho com harmonia e equilíbrio, me entrego à violência e à brutalidade." Ela está convencida, aliás – é assim que encerra a carta –, de que as palmadas são sobretudo sinal de fracasso.

Há dois fatos interessantes nessa carta. Por um lado, a menina não quer admitir que o primeiro irmão se parece com o pai. Provavelmente porque a mãe não lhe explicou claramente o sentido da palavra "parecer-se". A menina deve ter ouvido dizer à sua volta que era parecida com o pai ("Sua filha é a cara do pai", como se diz), ou seja, o quê? Que o rosto da menininha parece com o do papai quando pequeno, com as fotos do papai pequeno. Mas a mãe não especificou: "Claro que todos vocês são parecidos com seu pai, pois têm todos o mesmo pai. Mas seu irmão, que é um menino, vai ser um pai quando crescer. Você, que é uma menina, vai ser uma mãe. Vocês não têm o mesmo sexo. Seu irmão tem o mesmo sexo que seu pai. Você tem o mesmo sexo que eu. Como você vê, não é a mesma coisa, mesmo que você se pareça com seu pai, assim como eu também me pareço com meu pai." Para a criança, as semelhanças são de rostos. Ela não entende as semelhanças do sexo se não lhe forem ditas com palavras. É como se esse irmão, simplesmente por ser menino, tivesse tomado da menininha sua qualidade de filha do pai. Além disso, quando o terceiro nasceu, a menina deve ter se sentido muito frustrada por não ter uma irmãzinha para aumentar a força do lado das mulheres na família. Enfim, ela certamente está com ciúmes da mãe que teve um bebê, e ela também gostaria de ter um; pois, aos três anos, todas as meninas sonham com isso.

Com mais razão ainda aos cinco anos e meio.

Ela talvez não tenha ficado com ciúme quando nasceu o primeiro irmãozinho, porque só tinha dois anos; mas desse outro, com cinco anos e meio, ela ficou. Pois, faz dois anos que ela espera que seu pai lhe dê um bebê: e tem de renunciar a isso. Evidentemente, é difícil.

Mas certamente não será dando palmadas que a mãe vai resolver a situação.

Ela diz: "Isso me deixa desesperada."

Pois bem, será que, ao sentir as mãos formigando de vontade de dar palmada, ela não poderia correr para outro cômodo e, ali, bater numa almofada? Seria bem mais engraçado. E, à criança que assistisse à cena, ela diria: "Viu? Estava com tanta vontade de dar umas palmadas em você que estou batendo na almofada." Se a criança quiser se divertir, pode bater nas almofadas com a mãe e isso acabará em risadas. Acho que essa senhora precisa conseguir transformar sua raiva em diversão. Porque "morrer de rir" é também uma maneira de terminar as histórias. Nem tudo tem de virar tragédia.

Um parêntese para comentar que recebemos muitas cartas de pais um pouco "caretas", por assim dizer, que acham que nos dias atuais está tudo muito liberado e que de vez em quando é preciso dar umas boas palmadas.

Ou seja, isso alivia os pais.

Você já deu palmadas?

Nunca. Primeiro, porque seria incapaz. Dava um chega para lá nos meus filhos de vez em quando dizendo: "Cuidado! Hoje, estou pantera negra!" Eles sorriam e diziam: "Cuidado! Mamãe pantera negra, o negócio vai engrossar!", e iam para outro cômodo. Tem dias em que a gente está nervosa, é claro: é preciso dizer aos filhos, preveni-los e tirá-los do cômodo em que estamos. E se de vez em quando a gente os maltrata um pouco, não é grave. Mas é preciso tentar não chegar ao estado de tensão dessa mãe. Acho que o simples fato de ter escrito para mim deve tê-la ajudado. Sei bem, por experiência própria, que é difícil ter três filhos com idades próximas. Mas é preciso conseguir tirá-los de perto quando a gente se sente tão nervosa.

Essa senhora termina a carta escrevendo que a atitude da filha e a sua própria violência preocupam-na tanto que ela se pergunta se as duas não deveriam consultar um psicólogo.

A filha certamente não! Mas talvez ela pudesse conversar com uma psicóloga-psicanalista. Para a filha, é preciso encontrar atividades da idade dela, para que não fique o tempo todo com os irmãos e a mãe. É duro demais para a menina ver a mãe cuidando de bebês que são claramente seus, e ela própria não ter nada de nada. A mãe deveria combinar com uma parente ou uma amiga para que a filha passe alguns dias fora ou vá dormir na casa de alguma amiguinha. Isso resolveria as coisas. E também o pai poderia se ocupar de sua "filha grande". Acho que isso também aliviaria a mãe.

Temos aqui um depoimento bastante diferente, que faz referência ao sadismo nascente das crianças. É uma mulher que tem, a esse respeito, um ponto de vista bem particular e diferente do seu. Acho que ele reflete o modo de pensar de certos pais. Ela escreve: "Um dia, quando tinha cinco ou seis anos, meu filho – que agora tem quinze – foi cruel com nossa cadelinha. Amarrou suas quatro patas e a deixou debaixo da chuva. Diante disso, o que fiz foi o seguinte. Ajudada por minha mãe, e embora nos custasse fazê-lo, amarrei seus pés e mãos e o deixei assim – não debaixo da chuva, claro – enquanto secava o animal." E continua: "Desde então, não tivemos mais nenhum problema." Termina a carta escrevendo: "Não pense que somos torturadoras. É muito duro infligir uma sevícia ao próprio filho, mas fomos obrigadas a isso." De minha parte, confesso que... Bem, é um depoimento. Porém, a seu ver, era essa a melhor solução?

Ela por acaso diz nessa carta que ele se tornou extremamente bom e gentil com os animais?

E com as crianças também.

A priori, a punição me parece um pouco assustadora. No entanto, o fato de a mãe ter tido muita dificuldade para infligi-la ao filho corrige tudo. Ela agiu com base na idéia que tinha de seu papel, criar um ser humano para que ele se torne um ser humano. É completamente diferente do caso de pais que mordem os filhos por vingança, porque eles os morderam, e mordem ainda mais forte. Nesse depoimento, duas coisas devem ser observadas: em primeiro lugar, a criança já era grande, capaz de refletir, tinha quase seis anos; em segundo lugar, parece que não havia um pai presente, pois foram a mãe e a avó que agiram. Acho que, se o pai estivesse ali, poderia ter admoestado o filho. Seria interessante essa mãe conversar com o filho e saber se ele se lembra do incidente, se recorda a época em que era cruel com os animais e se acha que poderia haver outra solução para outras crianças ou não. Pois, com relação a esses casos, a única coisa que pode nos ajudar são depoimentos.

Com certeza. Dito isso, o sadismo revanchista dos pais pode ser um jogo perigoso?

Sem dúvida, pode levar a criança a começar tudo de novo, porque toma um gosto perverso pelas sensações fortes que sente tanto ao agredir quanto ao apanhar. Para esse menino que já era "grande" e parecia muito inteligente, tudo correu bem. Mas é uma atitude que deve ser totalmente proscrita com as crianças muito pequenas. Pois a agressividade das crianças contra os animais geralmente decorre de terem se sentido, quando eram menores com ou sem razão, "sadizadas" por crianças maiores ou adultos exigentes demais: quer por terem passado um período hospitalizadas, entregues sem explicações e sem defesa a cuidados que as fizeram sofrer, quer por motivos totalmente outros, às vezes apenas psicológicos. Relatos ou imagens da vida ou de filmes podem ter ficado em sua memória. Às vezes, trata-se também de crianças fracas, desconfortáveis em seu corpo, rejeitadas pelo meio, sem alegria.

A mesma pessoa traz um depoimento análogo de uma de suas amigas, cujo filho, que tinha muito medo de injeção aplicada por médico ou por outra pessoa, um dia alfinetou, por sua vez, seu cachorro. A mãe fez o mesmo com ele.
"Ele entendeu", escreve nossa correspondente "o que tinha feito e é agora um menino encantador de dez anos que trata muito bem seu cachorro."

A experiência relatada pela pessoa que nos deu o depoimento anterior acaba necessariamente sendo vista pelo mesmo ângulo, não é? Mas talvez essa criança tivesse medo de injeção por não lhe terem explicado que o médico as aplica para tratar dela e que quem trata de cachorro é o veterinário. Também nesse caso, a punição parece ter tido bons resultados, mas não posso afirmar que o método usado seja o correto. De qualquer modo, no caso dessas crianças, sorte delas! No entanto, é importante perguntar a elas se, naquele momento, acharam que era o meio adequado[1].

---

1. Será que essas crianças não mudaram em razão de seu desenvolvimento e a despeito das atitudes agressivas de seus educadores em resposta à atitude delas? O ladrão roubado, o agressor agredido... isso não vai muito longe! Adultos que continuam crianças e "apaixonados", sem recuo, sem compaixão, que aplicam a lei de talião... É triste quando o adulto se sente reduzido a isso perante um jovem a ser educado.

A mãe arranca os cabelos, o filho parece galinha depenada
(Mães exasperadas)

Vamos abordar aqui um tema que deixa muitas mães culpadas. O tema das mulheres que, de tanto querer se dedicar ao filho, acabam ficando exasperadas (e ele com elas). Abordaremos o problema com cuidado, retomando a questão da mãe que fica em casa. Temos aqui reações ao que você disse anteriormente sobre essa presença, que só se justifica até mais ou menos dois anos e meio, três anos. Uma mulher afirma que talvez as crianças precisem mais da mãe em casa quando vão para a escola, têm deveres para fazer, do que quando têm menos de três anos. "Não é porque os filhos vão para a escola o ano todo", escreve ela, "que não precisam mais da mãe quando voltam para casa. Além disso, há os períodos de férias. Imagine o que acontece com as crianças quando ficam doze horas em casa, sozinhas, sob sua própria responsabilidade."

Eu disse que a presença da mãe é, a meu ver, necessária para o filho até o momento em que ele consegue entrar em contato com outros porque já anda com desenvoltura e fala com clareza, ou seja, nas crianças que se desenvolveram sadiamente, por volta dos vinte e cinco vinte e oito meses. Depois disso, a mãe ficar em casa só pode ser proveitoso para a criança se ela puder se relacionar com outros adultos e outras crianças. Foi por isso que aconselhei as mães que ficam em casa a entrarem em contato com outras mães e se revezarem em três ou quatro para cuidar dos filhos alternadamente durante a semana, a fim de que as crianças se acostumem a estar juntas. Aliás, nunca é cedo demais para fazer isso e para as mulheres se ajudarem umas às outras.

O mais importante, contudo, é que algumas mães ficam isoladas em casa e vão se enfurecendo ao cuidar sozinhas dos filhos; como se costuma dizer, "viram bicho". E, como não poderia deixar de ser, não são boas para o filho. Nesse caso, e se não puderem se encontrar com outras mães durante o dia, é preferível que trabalhem e ponham os filhos na creche. Mais vale uma mãe relaxada que só encontramos à noite do que uma mãe nervosa que arranca os cabelos, grita o dia todo e que, quando o marido chega no final da tarde, está totalmente esgotada. Agora, se uma mãe quiser ficar em casa durante toda a educação dos filhos, por que não fazê-lo, se puder, se não estiver com os nervos à flor da pele de noite?

É certamente muito agradável para os filhos ter uma mãe que cuida deles quando voltam da escola. Quanto aos feriados e às férias, é bom que eles tenham lazeres inteligentes, sobretudo a partir dos seis, sete anos; e, como a mãe, muitas vezes atarefada com os afazeres domésticos, nem sempre tem tempo de fazê-lo, é importante que as crianças possam se entreter fora de casa com atividades criativas. Além disso, as crianças precisam estar com outras crianças. Para elas, existem ateliês por toda parte. Ou então – como no caso das menores – várias mães podem se juntar e combinar que, cada quarta-feira, uma delas reúne todas as crianças e organiza uma atividade: uma quarta-feira, uma delas as ajuda a fazer marionetes; na quarta-feira seguinte, outra as leva para passear etc. As mães não devem se sentir isoladas com seus filhos e obrigadas a lhes dar tudo, devem se ajudar umas às outras. As crianças têm de aprender a se tornar sociáveis e, para isso, cabe às mães começar a ser sociáveis entre si.

Ainda a respeito da presença da mãe em casa: "Outro dia você falou de uma menininha de quatro anos que era insuportável. Não entendo por que você aconselhou a mãe a voltar ao trabalho, se ela estava explicando que preferia ficar em casa para melhor educar a filha."

Era uma menininha que a mãe dizia ter se tornado "o pequeno Hitler" da casa; além disso, ninguém entendia por que a irmã mais velha, com quem a mãe não tinha ficado quando era pequena, tornara-se o joguete da mais nova e não reagia. Acho que algo não ia bem nas relações entre a criança e a mãe. Por isso sugeri a esta última que voltasse a trabalhar. Porque é ruim para uma criança de quatro anos ficar em casa se não está feliz ali e não deixa os outros membros de sua família felizes. Se mãe e filhos estão em casa juntos é para que haja mais trocas entre eles e para que compartilhem da alegria de estar reunidos. Se não, não vale a pena. Como, a partir dos três anos, uma criança não precisa mais de *sua* mãe, a melhor solução para essa criança de que você falava e para a mãe dela era elas se separarem durante o dia. Essa menina não estava feliz, prejudicava sua vida e sobretudo a da irmã. Quanto à mãe, onde estava seu belo sonho de voltar para casa para ali viver feliz?

Temos agora uma mãe que, segundo diz, hesitou muito em lhe escrever. Tinha um pouco de vergonha, porque, como ela mesma declara: "Não ousava lhe expor meu problema, temendo que você pensasse: 'Ela não sabe resolver seus problemas. É uma mulher infantil.' Pois bem, não! Acho que você não pensará isso. Preciso muito dizer-lhe isso." E ela se explica. Faz um tremendo drama da situação, pois diz na carta que com freqüência chora por causa disso, embora descreva uma situação vivida diariamente por centenas de famílias. Ela tem um menininho de dezesseis meses, saudável, que come bem, que tem o sono leve mas dorme bem; em suma, que cresce sem problemas. Mas ele é manhoso: "Berra o dia inteiro se eu der o azar de não virar a cabeça no momento em que ele pede. Talvez não esteja certo falar assim de um filho, mas hoje eu realmente não estou mais agüentando." E descreve um dia típico:

"De manhã, é terrível. Quando ele acorda, por volta das sete, é um berreiro. Assim que vê a mamadeira, não tem paciência de esperar que ela esquente. No momento do banho, é pior ainda: recusa o contato com a água. Não consigo lavar seu rosto nem seu bumbum, nem mesmo limpar suas orelhas ou cortar suas unhas... Sou muito paciente por natureza, mas confesso que, faz três ou quatro semanas, recorro cada vez mais às palmadas, o que me deixa doente – e, aliás, tampouco é eficaz." E ela continua: *"Quando está com o pai, se por exemplo saio da sala, ele fica bem mais calmo do que comigo. Escrevo-lhe isso porque há coisas que a gente não tem coragem de contar para o marido."* É claro que se, ao voltar à noite, o marido encontra o filho muito calmo, ele tende a pensar que a mulher está fazendo drama.

E encontra uma mulher extenuada, prestes a ter um troço. Acho que é uma criança muito inteligente, mas que, ao que tudo indica, não fala. É por isso que grita para se exprimir. Acho que é porque desde os nove, dez meses, não recebeu palavras sobre tudo o que podia tocar, tudo o que podia fazer. Talvez até já tenha sido treinado para tirar as fraldas. Talvez, também, seja uma criança que foi maltratada, de quem pegaram coisas que ela agora precisa pegar; um menino para quem a mãe representa uma parte dele que lhe foi arrancada e que, sem palavras, ele não consegue substituir nem entrar em comunicação com ela. Será isso? Não sei. Será que, além disso, essa criança convive com poucas crianças?

Mas será que um bebê de dezesseis meses precisa conviver com outras crianças?

Claro que sim. Aos nove meses, a partir do momento em que a criança engatinha, ela precisa aprender a mexer em todas as coisas da casa sabendo o nome delas e, sobretudo, não ser obrigada a fazer xixi e cocô no penico. Talvez provenha daí o problema desse menino: ele está reduzido ao estado de coisa por sua mãe que dá banho nele e tudo o mais. Ora, aos dezesseis meses, ele poderia perfeitamente brincar sozinho na água. Ela não precisa dar banho nele. Como ela, pelo visto, fica em casa, pode simplesmente deixar a água correr, colocá-lo na banheira e pronto. Ele se divertiria. Uma meia hora depois, estará limpo. É uma criança que parece não viver como uma criança de sua idade. Quanto à mãe, ela realmente parece precisar de descanso para continuar sendo mulher do marido quando ele volta para casa.

Ela está exausta.

Nesse caso, poderia tentar deixar o filho na casa de uma cuidadeira ou, por que não, na creche o dia todo, durante pelo menos três ou quatro semanas, o tempo necessário para se recuperar. O pai pode levar e buscar o filho para que ela não se canse. Ou talvez ela precise ir para alguma dessas "casas maternais" que hoje existem, locais onde recebem a mãe e o filho, porque é ela que nesse momento está deprimida. É por causa disso que a criança não sabe mais o que fazer e está uma pilha de nervos. Mas não tenho elementos suficientes para dizer mais. Posso simplesmente comentar que uma criança que gosta de brincar com água é uma criança equilibrada. Uma criança que fica calma quando está sozinha com o pai, também.

Deixo essa carta de lado para lhe fazer uma pergunta mais geral. Você não teme provocar a reação de muitas mães ao dizer que quando a criança tem dezesseis meses não é necessário limpar as orelhas, cortar as unhas ou lavar o rosto do filho?

É verdade, mas estamos vendo que esse menino não é como os outros: para ele, lavá-lo é como arrancar-lhe a pele. Não sei por que ele ficou assim. Mas, no caso dele, é melhor não aborrecê-lo com a limpeza. Tenho a impressão de que é um menino que se sentiu coisificado demais pela mãe. É como se ela tivesse medo dele; e ele fica inseguro com ela. A prova é que, quando o pai está presente – que ele encontra com menor freqüência e que fica menos "em cima dele", como se diz –, ele fica bonzinho. Esse menino me lembra um quadro de galinha depenada. E a mãe arranca os cabelos!

Então, o importante seria ela não arrancar os cabelos!

Isso mesmo. Limpar um pouco menos. Colocá-lo na banheira e deixar que ele se divirta. E se ele chora... ela pode cantar! Só isso. Mas será que ela consegue? Acho que ela precisa simplesmente de descanso e também de se ver um pouco livre do filho.

Uma outra mãe lhe escreve: "Tenho uma filhinha que ainda não tem um ano e que adoro... quando ela não chora...

Ela não gosta de uma criança viva!

... Eu tento ouvir a voz da razão, mas quando ela chora, grito mais alto que ela."

Pensando no futuro, isso é um problema.

Ela pergunta: "Você poderia me dizer o que devo fazer...

Com certeza!

... quando exploro...

Uma psicoterapia, minha senhora!

... porque tenho a impressão de que às vezes minha filha tem medo de mim."

Não é de espantar. Essa mulher não consegue se controlar. Aliás, isso se nota também pela sua letra. É uma mulher que está com os nervos à flor da pele. Gosta da menina, claro que gosta! Mas, na verdade, gosta de um filho imaginário, não de um filho real. É imprescindível que ela faça uma psicoterapia. E tenho certeza de que assim lhe voltarão lembranças de quando ela mesma foi tratada assim – pois uma mulher faz com o filho o que fizeram com ela –, não necessariamente por sua mãe, aliás, talvez por uma pessoa com quem teve contato quando estava na idade de gritar. Em todo caso, ela tem razão de se preocupar. Precisa fazer uma psicoterapia, conversar regularmente com alguém – e não tomar remédios para se acalmar, não se trata disso – para entender o que acontece com ela quando sua filha simplesmente se mostra sensível e viva.

O pai não é um bebê
(Incomunicabilidade paterna?)

Quando lemos cartas de mães ou cartas que até se referem a famílias muito numerosas, raramente se fala dos pais.

Tanto é que às vezes achamos que não há pai.

Portanto, eis aqui a carta de um pai que se indaga sobre o que ele chama de "incomunicabilidade paterna". Ele tem a impressão de que muitas vezes, por causa do trabalho, os pais não têm um contato tão fácil quanto as mães com os filhos. E escreve: "Acho que é pelo contato físico e não tanto por palavras que o pai pode dar provas de seu amor." Explica em seguida: "Tenho um filho de sete anos e meio e uma filha de seis anos que recusam meus afagos, minhas carícias e meus beijos. Às vezes fazem isso rindo e parecem zombar de mim. Recentemente, na hora de levá-los para a escola, depois de terem coberto a mãe de beijos, fingi estar com ciúmes e meu filho me respondeu: 'Você não tem direito aos beijos porque você não me fez nascer.'" Acho que para esse pai esse é um grande problema.

É muito interessante porque talvez haja outros pais que também reagem assim. Foi esse próprio senhor que criou as condições que agora o fazem sofrer, porque o amor pelo pai nunca se manifesta pelo contato físico. Esse contato evidentemente pode existir quando o bebê é pequeno, por que não? Mas, rapidamente, deve deixar de existir ou existir o menos possível. O pai é aquele que põe a mão no ombro e diz: "Meu filho!" ou "Minha filha!"; que senta o filho no colo, canta, dá explicações sobre ilustrações de livros ou revistas falando, sobretudo, de coisas da vida; explica também as razões de sua ausência, as razões pelas quais as pessoas agem de tal ou qual maneira. Como ele geralmente está fora de casa, o filho pode imaginar que ele conhece mais o mundo que a mãe que, por sua vez, conhece sobretudo as coisas da casa. Acho que esse senhor se comporta, com relação aos filhos, como um bebê ávido de beijos. É por isso que eles acabam pensando que o pai não conta na vida deles.

No que diz respeito à participação do pai no nascimento, como eu já disse tantas vezes, quando uma mãe explica ao filho de dois ou três anos que ele estava na sua barriga antes de nascer, ela não deve esquecer de acrescentar: "Mas você só estava lá porque seu pai desejou que você nascesse. Foi ele o primeiro a querer seu nascimento. Você quis nascer menino. Você quis nascer menina. Mas fomos nós dois que concebemos você." É melhor dizer a palavra exata, "conceber", do que a palavra "fazer" que, para as crianças, é empregada sobretudo para os excrementos ou as coisas manipuladas e fabricadas com as mãos.

Para voltar a esse homem, ele ainda pode recuperar seu valor perante os filhos dizendo: "Talvez vocês tenham pensado que eu precisava de beijos. Mas vocês se enganaram. Achava que vocês ainda eram pequenos demais para eu poder conversar com vocês e vocês comigo. De agora em diante isso vai mudar, vamos tentar consertar as coisas. Se quiserem, posso sair com vocês e levá-los para ver coisas interessantes, os dois juntos ou separados." (Pois não são as mesmas coisas que interessam a meninos e meninas.) O mais importante, contudo, é que os pais saibam que não é pelo contato físico, mas pela palavra que podem ser amados com afeto e respeitados pelos filhos.

A propósito de palavras, esse mesmo pai explica, um pouco mais adiante: "Meu filho muitas vezes fica mudo diante de nossas perguntas. Nunca quer contar – nem para a mãe nem para mim – o que fez na escola. Quanto à minha filha, um ano mais nova, ela tem gestos de revolta, levanta o cotovelo – o que é uma maneira de erguer o punho contra mim – e embirra diante do que dizemos." Aparentemente, essas crianças não são muito sensíveis à palavra.

Não é isso. Parece que esse pai e essa mãe não conversam entre si, não são de fato amigos adultos e só vivem através dos filhos. Nessa família, parece haver uma maneira de viver um pouco "nursery" [creche]. Essas crianças parecem ser imaturas, pois ainda brincam de provocar os pais como bebês, e eles também gostam de ser beijados, como bebês. Se, ao se encontrarem à noite, os pais conversassem sobre o que lhes interessa, sobre o que fizeram durante o dia e pedissem para os filhos se calarem, dizendo: "Se isso não lhes interessa, vão brincar!", acho que eles entenderiam que os pais têm uma vida de adultos onde as crianças não são indispensáveis. Isso é muito importante. Em muitas famílias, o filho é rei, os pais dependem dele e se ele não contar o que fez na escola eles se sentem frustrados. Ora, por um lado, como já disse, as crianças não conseguem falar em casa da escola nem na escola da casa, ou pelo menos não o conseguem a pedido. Por outro lado, o que elas precisam é ter uma vida própria com seus coleguinhas e pais que lhes dêem segurança, que conversem entre si, convivam com amigos de sua idade; pais com quem possam se identificar para crescer e não símiles de colegas de sua idade.

Um problema parecido com o anterior. É a mulher, dessa vez, que lhe explica seu caso. Está casada há quatro anos. Tem 28 anos, seu marido logo fará 41 anos e o filho deles tem três anos. Ela escreve: "Desde um ano de idade, meu filho tem ciúmes de meu marido. Isso cria um clima de tensão pavoroso, sobretudo quando estamos os três juntos. Não é do meu feitio mimar as crianças ou ceder a seus caprichos. Meu filho, embora não lhe falte nada, foi criado com pulso firme. Mas não adiantou nada, porque meu marido, para quem foi muito importante ter finalmente um filho aos 38 anos, sempre se comportou com ele de maneira radicalmente diferente. Criticava o que eu dizia ao menino diante dele. Agora, com três anos, ele já não obedece nem a mim nem ao pai – a quem, além do mais, chama pelo nome, o que lhe tira ainda mais autoridade. Gostaria que você me dissesse como me comportar com esse menino." Acrescenta no fim da carta: *"Estou tomando conta de um bebê faz alguns meses; embora meu filho pareça gostar dele, tenho a impressão de que isso não resolve a situação."*

Nessa família, a mãe assumiu o papel de policial e o pai, o papel maternante. Mas, sobretudo, o pai parece ter ficado subjugado pela chegada desse bebê. Ele próprio não gostaria de levar bronca. Então, coloca-se no lugar do pequeno que leva pito da mãe. Não sei muito bem como resolver isso. Acho que a mãe teria de conversar com o filho e dizer: "Escute! Ele é meu marido. Você é meu filho." E o pai faria o mesmo: "É minha mulher. E, quando estou com ela, gostaria que você me deixasse em paz, porque, quando você tiver a sua, também vou deixá-lo em paz. Entre homens, podemos fazer isso um pelo outro." É preciso que um fale do outro em termos de *marido* e *mulher* e não só de "papai" e "mamãe". Quando um se refere ao outro em conversa com os filhos, deve dizer: "seu pai, seu papai, sua mãe, sua mamãe. O pai de vocês, a mãe de vocês". Exemplo: "Vá dizer à sua mãe..." e não "Vá dizer à mamãe".

Na carta, essa senhora explica que criou o filho com pulso firme. Mas isso é possível com uma criança que ainda não tem três anos?

Mas o que isso quer dizer afinal?

... Aliás, outras pessoas lhe perguntam sua opinião sobre as maneiras "modernas" de criar filhos, isto é, a liberalidade total.

Não é mais moderno... é uma atitude de "não estou nem aí".

Então, por onde passa a fronteira entre a liberalidade e o pulso firme?

Tudo consiste em falar inteligentemente com uma criança. Alguém que, diante de uma criança, ri dela ou zomba do que ela diz com um outro adulto, ou zomba de um adulto com o filho, não respeita nem a criança nem o adulto. Na verdade, esses adultos se comportam como crianças. E a criança, a verdadeira criança, perde seu lugar. Ao se colocarem no lugar dos filhos, os pais deixam de ser exemplos. A meu ver, o melhor seria que, de tempos em tempos, outras pessoas cuidassem da criança durante o dia em outro lugar. O casal precisa se reencontrar. A questão desse trio é que cada qual quer saber quem vai ficar no lugar de terceiro excluído ou de terceiro culpado. É isso que não está funcionando direito.

Você acha que o bebê de quem ela toma conta pode ser parte do problema?

Com certeza. O filho se sente espoliado e já não sabe se, para se tornar ele mesmo, deve se identificar com um adulto – e com qual – ou com um bebê. Se esse menino ainda adolescente que o pai parece ser começasse a ser severo e firme, teria a sensação de se tornar mulher, já que tem uma mulher de pulso firme. É uma situação muito difícil para o menininho e acho que ele se sente um pouco perdido no que se refere a encontrar seu lugar de menino de sua idade, em suma, sua identidade, para se tornar realmente ele mesmo. Por ora, identifica-se com aquele que consegue derrubar o outro. É o que o pai faz ao criticar o comportamento da mulher. É o que a mãe faz ao criticar o comportamento do pai.

Por outro lado, você já disse aqui que é prejudicial para uma criança os pais contradizerem um ao outro diante dela.

É verdade. Mas, já que fazem e que já fizeram isso... Não dá para voltar atrás.

Mas, para aqueles que queiram evitar esse problema, isso é algo que não se deve fazer?

Exatamente. Se os pais discordam, é muito importante que não mostrem ao filho, e que, logo em seguida, discutam a divergência entre si. É difícil para um filho viver com o pai e a mãe o tempo todo em contradição. Na verdade, no caso presente, não estão em contradição: querem saber a quem o filho obedecerá. Ora, uma criança deve obedecer a si mesma, ou seja, fazer coisas úteis e interessantes. E acho que, no final das contas, esse menino se aborrece porque não faz nada interessante. Além disso, o clima criado por seus pais é para ele um clima de insegurança.

Afora isso, é perigoso para a estrutura psíquica de uma criança chamar os pais pelo nome ou por um apelido: isso é negar a filiação e a especificidade da relação com os pais.

Passividade não é virtude
(Crianças tímidas)

Quando a amabilidade começa a ir longe demais? A mãe de duas menininhas de seis meses e quatro anos escreve: "Fui professora. Dedico-me agora à minha pequena família. A mais velha é muito amável e equilibrada, mas é muitas vezes 'vítima' dessa amabilidade: quando apanha na escola, não ousa revidar, pois, diz ela, a professora vai brigar se vir. Ontem, na minha frente, uma criança de dezoito meses mordeu-a cruelmente várias vezes, arranhou-a e a beliscou. Minha filha chorava, mas não quis se defender; dizia da outra: 'Ela é pequena.' Como fazer para ajudar essa menina a se defender? Será que teria de aprender um esporte?"

Caratê, talvez!

Por que não? A mãe também explica que a menina é muito generosa, que oferece seus brinquedos e divide seu quarto sem problemas com outras crianças, mas que muitas vezes se decepciona e fica um pouco amuada no seu canto.

É uma menina que acha que a passividade é uma virtude. Quando o bebê de dezoito meses a mordeu várias vezes, arranhou, beliscou, ela poderia ao menos tê-lo afastado de si ou imobilizado seus braços. Não sei. Talvez desde pequena ela ache que está certo deixar que a maltratem. Tem medo da professora como se fosse ela que soubesse o que uma criança pode suportar. Está sem nenhuma autonomia. A mãe tem de conversar com ela e, sobretudo, brincar com ela de fazer de conta de atacá-la, estimulando a filha a se defender dela. É assim que pode ensiná-la a se defender, a proteger sua pequena pessoa, sem por isso machucar os outros. A menina tem de brincar para ela mesma e não para que a irmãzinha brinque. É claro que a mãe pode deixá-la brincar com a irmã, mas, se a menor chorar, o mais importante é não repreender a maior. Não devem lhe dizer: "Seja boazinha", ou "Ceda, sua irmã é pequena". Bonzinho é um qualificativo para um ursinho, e tenho a impressão de que essa criança tem um ideal de ursinho, já que não se mexe quando a atacam. Ora, devo dizer que isso é algo que acontece com as crianças que tiraram as fraldas cedo demais: a mãe que tira/nega os excrementos do filho pequeno, que não quer que ele os tenha, prepara nele, sem saber, uma passividade grande demais, ou, ao contrário, uma exacerbação da autodefesa. Pelo que a carta diz a seguir, parece que temos aqui um exemplo do primeiro caso.

De fato, sobre a filha de seis meses, a mãe pergunta: "Com que idade devo educá-la para tirar as fraldas?"

Começar a tirar as fraldas? Não antes dos catorze meses numa criança que andou aos onze ou doze meses. É só por volta dos dezenove, vinte meses que a criança será capaz de ficar sem a fralda por conta própria, os meninos depois das meninas. Antes disso, porém, há tantas coisas que ela tem de saber e aprender a fazer! Gestos de agressividade corporal, como bater numa bola, carregar coisas pesadas, manipular com habilidade objetos frágeis, controlar sua motricidade, fazer esforços, descascar legumes, manipular um monte de ferramentas, facas, tesouras. Controlar motricidade, força, agressividade para usá-las de modo útil e também para brincar. Ora, parece-me que, no caso da menina mais velha, ela justamente não brinca com o corpo. Quanto à pequena de seis meses, não come sozinha e ainda não engatinha. Nem pensar em tirar as fraldas.

Quando você diz "brincar com o corpo", está estabelecendo uma diferença entre "brincadeira" e "esportes"?

Certamente.

Sobre esportes, muitas cartas lhe perguntam: "Com que idade pode-se fazer com que uma criança comece a praticar esporte?"

Quando ela quiser. Quando uma criança disser: "Quero jogar futebol", a mãe pode responder: "Vou verificar se existem times pequenos para a sua idade." Mas não antes dos sete, oito anos para um menino já hábil, desenvolto e sociável.

Quatro anos é, portanto, um pouco cedo demais?

Claro que sim! Chutar uma bola não é jogar futebol. Mas a criança pode começar brincando com outras crianças. Também pode brincar com o pai e a mãe que, integrando-a à sua partida, a ensinam a jogar. Assim como uma criança não aprende a falar ficando sozinha com a mãe, não aprende a jogar fisicamente sozinha com uma pessoa. É bom para começar a se exercitar. Mas isso não é "jogar". Para jogar são necessários ao menos três. É vendo o pai e a mãe jogarem juntos (boliche, bola etc.) que a criança aprende a fazer igual. O gesto é uma linguagem. A criança o aprende por desejo e prazer, e observando os outros.

Ora, voltando à criança de que estamos falando, tenho a impressão de que ela é muda nessa linguagem. É preciso ensinar-lhe a linguagem dos gestos, a linguagem do corpo. Então, já não terá medo da professora. E poderá pensar que se a professora brigou porque ela se defendeu, foi porque fez o que tinha de fazer, ao passo que ela, por sua vez, também fez o que tinha de fazer. É imprescindível que a mãe, ela mesma professora, livre a filha de uma culpa mórbida diante das professoras.

Temos aqui duas menininhas, de quatro anos e meio e dois anos, ambas muito tímidas e sensíveis – com isso a mãe não se preocupa, acha que ao crescerem, no contato com outras crianças na escola, isso passará. Seu problema é que a mais velha tende a confiar em todo o mundo; na rua, em particular, ela é capaz de ir atrás de qualquer um. A mãe cita um caso preciso: um dia, saindo do correio, uma senhora que passava pediu à menina: "Vem comigo", e a pequena imediatamente a seguiu. Diante disso, essa pessoa lhe disse: "Afinal, não se deve seguir todo o mundo assim!" Houve outra experiência, pouco depois. Isso preocupa a mãe, que se pergunta como fazer a filha entender que não se deve confiar em todo o mundo.

Não creio que seja possível fazê-la entender. Nessa menina, a relação com a mãe não é totalmente preferencial; provavelmente desde o nascimento da irmãzinha.

Outra coisa: ela não ousa se opor. É uma criança tímida, criada (ou que tem tendência) para ser dócil demais com a mãe. Acho que esta pode começar a mudar as coisas não lhe impondo tudo diretamente, não exigindo dela uma obediência cega. Pois essa criança se comporta como se fosse cega: obedece à mãe cegamente. Segue qualquer um porque aprendeu um estilo de obediência, de dependência total com relação à mãe. Não tem autonomia suficiente. Sua mãe pode ajudá-la, por exemplo, perguntando-lhe sempre que a servir: "Você quer isto?", para que a menina possa dizer não, possa dizer que quer outra coisa. Melhor ainda seria deixá-la se servir sozinha. É preciso desenvolver nas crianças iniciativas pessoais que talvez não sejam aquelas que a mãe tomaria por elas.

Essa senhora nos escreveu de novo no dia seguinte, dizendo que esquecera de mencionar algo sobre a filha: quando ela era menor e ia ao parque, parecia sempre mais atraída pelas outras mães, ou pelas avós, do que pelas crianças de sua idade. Na escola, fica sempre do lado da professora nas atividades recreativas e não quer ir brincar com as outras crianças.

Não acredito nem um pouco nesse "sempre"! Acho que isso aconteceu quando a mãe estava grávida da irmãzinha ou quando ela nasceu – provavelmente quando estava grávida. As crianças sentem que a mãe que está esperando um bebê está "vitalmente" atraída por uma outra criança. Por uma certa prudência, tornam-se então silenciosas com relação a ela e buscam alguém que tenha uma vitalidade mais disponível para todas as crianças. É isso. Ou, se ela já se comportava assim antes da gravidez da mãe, é porque não convivia com outras crianças. Os bebês são muito rapidamente atraídos pelos outros bebês: mas têm de conviver com eles e a pessoa que toma conta deles tem de deixá-los fazer pequenas experiências lúdicas sem se angustiar.

Talvez esta seja uma outra forma do mesmo problema. É comum falarmos de famílias de dois, três, quatro, cinco filhos; mas também lhe pedem para falar dos filhos únicos. Como essa mãe que escreve: "Tenho uma filha única de quatro anos e meio que nos dá a impressão, a meu marido e a mim, de fazer qualquer coisa para permanecer bebê o máximo de tempo possível. Anda para cima e para baixo com um lencinho que põe debaixo do nariz. Quando está com outras crianças, não faz nenhum esforço particular para brincar com elas. Fica quieta no seu canto." E a pergunta precisa é a seguinte: "Que se deve fazer para ajudar um filho único a se separar um pouco dos pais e se interessar pelos outros – em particular pelas outras crianças de sua idade – e para encontrar uma espécie de harmonia?"

Com quatro anos e meio já é mais difícil se isso não começou desde cedo. Devo dizer que em geral os filhos únicos são infelizes. Aliás é flagrante que os pais que foram filhos únicos geralmente têm vontade de ter vários filhos. E são os filhos de famílias numerosas, sobretudo os mais velhos, que gostam de ter um filho único, porque sofreram com sua sujeição aos menores, com suas responsabilidades de mais velhos. Na comunidade das crianças, existe um encanto que um adulto não pode substituir.

Acho que os pais dessa criança não a misturaram suficientemente cedo com outras crianças, ao passo que eles mesmos não se encontravam com um número suficiente de outros adultos. Quando um filho único vive com pais que encontram muitos outros pais, ele começa a transferir para outros adultos a relação com a mãe, a relação com o pai, e se esses próprios adultos tiverem filhos, o filho único brinca com eles. Mas parece que os próprios pais se comportaram nesse caso como pais de filho único: ora, pode-se ter apenas um filho porque é obrigatório, e, ao mesmo tempo, ser muito sociável. Acho que nessa senhora há um problema de sociabilidade com as outras mulheres desde que a filha é pequena. Na verdade, toda criança – e sobretudo um filho único, já que a mãe tem mais tempo – deveria, desde o berço, misturar-se com a vida de outras crianças. A própria mãe deveria freqüentar amigas, tenham elas filhos ou não, ou ao menos deveria haver animais em casa: haver trocas, músicas, alegria, ou seja, movimento, vida. E a criança não deve ser o centro da vida de ambos os pais.

Ela diz que sempre tratou a filha como criança de acordo com sua idade, mas que o pai não faz o mesmo: "Meu marido cuida bastante dela, mas talvez a trate demais como adulta." E ela se pergunta se não é por reação que a filha tenta permanecer bebê o máximo de tempo possível. Você acha que a análise dela está correta?

Não sei. Mas acho que tampouco ela tratou a filha como uma criança de sua idade. Porque com quatro anos e meio – desde os três anos até – uma menininha gosta de fazer tudo o que a mamãe faz em casa: descasca legumes, arruma as camas, engraxa os sapatos, bate os tapetes ou passa o aspirador, lava a louça, lava e passa... Também gosta de fazer tudo o que o pai faz quando ele mexe com as mãos. Acho que, sem se dar conta, essa mãe tratou por muito tempo a filha como uma criança de dois anos, dois anos e meio, e que a dificuldade está aí. Quem sabe se agora, convidando menininhas com seus pais, e eles próprios convivendo mais com adultos (nas próximas férias, por exemplo, se puderem) em vez de viverem retraídos numa pequena família fechada, eles não podem fazer essa menina ficar menos dependente. Mas repito que isso já é um problema com quatro anos e meio. Pois é desde a idade da marcha que a criança deveria começar a se misturar com outras crianças e ser deixada livre para tomar iniciativas, ajudada pelas palavras, pela atenção divertida e pelos estímulos dos pais.

Portanto, um conselho para todos os pais de filhos únicos: para tentar fazer com que ele não seja infeliz demais – porque você disse agora há pouco que um filho único é infeliz –, é preciso proporcionar-lhe encontros com muitos amigos, deixá-lo ir à casa daqueles que o convidarem e permitir que ele mesmo os convide. Em casa, ensiná-lo a se virar sozinho. Não há nada pior para as crianças – é muitas vezes o caso do filho único – do que ser o centro de interesse dos pais.

É isso, pode-se ter plantas para cuidar, para amar, e também animais domésticos se possível. Talvez não um cachorro, caso morem num andar alto, mas um gato, um hamster, ou peixes de aquário, canários. Estou falando desses animais no plural, de um casal que terá filhotes. Na falta de irmãos e irmãs, deve haver movimento, relações e vida para observar.

Se entendo bem, você é a favor da família numerosa?

Numerosa, não. Mas três é um bom número de filhos. São felizes quando estão com três amigos ou entre irmãos e irmãs, com idades não muito distantes umas das outras. Sem isso, é um contra o outro, ou então é o filho único. Três, numa família, já é uma pequena tribo que se defende, que se une quando os pais atacam um deles – o que é excelente, não é? Quando estão longe dos pais, unem-se; são dois para proteger o terceiro, ou dois para atacar o terceiro, aliás. Mas, enfim, já compõem uma pequena vida social. Ser filho único, criado como filho solitário entre os dois pais e os avós, não tem a menor graça. É pesado para a vida do coração, mesmo que seja mais fácil para a vida material.

Mandar nas próprias mãos
(O roubo)

Crianças que roubam: um grande problema para os pais. Uma mãe de três filhos de idades bastante próximas: um menino de sete e duas meninas de seis e de quatro anos. Ela escreve: "O mais velho vai bem e se comporta bem na escola. Em casa, é bastante sensato para sua idade. Mas começou a roubar: canetas hidrográficas na escola, pilhas na avó, canetas do colega de classe. Quando lhe pergunto por que faz isso, responde: 'Porque é bonito e é novo.' Como – termina ela – resolver esse problema sem fazer disso um drama?"

Acho que aos sete anos é muito difícil não fazer disso um drama. Gostaria de responder de maneira bem completa para essa senhora. Ela tem duas filhas, uma das quais tem um ano a menos que o menino. Ainda que inconscientemente, deve tê-los considerado um pouco como gêmeos – talvez eles mesmos o tenham feito. E a diferença sexual só deve ter sido percebida bem tarde por um menino que só tem um ano a mais que a irmã – pois é por volta dos três anos que as crianças percebem a diferença sexual. Pode ser que quando ele tinha um ano, sua irmãzinha, o "bebê novo", tenha sido muito admirada pelas pessoas; pode ser que ele tenha suportado isso bem, mas que agora, por reação, precise de objetos "bonitos, novos" para se sentir mais valorizado, mais bonito ou mais importante que ela. No entanto, aos sete anos, que é a idade social, roubar se torna grave. Essa senhora não nos conta se conversou a esse respeito com o pai. De qualquer modo, quer ele tenha um pai ou não, acho que sempre se deve devolver os objetos roubados, levando a criança junto. Mesmo que o menino talvez se esconda atrás dela, ela deve levá-lo. Não deve humilhá-lo demais na frente do professor, da família da criança que ele roubou ou da avó, mas deve lhe explicar: "Você tem de vir devolver esses objetos comigo, porque suas mãos fizeram uma coisa que sua cabeça de menino inteligente não queria fazer. Sabe, você era pequeno. Sua irmãzinha não tinha 'pintinho'; ela era bonita; era admirada. Talvez você tenha se sentido menos bonito que ela. Mesmo assim, agora você deve sentir que não pode e não deve pegar as coisas dos outros. Você não ia gostar nem um pouco se pegassem suas coisas." O que também funciona muito bem com as crianças é lhes dizer: "Escute! Se alguém batesse na porta e fosse um policial dizendo: 'Senhora, vim prender seu marido porque ele é ladrão', ou 'Senhora, vim prender a senhora porque a senhora é ladra', o que você acharia? Ficaria com vergonha. Pois bem, eu, sua mãe (e, se houver um pai, seu pai), tenho (temos) vergonha das pessoas da família que fazem coisas que não são direitas. Você já não é pequeno. Tem de se corrigir, mandar nas suas mãos: quando tiver vontade de roubar, coloque-as nas costas. E, logo, logo, você poderá me dizer: 'Mamãe, ganhei das minhas mãos que queriam pegar uma coisa'." Portanto, é importante fazer um "pequeno drama".

Por outro lado, uma criança pequena consegue estabelecer diferença entre pegar e roubar?

De jeito nenhum.

É comum que, com dois ou três anos, elas peguem nos supermercados o que estiver ao alcance da mão. Não é grave. Já se deve tentar ensiná-las que não devem fazer isso?

É indispensável levar isso a sério desde a mais tenra idade da criança; não bater nela (nunca se deve humilhar uma criança), mas bater na mão ladra, dizendo: "Tenho certeza de que você foi enganado por sua mão que, como a boca de um cachorro, cata qualquer coisa. Você não deve deixá-la fazer o que quiser. Uma moça ou um homem deve mandar nas próprias mãos." E devolver o objeto. Mesmo que para a mãe seja embaraçoso, ela tem de fazê-lo.

Temos aqui outra carta com um preâmbulo bastante simpático sobre a atitude ante crianças em geral. Essa senhora escreve:"O importante é ter em mente que o filho não nos pertence, que pertence à sociedade e que vai começar a se formar dentro de uns dez anos. Um filho autônomo, criado no respeito de si e portanto dos outros, irá rapidamente adquirir o senso das responsabilidades do mundo." E ela lhe pergunta o que você acha do método de Neil, que, ao que parece, consiste em recompensar uma criança que rouba, partindo do fato de que se ela rouba é porque está infeliz e que, recompensando-a, mostramos a ela que a amamos. É bastante diferente do que você disse.

Acho que esse método visa sobretudo fazer refletir os pais que não sabem que o roubo é uma compensação, uma carência. Contudo, sempre teremos carência de algo!
Além disso, é certamente muito bom que uma criança se sinta amada, mesmo quando rouba; não há nada melhor, porque é por amor que ela se adapta à vida e à lei dos adultos. Contudo, a criança que rouba geralmente não gosta de ser roubada. (Exceto em casos particulares: crianças para quem é completamente indiferente que os outros peguem suas coisas. Estas não sabem que estão roubando, porque ficam igualmente contentes quando pegam algo delas. Nes-

ses casos, quem não vai ficar contente quando desaparecer a mochila ou o caderno do filho é a mãe.) Mas, a partir do momento em que uma criança tem o senso de propriedade – o que acontece, em geral, aos quatro anos –, é possível transmitir-lhe o senso da proibição do roubo. É preciso fazê-lo com ponderação. A meu ver, educamos uma criança explicando-lhe calmamente a lei da troca e zangando-nos quando ela rouba, não recompensando-a. E, é claro, fazendo-a sentir que é porque a amamos que queremos formá-la para que se torne um ser humano, submetido à mesma lei a que todos são submetidos, seja qual for sua idade.

Não falamos de idade até agora. Temos aqui o caso específico de um menino que vai fazer catorze anos e que faz alguns anos sente necessidade de roubar. A mãe escreve: "O pai dele e eu lhe explicamos que pegar coisas se chama roubar, que não é certo fazer isso e que podia até correr riscos se continuasse a fazê-lo no futuro. Nada adiantou. Temo que esse hábito se instale de forma séria." Esclarece que ele é filho único e que dentro de casa não há problemas.

Não há problemas? Ele é produtivo, engenhoso, habilidoso com as mãos, estudioso?

É uma criança que foi muito precoce...

Sim, na fala e no raciocínio talvez; mas essa necessidade de pegar e pegar sempre mais... É claro que é pegando que a criança aprende a linguagem: pegando as palavras. Na escola, também aprende pegando o que os outros descobriram. Mas há uma idade em que a criança começa a descobrir, achar, construir e fazer com as mãos. E é exatamente no momento em que ela mesma se torna engenhosa, produtiva, que não procura mais pegar.

Dizem-nos que, embora fisicamente ele pareça estar se tornando um moço, mentalmente esse menino continua um pouco infantil, com pouca reflexão, sem iniciativas.

É isso!

Um pouco ao contrário, por assim dizer, do que ele era com oito anos quando era sempre o primeiro da classe e tinha, dizem, um espírito inventivo muito desenvolvido.

Portanto, de saída, ele não tinha nada para ser ladrão. Fez essa regressão aos oito anos. Certamente aconteceu algo na família dele que explique por que ele não se sente orgulhoso de se tornar um garoto responsável, consciente da dignidade de seu nome. Talvez seja um problema com o pai ou entre a mãe e o pai.

De fato, ela escreve: "De minha parte, tenho grandes problemas com meu marido...

Ah, é?

... mas não é possível que isso leve meu filho a semelhante atitude...

É possível sim!

... ou então não entendo mais nada."

É possível sim, justamente! É a dignidade prometida de se tornar um homem como o pai que lhe é retirada a partir do momento em que a mãe sofre por causa do marido e o filho se dá conta disso. Devido a essas dificuldades, essa criança está em perigo moral no que se refere a seu futuro. É preciso que os pais entendam isso. Em primeiro lugar, têm de pôr o filho a par das coisas. E a mãe deve deixar o filho sentir que, embora enfrente dificuldades com o marido, ele é um homem de valor perante a sociedade, ainda que o critique como marido: um pai com o qual o filho pode se identificar e em quem pode confiar. Enfim, acho que esse menino fica entediado nesse lar com problemas, onde a mãe se queixa do pai; acho que ele precisa ser separado do casal em conflito, ir para um colégio interno.

Se essa mãe ama o filho, tem de mudar de atitude com relação a ele. Talvez ele tenha de ser preparado para essa mudança por meio de uma psicoterapia, se possível na região onde mora. Porque isso não é um bom começo: antes dos oito anos, ele era estudioso e inteligente. Agora, está passivo e usa de artimanhas para conseguir facilmente tudo o que deseja. Mas não está orgulhoso de si mesmo e não tem amigos. Tudo o que a mãe nos diz mostra que ele vive passivamente, como um ursinho da mãe, que, por sua vez, desvaloriza o pai aos olhos dele. Isso não faz mais que deprimi-lo. Seus roubos são compensações para a tristeza do lar. Na sua idade ainda é possível, dada sua imaturidade, que, num contexto bem definido e sem outra preocupação senão ele mesmo, na convivência com jovens de sua idade, ele desperte e volte a empregar sua inteligência para ser bem-sucedido. Vi casos semelhantes em que o afastamento do adolescente que parara em seu desenvolvimento permitiu, ademais, que o casal se reconciliasse, ou, ao menos, que, por seu fracasso, não prejudicasse psicologicamente o filho ou a filha mais velha – e, conseqüentemente, os outros filhos. Atualmente, a mãe fica se remoendo e esconde do pai os roubos do filho. Esses roubos já duram muitos anos. Ela nunca fez o filho devolver o que roubou. Ela é cúmplice... infelizmente, como muitas mães que se contentam em dar lições de moral verbais e não intervêm concretamente.

Repito, aos catorze anos, esse menino está em perigo moral, ou talvez já afundando. No caso de ele não aceitar nem o internato nem a psicoterapia, é ela que deveria consultar um psicoterapeuta para mudar sua própria atitude educativa e tirar o seu casamento do impasse.

O direito de saber o preço das coisas
(Mesada)

Temos aqui uma carta sobre um tema que nunca abordamos até agora: a mesada. Quem escreve é uma mãe que, quando era pequena, pertencia a uma família numerosa e completamente "dura". Recebia uma pequena mesada regularmente, com a qual tinha de pagar tudo, e fazia uma espécie de administração por conta própria. Seu marido, na infância, recebia uma pequena soma toda semana e sempre tinha de prestar contas do que comprava com o dinheiro. Ela explica: "Resultado, meu marido é um mau administrador. Em contrapartida, tem vontades absolutamente enormes, sonha com as coisas que poderia comprar. Quando consegue adquiri-las, sente um prazer extraordinário. Eu, ao contrário, reprimi toda vontade, seja ela qual for, e não sei sonhar." E ela lhe faz a seguinte pergunta: "Quisemos que nossos filhos tivessem desde cedo o senso do dinheiro. Falamos com eles da vida cara, dos problemas de dinheiro. Explicamos a eles que se ganha o dinheiro trabalhando, que isso exige esforço. Não damos sistematicamente tudo o que pedem. Mas será que com isso não corremos o risco de torná-los sensatos demais, realistas demais e acabaremos impedindo-os de sonhar?"

Há muitas coisas nesse depoimento e nessa pergunta! Essa mulher pertencia a uma família "dura", ou seja, com pais "duros". Provavelmente eles não se permitiam sonhar com o que fariam "se tivessem dinheiro". É por isso que ela não tem vida imaginária. Porque, afinal, todos estavam no mesmo barco naquela família. Ela aprendeu que o dinheiro era muito precioso e soube administrá-lo assim que teve algum. Mas isso não deveria tê-la impedido de sonhar quando era pequena e passava diante das lojas com a mãe. Poderiam ter brincado, ao sair para olhar vitrines, de se oferecer imaginariamente presentes uma à outra: "Tome! Eu lhe dou este belo guarda-chuva, mamãe. Eu lhe dou esta bolsa bonita. Compraria essa bonita gravata para o papai se tivesse dinheiro, se nós tivéssemos..." – é possível se divertir muito com o *se* que o pretérito imperfeito do subjuntivo permite e também brincando com o amor representado por presentes! É assim que se ajuda as crianças a conservarem uma vida imaginária.

Quanto ao marido dessa senhora que recebia dinheiro quando era jovem, mas sempre tinha de prestar contas, na verdade ele não recebia. Quando digo que uma criança pode receber dinheiro dos pais, se esse for o estilo da família, quero dizer que, assim como os pais têm um pouco de dinheiro para seu prazer, é preciso que a criança tenha, no nível dela, um pouco de dinheiro para seu prazer. Por exemplo, quando um dos pais está contente – fez um bom negócio, se forem pessoas do comércio, conseguiu realizar algo, se for alguém ligado à criatividade etc. –, ele pode dizer: "Tomem! Estou contente comigo hoje!" E isso se traduz em uma moeda dada a cada um. Para o filho, isso é uma felicidade muito grande, porque ele se dá conta de que o dinheiro faz parte de um poder que o pai (ou a mãe) conquistou e que ele também se beneficia desse poder, a seu modo e no seu nível. "O que você vai comprar com isso?", perguntar-lhe-ão mais tarde. Então, a criança vai sonhar com o que poderia ter com a moeda que o papai lhe deu um dia em que estava contente.

Quando se quer ensinar aos filhos o valor do dinheiro, é falando concretamente do preço das coisas e do orçamento mensal que se pode fazê-lo, e não dizendo: "A vida é muito cara. É preciso trabalhar para ganhar dinheiro." Não com adjetivos e advérbios! Não é nada disso. A criança precisa saber o preço do pão, da carne que vem à mesa, dos legumes; saber também quanto custam suas roupas, o preço aproximado de roupas parecidas; que orçamento está previsto para ele quando entrar na escola. Cada filho deve sabê-lo desde os seis, sete anos, e com relação a muitas coisas. É possível lhe explicar: "Está vendo, esta é uma borracha que custa tanto", quando precisa de uma borracha; ou, no caso de um lápis: "É legal ter um lápis bom. Preste atenção: quando apontar, aponte o lápis de modo inteligente, para que ele dure mais tempo. Você poderia ter um lápis barato, mas os lápis baratos são feios." Ou então, em vez de comprar o material escolar que pede, dizer-lhe: "Vou lhe dar tanto para a escola. Vamos ver o que você consegue comprar com essa soma." E calcula-se com ele antes de comprar, como os adultos fazem. Esse é um modo de falar do que é o dinheiro de forma concreta e a partir de objetos concretos de consumo e de uso. O mesmo vale para os objetos de prazer. Mas tudo isso só tem sentido se o filho souber quanto o pai ganha, qual o orçamento da família.

Enfim, quando uma criança tem seu próprio dinheiro, aconselha-se que saiba aonde ele vai parar. Porque existem crianças que recebem uma certa soma por semana e não sabem como ela foi embora. Simplesmente some. Pode-se explicar a ela: "Se você tivesse feito suas contas, teria percebido que, com o dinheiro dessas três ou quatro semanas que você gastou em bobagens ou em balas, poderia ter o suficiente para comprar isso que você quer hoje." Pronto. Exemplos concretos, não adjetivos nem lições de moral...

Coisas concretas, realismo. O que não impede de sonhar.

De jeito nenhum, desde que se fale usando *"se"*. Na nossa vida de relação, existe a realidade – e o dinheiro é uma realidade –, e existe o sonho – e o dinheiro permite sonhar. Com uma pequena quantia, a criança pode dizer: "Gostaria de comprar tal coisa." Os pais advertem: "Não se apresse porque amanhã você talvez tenha vontade de comprar outra coisa." Resultado: a criança, ao mesmo tempo que poupa (as crianças aprendem a fazê-lo), aprende a sonhar e constata que até um sonho pode se desgastar. Às vezes a gente precisa realizá-lo, mas às vezes ele se desgasta e a gente tem vontade de outra coisa. Então, a criança pensa: "Ainda bem que não comprei imediatamente o que queria, porque, agora, é de outra coisa que tenho vontade!" A criança que tem semanada consegue saber isso desde os doze, treze anos. Sabe que, adiando o uso de seu dinheiro, controla o poder que este dá. Pois não é o dinheiro que deve nos conduzir. Precisamos saber conduzi-lo, fazer coisas úteis com ele. Se conseguir, a criança vai pensar: "Valeu a pena comprar isso!" Caso contrário, os pais constatarão: "Pronto, você quis isso e acabou. Todo seu dinheiro foi embora."

Além disso, há a vida simbólica. Infelizmente, o dinheiro também é um símbolo de poder. Mas que poder, quando só se enxerga isso? Quanto a isso, os pais podem explicar ao filho: "Seu pai tem muito valor a meus olhos, ainda que ganhe menos dinheiro que o outro senhor deste andar. O importante é que aqui em casa temos o senso de um valor que não é apenas o valor do dinheiro."

Desse modo pode-se ajudar a criança a entender simultaneamente o valor simbólico do dinheiro e seu valor real no concreto, além de seu valor imaginário, seu valor *se*...

Ainda a respeito de mesada, uma mãe lhe faz uma pergunta – que coincide um pouco com a anterior – à luz de um fato bastante surpreendente. Ela tem duas filhas de treze e nove anos e um menino de oito anos. Um dia, ela e o marido foram fazer uma pequena viagem; deixaram os filhos com a sogra; quando voltaram, 260 francos haviam desaparecido de uma carteira que, por sinal, ela sempre deixa à vista. Ficou extremamente decepcionada. Escreve: "Quase chorei. Não bati neles. Não consegui; fiquei sem reação. Tentei explicar a eles. Mas você acha que, na idade deles, meus filhos são capazes de entender o valor do dinheiro, de saber que ele representa o trabalho do pai?" Voltamos assim à mesada: ela permite evitar esse tipo de fatos desagradáveis?

Na verdade, o problema em questão não é apenas a mesada, mas o problema do dinheiro em geral.

Do dinheiro?

É. O interessante é que essa senhora se pergunta se seus filhos, na idade deles, podem conhecer o valor do dinheiro. Mas em que mundo imaginário ela os deixou viver? Já são crianças, em certo sentido, associais; porque não conhecer o valor do dinheiro desde os cinco ou seis anos é ser associal em nosso mundo. Acho que tudo tem de ser explicado de novo nessa família. Quanto o pai ganha. Quanto custa o necessário para viver, a parte reservada para o supérfluo. Só depois de os filhos terem entendido isso é que se pode, em geral, deixar a carteira familiar à vista. Não antes.

Esclareço que foram os dois menores – oito e nove anos – que roubaram o dinheiro.

Na nossa sociedade, é inevitável que as crianças vejam outras crianças com dinheiro. Não sei se é bom ou ruim. Não tenho opinião sobre isso. Depende das famílias. Mas o espantoso é que essas crianças não tenham a menor idéia do que representa o dinheiro, quanto o pai ganha, quanto custam suas roupas, um lanche, não saibam, provavelmente, quanto custa uma bala ou um pãozinho.

Agora sabem, pois usaram esse dinheiro para compras.

Sabem um pouco mais, mas não entrou na linguagem da vida cotidiana. Aquela carteira à vista não parecia estar sendo oferecida a eles? O interesse da mesada pessoal, repito, é justamente conseguir que a criança tenha bem cedo seu orçamento de lazer, ao menos durante a semana; e que saiba que, quando tem vontade de algo – e Deus sabe que as crianças têm vontade de tudo –, pode falar sobre isso, não obrigatoriamente para consegui-lo, mas para falar a respeito, pois as coisas de que a gente tem vontade são temas de conversação. Ter desejos é estar vivo, mas nem todos os desejos são realizáveis. Ser responsável é saber disso.

Não se deve esquecer que, há não mais de quarenta anos, uma criança com doze anos (não nas famílias burguesas) trabalhava, ganhava dinheiro, que entregava para os pais para as despesas da casa. Hoje não é mais assim, mas é raro ver uma criança de treze anos que nunca tenha tido de limitar seus gostos e desejos em função de sua mesada, ou seja, do que lhe é concedido para seu lazer. Na verdade, é-lhe concedido o direito de saber, portanto, de economizar para se proporcionar algo que custa mais caro do que pode pagar em uma, duas ou três semanas com sua mesada; e de falar a esse respeito.

Generalizemos agora. Acho que as crianças têm de ser educadas da maneira como, à volta delas, a média das crianças o são. Caso contrário, fazemos com que vivam em um mundo marginal. Seria interessante que os pais dessas três crianças conversassem com outros pais da escola: já que existem grupos de pais de alunos, que abordem essa questão e tenham uma idéia do que os outros fazem. Ou que perguntem a cada um dos três filhos: "Tal colega, ele recebe mesada? E você, quanto recebe?" Que levantem o problema. Tenho certeza de que os filhos nem ousaram conversar com eles sobre isso. É por isso que chegaram a cometer esse roubo impressionante para crianças que, até então, nunca haviam lidado com dinheiro. Inversamente, não acho bom dar dinheiro demais para crianças que não sabem o que fazer com ele e se põem a comprar coisas inúteis. Mais uma vez, o importante é falar concretamente de dinheiro, para ajudar a criança a compreender seu valor: o dinheiro é um campo de experiências importante que habitua a criança à vida social.

No campo do imaginário
(Natal, Papai Noel, contos, brinquedos)

Já sentimos a proximidade das festas de Natal através de um certo número de perguntas.

As crianças estão animadas e os pais inquietos!

É verdade. A mãe de um menininho de dois anos escreve: "É o primeiro ano que realmente me preocupo com essas histórias de Papai Noel. Não sei se se deve ou não falar do Papai Noel para uma criança, mas tenho a impressão de que lhe contamos uma enorme mentira ao falar desse personagem um pouco mítico que desce pela chaminé para trazer presentes. Não seria possível transmitir o maravilhoso – de que, segundo você diz, as crianças precisam – falando simplesmente da noite de Natal: 'Os pais colocam presentes nos sapatos quando é de noite e os filhos estão dormindo' etc.? Mesmo sem Papai Noel, não daria para envolver a festa de Natal em um clima de magia?" E ela acrescenta: "Acho que é sobretudo a si mesmo que o adulto agrada com seu Papai Noel."

Essa senhora não precisa falar do Papai Noel para o filho, porque ele só tem dois anos. Pode dizer: "A gente põe os sapatos na chaminé. Amanhã cedo vai haver presentes dentro deles." O filho é que ouvirá falar de Papai Noel por outras crianças à sua volta. E um dia ele lhe perguntará: "O Papai Noel existe?" Ela responderá: "Não sei, mas sei que tem presentes no Natal." Além disso – como já disse –, todos nós temos no coração a vontade de dar presentes surpresa: então, a gente chama isso de Papai Noel... Ela fará como quiser, não é mesmo? Mas é uma história bonita e poética. Está no campo do imaginário. Existe também o campo da realidade. Acho que ambos devem ser preservados, e não se deve pensar que estamos contando mentiras a uma criança quando lhe falamos de um mito.

Um mito não é uma mentira. É uma verdade social que vem acompanhada de ritos sociais. O importante é evitar que esses ritos sejam apenas rituais. Estou me referindo àqueles pais que fazem cenas o tempo todo e, um belo dia, "festejam" o Natal: comida melhor, mas também ameaça de que não haverá presentes, cenas, broncas, confisco do brinquedo "dado" pelo Papai Noel; onde está a festa?

Para voltar à criança, é possível se divertir fantasiando-a de Papai Noel se ela tiver vontade, ou seja, com três anos e meio. Ela será o Papai Noel que vai pôr os presentes nos sapatos dos pais. E se vir um Papai Noel em uma loja, os pais lhe dirão: "Está vendo, é um senhor fantasiado de Papai Noel." A criança perguntará: "E o verdadeiro?" "O verdadeiro, a gente não sabe. É alguém que não bebe, não come, não teve um papai e uma mamãe, não nasceu e não morre. É alguém imaginário." E a criança entenderá perfeitamente.

Uma outra pergunta dessa mesma senhora refere-se aos livros de contos. É verdade que na época de Natal a gente se pergunta o que dar, para quem e que tipo de história para que tipo de criança. Ela escreve: "Eu havia me convencido de que era preciso banir histórias como O Pequeno Polegar, Branca de Neve ou A Cabra do Sr. Seguin* até uma certa idade."

Sim. E este ainda não tem idade.

Mas ela ouviu dizer que não devemos temer angustiar as crianças com esse gênero de histórias. "Disseram-me", escreve ela, "que essas formas de angústia apaziguam as que já existem na criança ou, ao menos, poderiam canalizá-las. Não sei o que pensar, porque é muito tentador contar histórias aterrorizantes: as crianças ficam fascinadas. O medo é realmente indispensável para atraí-las, para prender sua atenção? Também nesse caso, acho que o adulto sente um tremendo prazer diante da credulidade das crianças."

Já que ela sente as coisas assim, que simplesmente faça com o filho como achar melhor. Uma outra mãe sentiria a questão de modo diferente... Não há certo e errado, um "deve" ou um "não deve". Tudo depende da sensibilidade das crianças, e ela geralmente é parecida com a dos pais. Algumas crianças ouvem histórias de terror e gostam muito disso. De qualquer modo, o importante é que desenhem suas histórias, e que, ao lhes contar histórias, os pais mostrem imagens. Precisam ilustrar sua fala com imagens. A prova é que esse menininho me fez um desenho: sentiu necessidade de ilustrar a carta da mãe para me mandar seu próprio pedido e estabelecer sua própria comunicação comigo.

Dito isso, acho que ela tem razão: os contos de Perrault que, no século XVII, eram contos para adultos, tornaram-se contos para crianças, mas não para crianças de dois anos.

Para que idade, então?

Seis, sete anos. São contos simbólicos, que certamente têm uma ressonância no inconsciente da criança, que respondem a temores que tiveram quando

---

* *La chèvre de Monsieur Seguin*, conto de Alphonse Daudet. (N. da T.)

eram bem pequenas: por exemplo, achar o caminho de volta, porque o mundo é muito grande; ou se perguntar: "Será que haverá dinheiro suficiente para comer?" quando ouve a mãe exclamar: "Não tem mais açúcar. Ai, meu Deus! Esquecemos de comprar. E hoje é segunda-feira, tudo está fechado!"; de repente, a criança pensa: "Nossa, poderia faltar alguma coisa." As mães que sentem o filho sensível a um comentário como esse podem explicar: "Está vendo, é essa a história que contamos!" Pois, ao ser vivido na realidade, um pequeno acontecimento pode às vezes parecer enorme – sobretudo se a mãe faz uma cena por algo sem importância. Na verdade, não é terrível. Mas a criança não consegue perceber as nuanças.

Não é o caso de atirar ao fogo A cabra do Sr. Seguin...

Devemos entender – não é mesmo? – que, na época em que esses contos foram escritos e contados, todos os filhos de famílias pobres careciam do necessário, e que o conto respondia, nos adultos, a fantasias que lhes tinham restado da infância. Atualmente, as crianças fabulam sobre qualquer coisa. Deixemos que fabulem. Garanto-lhes que elas não escutam o que não lhes interessa. É claro que não se deve contar à força para uma criança uma história que nos dá prazer, nem, como diz essa senhora, "querer aterrorizar a criança". Cada mãe deve fazer como achar melhor. Não existe um "jeito certo" de pensar. Os contos são bons para as crianças que gostam deles. E, em geral, as crianças gostam deles porque suas mães não os acham bobos. Mas também existem mães que culpam os filhos por gostarem de histórias não verdadeiras... Então essas crianças fingem desdenhar tudo o que é imaginário... É a condenação da literatura, no final das contas!

Temos aqui uma pergunta a respeito dos brinquedos, dos tipos de brinquedo que devem ser dados conforme as diferentes idades das crianças. Muitos pais se fazem essa pergunta. Também é comum ouvir falar de brinquedos educativos. Vale dizer que há, por um lado, os brinquedos educativos e, por outro, os brinquedos muito comerciais que talvez não tenham tanto interesse. O que você pode dizer a esse respeito?

É muito difícil. Acho que os brinquedos que devem ser dados são, primeiro, aqueles que a criança pede. Com relação a esses, é simples. A mãe leva o filho a uma loja numa hora de pouco movimento – evidentemente não se deve levar uma criança que mexe em tudo quando há uma multidão. (Deve ligar para a loja e perguntar: "A que hora podemos ir sem atrapalhar muito? Porque gostaria de ver meu filho no meio dos brinquedos para ver o que lhe interessa." É assim que vemos.) E, durante uma ou duas horas, ela deixa o filho livre, olhando-o com o canto do olho e conversando com as pessoas que estiverem por lá. Uma vendedora acompanha a criança para que não faça muita bagunça e conversa com ela.

A mãe não deve acompanhá-la senão o que interessar a ela irá fatalmente interessar ao filho naquele momento. (Estou falando de crianças de menos de cinco ou sete anos.) Ela nota o que atrai o filho e em seguida o que é condizente com o bolso – porque isso também existe.

    Quanto à escolha de brinquedos sem a presença da criança, acho que muitos esquecem que tudo o que é de montar interessa muito às crianças até cinco anos: quebra-cabeças, jogos de construção, marionetes, homenzinhos que se pode desmontar e remontar. (Bonecas que se desfazem, contudo, não são aconselháveis. Aquelas cuja cabeça, braços ou pernas saem facilmente, como as que são feitas hoje em dia, convêm aos pais porque são inquebráveis: para as crianças, no entanto, não é muito bom. Pois as bonecas são representações humanas para acariciar.) Além disso, existem os brinquedos que fazem sonhar, preferíveis aos brinquedos muito aperfeiçoados e mecânicos que não duram muito: nós os pegamos, giramos uma chave e depois eles funcionam durante um dia; em seguida, quebram ou perdemos a chave e eles deixam de interessar por completo à criança; os pais se divertem ao fazer um pássaro piar ou um sapo pular, mas isso não interessa por muito tempo às crianças. Na verdade, nada se compara aos brinquedos sólidos, pequenos: os carrinhos, é claro, para as crianças, e até bem depois da infância até catorze, quinze anos às vezes; os brinquedos que a criança constrói e desconstrói; os trens elétricos – todo o mundo sabe que são para os pais, o que não impede que também interessem aos meninos, a partir, digamos, dos doze anos, pois antes disso precisam do pai para brincar. As bonecas? Sou contra as bonecas que fazem tudo (que choram quando se aperta aqui, ali, que fazem xixi...) porque... O que elas não fazem? Será justamente isso que irá faltar. A criança não tem o menor interesse pelo que se repete. Quer poder sonhar em cima de um objeto. Se lhe derem uma boneca assim, azar: mas não será essa que ela irá querer.

    Uma boneca que fala, que anda, que mama...

    São curiosidades científicas. Para a criança, a boneca para acariciar não é isso. Ela gosta das bonecas moles, doces, de rosto bonito e com muitas roupas. Também não sei por que está na moda fazer bonecas que olham de lado. Isso me choca muito. Dizem que as bonecas que olham para as crianças as angustiam. Talvez isso tenha ocorrido uma vez, com uma criança assustada e medrosa, e concluíram daí que não se devia mais fazer bonecas que olham de frente. Não acho isso muito inteligente, porque, quando você olha uma boneca que olha para você de lado, pois bem, não dá para se sentir a mãe desse bebê, não é mesmo?

    Uma vez mais, confiar nas crianças...

    Outra coisa que ninguém sabe é que os balões de encher (às centenas, existem sacos de cem balões) são fantásticos para as crianças pequenas, e mesmo até os sete, oito anos: não é perigoso em casa, nem para os vidros nem para os objetos, pode-se bater neles, esvaziá-los, voltar a enchê-los, beliscá-los, furá-los. A brincadeira com balões infláveis é maravilhosa.

Outra pergunta: o que você acha dos bichos de pelúcia muito, muito grandes?

A grande dimensão dos animais de pelúcia e das bonecas é perigosa para as crianças. A proporção entre a massa da criança e a massa do brinquedo não importa quando ela está acordada e brincando. Infelizmente, os brinquedos ficam num canto do quarto e, em certos momentos, quando a criança está cansada ou doente, adquirem uma importância no espaço bem maior do que a própria criança que, então, se sente fraca. Na verdade, um brinquedo de criança (um ursinho de pelúcia, uma boneca etc.) não deveria ter tamanho superior à distância entre a ponta do dedo médio da criança e seu cotovelo. Para cada criança, essa é a proporção certa, porque representa a do bebê para um adulto.

Ainda a respeito dos brinquedos, temos aqui um depoimento bastante impressionante de uma mãe que tem três filhas de cinco, de três e de um ano."Na época de fim de ano, as crianças em geral são mimadas demais. Uma vez, minhas duas filhas mais velhas, depois de terem recebido uma dúzia de presentes, se divertiram pisoteando até quebrar completamente um conjunto de pratos de brinquedo que haviam acabado de ganhar." Ela pôs os pratos no lixo e, imediatamente, as crianças correram para jogar todos os brinquedos velhos que já não lhes interessavam. E ela prossegue: "Desde então, quando minhas filhas recebem um presente, esperamos que elas o abram para, logo em seguida, o pegarmos de volta dizendo: 'É seu, mas você terá todos os dias para brincar com ele.'" Além disso, essa família organizou todo um sistema: as crianças só podem ficar com um brinquedo por vez; este tem de ser colocado cuidadosamente na sua caixa antes que possam pegar outro. As crianças vão atrás da mãe para lhe mostrar que arrumaram tudo direitinho e receber a autorização de pegar outro brinquedo. E a mãe termina com esta frase: "Evito oferecer-lhes o que gostam para que possam ao menos sonhar com algo inacessível."

É impressionante! Essa mãe gostaria que as filhas sonhassem com algo... Na verdade, o que ocorre é o contrário. Não podem sonhar: estão tão mergulhadas na realidade! Além disso, ela não entende que a festa para uma criança – a "festa" no sentido de explodir, de ser feliz – pode ser esmagar brinquedos. E, sobretudo, que um brinquedo quebrado, a menos que os pedaços sejam perigosos, deve ser deixado na caixa de brinquedos: pois, às vezes, as crianças se divertem muito mais com pedaços de brinquedos do que com brinquedos novinhos. Devo dizer que esse estilo de educação promete graves distúrbios para essas crianças no futuro. Os brinquedos devem pertencer apenas à criança e os pais não têm nada a ver com o que ela faz com eles. O que foi dado está dado, para fazer picadinho com ele se a criança achar divertido.

Os pais não têm mais direitos sobre os brinquedos dados.

Não! Acabou. Nunca se deve confiscar um brinquedo de uma criança. É sádico fazer isso. E se confiscassem o filho de uma mãe? Afinal, os brinquedos são os filhos das crianças! Essa carta é tão inadmissível que chegamos a pensar que fosse piada. Mas não, parece sério.

Além disso, cinco, três anos e um ano é também muito cedo para arrumar as coisas.

Não se pode arrumar as coisas sem perigo antes dos quatro anos. Pode-se ajudar uma criança a arrumar a partir dos quatro anos: ela arruma uma coisa a cada dez e a mãe arruma o resto; e isso, como já disse, deve ser feito à noite, na hora em que a criança vai dormir, porque tudo vai dormir ao mesmo tempo. Mas o mundo deve viver em torno da criança. Ora, seu mundo são todos os seus brinquedos espalhados à sua volta. Arruma-se à noite, e viver é isso! Essas crianças estão em um mundo... desumano.

Bem, espero que essa mãe possa refletir um pouco sobre tudo isso.

Eu, em todo caso, aconselho os pais a darem aos filhos os brinquedos que eles querem e nunca escondê-los ou confiscá-los depois que eles os receberam. Quando não querem mais um brinquedo, colocam-no num canto e acabam brincando sempre com os mesmos. Mas o que pertence a uma criança lhe pertence. Quanto a dar para outras crianças os brinquedos não utilizados, deve-se fazê-lo; mas é a própria criança que deve escolher o que vai dar. Não creiam os pais que ela deva sempre dar brinquedos inteiros, pois as crianças, no hospital ou nas creches, que precisam de brinquedos, muitas vezes ficam bem mais contentes com um brinquedo estragado do que com um brinquedo novo. Também precisam receber brinquedos novos, mas não apenas estes. As crianças gostam de pedaços de brinquedos.

Outra pergunta sobre brinquedos. É uma carta de uma mãe que lhe pergunta se é preciso dar dois brinquedos iguais para gêmeos, gêmeos bivitelinos, menino e menina, que têm dez meses.

Dez meses! Não, acho que com dez meses é bem melhor haver variedade. Não é proibido dar às vezes dois exemplares do mesmo brinquedo, mas o importante é que isso não seja um princípio. E quando crescerem, se ambos pedirem o mesmo brinquedo, por que não? Aconselho diferenciar os filhos gêmeos ao menos quanto às roupas para que possam trocá-las entre si e não estejam sempre vestidos do mesmo jeito, sobretudo para que seus amigos os diferenciem bem – em particular no caso de gêmeos iguais, o que não é o caso aqui, já que são menino e menina, é preferível que tenham roupas, cadernos diferentes. Mas, com relação aos brinquedos – assim como com qualquer criança –, deve-se dar o que a criança deseja: se duas crianças desejam o mesmo brinquedo, bem, que o tenham! Sejam elas gêmeos ou de idades próximas, não se deve, porém, fazer disso um princípio.

A realidade e o imaginário
(A fuga, o medo, a mentira)

Três cartas bem diferentes falam, no entanto, da mesma dificuldade. Uma espécie de recusa da realidade. Primeiro temos uma família com um menino de cinco anos, um de vinte e seis meses e uma menininha de quatro meses. Quando pequeno, o maior chorava de maneira extremamente preocupante, segundo as avós que o criaram: sem barulho e até perder o fôlego. Chegavam a se perguntar se voltaria a respirar.

É algo bem parecido como o chamado "espasmo da glote".

Depois, tudo sossegou. Mas, agora, é seu irmão que as preocupa. Parece que chora silenciosamente, mas sobretudo até se "paralisar". Fica rígido, com as mãos e o corpo jogados para trás. Emerge dessas pequenas crises perdido, surpreso e muito cansado. Para evitar que se machuque – cairia em qualquer lugar, de qualquer jeito –, quando percebem que está começando uma dessas cóleras (e é preciso prestar atenção porque tudo transcorre em silêncio), deitam-no no chão, de barriga para baixo. A mãe não se preocupa muito. Escreve: "Vai passar porque passou para o mais velho."

Ela certamente tem razão. Mas escreve mais alguma coisa que me parece importante: "Ressalto que ele não começou a chorar dessa forma com o nascimento da irmãzinha. Já fazia isso antes. Começou na época de Natal, depois de uma forte rinofaringite com 40° de febre." Ora, o que me interessa é que a mãe estava justamente grávida de três meses. E em geral é nesse momento, quando uma mãe está grávida de três meses, que a criança que nasceu antes apresenta dificuldades de ordem psicossomática: talvez por não lhe terem contado, ou por ter ouvido dizer sem que a notícia tenha sido dirigida à sua pessoa.

Seja como for, acho que a maneira de ajudar esse menino quando fica assim não é deitando-o no chão, mas, ao contrário, pegando-o nos braços e dizendo-lhe baixinho no ouvido: "Não é porque você tem uma irmãzinha que você é menos amado." Tendo voltado ao seu estado normal, poderiam lhe explicar: "Você se lembra de quando ficou doente, no Natal? Você sabia que a mamãe estava esperando uma irmãzinha e ninguém lhe tinha dito, você queria voltar para a barriga da mamãe porque sentia que algo estava acontecendo. Você tinha razão!" Estou certa de que depois de algumas "cóleras", isso vai passar.

Embora o caso seja excepcional, ele permite lembrar a toda mãe grávida, mesmo de alguns meses, que é preciso contar aos filhos.

Nem sempre tão cedo. Porque esperar vários meses é muito longo para uma criança. A menos que ela tenha manifestado algo, como no caso que acabamos de ver. Aí, a criança – uma criança de vinte e dois meses – era sensível e também telepata – como todas as crianças, quando pequenas.

Mas acho que tudo vai se resolver.

Fico tentada a me perguntar se o irmão mais velho também não foge um pouco da realidade para a vida imaginária, considerando o que nos escreveram sobre como ele brinca com barbantes, máquinas fictícias; não gosta que o irmão venha atrapalhar, porque quer ficar no seu mundo imaginário, não entende nem um pouco as piadas e nem mesmo o papel das palavras. Fica o tempo todo nas manipulações. Acho que o pai deveria informar seus dois meninos de que a realidade é diferente do sonho brincando concretamente com eles. Assim, certamente irão se curar desses pequenos distúrbios de fuga da realidade.

Vemos, uma vez mais, a importância da palavra...

E também da sensibilidade de cada filho diante de um fato que o perturbou um pouco.

Mudemos um pouco de assunto: o medo nas crianças. Uma menininha de dez anos tem medo de estudar sozinha no seu quarto se os pais estiverem em outro cômodo; de ir escovar os dentes sozinha depois de uma refeição se os pais estiverem, por exemplo, na cozinha; de subir sozinha para o apartamento de uma amiguinha que more dois andares acima. Só consegue fazê-lo se a irmãzinha ou um dos pais a acompanhar. A mãe pergunta: "Será porque nunca quisemos deixá-las sozinhas, nem mesmo cinco minutos, quando eram bebês?"

Sim, acho que isso quer dizer que a própria mãe tinha medo. Essa criança se identificou com ela e desenvolveu uma personalidade temerosa.

A mãe esclarece que, efetivamente, ela mesma tem muito medo dos riscos de acidentes, do fogo, do gás, das quedas etc. Diz: "Não deixo minhas filhas irem sozinhas fazer compras. Proíbo-as formalmente, por exemplo, de ir buscar suas bicicletas na garagem [mora num grande conjunto habitacional], porque temos medo dos mendigos. Tenho um pouco de medo das grandes aglomerações."

O importante, em todo caso, é não zombar da criança. E sempre iluminar todos os lugares escuros. Talvez pudessem lhe dar de presente uma lanterna com cordão, para que possa iluminar todos os lugares que quiser; e também pedir-lhe para desenhar o que lhe dá medo ou contar o que imagina. Porque é uma criança muito imaginativa e que não conta seus sonhos. Quando tiver medo, a mãe poderia dizer-lhe: "Venha, vamos ver juntas. Está vendo, são coisas..." E fazer com que toque nelas! Acho também que é uma criança que não foi acostumada a mexer nos objetos – como já recomendei muitas vezes – e que, por causa disso, fica no imaginário, sem referência sensorial. Quando uma criança entende que os objetos têm contornos, que estes são fixos e que é possível andar em volta deles, quando entende que pode mexer em tudo, já não tem medo do que imagina, porque conhece as coisas e sabe que podem ser abordadas de várias maneiras. Sabe que existe a realidade e o imaginário, e que não são nem um pouco parecidos. Se a criança gosta de unir o imaginário à realidade por prazer, é preciso ajudá-la a fazer a crítica do possível e do impossível quando a confusão desses dois campos de representação a angustia e lhe estraga a vida. Será que, nessa família, o pai não poderia ajudar as filhas a criticar a mãe que tem medo de tudo? Todos dariam risada juntos. Ser prudente não é ser obcecado com perigos totalmente imaginários.

Algumas cartas lhe pedem, por fim, para falar da mentira. Temos aqui uma de uma mãe que não sabe que atitude tomar diante das mentiras de sua filha única de seis anos. Desde o começo das aulas, a menina tem o mau hábito de "manipular a verdade". A mãe se pergunta se uma criança de seis anos tem consciência suficiente para saber o que é mentira e o que é verdade. Esse problema a deixa ainda mais contrariada porque a mentira parece ser dita com grande naturalidade.

A idade em que uma criança diferencia ficção e realidade é muito variável. É difícil responder com precisão a essa senhora, porque só é possível entender a criança no plano das coisas concretas e ela não cita nenhum exemplo das mentiras da filha.

Pode haver diferentes razões para uma criança não dizer a verdade.

Pode-se tratar do que chamamos de mitomania: a menininha conta uma fábula, uma coisa não verdadeira mas gratuita, que não incomoda nem protege ninguém, que é uma mera invenção. É claro que se deve preservar a vida imaginária de uma criança. Ela precisa disso. É a poesia dos seres humanos, porque são tão poucas as coisas que somos capazes de realizar, somos tão impotentes que imaginamos o que não podemos nem ter nem fazer. A poesia e a comédia são feitas disso. Por que os adultos assistem à televisão? Porque é algo "não verdadeiro". Estamos todos mergulhados nesse "não verdadeiro" que é a cultura.

Pode-se tratar também de uma criança que busca entrar em contradição com a mãe e que não conseguiu fazer isso brincando. A mãe deveria tentar descobrir o que pode haver de engraçado, para a filha, em mentir. E responder a partir de coisas concretas: "Não sei se é verdade o que você está me dizendo. Está vendo, isto é uma mesa, ela é branca. Se você me disser que é preta, pensarei: 'Será que ela está enxergando direito?' ou 'Ela diz isso de mentirinha, porque gostaria que brincássemos de brigar sobre a cor da mesa.'"

Talvez essa senhora também pudesse se perguntar se ela e o marido nunca contaram mentiras para a filha. Por exemplo, sobre o nascimento dos bebês ou, no Natal, sobre o Papai Noel (tema que é muitas vezes encontrado na magia das crianças): a criança já sabe a verdade por meio de amiguinhos e continuam dizendo para ela que o Papai Noel existe "de verdade", quando ele existe "de mentirinha". Ora, o "de mentirinha" é um campo diferente do da verdade, é o campo, o território, por assim dizer, da poesia.

Em suma, é preciso procurar entender essa criança e não brigar com ela.

Também pode ser que a menina tenha acusado falsamente alguém por uma ação de que ela era a única responsável. Certas crianças mentem para se desresponsabilizar, simplesmente porque são inteligentes. É preciso transmitir-lhes o senso da responsabilidade. É muito importante! Ouvi crianças dizerem coisas "não verdadeiras" apenas "para que fosse mais verdadeiro", porque não entendiam alguma coisa... Lembro-me de um caso a esse respeito: um dia, encontrei um armário, que acabara de fechar, aberto, e os brinquedos que ali ficavam guardados espalhados no chão. Meu filho, então com vinte meses e que falava bastante bem, disse-me que tinha sido seu irmãozinho (de três meses na época) que viera abri-lo. Fiquei muito espantada; ele nunca mentia. Ora, pouco tempo depois, passando por um certo lugar, bem perto do armário – um lugar por onde um adulto raramente passava, porque era bem encostado no armário –, vi este se abrir e o que havia dentro despencar. Entendi! Após fechar a porta, apoiei a mão, com o peso que uma criança pode ter, no mesmo lugar e o armário se abriu. Chamei meu filho e lhe mostrei: "Está vendo, quando a gente passa por aqui, o armário abre." Ele me disse: "Claro que sim. Eu disse para você! – Você me disse o quê? Que foi seu irmão? Você bem sabe que ele não pode sair do berço sozinho. – Eu disse que não era mágica." Ele quis encontrar um responsável porque ficara com medo de que fosse algo mágico, já que não era nem ele, nem eu nem seu pai. Portanto, era seu irmãozinho! Pronto! Naquele momento entendi que o que no começo tomara por uma mentira não o era. Ou melhor, embora fosse de fato uma mentira, a seus olhos era uma explicação plausível: já que não tinha sido ele, tinha sido o seu irmão. Isso mostra que é preciso refletir muito sobre a razão pela qual uma criança diz algo que nos parece mentira ou absurdo.

E não ficar zangado...

Na medida do possível! A zanga nunca resolve nada. Em todo caso, há um certo erro por parte dos pais quando pressionam o filho: "Se você disser que foi você, não lhe darei bronca": ora, quando um ato, digamos, desagradável ou prejudicial foi cometido, é importante que a criança o assuma. E irá assumi-lo bem melhor se lhe disserem: "Foram seus pés, foram suas mãos, não era você que queria fazer aquilo; sei que às vezes as mãos fazem coisas que a cabeça não queria fazer" etc. É preciso conversar e refletir com o filho, mas nunca pressioná-lo para saber a "verdade". Nunca se deve deixar uma criança se aferrar a uma mentira com o objetivo de se desculpar, sobretudo quando não há nenhum perigo em jogo. O ato foi cometido. A criança nega ser a responsável porque não consegue assumir sua culpa? É preciso parar por aí. Dizer: "Bom, vejo que você está com vergonha demais para confessar. Tem razão, mas não faça de novo... – Mas se estou dizendo que não fui eu! – Está bem, acredito em você... Além disso, o que está feito, está feito. Não falemos mais sobre isso. O importante é que você saiba que, mesmo culpado, gosto de você e confio em você: então, perdoe-se por sua besteira, se você a fez; e se não a fez, perdoe-me por ter desconfiado de você." Essa lição surtirá efeito no longo prazo. E é melhor que um drama.

Que a realidade permaneça nas palavras da realidade
(Dizer a morte)

A morte: um tema recorrente nas cartas. Aqui temos duas. A primeira vem de pais que lhe perguntam como falar, com o filho de oito meses, de um irmão morto que ele não conheceu e que no entanto permanece muito presente no coração deles. A segunda é de uma mãe que teve meninos gêmeos há dezessete meses. Um deles, depois de ficar um mês e meio hospitalizado, morreu aos três meses de idade. Ela pergunta como o outro gêmeo pode sentir essa perda e como falar com ele sobre isso.

No que diz respeito à criança de oito meses cujo irmão mais velho morreu, ocorrem-me duas coisas para dizer aos pais. A primeira é que o lugar desse filho, que está presente no coração deles, que era amado, deve ser conservado; e é bom que em família ou com amigos se continue a falar dele diante do menor. A segunda é que, sempre que se falar dele – o que já pode ser feito aos oito meses, já poderia ter sido feito –, lhe digam: "Estamos falando do seu irmão maior que você não conheceu." Notem bem as palavras. Porque nada é mais nocivo para as crianças cujo irmão mais velho morreu com pouca idade do que falar-lhes do "irmãozinho"; a mãe tende a dizer: "Meu filhinho X que morreu"; acho que é preciso dizer, ao contrário: "seu irmão maior" ou "seu irmão mais velho", "você é o segundo". É importante que a criança sempre ouça que é a segunda e que foi a alegria dos pais, ela que, por felicidade, o destino permitiu ultrapassar a idade a que os pais continuam a se referir quando pensam no mais velho. Quando perdemos um ente querido, tendemos a revê-lo na sua melhor forma; quando é um adulto, o revemos jovem, mesmo que, de tempos em tempos, pensemos na sua velhice... Mas quando se trata de um filho morto cedo, os pais tendem a se lembrar dele tal como era nos últimos meses de vida. Vai ajudá-los muito falar com o filho sobre o irmão maior "que teria tal idade". À medida que o filho cresça, podem lhe explicar: "Você não tem seu irmão. Ele talvez o ajudasse se estivesse vivo, mas quem sabe se não o ajuda estando entre nós, já que pensamos nele?" O que não se deve fazer é idealizar o filho morto: ele seria perfeito, não teria feito bobagens etc.

Destaco, em todo caso, que se pode falar da morte de um irmão, mesmo com um bebê muito pequeno.

Sim. Na primeira oportunidade, provavelmente no dia de finados, no momento da visita aos cemitérios, no momento em que ali vamos levar aos mortos o testemunho do pensamento dos vivos, seria bom que o bebê fosse com os pais – sem fazer disso um drama exagerado – e que lhe falassem do irmão maior morto, dizendo: "É aqui que ele descansa."

A respeito disso, temos aqui um depoimento. É a carta de uma mãe cujo filho menor tem atualmente dois anos. Um mês e meio depois de seu nascimento, ela perdeu o filho mais velho de três anos, morto subitamente de uma grave doença. Tinha também uma filhinha pequena de quinze meses que adorava aquele irmão. A mãe constata: "Um bebê pode entender muitas coisas e não se deve esconder nada dele, mas dizer-lhe a verdade." Prova disso é a menina de quinze meses que, com a morte do irmão, ficou muito perturbada: por dias e dias ela o procurou; abandonou seus brinquedos. Com dezenove meses, levaram-na até o túmulo do irmão; a partir daquele dia ela se acalmou totalmente.

Esse exemplo é muito importante. Por que a verdade gera efeitos? Seria complicado detalhar as razões, mas o que quero destacar é que se ela não for dita nos mesmos termos empregados pelos adultos para enfrentar esses sofrimentos tão difíceis de aceitar, que são uma parcela inevitável de nossas experiências, bem, a criança irá construir na sua cabeça fantasias ainda mais dramáticas para ela. Por exemplo, essa menininha de quinze meses que procurava o irmão morto podia achar que a mãe o tivesse jogado na privada, que o pai e a mãe o tivessem comido... – todas essas coisas que encontramos nos contos de fadas e nas quais as crianças pensam. A realidade tem de permanecer nas palavras da realidade – ou seja, da experiência das coisas –, e deve ser dita de modo muito simples. Os pais acham que o filho vai sofrer com a morte. Claro que vai! Mais tarde! Mas aquela criança sofria do insólito, e esse insólito poderia tê-la lançado numa magia da qual não teria conseguido sair.

Quanto ao seu irmãozinho de dois anos, a mãe não relata se ele tem dificuldades com relação ao mais velho que morreu. Mas, como ele agora é o mais velho dos meninos, é importante que lhe digam desde cedo: "Tínhamos um filho que era o mais velho. Você é o segundo" e que ele não tome o lugar desse mais velho no coração dos pais, mesmo que o ocupe agora perante a lei. Cada ser humano é insubstituível para aqueles que o amaram.

Voltemos aos gêmeos, um dos quais morreu.

A mãe pergunta o que será que o outro sente. O que uma criança sente não é uma pergunta à qual saibamos responder... O que podemos fazer para ajudá-la é, como no caso anterior, aproveitar a ocasião de conversas com outras pessoas, conversas que a criança presencia, para dizer: "Sim, eles seriam dois se X...

tivesse vivido." Se a criança perguntar alguma coisa, podem lhe explicar: "Ele morreu porque tinha acabado de viver, embora esperássemos que ele vivesse tanto quanto você. É bom que você esteja vivo; e não é ruim que ele tenha morrido. Talvez você tenha saudades dele, porque, quando estavam na minha barriga, vocês dois estavam juntos. Um dia, esse companheiro desapareceu da sua vida. Mas quem sabe se ele não o protege lá de cima onde está?" Isso, evidentemente, segundo as crenças que as pessoas tenham. Acho que os pais devem dizer a *sua* verdade, a de todos e depois a deles, quando têm crenças. Mesmo que a criança diga: "Mas você não tem certeza disso!", pode-se responder: "Talvez, mas me faz bem pensar assim."

Temos agora o depoimento de uma mãe que hesitou muito tempo antes de lhe escrever pela simples razão de o que aconteceu por ocasião de uma cena que ela relata não se encaixar com o que ela achava que deveria acontecer.

Ela ouviu você falar da morte e de como abordá-la com as crianças: explicando-lhes que se morre porque se acabou de viver, uma resposta, dizia você, que em geral liberta a criança da angústia. Ora, ela tem uma filha de oito anos; há quatro anos, uma criança vizinha, que era uma grande amiga da família e da menina em particular, morreu subitamente sem razão aparente. (Nunca tivera nenhuma doença e, naquele dia, estava simplesmente brincando ao lado da mãe.)

Essa senhora escreve: "Passados quatro anos, a dor começa a diminuir um pouco. Vamos com freqüência ao cemitério levar flores; mas minha filha não pára de me falar da amiga morta. Depois de ter ouvido você falar, conversei com ela com muita confiança e dei-lhe as explicações que ouvira de você. A reação dela foi totalmente diferente daquela que você havia previsto: foi muito, muito violenta. Ela começou a gritar: 'Isso é uma besteira! Você está zombando de mim. Claro que acabei de viver se estou morta. Mas se aquela menininha tivesse perguntado a mesma coisa à mãe dela de manhã, ela lhe teria respondido: 'Não, você não acabou de viver', e ela teria morrido do mesmo jeito.'" A mãe ficou abalada com essa revolta e com a angústia que sentiu na filha. Para interromper a cena, disse-lhe que não sabia se era assim e tentou acalmá-la.

Alguns dias depois, voltaram ao assunto. A explosão de raiva não dissipara a angústia da menina, como a mãe esperava. Falou-lhe então de uma senhora muito idosa: "Sabe, quando essa senhora era jovem, se tivesse perguntado para a mãe quando morreria, a mãe não teria podido responder." Ela lhe pede para retomar o tema "porque o problema volta constantemente. Ainda na semana passada, minha filha me pediu delicadamente: 'Faça-me parar nessa idade, porque não quero mudar de idade para viver o tempo todo.' Não sei o que lhe dizer, a não ser que gosto muito dela e que espero que nós cinco (são três filhos) vivamos por muito tempo."

Acho que essa criança está vivendo algo complexo, aparentemente relacionado com a morte da amiguinha, mas que na verdade está relacionado com sua idade – oito anos. É provável que venha tendo pesadelos. Por volta dos sete, oito anos, as crianças têm pesadelos sobre a morte dos pais ou delas mesmas, mas geralmente dos pais. Sentem-se culpadas por seus sonhos. A partir desses pesadelos, refletem sobre a eventualidade da morte dos pais e, principalmente, sobre o conseqüente abandono. A raiva dessa garotinha contra a mãe disfarça uma perda de confiança na onisciência dos pais – perda de confiança necessária nas crianças dessa idade, que, de fato, descobrem que os pais não são onipotentes e oniscientes.

Se essa menininha continuar falando da amiga, a mãe deve ajudá-la a pôr para fora todas as suas raivas, inclusive as dirigidas contra certos pesadelos que as crianças têm, que não podem deixar de ter, assim como não se pode crescer sem perder os dentes de leite. A menina não parou na idade da amiguinha, continuou a viver, tem oito anos. Acho que precisa ouvir da própria mãe que existem coisas difíceis de viver, mas que isso não significa que viver seja apenas penoso e que parar de viver resolveria tudo. Quando a gente pára de viver é como se brincasse de ser uma coisa. As coisas não pensam, não gostam, não vivem. É preciso lhe explicar: "É verdade, é muito difícil sair da infância para se tornar uma menina grande, sobretudo porque você não tem mais aquela amiguinha para conversar sobre tudo isso. Mas, o que você está esperando para fazer outras amigas?"

E se a menina voltar a falar da morte: "O que posso lhe dizer é isto: quem morre, no momento em que morre, está em harmonia com o que está acontecendo. Essa pessoa sem dúvida entende o que nós, vivos, só entenderemos quando morrermos. Mas se você não quer estar em harmonia com sua vida enquanto está viva, quer dizer que você quer se tornar uma coisa. E eu não quero ter uma filha que seja uma coisa." Não é verdade? Não há vida sem a certeza da morte um dia. E é até por estarmos certos de morrer que sabemos que estamos vivos. O importante é aceitar nosso destino: então a vida ganha sentido.

Talvez fosse o caso de parar de levar essa menina ao cemitério. Se a mãe quiser ir, que vá, mas se a pequena não pedir para ir, convém não levá-la mais. Porque, com o passar do tempo, esse culto dos cemitérios impede-a de mudar de amigas: como se tivesse de permanecer fiel à lembrança daquela amiga e não fazer amigas novas. É o que posso dizer.

Em suma, acho que a menina deveria ter expressado a raiva pela morte da amiga há quatro anos. Naquela época, ela recalcou essa raiva. É uma sorte que tenha podido por fim exprimi-la. Atualmente, porém, o que surge é uma raiva alimentada pela angústia de outros pesadelos e de outras angústias: as ligadas à idéia de que cresceu e já não pode amar o pai e a mãe do mesmo modo que antigamente. Gostaria de conservar as ilusões da infância. Está entrando na idade da razão, tomando consciência de sua impotência, da dos pais, da de todos os seres humanos diante do mistério da vida e da morte. Talvez se pergunte sobre o sexo, o seu próprio, sobre o papel dos homens e das mulheres para pôr um filho no mundo, sobre o prazer que sente e talvez considere errado. É preciso dizer a ela que o desejo de dar a vida na relação sexual não basta se um ser humano não desejar nascer e sobreviver. Que ninguém sabe o que é a vida, nem a morte. Conhecemos apenas suas condições, seus prazeres e suas dores.

E a mãe encontrará as palavras para exprimir da melhor maneira que puder seu desejo de que ela viva e seu amor por ela.

Ter prazer todos juntos e cada um no seu lugar

Um pai de dois filhos, um de três anos e outro de dois meses e meio, pede conselho em dois planos bem precisos. Entre ele e a mulher existem pequenos problemas relacionados com as refeições das crianças. O mais velho, quando está à mesa, muitas vezes se recusa a comer porque quer brincar ou passear pela casa. A mãe leva isso muito a sério: "Fica doente", escreve o pai, "quando vê que o filho não comeu nada. De minha parte, tendo a deixá-lo fazer o que quer e a considerar que não é algo muito importante; afinal, fui criado assim: quando não tinha fome, não comia e comia melhor na refeição seguinte." Acho que já podemos responder a esta pergunta: é importante para uma criança de três anos fazer refeições regulares?

De jeito nenhum! O que mais importa é que as refeições transcorram num clima agradável. Isso quer dizer, em primeiro lugar, que os pais devem ter prazer à mesa; que, ao mesmo tempo que se alimentam, comem aquilo de que gostam. Quanto à criança, se tiver fome que coma. Se não comer, os pais podem lhe dizer: "Você tem razão. Não devemos comer quando não temos fome." Aliás, talvez a questão não seja a falta de fome, mas o fato de ele preferir brincar. Aos três anos, geralmente é isso. Ora, se a criança comer mais numa refeição e menos na outra, não tem nenhuma importância. Aliás, comer regularmente é uma noção que apareceu tardiamente na humanidade. Não é necessário fazê-lo antes da idade da vida social. É por volta dos sete anos que a criança irá se regrar, tanto para a alimentação quanto para as outras necessidades. Antes disso, ter refeições regulares é totalmente inútil. Depois, é cômodo. De qualquer modo, não é indispensável.

Ou seja, se a criança se adaptar bem a horas de refeição regulares, tanto melhor; senão, azar, ela pode comer apenas quando tiver fome?

Pode, mas só umas coisinhas para enganar a fome, e somente se pedir: uma criança nunca se deixa morrer de fome. Mas a obrigação de comer pode tirar-lhe o apetite. O importante para todos, repito, é que as refeições dos pais sejam algo agradável para eles. Por isso, convém a mãe deixar para lá, não estragar o ambiente das refeições dela e do marido, e tampouco a alegria de viver do filho.

Aliás, aos três anos, as refeições que a criança geralmente prefere são o café da manhã e o lanche da tarde. À noite, come pouco. O importante é os pais não fazerem caso. O pai tem razão: foi criado assim e tornou-se um homem. Deve ajudar a mulher a aceitar o ritmo do filho em vez de fazer disso uma espécie de prova de força. A impressão que dá é que o estômago da mãe está no corpo do filho!

O pai comenta em seguida que os problemas do filho de três anos apareceram depois do nascimento do bebê, que tem agora dois meses e meio: pôr e tirar a roupa tornaram-se atividades particularmente penosas. Mas ir dormir ficou especialmente difícil, porque o filho quer ir para a cama na mesma hora que os pais, que vão dormir por volta das 23 horas. O pai escreve: "Minha mulher tem muita dificuldade quando tenta pô-lo na cama por volta das oito, oito e meia. Às vezes consegue, mas só se deitar ao lado dele."

Aí, a coisa começou mal. Aos três anos, esse menino já não precisa que a mãe o ponha na cama. Basta deixá-lo em paz, pronto para dormir, de dente escovado, de pijama, malha ou roupão, e que também ele deixe os pais em paz a partir de uma certa hora, que o pai deve decidir: pode ir brincar no quarto ou se deitar, conforme tiver vontade, mas sem incomodar mais os adultos ou fazer barulho. É o pai quem tem de resolver isso.

O pai pergunta: "Será que depois do nascimento do irmão ele precisa que cuidemos mais dele?"

Com certeza; mas não como se fosse um bebê nem como se fosse um homem, não é? O que ele precisa é ser tratado como um menino grande que vai deitar no seu quarto – já disse isso várias vezes. Se não quiser ir para a cama muito cedo, o pai pode brincar um pouquinho com ele, de dominó, por exemplo, que é um jogo muito bom, ou de montar quebra-cabeças, ou de contar uma história a partir de imagens. E na hora que decidir – nove, nove e quinze, depende das crianças e dos pais –, o pai deve mandá-lo para o quarto dizendo: "Agora, acabou. Quero ficar sossegado com minha mulher. Vá dormir quando tiver vontade. Se não estiver cansado, pode brincar. Mas nós queremos ficar em paz, senão vou ficar bravo."

Contudo, faz dois meses e meio que o irmãozinho nasceu. Pode ser que os pais tenham anunciado uma irmãzinha – é comum isso acontecer quando o mais velho é um menino – ou tenham ficado decepcionados por terem tido um segundo menino. Diante disso, o mais velho não entende como é que, sendo todo-poderosos, os pais aceitam esse ser não desejado. Se for esse o caso, o pai deve conversar com o mais velho e dizer-lhe que quem decide é a vida, não os pais. Quando ele mesmo foi concebido, quem quis ser menino foi ele próprio; o mesmo aconteceu com seu pai e com seu irmão; ele é o grande, o outro, o pequeno; e não podem ser iguais nem ter o mesmo ritmo de vida. Em breve, ele irá para a escola, terá coleguinhas. Seu irmãozinho não precisa dele, por enquanto só sabe fazer nas fraldas, mamar e chorar.

Cabe ao pai dar todas essas explicações, porque o filho está na idade de se identificar com o pai. Precisa que o pai cuide dele, lhe mostre como se lavar, se vestir, ir deitar sozinho como um homem. Pois ele está ao mesmo tempo tentado a se comportar como a mãe e também como o irmãozinho. Em suma, já não sabe se é bom se identificar com um adulto, e de que sexo, ou com um bebê, e se deve bancar o marido tirano da mulher ou o bebê que foi, regredindo. Então inventa modos de angustiar a mãe para rivalizar com o bebê que precisa das mamadas regulares, de que lhe ponham e tirem a roupa, de que troquem suas fraldas; e rivaliza com o pai, pedindo para a mãe dormir com ele.

Temos aqui uma carta encantadora, testemunho da experiência de uma família com cinco filhos. A mulher escreve: "Faz três anos que moramos numa fazenda e dependemos apenas de nosso trabalho. A educação de nossos filhos nos parece essencial, bem como a presença do pai nessa educação. Ele já não é considerado, como na cidade, uma máquina de trazer dinheiro para casa: participa da vida dos filhos. É muito comum os pais ficarem desconfiados, colocarem-se quase como inimigos dos filhos, tentando lutar contra os defeitos deles sem 'serem levados no bico'. E as crianças têm a impressão de que os pais estão contra elas. Há também muitos pais, sobretudo nos meios intelectualizados, que se põem a serviço dos filhos como se estes fossem reis. Aqui, tentamos estar juntos, com tudo o que isso comporta de exigências de parte a parte, para nos compreendermos, ajudarmos e respeitarmos. Por exemplo: os palavrões estão autorizados, exceto quando incomodarem alguém (avós, visitantes) ou forem um insulto ao outro (pode-se xingar à vontade quando se martela um dedo, mas não se pode dizer 'Cala a boca!' ou 'Canalha!' para outra pessoa). Quanto à educação sexual, ela se dá naturalmente pela observação das relações entre animais (carneiros e ovelhas, galos e galinhas etc.) baseadas no instinto, e pela comparação com os laços e o respeito que existem entre nós, os pais."

Parece você falando.

A carta conta em seguida como é a vida no dia-a-dia: eles têm a sorte de ter espaço sobrando, em velhas construções muito desconfortáveis, para receber pessoas muito diversas, tanto jovens como avós ou amigos dos avós. As crianças têm de dois a onze anos. O mais velho está na quinta série. Os três seguintes vão à escola da aldeia, que tem apenas doze alunos – se as escolas fossem todas assim! No campo, predomina o trabalho de sobrevivência, e cada um, pequeno ou grande, participa dele segundo sua idade e suas capacidades. Não há "revezamento" para os trabalhos da casa: cada um escolhe o que fará no dia-a-dia (varrer, lavar a louça etc.). As crianças tomam conta dos animais dois dias por semana, em duplas, alternadamente, escolhendo seu companheiro. As duas crianças que não estão de plantão levam-lhes o lanche. "Ainda não posso prever como será a adolescência – escreve essa pessoa –, mas acho que o fato de terem responsabilidades desde pequenas, proporcionais à sua idade, permite às crianças abordar a vida com uma visão objetiva e séria das coisas. Creia-me, apesar do trabalho, sobra-lhes tempo para construir cabanas ou montar teleféricos entre as árvores." Eis um "humilde" depoimento, diz ela; eu acho "maravilhoso". Obrigada.

Uma garota de dez anos dá muito trabalho para os pais. Eles têm a impressão de que ela está atravessando uma fase ruim. Reclama de tudo o tempo todo, fala para dentro, num tom choroso. As refeições transcorrem muitas vezes entre soluços. E a mãe explica que tudo começou depois das férias que ela e o marido tiraram deixando a filha com a avó materna. Ela se pergunta se a atitude da filha não é uma maneira de chamar a atenção e de receber um pouco de afeto – embora as férias tenham sido muito curtas, pois só duraram oito dias.

A atitude dessa menina decorre de ela ter sofrido com a solidão, o afastamento e a ausência dos pais, talvez pela primeira vez, durante as férias. Mas não é para chamar a atenção.

Por outro lado, quando era muito pequena, a menina teve problemas de saúde. Foi operada de um estrabismo bastante acentuado com um ano e meio e, depois, novamente aos três anos e meio e aos seis anos. Além disso, aos quatro anos teve uma erupção de psoríase que retorna periodicamente faz dois anos. A mãe ainda esclarece que a avó paterna prefere o irmão mais velho que tem treze anos. Escreve: "Essa mudança de atitude apareceu há cerca de seis meses na minha filha. Você não acha que pode ser um anúncio da puberdade? Porque ela diz com freqüência que tem dor de barriga, mas não sei se é manha ou não. Seu peito está levemente inchado. Você poderia me explicar como se dá a puberdade no plano do caráter?"

Há muitas questões aí. Por um lado, o problema particular dessa criança e, por outro, o problema geral da preparação de uma menina para a puberdade.

Tenho a impressão de que essa criança ficou muito marcada por seus problemas nos olhos. Talvez a ajudasse se a mãe lhe explicasse que, bem pequena, sofreu por ter sido separada da família e colocada na escuridão (é o que acontece nos dias seguintes à operação) e que talvez, por causa de seus olhos, tenha achado até os seis anos que não era bonita. Quando um filho é operado dos olhos, é comum os pais lhe dizerem que isso está sendo feito para que fiquem mais bonitos depois. Não é verdade – um pequeno defeito dos olhos não impede a beleza –, mas a criança acredita. Também pode ser, como escreve a mãe, que essa criança se sinta menos "bem-sucedida" que o irmão devido à preferência da avó paterna por este último.

Mas a mãe esclarece na carta que, quando a avó mima o irmão mais velho, ela mesma tenta compensar a filha.

Essa luta entre as duas mulheres é algo importante.

Ela escreve: "[A preferência da avó pelo filho de treze anos] é tão visível que, para contrabalançar, pareço paparicar mais minha filha que meu filho – o que dá lugar, por parte da minha sogra, a um juízo um tanto precipitado a meu respeito."

Se é isso o que a avó faz com o menino de treze anos – paparicá-lo –, acho uma pena. Porque, numa família, é sempre do preferido que se tem de ter pena no que se refere ao futuro, nunca do outro. Mesmo que este último sofra um pouco quando pequeno, é ele que mais tarde terá mais independência. Portanto, a mãe não deve se preocupar com o comportamento da sogra com relação à filha. Diga-lhe, na brincadeira: "Está vendo, sua avó está velha. Gosta dos menininhos porque se sente velha demais para agradar a um senhor e voltar a se casar. É de dar dó." E também: "Você está ficando grande. É a mais velha das minhas filhas. Ele é o mais velho dos meninos. Menino e menina, sabe, são totalmente diferentes. E você, como menina, está ótima, não poderia estar melhor. Mesmo que tenha tido dificuldades com seus olhos quando pequena." De vez em quando, esse tipo de conversa entre mulheres, em que a mãe transmite à filha confiança em si e na sua feminilidade, ajuda bem mais do que paparicos.

Talvez também possa conversar com a filha sobre suas dores de barriga, esclarecendo: "Não sei se você está com dor na sua barriga que digere ou se, nesse momento, seus ovários e seu útero estão se preparando para a sua primeira menstruação", e explicar-lhe isso. "Você deveria ficar orgulhosa!" E mais: "Seus seios estão começando a se desenvolver. Logo, logo, vamos comprar seu primeiro sutiã." Pode aproveitar essa oportunidade para lhe oferecer um presentinho de mocinha, um broche, uma pulseira (mesmo que a menina não o use), dizendo-lhe: "Olha, você está ficando mocinha."

Por outro lado, essa menina tem amigas? Porque, com dez anos, deveria ter, convidá-las para vir em casa, ir à casa delas. Acho que ela precisaria de atividades fora da família. É uma criança que se entedia e que talvez não saiba que é bonita e que tem valor. Pois não se faz menção ao pai na carta. A mãe diz claramente que a avó paterna gosta, no neto, da réplica do filho quando era pequeno, mas não diz quem está sustentando a feminilidade hesitante da menina, feminilidade que talvez esteja ameaçada por ela tentar se identificar com o irmão, por se acreditar lesada e por sua própria mãe achar que ela está sendo lesada em comparação com o irmão, mimado e superprotegido. É isso o que a mãe tem de entender e ajudar a filha a entender. Mais um detalhe: uma próxima vez, quando ela e o marido derem uma saída, seria melhor deixar a filha com uma família amiga em vez de deixá-la grudada com o irmão.

Em termos mais gerais, agora, você poderia nos explicar como se dá a puberdade para uma menina no plano do caráter?

É uma profunda transformação para a criança, às vezes ela se entedia; os irmãos e irmãs, papai e mamãe, já não bastam, ela precisa sair do meio familiar. Às vezes, tem medo de sair. Nesses casos, é preciso ajudá-la, inscrevê-la num grupo, um ateliê de jovens, um acampamento de férias, mas sem lançá-la imediatamente num meio totalmente desconhecido. Essa senhora, por exemplo, poderia levar a filha para passar um fim de semana na casa de parentes ou amigos que tenham filhos de sua idade. Ou então poderiam sair os três, pai, mãe e filha, mas sem o irmão, que já não pode ser uma referência constante: teriam assim a oportunidade de conversar tranqüilamente – numa saída curta, num jantar, numa viagem, fala-se mais, não é? Conversando é possível descobrir o que interessa à filha, seus gostos, seus projetos pessoais de futuro, estimulá-la a encontrar um grupo de garotas ou um grupo misto de sua idade, transmitir-lhe confiança.

Nessa idade, é preciso insistir nas conversas com cada um dos pais, separadamente. Mas, atenção: pai e mãe não devem contar um ao outro o conteúdo das confidências que o menino ou a menina lhes fizeram pessoalmente. Isso seria trair sua confiança. Podem, no máximo, estimular o adolescente a pedir conselho para o outro pai, fazendo-o entender que um pai e uma mãe não vêem as coisas da mesma maneira e que dois pontos de vista diferentes ajudam a pensar, sobretudo quando são os dos pais. Cada um deles tende, aliás, sobretudo com relação aos mais velhos, a reagir segundo a educação que recebeu, e isso ajuda o jovem a se entender melhor nas suas dificuldades e contradições: toma consciência dos pontos comuns, mas também das diferenças entre os pais e é remetido à época em que eles ainda não se conheciam. Para que não se erga um muro de silêncio entre pais e filhos, é preciso que, por volta dos dez, onze anos, cada um dos pais provoque conversas pessoais com cada um dos filhos. Provocá-las e repeti-las, sempre no contexto de uma atividade interessante para ambos, tanto para o adulto como para a criança.

Você queria nascer e nós queríamos um filho
(Educação sexual, perguntas diretas)

Há um problema que sempre reaparece nas cartas. O da educação sexual, ou melhor, das respostas que os pais tentam, às vezes de maneira muito complicada, dar para as perguntas dos filhos. Nesta carta, trata-se de duas meninas de quatro e de três anos, a mais velha das quais perguntou recentemente aos pais de onde ela e a irmã tinham vindo. Os pais começaram dando uma explicação com flores. Tiveram a impressão de que a menina não estava pescando, não entendia. Então, diz a mãe, "acabamos explicando para ela que as tínhamos tido depois de uma relação sexual, ela e sua irmãzinha. Ela, aliás, não parece ter ficado chocada com essa resposta" (Portanto, a mãe pensava inicialmente que a filha poderia ficar chocada.) Pergunta: "É comum crianças dessa idade fazerem esse tipo de perguntas? Você acha que tivemos razão em lhe responder com a verdade?" Esclareço, para que o quadro fique completo, que é uma família muito liberal, onde todo o mundo toma banho junto, as crianças, o marido e a mulher.

É preciso responder como eles fizeram, diretamente. Explicar que é por meio da relação sexual que um corpo de filho começa a se constituir na barriga – pode-se dizer a "bolsa de filhos" que todas as meninas têm e que fica maior quando são mães, quando são mulheres. Mas acho que a pergunta que a criança fazia era ao mesmo tempo uma pergunta metafísica. Eles responderam à pergunta física. Também é preciso dizer aos filhos que eles nasceram porque desejaram nascer. Pois a relação sexual não explica tudo. Conheço muitos adolescentes que acreditam que, se, por exemplo, forem três filhos, é porque os pais tiveram três relações sexuais; já que, digamos, é a relação sexual que funciona – como se conceber um filho fosse um funcionamento! Muitas crianças não formulam a pergunta diretamente aos pais, embora a formulem entre si. Suas conversas no maternal sobre esse tema muitas vezes se resumem a um gesto: "Ah, sim! é assim que os pais fazem" – e põem o indicador de uma mão na palma da outra mão fechada; sem palavras nem referência ao belo ou ao feio, ao bem ou ao mal. O gesto lhes parece crível e natural.

Esses pais responderam muito bem. Mas não será suficiente, porque, um dia, a filha perguntará: "Mas por quê?" Então, será preciso lhe explicar: "Porque você queria nascer e nós também queríamos ter um filho. Nós três nos encontramos e você começou a crescer na minha barriga." Não devemos nos limitar ao funcionamento que, por assim dizer, transforma um corpo em carne humana.

Também é preciso falar de amor.

Certamente! E também do prazer que se tem quando se ama. E ao mesmo tempo, aproveitando a deixa, se as crianças continuarem falando a respeito e fazendo perguntas, dizer-lhes que a relação sexual só pode levar a procriar um filho quando os corpos da menina e do menino ficaram adultos; e somente entre um homem e uma mulher que o desejam e que não são nem irmão e irmã, nem mãe e filho, nem pai e filha; porque essa é a lei de todos os seres humanos do mundo inteiro. Escreveram-se muitos livros – alguns bem-feitos – sobre a iniciação das crianças ao nascimento. Mas conheço apenas um que, junto com o saber sobre a vida física e a reprodução, ensina à criança o interdito do incesto. Ora, isso tem de ser dito junto. Deveria até ser dito na escola, no maternal, quando as crianças abordam essa questão. Nisso consiste a diferença entre os seres humanos e os animais.

Ao ouvir você falar, fico pensando que, não faz tanto tempo, esse tipo de tema ainda era tabu e, nas famílias, não se costumava responder às perguntas dos filhos. Quanto a isso, você é categórica: é normal que uma criança faça essas perguntas, por volta dos quatro, cinco anos, e é ainda mais normal responder a elas francamente sem disfarçar as coisas.

Sim. Mas ninguém deve se surpreender se, dois ou três anos depois, as mesmas crianças tiverem esquecido completamente o que lhes foi respondido. A resposta que lhes damos agora está na verdade plenamente de acordo com o que elas sempre souberam (pois sabem que foram concebidas: o inconsciente sabe tudo). Respondemos a elas com palavras justas para aquele momento. Mas, ao crescerem, as crianças criam fantasias às vezes sádicas e fabulações malucas sobre a concepção e o nascimento, que "também" são verdadeiras para elas: é o mundo do imaginário. Então, não se deve dizer: "Mas, como você é bobo! Quando era pequeno, você sabia!" Será preciso voltar a lhes dizer a verdade, porque eles a terão esquecido, sem se espantar se ainda assim preferirem continuar acreditando em suas fantasias. Basta rir: "Bem, muito bem, imagine o que você quiser, mas a verdade é o que lhe expliquei."

Temos aqui uma carta que ilustra o que você acabou de dizer a respeito de fantasias e fabulações sobre o nascimento. Trata-se de uma família com dois meninos, de seis e de três anos, e que espera um bebê para o mês de maio. O mais velho está convencido de que o bebê está na sua barriga e, ao abraçá-lo, é preciso tomar cuidado para não apertar o bebê demais. Não concordou quando os pais lhe explicaram que o pai não o carregou na barriga e continua convencido do contrário. Como é uma menina que ele está esperando dessa vez, acha até que fará melhor que o pai, que só "fez" dois meninos! Convenhamos que é incrível! Isso significa que, nessa família, não se falou dessas coisas de maneira suficientemente clara?

Não sei. Esse menino está justamente no período em que as meninas de que falávamos há pouco terão esquecido o que lhes foi dito. Aliás, ele não está nem um pouco interessado na maneira como o bebê foi concebido. Só está preocupado em tê-lo na sua barriga, na medida em que ainda se identifica com a mãe, como todos os meninos e meninas pequenos, e com o fato de que vai, pensa ele, pôr o bebê no mundo. Talvez queira rivalizar com a mãe, negar a potência dela. Tem uma idéia mágica de gestação. A mãe escreve inclusive que, segundo ele, esse bebê fala e canta *Pequeno Papai Noel** etc. Vive na fantasia de ser tão valoroso quanto a mãe e de estar "numa situação tão interessante" quanto ela (como se diz). Sua associação com o Papai Noel, esse grande velho travesso e todo-poderoso, é típica de sua idade. Ele ainda resiste a admitir o mundo da realidade e a aceitar que os homens, cujas vantagens se orgulha de compartilhar, não tenham as prerrogativas geradoras das mulheres.

Será por isso que parece desesperado quando lhe dizem a verdade?

Esse menino está vivendo o que se chama, no jargão dos psicanalistas, a "castração primária do menino", ou seja, que, embora se sinta favorecido a seus próprios olhos do ponto de vista da forma sexuada de seu corpo porque tem um pênis, não está nada contente com ter só isso, porque às vezes queria ser macho nos seus genitais e ter a prerrogativa de pôr bebês no mundo como as mulheres: queria ter todos os sinais de potência ao mesmo tempo. O terrível para nós humanos é que só podemos ser de um sexo e só nos resta imaginar os prazeres e os desejos do outro sexo. É por isso que homens e mulheres nunca se entendem. Já é bom quando se escutam! E esse menininho não quer escutar. Quer entender, e entender para ele é concreto. Entende que a mãe vai ter um bebê; admite-o. Aliás, não deve lhe agradar muito ver uma ou um rival chegar, porque deve ter sentido ciúme de seu irmãozinho, mesmo que tenham esquecido disso.

Então, o que vai acontecer quando o bebê nascer?

Não sei. Embora se deva dizer a esse menino a verdade biológica, também é preciso respeitar seu mundo imaginário, saber que ele está falando no plano

---

* Canção de Natal em que uma criança se dirige ao Papai Noel na véspera de Natal antes de adormecer. (N. da T.)

da fabulação. Dizer-lhe: "Você acha?", e depois rir, só isso. É preciso explicar a ele: "Sabe, todos os papais foram meninos pequenos que também quiseram muito ter um bebê na barriga. Muitas mamães gostariam de ser papais; muitos papais gostariam de ser mamães, muitas meninas pequenas gostariam de ser meninos pequenos e muitos meninos pequenos, meninas pequenas." É sempre assim: quando para um menino é valioso ser uma menina, ele queria ser uma menina; e vice-versa. Reconhecer que a realidade do sexo pode estar em contradição com o desejo imaginário em outras pessoas além dele próprio já é reconhecê-lo como ser humano, submetido às dificuldades de muitos outros, já é ajudá-lo a se aceitar na sua condição de pequeno homem.

O importante é que toda mãe responda à pergunta sobre a vida: "Sem homem, uma mulher não pode se tornar mãe", e que todo pai responda: "Sem mulher, um homem não pode ser tornar pai."

Por enquanto, esse menino está na idade em que se sonha com isso. Vamos deixá-lo sonhar. Ele sabe muito bem qual é a verdade, mas ainda não quer admiti-la.

Em todo caso, não há dramas no horizonte.

Não! Claro que não. Todo o mundo passa por isso!

Sobre explicações, recebi uma carta bem engraçada. Quando, tempos atrás, se falou dos problemas de sexualidade nas crianças, você mencionou as histórias de sementes...

Sim, porque são histórias correntes. Mas talvez fosse melhor mudar de histórias.

De fato, essa mãe nos diz que explicou ao filho a história das sementes e que ele de repente passou a se recusar a comer frutas e legumes com sementes: tomates, morangos. Desenhava o tempo todo árvores com frutas, e casas cheias de cerejas. Ela escreve: "Pensando que esses sinais estavam relacionados com minhas explicações, retomei o assunto na primeira oportunidade e ele me disse que uma grande planta ia crescer no seu corpo."

Duas coisas devem ser destacadas aqui. Por um lado, a idéia da germinação de toda semente e, por outro, a idéia de que uma semente de planta poderia germinar no estômago. Ele não está falando e não está com medo de uma semente de vida humana. Talvez essa criança seja inteligente e esteja pensando em sementes de laranja, de frutas, caroços de cerejas. É preciso explicar-lhe que o estômago digere tudo e que as sementes de plantas só se desenvolvem na terra. E que, por outro lado, não é no tubo digestório que a semente humana pode dar vida. Nas explicações dadas a esse menino, certamente não lhe foi dito que é a união sexual de ambos os pais que permitiu o encontro das sementes de vida do pai com as sementes de vida da mãe, e que a criança que cresce na bolsa de bebês da mãe – que não tem nenhuma relação com a boca nem com o ânus e é uma bolsa de bebês que os meninos não têm – é o filho dos dois pais. Nunca se deve esquecer tampouco de destacar o interdito do incesto, cada vez que se explicar a crianças a união sexual entre seres humanos.

Muitas crianças ficam confusas quando a mãe chama o pai de "pai" e o pai chama a mãe de "mãe" ao conversar com os filhos. Sempre se deveria dizer "seu pai", "sua mãe", senão a criança pode acreditar que seu pai é o filho mais velho da mãe e sua mãe a filha mais velha do pai. As crianças também ficam confusas quando pai e mãe são, devido a essas denominações, entendidos como irmão e irmã; sobretudo se, além disso, chamarem os sogros de "pai" e "mãe"!

O vocabulário do parentesco deveria ser ensinado na escola maternal e primária, esclarecendo assim o que ainda é confusamente incestuoso na inteligência da criança no que diz respeito às relações de filiação.

Nada a ver com o diabo
(Educação sexual, perguntas indiretas)

Um incidente na vida cotidiana de uma família. Quem escreve é a mãe de um menino de oito anos e meio: "Faz alguns dias, tive uma espécie de pequeno problema de consciência diante de um acontecimento que me perturbou profundamente. Certo dia, meu filho voltou para casa com uma revista toda amassada debaixo do braço. Entrou correndo no quarto e escondeu-a debaixo da cama. Num tom muito tranqüilo, perguntei-lhe de que se tratava. Ele respondeu: 'É meu. Não quero que você olhe. Tem diabos dentro que dão medo.' Não sabendo que atitude tomar, disse-lhe: 'Bem, eu também me interesso por diabos. Seria legal você me mostrar isso. – Combinado, mas depois você me devolve. Certo?' Prometi devolver. Era uma revista pornográfica, com fotos sugestivas. Que fazer? Voltei a colocar a revista debaixo da cama simplesmente para ganhar tempo; disse que estávamos atrasados, que o pai dele e eu iríamos olhar a revista à noite e depois jogar fora, porque, se ele a havia encontrado na rua, devia estar cheia de micróbios. Nesse meio-tempo, arranquei algumas páginas, pois não podia deixar que visse certas fotos. Quando ele voltou, foi correndo pegar a revista, instalou-se tranqüilamente, sem complexos, na sala, e começou a folheá-la. Quando terminou, pus a revista no lixo sem comentários." Diante disso, ela se pergunta: "O que era mais grave? Trair a confiança do meu filho, rasgar a revista e jogá-la no lixo, quando ele a entregara em segredo e me fizera prometer que a devolveria? Ou então correr o risco de perturbar aquele pequeno cérebro deixando-o olhar imagens traumatizantes?" Termina a carta escrevendo que seu marido não concordou totalmente com seu procedimento.

Sem esclarecer o que o pai disse?

Sim.

Há muitas coisas nesse incidente. Quando o filho voltou com a revista, já devia tê-la olhado, pois disse que tinha o diabo dentro. Acho que foi ali que ela perdeu a oportunidade de lhe responder: "Não, não são diabos. São coisas chamadas pornô. Você já ouviu falar de coisas pornô? Bem, fale disso com seu pai hoje à noite, porque você certamente se interessa muito pelas coisas do corpo e do sexo. Seu pai vai lhe explicar tudo isso. Eu acho que essa revista não é bonita. Ela pode ser excitante para você, mas não é bonita. São coisas de que você precisa falar com seu pai, porque têm a ver com a sexualidade." É preciso fornecer as palavras verdadeiras. Ela mesma não conseguiu dar a resposta, não foi? A questão permanece aberta, já que a criança trouxe a revista sabendo que a mãe sabia de que se tratava e sabendo, já que ela disse, que se falaria daquilo com o pai. Ao que tudo indica, ela jogou a revista fora sem que o pai tenha podido conversar a respeito com o filho, falar do conteúdo visual da revista. O que teria sido excelente entre o pai e o filho para abordar a questão da sexualidade, dos filmes, de tudo o que é chamado "pornô". Pois todas as crianças andam pelas ruas e vêem os cartazes de cinema com "proibido para menores de dezoito anos"; e isso lhes interessa, é claro! Por que é proibido para os menores de dezoito anos? Cabe aos pais explicar. Esse menino fez uma pergunta indireta. Perguntou duas vezes: primeiro, para a mãe; em seguida, esperava que o pai entrasse no cerne da questão com ele. E foi desconsiderado. Que pena!

Quando se fala da sexualidade das crianças, fala-se muitas vezes das perguntas diretas das crianças bem menores.

Sim. Mas as perguntas indiretas começam por volta dos três anos, como vimos há pouco. Por exemplo, uma criança de três anos que se exibe está fazendo uma pergunta indireta: "O que é esse lugar que não é exclusivamente funcional para o xixi?"

Na sua opinião, cabe aos pais falar a respeito?

Claro que sim! Falar, explicar o que há nessa região que não é apenas para os excrementos, mas também para sensações particulares de desejo, de prazer. E, entre outras coisas, falar imediatamente desse prazer: da eventual masturbação. Quando as crianças se exibem, fazem uma pergunta muda sobre o sexo e sobre a masturbação, e manifestam uma inquietação sobre as possíveis punições, pelo fato de sempre terem ouvido alguém lhes dizer, senão com um ar severo, ao menos de brincadeira: "Vamos cortar seu pipi fora", ou coisa parecida. E por que não, se for de brincadeira? Mas, de verdade, nunca! Cabe aos pais dar aos filhos essa segurança (ao mesmo tempo que os incitam ao pudor), dar-lhes ao mesmo tempo o conhecimento sobre a sexualidade e a certeza de que podem falar a respeito com a pessoa que, na família, está encarregada tanto de educá-los para o saber viver em sociedade como também de educar seu sentido estético e moral. Cabe ainda aos pais dizer-lhes a lei do interdito do incesto, à qual eles próprios também estão submetidos, e inculcar-lhes o senso de autodefesa perante adultos que queiram constrangê-los. Os pais: a mãe para as meninas, o pai para os meninos.

Então, era o pai que deveria ter falado com esse menino de sua revista pornográfica?

Era. A mãe, repito, deveria ter mandado o menino para o pai. Ao reprimir ela mesma o que era uma oportunidade de explicação suscitada pelo menino, foi inabilidosa. Além disso, isso não tem nada a ver com o diabo, hem! Homens nus com mulheres nuas, não é o inferno! Mas perturbavam o menino. Era sobre isso que ela deveria ter-lhe dito para conversar com o pai.

Portanto, caberia ao pai consertar a situação, dirigindo-se diretamente ao filho.

Sim, e porque ele tem oito anos, já não é sem tempo. Quando as crianças são pequenas, porém, sou de opinião de que ou o pai ou a mãe deveria falar disso naturalmente. No momento em que a pergunta aparece – por exemplo, quando o filho aparece nu na frente de todo o mundo –, pode-se dizer a ele: "Se você quer ficar com as visitas, vista-se." Ou, se fizer uma pergunta precisa: "Eu lhe explico mais tarde. Agora estou ocupada. Traga os copos, por favor." É sempre no momento em que a mãe está ocupada que a criança vem lhe dizer: "Mamãe, quero saber como as crianças nascem!" Ela pode responder do modo mais simples do mundo: "Escute, aqui todo o mundo sabe, então eu, ou seu pai, lhe explicaremos mais tarde." Mas não é o caso de fazer disso nem drama nem motivo de repreensão, por exemplo cochichando o "eu explico depois" como se fosse algo muito condenável. Ao contrário. Nesse momento, a criança tem vontade de entrar na vida social e ser integrada. É claro que isso exige presença de espírito. Espero que este livro ajude os pais a dispor de um vocabulário e da presença de espírito.

Em todo caso, para voltar a esse menino, a pergunta vai ressurgir por ocasião de um filme ou de um grande cartaz de filme. Nesse momento, o pai deve assumir a responsabilidade pelo filho, já que não ficou satisfeito com a maneira como a mãe reagiu. De fato, é uma pena que o pai tenha sido de certo modo, por assim dizer, "driblado", nessa história.

Você diz que não se deve hesitar em responder às perguntas dos filhos sobre a sexualidade, sejam elas diretas ou indiretas. Mas, em muitas famílias, reluta-se em falar desses problemas por razões religiosas ou morais; ou simplesmente porque se foi criado assim.

Supostamente por razões de educação: mas a educação é o contrário disso. Em todo caso, nos dias atuais, em que as crianças estão submetidas a tantas informações e estímulos, se não forem informadas a tempo pelos pais, correm perigo, sobretudo nas grandes cidades.

Muitos adultos têm dificuldade de pôr essas coisas em palavras. Por exemplo, tenho uma carta de uma francesa que mora na Espanha. Ela escreve: "Tenho dois filhos de sete e de nove anos. Preferem fazer confidências a mim e não ao pai. Tento respon-

der a todas as perguntas deles, pois não gosto de mentir para eles, mas, no que diz respeito aos problemas sexuais, não sei conversar com eles. Eles sabem como as crianças vêm ao mundo, como saem da barriga da mãe, mas ignoram a causa do nascimento das crianças. E não sei como lhes explicar."

Quando uma mãe não consegue responder, pode dizer: "Sabe, fico muito constrangida para lhe responder porque sou uma mulher – neste caso preciso, porque são meninos –, porque fui uma menina e não sei responder às perguntas de meninos. Mas pergunte ao seu pai, perguntem ao seu pai." Acho que os meninos terão mais facilidade para fazer suas perguntas ao pai em dupla do que sozinhos. A mãe pode falar disso com o marido primeiro, preparando-o para responder. Acho que, para essas duas crianças, seria bom que o pai, um dia, à mesa, num momento em que toda a família está reunida, as pusesse de maneira simples a par de que é o homem o iniciador do nascimento, de que, sem um homem, uma mulher não pode se tornar mãe, explicando-lhes onde, no corpo humano – e no corpo de todos os mamíferos aliás, já que o ser humano é um mamífero –, estão as sementes de vida masculinas e femininas; acrescentando que, nos seres humanos, seres falantes, não é como nos animais, já que não se trata de instinto, mas de amor e de responsabilidade assumida no desejo sexual; e falando-lhes da fecundidade no homem e na mulher, um com relação ao outro e ambos com relação ao filho.

Se a mãe não consegue explicar isso, ela sempre pode dizer: "Você tem razão em fazer essa pergunta. Eu não consigo lhe responder porque não sei como lhe explicar. É algo difícil demais para mim. Mas certamente existem pessoas que conseguem." Quando os pais se sentem realmente incapazes de falar desses problemas, sempre podem encontrar alguém: por exemplo, uma amiga que soube como fazê-lo com seus filhos e que poderia (diante da mãe delas é melhor) responder às menininhas; ou um amigo que respondeu aos filhos e que aceitasse instruir os meninos na presença do pai deles. Inconveniente é a educação ser transmitida em segredo e por pessoas que fizeram voto de celibato, como as freiras e os padres. Conheço casos de jovens e adultos que ficaram chocados com o fato de a mãe, às vezes até o pai, terem pedido a padres educadores para informá-los no seu lugar. Mais uma vez, acho que cabe aos pais, à mãe para as meninas, ao pai para os meninos, fazer isso, se necessário ajudados por outros.

Aliás, se não souberem fazê-lo, existem hoje nas escolas conselhos de pais em que certamente se pode falar dessas questões. Além disso, muitos livros bem-feitos já foram escritos sobre isso. Talvez essa senhora possa pedir sugestões de títulos numa livraria e folheá-los. Ou até pôr um desses livros no quarto dos filhos: "Tome, este é um livro que explica muito bem."

Em todo caso, é perigoso as crianças não receberem respostas corretas, simples mas verídicas, para as perguntas sobre sexo, concepção e nascimento, porque vão receber umas bem malucas em outros lugares... Há tantos mitos correndo entre as crianças! Não digo que esses mitos deixarão de existir e que as crianças deixarão de acreditar um pouco neles, isso é próprio da idade delas, mas uma voz ou um livro que diga a verdade já ajuda.

Tenho a impressão, aliás, de que as crianças fazem perguntas com uma liberdade cada vez maior...

Claro! Por causa dos filmes, do rádio, e porque conversam entre si e algumas delas são educadas inteligentemente sem que lhes inculquem nenhuma culpa relacionada com sua curiosidade sobre a vida e a sexualidade. Em todo caso, para que as coisas fiquem bem claras, é bom responder do modo mais natural e mais simples a toda pergunta direta ou indireta. "Não sei" ou "Não posso lhe responder porque me incomoda responder a perguntas sobre sexo" já é melhor que nada. Se for verdade, deve-se dizê-lo; e não: "Isso é sujo", ou então: "Não é para a sua idade. Não fale disso. Proíbo você de falar sobre isso."

Vale tudo?
(Nudez)

Um casal de educadores tem dois meninos, um de quatro anos e outro de quinze meses. Não concordam com o que você disse sobre o problema da nudez. E dão seu depoimento. Escrevem: "A gente [sic] fica nu diante de nossos filhos. Aliás, eles brincam com o corpo deles, com o nosso." Apertam os seios da mãe e fazem 'bi-bi' etc., e com o pai... e entre si... Enfim, omito os detalhes (muito verossímeis, aliás, nessa família onde "a gente" não quer que nada seja escondido dos filhos).

Vale tudo, então.

É. Mas, ainda assim, eles se fazem algumas perguntas. O filho mais velho às vezes fica passivo e como que abestalhado diante de qualquer atividade nova. Como podem ajudá-lo? Para começar, há alguma relação entre uma coisa e outra?

Acho que sim. Os pais não sabem que, quando uma criança vê o corpo do adulto, tem prazer nessa visão, mira-se nela, tem a ilusão de ser semelhante. Quando brinca com o corpo do adulto, é para seu prazer, e se esse prazer, sexual para a criança, também agradar ao adulto, ela já não sabe quem é o adulto e quem é a criança. É isso que é importante na nudez e nesses prazeres *voyeurs* e táteis compartilhados. Não é que seja chocante: é que pode "desrealizar" a criança com relação a seu corpo próprio. Além disso, esses jogos prazerosos para a criança são perigosos para ela, sobreexcitam precocemente sua genitalidade.

Você já disse que uma criança se sentia um pouco medíocre diante do corpo de um adulto.

Sim! Para deslocar um pouco o problema, é como quando uma criança tem um urso maior que ela – infelizmente, vemos nas vitrines esses horrores, pingüins enormes, ursos enormes etc.: algumas crianças, e isso é bastante freqüente, ficam "desrealizadas" com relação a si próprias, porque acham que são o urso. O imaginário da criança às vezes supera a realidade, e quando lhe oferecemos algo que corresponde a seu desejo de ser um grande animal ou uma grande boneca, e se esse animal-brinquedo ou essa criatura que a criança antropomorfiza (à qual atribui vida, sensações, sentimentos humanos) de fato mexer demais, na realidade, com sentimentos de amor-prazer, a criança se torna alheia à percepção de seu corpo próprio.

Esse menino, que às vezes parece abestalhado, gostaria de ter o sexo do pai, desde já. E, como pode tocar nele, pode acreditar que, tocando o sexo do pai, toca o seu. Tocando os seios da mãe, toca também nos seus próprios seios imaginários. Ele diz "bi-bi" como se tocasse em brinquedos que lembram buzinas de automóveis. De qualquer forma, é curioso. Esse menino "desrealiza" o corpo dos pais.

A nudez dos pais já não tem nenhuma importância a partir da puberdade. No entanto, é muitas vezes nesse momento que os pais não permitem que o filho os veja nus. Ao contrário, é quando a criança é pequena que isso é perigoso, por causa desse outro imaginário que toma o lugar dela. É por isso que esse menino fica de vez em quando perdido, imóvel, como que ausente: já não sabe quem é, se é o grande ou o pequeno, se é ele ou os outros. Nas sensações visuais e táteis de seu corpo, há uma parte ou partes desse corpo que já não são suas. É justamente por ser inteligente que ele fica com essa aparência abestalhada e que tem de enfrentar um verdadeiro problema de identidade. Por isso, digo aos pais: "Cuidado!"

Não sei se eles vão rever suas convicções, mas a pergunta que lhe faço é: dá para voltar atrás? Com esses filhos de quatro anos e de quinze meses que, desde que nasceram, vêem os pais nus, os pais podem mudar radicalmente?

Seria muito simples se não divertisse tanto os pais! Mas tenho a impressão de que os filhos brincarem de cutucá-los é algo que os diverte. Esse é o problema. Parece que, no que se refere a jogos eróticos, os pais fazem brincadeiras de crianças de dois anos, embora sejam gigantes. Pode até ser divertido, mas é muito inquietante para as crianças.

Dito isso, também há quem explique essa atitude por teorias, volta à natureza etc.

Por que não? Mas já que perceberam que isso está criando problemas, estou explicando quais problemas isso cria.

É possível mudar?

Com certeza. Pode-se dizer: "Escute! Agora você é grande demais. Mexa em você mesmo. Brinque com amigos da sua idade, você ainda se acha um bebê. Quando for grande, será um homem; não vai ter os peitos da sua mãe. Terá de escolher uma mulher entre aquelas que são crianças como você agora." Sim, também se pode falar disso. E seria necessário, pois, por momentos, essa criança é afetada por uma espécie de contaminação corporal com o pai. Não sabe mais quem é nem o que é.

Para continuar no tema da nudez, temos aqui a carta de um pai. "Tenho uma filha de seis anos que parece muito dada com os meninos. Na escola, a professora também notou isso. Essa curiosidade me surpreende, porque minha mulher e eu a educamos de maneira muito livre desde sua mais tenra idade, e a porta do banheiro sempre ficou aberta, por exemplo, na hora do banho." Surpreende-o ainda mais que o irmão dessa menininha, que tem onze anos e foi criado da mesma maneira, seja, ao contrário, muito pudico.

Não há nada de surpreendente no fato de a menina ser dada com os meninos e o irmão ser pudico: é justamente a conseqüência dessa educação que eles crêem ser liberal. Mas não vejo nada de mal em que essa menina seja dada com os meninos. Acho até que é uma segurança para ela, porque com a visão constante do corpo nu dos pais e com a evitação sadia de seu irmão de onze anos de ser visto pelos outros membros da família, ela precisa mesmo buscar colegas do sexo complementar; senão seria apanhada no fogo – e digo bem, o fogo – do desejo pelo pai; e a única garantia que ela tem de não ser incestuosa é arrumar namorados. O pai terá de se conformar. Criou a filha abertamente. Sem sabê-lo, suscitou nela uma inflação sensual que nesse momento está barrada no que se refere ao pai e ao irmão pelo interdito do incesto. A mãe, por sua vez, permissiva demais, provocou, por intimidades infantis, uma rivalidade feminina. Então, a criança quer todos os meninos só para si e se dedica apenas a esse jogo prazeroso. É totalmente normal.

Para responder a todos aqueles que escrevem dizendo "Sou a favor", "Sou contra": se você criar suas filhas como esse senhor, elas terão muitos namorados e gostarão mais do prazer que do estudo – ao menos na primeira infância, que nelas se estende para além da idade habitual da razão.

É a conseqüência disso. Quanto ao menino, será pudico em família e tímido no contato com os outros, sofrendo de sentimentos de inferioridade com relação a todos os meninos, incapaz de assumir seus desejos porque, para ele, a visão da mãe é excitante demais e a rivalidade sexual com o pai terrível demais na fantasia. Tem de se proteger de seu desejo exclusivo pela mãe, de seu desejo de tê-la só para si. O desejo do menino é um desejo ativo, ou seja, ele se exprime no sentido de ir na direção daquela que deseja. Mas não pode ir na direção da mãe nem da irmã, o interdito do incesto está profundamente ancorado no coração dos humanos. E a menina, por sua vez, como seu papel sexual é estar ativamente à espreita de quem queira vir na sua direção, ela se torna provocante, sedutora com todos os meninos, porque sente claramente que provocar o pai seria perigoso para ela, e porque o irmão, por sorte, não se deixa provocar.

Ela faz tudo isso instintivamente...

Instintivamente, porque é saudável.

Digo isso porque você muitas vezes diz que o que se costuma esquecer quando se fala de educação sexual é de falar do interdito do incesto.

A única educação sexual verdadeira é o interdito do incesto. E, quando há ao mesmo tempo interdito do incesto e liberdade de conhecer tudo – o que é muito bom –, as crianças dirigem-se obrigatoriamente para as do sexo oposto e se protegem do interesse sexual pelos pais e pelos irmãos e irmãs. Acho que, para a educação dessa menina, a única coisa que o pai poderia lhe dizer, além do interdito do incesto, é: "Escolha namorados da sua idade." Porque o único perigo que poderia haver seria ela buscar jovens ou homens adultos e assim se desviar de um desenvolvimento sexual sadio. Se ela tiver confiança no pai e se este lhe falar com castidade, seriamente, ela obedecerá e, ao escolher "namorados" para brincadeiras sensuais e eleitos do coração, não procurará jovens muito mais velhos que ela.

Não é mentira, é brincadeira
(Fantasias sexuais das crianças e realidades dos adultos)

Você provavelmente vai desconcertar alguns leitores com uma carta que traz mais um problema bem preciso, um caso bastante particular, mas que talvez seja interessante em termos gerais, porque muitas vezes se fala da chantagem que os filhos podem fazer com os que os cercam, ou das fantasias que vivem e que tentam expressar como uma espécie de verdade.

Filhos que gostam de ver o circo pegar fogo, como se diz.

Isso mesmo! Então, em algum lugar o circo pega fogo! É uma mãe que lhe escreve. Ela tem duas filhas de sete e de cinco anos e meio, que vão com bastante freqüência à casa de uma cuidadora casada. Em geral, as crianças jantam com o pai à noite quando voltam da casa da cuidadora: a mãe estuda e tem aula à noite. Ela escreve: "Recentemente, no final de uma refeição, as meninas avisaram o pai que tinham algo muito importante para lhe dizer. Mas não queriam de fato dizê-lo: 'Se a gente disser, você vai zombar de nós.' O pai lhes garantiu que não zombaria delas e elas se decidiram. A mais velha começou: 'Bem, é o seguinte. O marido da cuidadora pôs o pinto dele na minha boca.' Ela ficou praticamente muda, não quis dar mais detalhes. Nesse momento, a menor disse: 'Mas, sabe, dei um tapa na cara dele.' E a maior retomou: 'Foi, mas, sabe, não foi realmente de propósito que ela deu um tapa nele.'" Essa é efetivamente uma situação que suscita muitas questões numa família. E a mãe escreve: "No dia seguinte, quando quis conversar com elas sobre isso – porque meu marido tinha me contado –, elas curiosamente estavam muito reticentes e não quiseram falar comigo. Disseram: 'Não, não, a gente esqueceu o que aconteceu. O importante é não falar sobre isso com a cuidadora.'"

Certo. E esse homem é também o pai de uma amiguinha delas?

É. Porque isso ocorreu numa pequena localidade. São pessoas que se conhecem...

Isso me lembra o filme com Jacques Brel.

Les Risques du métier [Os riscos da profissão].*

---

* Filme de 1967, dirigido por André Cayatte, em que uma garota de 14 anos acusa o professor de tentar violentá-la.

Esse mesmo. As crianças imaginam cenas sexuais que contam à sua maneira. Nesse caso, estavam destinadas apenas ao pai, com a frase bastante curiosa: "você vai zombar de nós"; em seguida, à mãe: "Não, não, esqueci"; e depois, "tapa não de propósito"... Tenho a impressão de que estamos à beira de uma fantasia. É de noite, na hora do jantar. Existem coisas picantes que as crianças dizem umas às outras, assim, entre si, para imaginar, coisas para parecerem interessantes, sobretudo para o papai. Acho que essa senhora tem toda razão em não insistir nessa história para que, se algum dia acontecer algo sério, as crianças possam falar. O importante é isso: nem zombar nem repreender, mas dizer: "Bem. Se ela deu um tapa nele, espero que tenha feito de propósito, porque um senhor não deve fazer isso com meninas."

Interrompo-a porque a mãe faz perguntas precisas: "Deve-se ou não voltar a falar disso?" Sua resposta é: "Não, não se deve insistir."

Isso mesmo.

Ela lhe pergunta também: "Como adverti-las, em geral, contra esse tipo de coisa?" Porque há as fantasias, mas também existe a realidade.

Poderia, por exemplo, dizer diante do pai: "Um dia, vocês contaram isso ao seu pai. (Verdade ou não, não se deve tentar fazê-las dizer que não era verdade.) Quando a gente é pequena, porém, inventa um monte de coisas. Se, alguma outra vez, acontecer de verdade algo como o que vocês contaram, isso não pode se repetir. Aquele senhor sabe disso muito bem. Então, vocês devem lhe dizer: 'Não se pode fazer isso.' Um senhor não brinca de coisas de sexo com crianças." É assim que se previne os filhos.
Mas não há como impedir a "não-verdade"; não há como impedir as crianças de contarem histórias inventadas.

A mãe também se pergunta se se trata realmente de uma invenção. Ela escreve: "Será que devemos falar com esse senhor e dizer-lhe: 'Explique um pouco o que aconteceu.'"

De acordo com o conteúdo da carta, é difícil, porque parece ser uma pequena localidade. São pessoas muito próximas, que se encontram com freqüência, que trabalham juntas e têm atividades em comum. Não sei como ela poderia fazer. Ela vai sentir se é possível, talvez ela mesma encontre o meio de um dia conversar com esse senhor a respeito; ou o pai conversará a sós com o homem. O risco, nesse caso, é de as crianças ficarem mal vistas se for uma fantasia, e de esse homem ficar agressivo, a partir daquele momento, com crianças que realmente quiseram fazê-lo correr riscos...

Lembro, para quem não viu o filme de Brel, que uma menina acusava um professor de coisas muito parecidas, o que acabou levando-o à prisão.

Infelizmente, é algo comum. Acho que o pai reagiu muito bem ao não zombar e fazer algumas perguntas – às quais elas não responderam, porque, quando ele perguntou: "A cuidadeira estava presente?", elas nem sabiam responder. Acho que era uma fantasia.

A propósito, uma pergunta sobre essas famosas fantasias. É uma palavra que está na moda. Que são elas? Invenções de crianças?

São fabulações que correspondem a essas imaginações sexuais que as crianças freqüentemente têm numa etapa de seu desenvolvimento, etapa em que desejam a sedução de um adulto. Esses desejos provocam imagens parecidas com as que as menininhas contaram.

É uma etapa absolutamente obrigatória do desenvolvimento de uma criança? Porque, muitas vezes, os pais, quando surpreendem um filho em plena fantasia, dizem: "São mentiras. Deve-se dizer a verdade." Costumam relacioná-las com uma mentira.

Não é uma mentira, é "de brincadeira", pelo prazer de acreditar naquilo, de sonhar acordado sem risco... romance, em suma! E há também o "de verdade", como dizem as crianças. A maioria das fantasias das crianças não são feitas para os pais. Nesse caso, talvez as meninas tenham sido pegas no pulo simplesmente porque contaram para o pai. Naquela noite, elas eram as mulherzinhas do papai, já que a mamãe não estava. Pensaram: "Vamos contar para o papai alguma coisa muito interessante, vai que ele fica com vontade de fazer assim com a gente. Seria o máximo." Por quê? Ora, porque, para as crianças, o sexo na boca tem repercussões, articulações imaginárias inconscientes com a mamada. São coisas muito próximas para a criança, que confunde os seios e o pênis do homem. Aliás, é muito comum que sejam confundidos, não somente na imaginação das crianças, mas também nos sonhos de adultos. O inconsciente não diferencia tanto as coisas. Para essas crianças, não parece nem ter sido algo erótico, a julgar pela maneira como contaram para o pai. Por isso, considero correto não fazer um drama. É uma história qualquer, esquecida logo depois de ter sido contada. Uma história infantil de ficção sexual.

Falamos de fantasias, mas existe também a realidade. Muitos pais estão preocupados. Há crianças que seguem facilmente qualquer pessoa. Mas há fatos mais precisos. Uma pergunta retorna o tempo todo: "Como prevenir as meninas contra os eventuais ataques de perversos, sádicos, vagabundos?" Muitas famílias vivem nas periferias, em lugares, digamos, pouco seguros, e gostariam de prevenir os filhos contra isso. Que fazer? Os pais devem ser claros? Como agir?

Existem muitos homens desocupados que sofrem da falta de relacionamentos. E é bem mais fácil abordar uma criança. Há muita gente boa que conversa com crianças. Por isso, é muito difícil pensar numa advertência geral. O que se pode dizer aos filhos é que não se deve fazer amizade com pessoas que não se conhece. E o que sempre se diz: "Não aceite balas de qualquer pessoa." Mas o melhor é recomendar a uma menina pequena andar sempre com uma amiga; a um menino pequeno – porque os meninos pequenos correm tantos riscos quanto as meninas – estar sempre em grupo de dois ou três e um acompanhar o outro; não devem circular sozinhos pela rua. E, se alguém falar com eles, não ser mal-educado com esse alguém, mas dizer: "Estou ocupado. Estou voltando para casa. Estão me esperando."

O importante é isso: uma criança que não sente que está sendo esperada em casa tende a falar com qualquer um que encontre e seja gentil. Os pais devem dar um jeito para que haja sempre alguém no local para onde a criança estiver indo. Para as crianças, é terrível chegar em casa sozinhas e esperar uma ou duas horas até que os pais cheguem. Por isso é conveniente fazer amigos no prédio, talvez a zeladora, relacionar-se de forma agradável com as pessoas e poder pedir a elas que o filho fique na sua casa. É assim que se podem evitar acidentes. Não tanto prevenindo a criança, pois no dia em que estiver entediada e souber que vai chegar em casa e se entediar, vai conversar com alguém: isso se dá progressivamente.

Além disso, deve-se prevenir as crianças da existência de exibicionistas, dizendo-lhes: "Quando isso acontecer, basta você cair fora, eles sabem que estão fazendo uma coisa proibida, mas não são pessoas perigosas." É verdade que os exibicionistas, ao contrário do que os pais acreditam, não são perigosos. Deve-se advertir as crianças de que são pessoas infelizes. Basta a criança não olhar para eles, ir embora e pronto.

O que é bem mais perigoso são os perversos, que são bem organizados, que dizem: "Bom dia, conheço seu pai, sua mãe etc.", que voltam oito dias, quinze dias seguidos. E, no final de três semanas – é o tempo necessário para ganhar a confiança de uma criança –, dizem-lhe: "Está voltando para casa? Está sozinho? Então, venha. Está frio. Vou lhe oferecer um chocolate no café." E começam a conversar. É assim que isso acontece. É algo preparado, e é isso que os pais devem vigiar e evitar que aconteça. Quando os pais confiam no filho, sabem conversar com ele, ouvi-lo, fazê-lo detalhar o que está exprimindo, podem perfeitamente explicar-lhe tudo a respeito desse tipo de encontros e dizer-lhe como se defender – e isso sem fazer drama.

O interdito e o desprezo
(Incesto, homossexualidade, masturbação)

Proponho-lhe falar sobre o problema do incesto. Acho que nas famílias numerosas esse problema se apresenta com freqüência.

Não especialmente nas famílias numerosas, isso é mais comum nas famílias com dois filhos, um menino e uma menina. Até a idade de cinco, seis anos no máximo, as crianças fazem brincadeiras sexuais (irmãos entre si, irmãs entre si, irmãos e irmãs pequenos) que são totalmente "normais" e sadias: são brincadeiras divertidas. Caso as presenciem, os pais devem evitar dar bronca ou punir; devem conversar sobre as questões sexuais com os filhos empregando as palavras exatas: dizer que o sexo das meninas é diferente do sexo dos meninos, falar claramente com os meninos e as meninas juntos, e não em segredo, mas no tom mais corrente, da diferença entre eles, e não em termos de "piupiu" ou "xereca". Que uma criança fale de "xoxota" e de "pirulito", vá lá! Mas, quando está em ereção, é "pênis" a verdadeira palavra. E, para a menina, as verdadeiras palavras a serem empregadas são "vulva", "vagina". Deve-se dizer aos meninos que ficarão musculosos, que sua voz mudará, que terão barba e bigode como o pai e que agradarão às meninas. Dizer às meninas que terão pêlos no púbis e nas axilas, que seus seios se desenvolverão, que toda uma transformação se dará no seu corpo, e que lá pelos doze, treze, catorze anos, ficarão menstruadas. Tudo isso as deixará muito orgulhosas. Agradarão aos meninos, é natural. Se se dizem essas coisas aos filhos a partir de seis, sete anos, as brincadeiras sexuais podem se prolongar e tornar-se incestuosas. E, como já disse, ao mesmo tempo que se fala das questões sexuais, deve-se nomear o interdito do incesto entre irmão e irmã, entre pai e filha, entre mãe e filho. Impressiona-me o número de crianças, irmãos e irmãs, que hoje em dia têm verdadeiras relações sexuais, que praticam não apenas a masturbação, mas o coito. Relações que foram, por assim dizer, "abençoadas" cegamente pelos pais. Há quem diga, por exemplo, a um irmão mais velho: "Você tem de deixar sua irmãzinha ir para a sua cama, porque hoje à noite vamos ao cinema. Ela pode ficar com medo se não estivermos aqui." Dá a impressão de que os pais, para se livrar do sentimento de culpa, querem que o irmão e a irmã se consolem mutuamente de sua ausência. Isso muitas vezes leva a situações perigosas ou perversas que entravam, em maior ou menor medida, mas inevitavelmente, o desenvolvimento simbólico das crianças, ou seja, suas aquisições escolares, suas relações com a lei e sua adaptação à sociedade. Fala-se muito da necessidade de educação sexual, mesmo na escola, mas ela nunca vem acompanhada da noção do interdito do incesto que, na verdade, é o essencial. Mesmo que a criança não esteja em idade de entender, é preciso esclarecê-la sobre esse interdito: "Irmão não pode casar com irmã. Não sei lhe explicar por que, mas é assim."

Temos aqui a carta de uma mãe desolada, que percebe que os filhos (a menina de catorze anos e o menino de quinze) mantêm relações sexuais; é uma carta pungente. Sabemos que podem existir sentimentos incestuosos. Mas daí a verdadeiras relações sexuais, há uma distância. A mãe não pode não fazer nada diante disso.

Ela escreve que finge não ver nada.

Não entendo por quê. Por outro lado, ela não diz se há um pai na família. Mas essas crianças, que são "transgressores" sem que o saibam, estão realmente mal encaminhadas. Certamente terão dificuldades no futuro: agora já é tarde. Não se deve fingir não ver nada, mas, ao contrário, falar com eles muito claramente: "Talvez eu não lhes tenha dito a tempo que era perigoso para vocês dois terem relações sexuais. Vocês já não são crianças. Não brinquem mais disso." Mas é para os filhos bem menores que o pai e a mãe deveriam falar abertamente do interdito do incesto, na conversa geral, à mesa por exemplo, permitindo que cada um expressasse suas idéias sobre a questão.

Mais uma vez, não ter medo das palavras.

O interdito do incesto é, repito, o essencial da educação sexual. É claro que é importante que a criança conheça a complementaridade dos sexos para a procriação; mas se não lhe ensinarem ao mesmo tempo essa lei fundamental da geração em toda a humanidade, dos seres mais "primitivos" aos mais civilizados, que é o interdito do incesto, a informação e a educação sexuais perderão todo sentido.

Temos aqui gêmeos, um menino e uma menina de quatro anos. São muito equilibrados e até um pouco adiantados para a idade. Os pais costumam separá-los: nos passeios, por exemplo, o pai leva o menino, a mãe, a menina, ou vice-versa. O único problema refere-se ao menino. Ele diz: "Quando eu crescer, quero me casar com minha irmã." E quando os pais lhe explicam que isso não é possível, ele parece sofrer muito. Essa espécie de desvio do complexo de Édipo pode ser perigosa para o futuro?

Não! O problema dos gêmeos é diferente do das crianças que não foram geradas juntas. O fato de esse menino dizer aos quatro anos: "Vou me casar com minha irmã" é um golpe duro, mas normal. E também é duro, mas normal os pais replicarem: "Você pode dizer isso de brincadeira. Mas, de verdade, isso não é possível." Além disso, a mãe nem fala do que a irmã acha disso. Porque talvez a escolha dela tenha recaído no papai e não no irmão. E talvez, no fundo dela mesma, quando o irmão diz isso, ela pensa: "Sei, sei, vai falando. Mas é com o papai que vou me casar." Eles têm quatro anos. É a idade em que a criança fabula seu casamento com quem lhe agrada; e quem lhe agrada são, primeiro, os pais e os familiares. São fantasias construídas sobre a ternura e a idéia precoce de casal preferencial. A palavra "amar" tem tantos sentidos!

Mas parece que o menino sofre de verdade.

Claro que sim, como qualquer criança de quatro anos a quem se diz: "Você não vai poder se casar com sua irmã (seja ela gêmea ou não) ou com sua mãe, ou com sua tia." Porque é a mesma coisa.

Logo, deve-se responder. Explicar por exemplo: "Claro, você diz isso porque é pequeno. Mas você vai ver, quando crescer, haverá muitas outras garotas que lhe agradarão. E será bem mais divertido se casar com outra garota e sua irmã se casar com outro garoto, porque, assim, vocês terão muito mais filhos para amar. Os filhos dela, os seus... Ela os terá com outro homem, você, com outra mulher. Todos os filhos de vocês serão primos e será divertido, maravilhoso, uma grande família." Acho que se deve lançar, assim, fantasias de futuro para as crianças; pois é verdade que, se o irmão se casasse com a irmã, haveria pouca vida social. É uma verdade que pode ser dita: os casamentos entre pessoas de uma mesma família implicam poucas relações sociais.

Dito isso, não entendo muito bem a referência ao complexo de Édipo. Essa fixação do menino pode ser perigosa para ele?

Claro que não! Aos quatro anos, trata-se ainda de vagas fantasias. Os gêmeos têm de fazer um complexo de Édipo diferente das outras crianças. Ele, ao querer se casar com a irmã, poupa-se o trabalho de dizer, como outra criança: "Vou me casar com a mamãe", mas é exatamente a mesma coisa. Ainda não é uma "fixação" que o impediria de avançar.

O que os gêmeos têm de particular é que, tendo estado juntos desde sempre, não conseguem imaginar o futuro um sem o outro. Mas isso vai mudar com a escola, com a vida de todo dia, com os amigos que farão. É nisso que os pais podem ajudar os filhos: fazendo-os conhecer outras crianças, eventualmente outros gêmeos, caso conheçam. Verão, então, que todas as crianças gêmeas têm os mesmos problemas.

É difícil para pais de filhos gêmeos projetar-se, ou seja, pensar como eles pensam para se identificar com eles; porque eles, com quatro anos, não pensam como podem ter pensado, nessa idade, uma mãe e um pai sem irmão gêmeo.

A mãe diz, por outro lado, que eles levam os filhos separados para passear...

... *e que eles não parecem sofrer com isso.*

Não é de admirar, porque, quando a criança diz: "Vou me casar com minha irmã", a irmã é uma espécie de "subproduto" da mãe. E mais até: ela representa papai e mamãe para ele, como a mãe representa papai-mamãe. Aos quatro anos, a mãe não é muito distinta do pai; é uma parte de papai-mamãe; e papai é uma parte de mamãe-papai. Então, não é preciso ficar preocupado desde já por causa do Édipo. O Édipo é uma estrutura do inconsciente, que se resolve em todas as crianças; nos gêmeos, de um modo certamente um pouco diferente que nas outras. Eles sem dúvida encontrarão seu caminho se levarem uma vida equilibrada e tiverem uma vida social à sua volta.

Tenho aqui a carta de uma mãe que traz um problema sério sobre o qual se fala muita bobagem. "Tenho um menino de sete anos e meio, bom, muito bonito, que tem uma bela pele aveludada, que só gosta de brincar com as meninas e fazer bordado, costura. Quando passa um balé na televisão, ele não consegue ficar sem dançar. O pai tem ataques de fúria pavorosos diante desse comportamento do filho, trata-o de 'bicha', insulta-o." A mãe diz que não concorda com essa reação violenta do pai. Até agora, achava que a homossexualidade era sobretudo um vício, mas escreve: "li em algum lugar que talvez uma anomalia fisiológica possa acarretar a homossexualidade. Será que o físico do meu filho é um sinal de alarme? Que dizer? Que fazer?"

Bem, em primeiro lugar, ela está totalmente equivocada. Não há nada de fisiológico na homossexualidade. É uma estrutura psicológica. E certas crianças são levadas a essa estrutura psicológica desde pequenas por uma atitude hostil do pai à feminilidade nos meninos – bem como à masculinidade nas meninas. Feminilidade aparente, aliás, pois esse menino pode ser muito viril mesmo sendo gracioso, loiro, sedutor, bonito, apreciador da estética e da dança e se achando bonito no espelho, caso o seja de fato. Isso é narcisismo. Mas por que o pai fica tão agressivo contra o filho? Por que não gosta dele tal como é, ajudando-o a mudar? Não é rejeitando-o que irá ajudá-lo, mas dizendo-lhe, para compensar essa beleza aparente, pela estima que tem por ele: "A aparência não é tudo. Você já é muito bonito. Acho você adorável. Você tem de ser tornar viril. Eu gostaria disso..." Esse pai parece ser "emocionável" demais pelo filho – por assim dizer (não sei se existe essa palavra em francês). Esse filho já demonstra gostos estéticos e talvez uma vocação de bailarino, uma sensibilidade que lhe permite brincar com as meninas... Afinal, ele não tem irmã. Então, por que não brincar com meninas? A mãe diz, aliás, que ele é sempre o marido, que quer brincar de pai e de marido com as meninas. Não sei. Não posso lhe dizer se esse menino já está comprometido com uma verdadeira estrutura que fará dele um homossexual, pois não é homossexual quem quer.

É muito difícil sê-lo. Alguns meninos têm vontade de ser homossexuais para obter dinheiro de alguém que os quisesse como amantes; mas eles não são homossexuais. Embora todos os seres humanos na infância, e sobretudo na adolescência, tenham tendências homossexuais, às vezes até desejos passageiros, não é realmente homossexual quem quer. A homossexualidade é uma estrutura psíquica e inconsciente; não tem nada de voluntário; o verdadeiro desejo e o prazer não são coisas em que se manda. Se um homem ou uma mulher são homossexuais verdadeiros é porque não lhes é possível ser de outro modo. Existem muitos, aliás, que procuram se "tratar" – certos casos podem ser tratados pela psicanálise, em particular aqueles que sofrem com isso. Mas por que sofrer, afinal? Ainda não sabemos tudo sobre a homossexualidade.

De qualquer modo, não será desprezando uma criança que parece estar se tornando homossexual ou se desenvolvendo nessa direção que se irá ajudá-la; ao contrário, é explicando-lhe o que é um homossexual e dizendo-lhe que um homossexual é infeliz, porque, pelo fato de seu desejo sexual não estar orientado para o outro sexo, não pode ter descendência; é falando claramente desses problemas, mas também desenvolvendo, na criança, todas as qualidades que ela parece ter.

No que diz respeito a esse menino, é preciso fazê-lo estudar seriamente dança, por exemplo, e não deixá-lo brincar diante da tela. Aos sete, oito anos, é preciso socializar os dons e as qualidades naturais de uma criança, quer elas pareçam femininas ou masculinas. A sublimação, ou seja, o uso cultural e artístico dos próprios dons e qualidades na sociedade é o que melhor pode valorizar e talvez virilizar esse menino; que se torne bailarino – se gosta disso. A dança é um exercício extremamente duro e virilizante para aqueles que são viris, e jamais homossexualiza um menino. Os bailarinos não são mais homossexuais que os outros. São artistas. É outra coisa. São muitas vezes castos, aliás. Podem parecer homossexuais porque convivem entre si. Mas outros artistas também. Os matemáticos gostam de conviver com matemáticos etc. A dança é uma arte que ocupa toda a vida de um sujeito.

Agora, esse pai tem de entender que tem de ajudar o filho em vez de rejeitá-lo, porque, senão, irá lançá-lo numa atitude narcísica de retraimento sobre si mesmo e em tendências que, por enquanto, ainda não estão muito orientadas.

Se estou entendendo bem, você está respondendo a essa mãe que lhe conta sua angústia que cabe sobretudo ao pai resolver esse assunto...

Isso mesmo.

... e isso parece ser muito difícil, porque o pai tem terríveis ataques de fúria. A mãe esclarece que o marido, quando vê alguém afeminado na rua, tem vontade de quebrar-lhe a cara.

É muito curioso que os homossexuais lhe dêem vontade de entrar num corpo-a-corpo com eles. Acho que essa mãe poderia conversar com o marido – já que diz que o relacionamento conjugal deles é excelente, que eles se entendem, se amam – e dizer-lhe que a homossexualidade não é uma doença, mas uma estrutura que se desenvolve nas crianças às quais faltam a segurança e a confiança no pai. A angústia de morte adquire nelas um caráter mais agudo, justamente porque os homossexuais voltam-se para uma vida sem descendência, o que exige enormes sublimações para evitar a infelicidade. Quem sabe esse senhor entenda que está no caminho errado para educar o filho e que deveria conversar seriamente com um psicanalista sobre suas próprias dificuldades em admitir, no filho, essas atitudes que ele já toma por "pederastas"*. (Aliás, esclareçamos que ser "pédé"** não é ser homossexual. Existem homossexuais e existem pederastas.) Ou então essa mãe pode consultar um psicanalista para entender um pouco melhor o marido.

Mas o menino terá dificuldades se isso continuar assim. Não há absolutamente mais nada que eu possa dizer por ora, exceto que atualmente não estão educando esse menino para desenvolver suas qualidades e, em particular, para trabalhar os dons que tem, para o seu prazer e para o dos outros, e talvez para a sua felicidade, a de encontrar seu caminho e dar sentido à sua vida.

Outra pergunta. A carta é de uma professora. Seu marido é artista. Têm dois filhos: um menino de dez anos e meio e uma menina de seis anos. A menina aparentemente não lhes traz problemas – não fala dela na carta –, mas está preocupada com o mais velho. Faz dois meses que ele tem dificuldade para pegar no sono ou acorda de madrugada e não consegue voltar a dormir. E ele tem um pouco de medo de suas insônias. Ela foi consultar um médico que prescreveu soníferos muito eficazes, que a criança, agora, pede. Explica, ademais, que ele é muito desenvolto na escola, tem excelentes resultados escolares, mas não pratica esportes. Para completar o quadro, esclarece que o marido teve uma brutal depressão nervosa recentemente e que agora voltou ao estado normal. "Eu mesma" escreve ela, "fiquei muito abalada, mas não foi visível." Assim mesmo começou uma psicoterapia para tentar superar tudo isso. Pergunta-lhe se o filho pode já estar preocupado com seu corpo e com os problemas sexuais, embora exteriormente, fisicamente, digamos, ele ainda seja um menino pequeno. Preocupa-se também com a dependência dos medicamentos.

São muitas questões nessa carta. Evidentemente, é uma pena que, dois meses atrás, quando as insônias começaram, o médico tenha imediatamente prescrito soníferos, sem tentar descobrir o que estava acontecendo na vida ima-

---

* Quando o pai chama o filho de "bicha", emprega o termo "pédé" em francês, gíria comum usada para designar os homossexuais, mas que também designa os pederastas. (N. da T.)
** Termo equivalente a "bicha" em português. (N. da T.)

ginária da criança e o que eram esses pesadelos de que ele fugia. Pois uma criança que tem insônias, e que não as tinha quando era menor, está fugindo de um pesadelo. Talvez sejam pesadelos atrasados, pesadelos de criança de sete, oito anos. O pai teve uma depressão e a mãe teve problemas psicológicos; então o menino sentiu nos pais uma desvitalização; e quem diz desvitalização diz, numa criança, uma certa perturbação no equilíbrio da vida inconsciente, e talvez até uma insegurança familiar consciente. Talvez pesadelos de morte dos pais, que pode ter tido dos seis aos sete anos, despertaram novamente nessa ocasião. Fico desolada quando os pediatras medicam imediatamente uma criança que não dorme, sabendo que se pode fazer um concentrado de tília bem doce (já é bem eficaz); ou deixar uma maçã ao alcance da criança que acorda à noite; ou colocar papel, lápis, coisas para desenhar e lhe dizer: "Se você acordar, escreva tudo o que pensar naquele momento." Muitas vezes, os pesadelos desaparecem assim. Aqui, a criança já parece um pouco drogada, pelo que a mãe diz; e pede os remédios. Ora, de acordo com a carta, não é qualquer medicamentozinho, são quase medicamentos para adultos.

O que o deixa mais contente é que eles o fazem dormir, porque tinha medo das insônias.

Acho que, por reação à do pai, ele está tendo uma pequena depressão.

A mãe lhe fala também de problemas sexuais. Pergunta-lhe se...

Sim, claro! Não é porque esse menino não é púbere que ele não tem problemas, não tem interesse por seu corpo e não se masturbe. É totalmente normal. Mas talvez ele ache que é errado. Talvez tenha ouvido dizer a outra criança, não necessariamente a ele: "Se você continuar com isso, vamos cortar seu pinto", porque está sempre na moda dizer esse tipo de coisa. É muito importante que o pai fale da masturbação com o filho, especialmente porque ele é o único menino, não tem irmão mais velho e masturbar-se é um meio de lutar contra um estado depressivo. A masturbação aumenta entre quatro e sete anos. Por volta dos sete anos, isso se acalma e recomeça por volta dos doze, treze anos. Mas acho que, considerando o que aconteceu na família, o menino teve de redescobrir, para se revitalizar, uma masturbação mais antiga. Não se trata de modo algum da masturbação da puberdade. É uma masturbação acompanhada de imaginações de criança. Talvez fosse interessante levar esse menino a um psicoterapeuta.

Estou pensando numa frase que você pronunciou, agora há pouco, dizendo que esse menino talvez tivesse ouvido alguém dizer: "Se você continuar com isso, vamos cortar seu pinto." Acho que temos um depoimento a respeito disso. Um correspondente lhe explica o que aconteceu com seu menino. Quando ele tinha dois anos, estava no maternal com a irmã que tinha um ano a mais que ele. Depois de algumas semanas de maternal, o menino começou a sofrer de enurese – fazia xixi na cama regularmente. Por quê? Fizeram de tudo, tentaram de tudo: puseram um copo de água ao lado dele, como você costuma aconselhar; foram consultar um psicólogo. E, durante seis anos, procuraram e não encontraram. Até que, certa noite, discutindo a educação escolar com um de seus amigos, a mãe lembrou de uma frase que sua filha relatara no começo daquele famoso ano escolar, no maternal. A religiosa que tomava conta das crianças lhes dissera: "Se eu vir algum de vocês brincando com seu pipi, vou cortá-lo. Isso não são modos. Não é decente." O pai comenta: "Consolamos então a pequena dizendo-lhe que, de todo modo, ela não tinha pipi e que, portanto, não tinha o que temer por esse lado. Mas esquecemos que o menino também ouvira essa frase. E, sem dúvida, de manhã, quando tinha vontade de urinar, voltava a pensar nela e acabava fazendo xixi na cama. No dia seguinte a essa conversa, os pais esclareceram as coisas com o menino. "Tudo acabou naquele mesmo dia. Seis anos de preocupações para nós, mas seis anos de retraimento para ele, seis anos de falta de abertura. Uma verdadeira catástrofe! É tão inverossímil que me pareceu bom outros saberem que isso pode acontecer."

Claro que pode! Infelizmente ainda existem muitos pais que ameaçam o menino de lhe cortar o pipi; ou ameaçam as meninas e os meninos com doenças graves e debilidade mental, se eles ou elas se masturbarem; ou então ameaçam não amá-los mais. Querem deixá-los desesperados. Acho que essa carta responde claramente ao que eu dizia há pouco. Os pais têm de desculpabilizar totalmente o mexer-no-pau dos meninos e o mexer-no-sexo das meninas, dizendo que isso não se faz na frente de todo o mundo, por simples pudor, mas que é algo sem importância, que não é da conta de ninguém e que não será punido de jeito nenhum.

Romeu e Julieta tinham quinze anos
(Adolescentes)

Temos aqui uma mãe atormentada por causa de sua filha de quinze anos. Ela tem outros filhos: um menino de dezesseis anos, e duas filhas, uma de dez e outra de dois anos. Essa mulher acabou de descobrir que a filha de quinze anos está de namoro com um menino de dezoito, e ela e o marido estão muito preocupados. Esclarece que a educação sexual da filha se deu sem problemas – embora não entre em mais detalhes a esse respeito. Sua comoção destaca, creio eu, a reação muito intensa que pode existir em certas famílias diante de uma evolução que para nós é familiar. Essa mulher está em pânico, tremendamente inquieta.

Está em pânico diante da coisa mais normal do mundo. E mesmo da mais sadia, se considerarmos o modo como a garota reagiu até agora.

A mãe escreve: "Entrei em pânico. Tive de refletir vários dias sobre a conduta a adotar antes de falar com meu marido" – portanto, depois de ter descoberto que a filha recebia cartas desse garoto de dezoito anos, que nesse momento está fazendo o serviço militar. Ela continua: "Ela é jovem demais. Essa situação só pode lhe trazer desgostos. Suas notas na escola já não são das mais brilhantes. Foi o que respondi à minha filha, que me disse que em certas famílias fala-se com mais facilidade e sem medo desses problemas. Ela me acha careta. Não sei mais o que pensar." Fala de nossa época de depravação e lhe pergunta se realmente é normal namorar aos quinze anos.

Claro que é. Afinal, em *Romeu e Julieta*, Julieta tinha quinze anos! É verdade que para aqueles dois as coisas não deram muito certo... por outras razões, porém. Essa mulher também tem um filho de dezesseis anos: espanta-me que não fale dele, pois espero que ele tenha sua Julieta. É totalmente normal. Que, aos quinze anos, essa garota esteja de namoro com um rapaz de dezoito faz parte da ordem das coisas. Vejo que a mãe escreveu: "Não posso amarrá-la em casa para que não saia aos domingos." E, lendo essa carta, a gente de fato se pergunta: "Por que não a amarraria?", de tão transtornada que parece.

E ela prossegue: "Se ao menos eu tivesse certeza que esse namoro continuará sendo algo sem gravidade."

Mas que será que ela quer dizer com "gravidade"? É possível que essa garota esteja apaixonada pelo menino e que seja algo sério, que possa ter futuro. Afinal, por que não? Ninguém sabe em que idade se decide o destino de um casal. Alguns jovens se conhecem desde os quinze anos, apaixonam-se um pelo outro e se casam no dia em que o menino tem um emprego, mesmo que a menina ainda seja jovem. Não é tão raro. Tive uma avó que se casou aos quinze anos, uma bisavó com quinze anos e meio. Acho muito normal amar aos quinze anos, e talvez para o resto da vida. Quem pode saber? Mas é evidente que a mãe começou mal se acha que é errado. Que mal há em amar?

Acho que, quando ela escreve: "Se tivesse certeza de que é algo sem gravidade", poderíamos traduzir por: "Se tivesse certeza de que minha filha não vai fazer amor com esse menino" – quero dizer fisicamente – porque ela acrescenta: "Você entende, fiquei sabendo por minha filha, que não tem muitos segredos para comigo, que várias garotas de dezesseis anos da sua classe tomam pílula." E ela tem medo, digamos...

Sim, ela está um pouco perdida diante de uma geração que, talvez, seja bem mais sábia do que foram nossas gerações. De fato, os jovens aprendem a se conhecer cedo e, já que a ciência o permite, sem correr o risco de, nos primeiros contatos sexuais, ter um filho que não seria desejado e que eles não saberiam educar bem, porque ainda não estariam maduros, nem a menina como mãe, nem o menino como pai.

Mas, enfim, mesmo isso, ter um filho, talvez não seja "grave": uma descendência numa moça jovem, por que não, se o menino for boa gente e se a família dele estiver de acordo? Não sabemos. De qualquer modo, não chegamos a isso: são dois jovens que se escrevem e se gostam. Como a menina sempre convidava seus amigos e amigas para vir em casa antes, não vejo por que agora isso deveria mudar sob o pretexto de que dessa vez há amor em jogo. Acho até que é um pouco mais sério. Sério não quer dizer grave. Sério quer dizer válido.

Ela parece ter medo, digamos, tanto de que a filha tenha um filho quanto de que tome pílula.

Parece, sobretudo, que não consegue preparar a filha para suas responsabilidades de mulher. No entanto, ela está se tornando mulher. Tem de ser assim. Primeiro, essa jovem disse: "Calma, eu sou séria", o que quer dizer: "Não quero correr riscos cedo demais." Em seguida, pode ser também que ela goste de um bom rapaz que, por sua vez, está (ou acredita estar) seriamente apaixonado por ela. Então, por que não convidá-lo, em vez de tentar impedir que se encontrem? Muitas vezes, é justamente quando se recebe em casa um garoto por quem a filha está apaixonada que os dois jovens se dão conta do tipo de educação que cada um deles tem. E isso pode ter um efeito muito benéfico sobre seu relacionamento e sua intimidade – se o garoto realmente gostar da família da jovem e se ela também for convidada pela família do jovem. É assim, entre outras coisas, que se avalia se pode haver futuro para aquele amor. Não sabemos. Mas, afinal, dezoito anos é a maioridade. Por que não?

Mais uma coisa: a jovem tem quinze anos. Por que tem notas ruins? Talvez esteja com pressa de viver – viver seriamente, ou seja, assumir suas responsabilidades na vida. Talvez pudesse mudar de orientação – se estiver se preparando para longos estudos e tiver o projeto de já ligar sua vida à de um rapaz – e começar a aprender uma profissão, para poder trabalhar nela daqui a dois, três anos. Não sei: seria preciso falar com essa jovem para saber; mas não vejo nada de terrível em tudo isso.

Se essa mãe está muito inquieta, por que não vai consultar o centro médico-pedagógico de sua cidade, onde poderia conversar com alguém, sozinha primeiro, para obter ajuda? O que me espanta na sua carta é que a jovem deixe o diário em cima de sua mesa e as cartas do jovem na gaveta. Isso significa que não quer se esconder da mãe. Mas se é para a mãe ficar nesse estado, talvez fosse melhor ela se esconder. Não sei.

O pai, além do mais, diz à mulher que ela é cúmplice da menina.

Não sei o que ele quer dizer com "cúmplice". Cúmplice de quê? Por saber do namoro? Cabe a ele falar com a filha. Amar é coisa séria. Esse homem certamente também amou alguma moça quando tinha dezoito anos... De fato, esses pais acreditam ter uma criança; de repente, descobrem que têm uma moça em casa e parecem enlouquecidos; eu realmente não vejo nada de mal em tudo isso. Acho até bastante sadio – e bonito.

Temos aqui uma carta um pouco parecida com a anterior. É uma família de quatro filhos do sul: um rapaz de vinte anos, uma filha de dezessete anos e meio e dois outros meninos de doze e de dez anos. A mãe escreve a respeito de sua filha de dezessete anos e meio: "É quase uma confissão que lhe faço. Não tive pais e sempre quis ser muito próxima dos meus filhos. Tinha conseguido convencer minha filha de que seria melhor, por uma questão de maturidade, que ela não tivesse relações sexuais antes dos dezoito anos." Propusera-lhe, aliás, esperar até essa idade para consultar um ginecologista e resolverem juntos esse problema. Ora, ela acabou de saber que a filha está tomando pílula escondido. Tem medo de que isso a deixe "doente" – são seus próprios termos. Como lhe falar sobre isso? Como dizer à filha: "Sei que você está tomando pílula", porque na verdade não se falou de tudo isso nessa família. A mãe se sente, digamos, um pouco enganada; ela se recusa "a facilitar a confissão da filha". O pai não está sabendo. Como fazer?

Há muitas confissões nessa carta, como se houvesse culpa. Acho que isso decorre do fato de essa mulher não ter tido mãe e ter sonhado ser uma mãe imaginária. Fique tranqüila! Não há revelações nem confissões a fazer. Ela foi uma mãe muito boa. A prova disso é que essa jovem se sente adulta, e isso mais cedo do que sua mãe imaginava. Aliás, dezessete anos e meio... A mãe achava que aos dezoito anos não haveria perigo de tomar pílula; por que haveria agora, aos dezessete anos e meio, ou aos dezesseis anos, ou mesmo aos quinze anos e meio? A partir do momento em que uma jovem assume ela própria suas responsabilidades sem se sentir culpada, isso prova que teve, repito, uma mãe muito boa. Se tinha desejo de relações sexuais, foi muito sensata em não arriscar ter um filho antes de desejá-lo, junto com um rapaz com quem, de fato, as relações de coração e de corpo estiverem equilibradas a ponto de poderem dizer: "Agora anunciaremos aos nossos pais que vamos ter um bebê."

Tudo isso não é absolutamente da conta do pai dessa jovem que é quase adulta. Decidiu-se que a maioridade era aos dezoito anos, mas, para muitas crianças, a maioridade moral ocorre aos dezesseis anos. Essa menina adquiriu sua maioridade fazendo o que fez.

Agora, se sua mãe quiser lhe falar de maneira totalmente simples, dizendo: "Sei que você está tomando pílula. Fiquei surpresa, porque não tive mãe etc. Mas você fez bem", será ótimo, e a filha continuará a ter confiança na mãe.

Dito isso, essa carta particular aborda um problema geral que muitos pais que têm filhas entre dezesseis e dezoito anos se colocam: o da pílula. O que você poderia dizer sobre esse assunto?

Essa senhora disse à filha: "Calma! Você ainda não está madura com catorze ou quinze anos" e tinha razão de dizer isso. Uma mãe pode dizer isso para a filha: se esta lhe der ouvidos é porque, de fato, ainda não está madura; se fizer o que lhe der na cabeça, talvez seja porque é desmiolada, mas talvez também porque se sente madura; não sabemos. Em todo caso, é prudente que desde a primeira menstruação a mãe leve a filha a uma ou um ginecologista e lhe diga: "Confio-lhe minha filha. Se um dia ela vier vê-lo/a sem mim, saiba que tenho plena confiança em você"; e que diga à filha: "Se você precisar ir ao ginecologista, não precisa me dizer. É assunto seu, de moça." É assim que uma mãe pode ajudar a filha. Esta, aliás, talvez fique muito espantada: "Mas, mamãe, você não acha que...! Eu?" E a mãe responderá: "Claro! Estou me adiantando, porque não sabemos quando vai acontecer, mas quando você tiver alguma dúvida sobre sua vida genital, bem, saiba que os médicos estão aí para isso. Simplesmente prefiro ter escolhido e conhecer a pessoa que você irá consultar." Porque a gente pode ter mais confiança num médico que em outro. Se a mãe escolher o médico da família – não se é obrigado a consultar um especialista quando não se tem problemas especiais –, pode dizer diante da filha quando esta tiver catorze anos: "A partir de agora, minha filha já é grande o suficiente para vir sozinha e você tem toda a minha confiança para conversar com ela quando houver problemas de vida feminina. Prefiro que seja você que lhe fale sobre isso." E isso não para ter segredos, mas para que essa pequena alcance sua própria autonomia na vida sexual, sem que a mãe tenha de pensar que ela está cheia de mistérios. O dia em que isso acontecer estará previsto de antemão. Assim, terá realmente cumprido seu papel de mãe. O que não impede as que se sentem livres para conversar a respeito disso com a filha de continuar a fazê-lo. Por que não? Mas é no ginecologista, desde a nubilidade, ou seja, desde a menstruação, que mãe e filha devem confiar. Ele está submetido ao sigilo profissional. Mas pode ajudar melhor uma jovem cliente quando já conhece sua mãe.

Portanto, do que você disse, destaco que mais uma vez é preciso conversar – não ter medo das palavras e da verdade – sempre.

Sim, e pôr os filhos em segurança no que diz respeito à autonomia que eles têm de conquistar em todos os domínios. Mas também as mães que têm uma visão imaginária da maternidade precisam saber que um belo dia essa bolha de sabão vai estourar. Porque uma mãe, na realidade, é aquela de que o filho precisa e nem sempre aquela que acredita ser.

Cartas de quarta-feira*
(Adolescentes)

Uma jovem de quinze anos e meio lhe escreve que tem dificuldade para conciliar o sono. Isso vem de muito tempo atrás, pois, segundo seus pais, ela já não tinha necessidade de muito sono quando bebê, ou melhor, ela precisava dormir menos tempo do que as médias indicadas nos manuais.

É verdade que existem pessoas com essa disposição e que continuam assim a vida toda.

Ao crescer, na idade escolar, tinha dificuldades para adormecer, sem que isso a incomodasse muito: "Adormecia – escreve ela – por volta das dez, dez e meia da noite, e acordava às sete. Mas, há um ano, é freqüente que só consiga dormir por volta das onze e meia, meia-noite. No entanto, vou dormir às nove e meia. De manhã, me sinto cansada. Esses cansaços vão se acumulando e isso me preocupa." *Ela pergunta se você pode lhe dar alguma indicação sobre a maneira de resolver esse problema. Esclarece que não tem grandes preocupações, mas que muitas vezes fica tensa por coisas de pouca importância. Sua mãe lhe pediu para acrescentar que ela mesma é muito ansiosa por temperamento e teme ser responsável pela tensão da filha.*

Esse adendo da mãe é de fato importante, porque é muito freqüente que a angústia de uma pessoa com quem se vive passe para os outros, sobretudo para os filhos. Se essa mulher sofre com sua ansiedade, poderia ir conversar com uma psicoterapeuta que a ajudaria. Quanto à jovem, lendo o que ela escreve sobre seu sono, parece-me que é suficiente. O único inconveniente é que ela se sente cansada e que sem dúvida dormiria mais – se pudesse – de manhã. Não sei o que lhe dizer.

Para começar, ela se declara tensa durante o dia: ora, uma das reações à contração é segurar a respiração; e quanto mais a seguramos, mais agravamos a contração; portanto, quando se sentir tensa, pense em inspirar profundamente e em expirar o ar dos pulmões até o fim, várias vezes, de olhos fechados, tentando relaxar. Acho que assim sua tensão vai desaparecer.

---

* Dia em que não há aulas nas escolas francesas. (N. do R.)

No que diz respeito ao sono, aconselho-a a ler um livro de Jeannette Bouton, Bons et Mauvais Dormeurs, que é muito bem feito e lhe permitirá se entender melhor, relaxar, conciliar o sono – ou melhor, ter uma melhor qualidade de sono.

Talvez possamos voltar a essa noção de qualidade do sono; porque, em suma, depois de ter dormido o mesmo número de horas, às vezes nos sentimos descansados, às vezes não...

É isso! A gente se sente cansado quando tem a impressão de não ter dormido um sono suficientemente profundo para ter chegado a um relaxamento completo, a um verdadeiro zero total de vigilância. É quando atingimos esse estágio, que também vem acompanhado da lembrança de ter sonhado que, de manhã, nos sentimos renovados e bem-dispostos.

Mas existe algum "truque" que permite melhorar a qualidade do sono?

Com certeza! Primeiro, as pessoas sensíveis ao barulho têm de se isolar para dormir: pode ser que a rua para a qual a janela dessa jovem dá seja barulhenta. Pode ser também que seu quarto não vede totalmente a luz do dia: ora, há pessoas sensíveis à luz através das pálpebras. Pode ser também que ela não se esvazie, à noite, ao adormecer e não se entregue, com total confiança, a um ritmo profundo de respiração. Enfim, pode haver muitas coisinhas assim. Mas certamente não é ficando obcecada e repetindo: "Não vou conseguir dormir! Não vou conseguir dormir!" que ela dormirá melhor. O que se deve evitar de qualquer forma são os soníferos.

Outra jovem de dezoito anos e meio está no final do ensino médio: "Tenho um problema – escreve ela – que é clássico e que muitos jovens têm: rôo as unhas desde os cinco, seis anos." Ela desconhece a origem do que analisa como uma agressividade contra si mesma e tenta em vão se explicar por que rói tanto as unhas. Escreve, por outro lado, que é a caçula de uma família de dez filhos, em que há seis meninas e quatro meninos; que ela tem um ótimo relacionamento com os pais; que está totalmente satisfeita com a educação que eles lhe deram; esclarece que nunca houve nem autoritarismo nem excesso de liberalismo na sua família, e ela mesma está muito bem. Prossegue: "Faz mais ou menos uns quatro anos – não sei se isso se deve à morte de meu irmão, que tinha 21 anos –, rôo cada vez mais as unhas. Isso vai de mal a pior. Várias vezes consegui, muito temporariamente, prescindir dessa espécie de tique, mas sei que, enquanto não descobrir a causa primeira do mal, nada se resolverá." Ela pergunta se, na sua opinião, isso pode remontar à primeira infância, como é possível analisar isso e se a psicanálise pode ajudar nesses casos. E termina: "Confesso-lhe que não tenho vergonha de roer as unhas. Não é minha principal preocupação. Mas, afinal, penso nisso porque gostaria de conhecer minha própria verdade."

Já que esse hábito não a incomoda em excesso, é antes sua preocupação de conhecer a si mesma que é, creio eu, essencial: uma preocupação da adolescência; não vale a pena se atormentar por isso. O importante é se interessar pelos outros. É muito provável que, na sua classe por exemplo, outras garotas e outros garotos roam unhas. Seria interessante para ela conversar com aqueles que gostariam de abandonar esse hábito – porque há uma idade em que, se não se abandonou definitivamente esse hábito, o jeito é aprender a "conviver com ele". Há pessoas notáveis que roem unhas a vida toda e isso não as incomoda particularmente. Aceitam-se como são. Se isso realmente a incomoda, acho que é por ter se tornado uma idéia fixa; ou porque seus irmãos e irmãs zombam dela. (Como têm de achar algo para zombar, zombam disso.)

Foi no momento em que começou a ter essa mania que algo deve lhe ter acontecido que a impediu – por razões que desconheço e que ela não conseguirá encontrar apenas refletindo a respeito – de se exteriorizar mais e de se tornar mais motora. Por "motora" entendo: brincar de um modo um pouco mais violento, um pouco brutal. Talvez ela se proibisse fazê-lo? Ela era a pequena caçula. Talvez tenha roído seu freio*, como se diz.

Ela lhe pede, sobretudo, sua opinião.

Mas eu não posso saber por ela!

Escreve: "Será que uma psicanálise pode ajudar a descobrir nossa própria verdade?"

Pode... se não for este o objetivo exclusivo. Ninguém entra numa psicanálise – um trabalho muito longo – para achar sua verdade, por simples curiosidade sobre si mesmo, mas sim por estar angustiado, sofrer e porque esse sofrimento não consegue se exprimir, se "ventilar", pela atividade e pelas relações que estabelecemos com os outros. Porque estamos retraídos sobre nós mesmos. Não parece ser o caso dessa jovem. Sua preocupação parece quase teórica.

Pode ser que a grande tristeza que sentiu com a perda do irmão a tenha levado a se recolher um pouco sobre si mesma. Mas nenhum psicanalista poderia dizer-lhe a razão pela qual ela rói unhas. Uma psicanálise é um trabalho interior, que não mexe com um problema isolado, mas volta a atravessar a vivência de toda uma vida. Não é necessário fazer uma psicanálise quando existe apenas uma pequena preocupação superficial, que poderia se resolver por uma maior atividade. Pouco a pouco, seu pequeno vício ficará ou desaparecerá sem ser um problema para ela, porque terá muitas outras coisas para fazer na vida.

---

* *Ronger son frein*, expressão idiomática francesa que significa conter-se, dissimular a impaciência (como um cavalo impaciente). (N. da T.)

Temos agora duas perguntas de adolescentes cujos pais se separaram faz muito tempo. Primeiro, é a filha mais velha de uma família de três meninas, que têm respectivamente dezoito, catorze e doze anos; os pais "divorciaram-se ou se separaram amigavelmente" (ela não sabe exatamente o que aconteceu). No momento dessa separação, há seis anos, os filhos ficaram numa grande casa com o pai e os avós. A mais velha se diz preocupada com a irmã menor: ela não vai bem na escola; por outro lado, é muito madura para muitas coisas e foi criada com mais liberdade que as outras duas, que receberam uma educação séria e até severa, que essa jovem acha boa. E ela parece se inquietar um pouco com essa geração totalmente diferente que a garota de doze anos representa para ela.

Acho que essa jovem está se ocupando demais com a irmãzinha. Diz num determinado momento: "Ela não quer receber ordens de sua irmã mais velha." Essa irmã mais velha gostaria que ela fosse bem na escola etc. Acho que a garota de doze anos já é bastante responsável por si mesma; quanto menos a mais velha tentar substituir a mãe ausente, melhor a caçula se desenvolverá. Se a pequena pedir conselhos, a mais velha pode lhe responder da melhor maneira que puder, mas sobretudo nunca lhe dar lições de moral. Uma jovem de dezoito anos, que não teve a mesma infância que a irmãzinha, não pode dar lições de moral a esta última. Deve remetê-la à mãe, já que a menina sempre a vê. Aliás, quando está com a mãe, desaparecem os problemas da pequena. É só na casa do pai que eles aparecem e na relação com essa irmã mais velha. Por que – ainda é a mais velha que escreve – a caçula tem de ir dormir no seu quarto quando o pai não está, alegando que, quando este está presente, ele lhe faz carinho? Tudo isso não é da conta da mais velha. Ela deve dizer: "Ouça! Quero ficar sossegada à noite. Você já é bem grande. Tem doze anos. Não é mais um bebê. Você sabe muito bem que faz gato e sapato do papai." E pronto. Não tem por que achar que deve desempenhar o papel de mãezinha com a irmã. Senão, o relacionamento entre elas pode ficar prejudicado mais tarde. De resto, que querem dizer as palavras "o pai lhe faz carinho", a respeito de uma menina de doze anos, escritas por uma moça de dezoito? Se forem palavras da pequena, isso quer dizer que, na falta do pai, ela pede carinho para a irmã maior? Seria melhor a irmã ajudar a caçula a arrumar amigas, a freqüentar outras famílias. Talvez seja difícil ser a caçula, com avós e um pai que não voltou a se casar; sem mulher jovem em casa.

A segunda carta é um pouco mais longa. É uma jovem de dezesseis anos. Tem um irmão de vinte anos. Seus pais se separaram quando ela tinha cinco. Até os dez anos, viveu no exterior. Em seguida, mandaram-na para um internato na França, o que lhe permitiu voltar, todos os fins de semana, para a casa dos avós paternos, enquanto toda a família da mãe ficou no exterior, o pai também morava longe, em outro lugar. Faz três anos, mora com o irmão na casa dos avós paternos que, esclarece ela, são bastante se-

veros, um pouco "à moda antiga", muito idosos, mas, em última instância, muito afetuosos também, talvez sem demonstrá-lo. Em todo caso, ela encontrou com eles um verdadeiro equilíbrio, um lar estável. E sabe que os avós gostam dos netos.

Mas surgiram agora dois problemas: o primeiro diz respeito à mãe que, escreve ela, vive intoxicada tanto pelo tabaco quanto pelo álcool, e que foi abandonada pela pessoa com quem vivia no exterior até agora; quer voltar definitivamente para a França e recuperar os filhos. A jovem entende isso; entende também que, certamente, seu irmão e ela poderiam ajudar a mãe se ela voltasse; mas não vê essa volta com alegria, porque tem a impressão de estar dilacerada, presa entre dois fogos: "Estou cansada, entende, de ser a vítima de todas essas pessoas, dessas duas famílias que vão recomeçar a se dilacerar." E ela lhe pergunta se você pode dar-lhe algum conselho a esse respeito.

É muito difícil. Em todo caso, no que se refere ao irmão de vinte anos, ele já não é um filho que pode ser recuperado pela mãe! Ele é maior de idade.

Sim, mas – e é justamente esta a segunda pergunta dela – que ela faz um pouco mais adiante –, esse irmão ficou gravemente doente quando era pequeno. Aos oito anos, foi internado na França e sofreu muito com a ausência da mãe. Resultado: agora ele é fechado, sente-se mal na própria pele, é tímido e ultra-sensível. Teme tanto não ser amado que é dócil demais, confiante demais; as pessoas abusam um pouco dele. A jovem escreve: "Tento sacudi-lo um pouco, mas isso só faz agravar as coisas. Que fazer para torná-lo mais seguro de si, mais confiante?" Para que o que ela chama de "gueto familiar" o paralise menos? Na verdade, ele tem vinte anos na carteira de identidade, mas talvez tenha menos recursos que ela.

Nessa situação, sabe, não se pode *fazer* algo.

O que de melhor ela pode fazer para si mesma é se desenvolver do ponto de vista social, adquirir logo uma profissão para ganhar a vida e poder morar na própria casa, sozinha – sozinha, ou com o irmão, mas desde que cada um fique independente. E encontrar algum sistema para que, quando a mãe voltar, os três possam viver próximos sem ser dependentes demais um do outro: por exemplo, a mãe, o irmão e ela podem trabalhar, ainda que vivam no mesmo lugar, mas cada um com muita liberdade. Isso deve ficar bem claro.

Afinal, a mãe está de novo solteira, já que está abandonada e procura ligar-se aos filhos. É difícil para ela.

Os avós, por sua vez, vão sofrer por se separarem da jovem, mas ela pode ir visitá-los sempre. Acho que entenderão, quando ela lhes disser: "É minha mãe biológica. É normal que eu a ajude e que a ame." O mais importante é ela não se deixar desviar de seu caminho, que é o de continuar a se desenvolver. Isso em nada ajudaria nem à mãe, nem a ela. Deve pensar que honrar os pais não é ficar dependente deles e frear sua própria evolução.

Quanto ao irmão, se ser fechado é algo que lhe causa sofrimento, ela pode sugerir-lhe uma psicoterapia. Se não sofre, bem, que o deixe em paz: é porque tem essa natureza. Por outro lado, ela não diz se mantém boas relações com o pai e se lhe escreve para que ele se ocupe do filho.

Ela praticamente não fala do pai...

Precisamente, por quê? Por que o irmão não poderia procurar o pai, ou mesmo ir encontrá-lo onde estiver, já que está num outro país? Ela poderia ajudá-lo reatando desde já com o pai e pedindo-lhe para dar algum sinal ao filho, para convidá-lo a ir ao seu encontro. É disso que deve sofrer o filho: esse rapaz deve sofrer do pai. E o pai poderia mudar as coisas.

É muito difícil dizer algo mais. Nas perguntas que você faz, senhorita, há três elementos: um elemento afetivo, que é o conflito entre duas famílias; mas também um elemento econômico importante, porque ele define a realidade; e a dinâmica inconsciente de sujeitos de idades diferentes. Tudo isso torna muito difícil uma resposta: pois é cada um que deveria expor suas razões e ser ajudado a escolher o que lhe convém, sem prejudicar os outros.

Um garoto de dezesseis anos lhe escreve uma carta sobre o amor, que talvez fosse preferível você mesma resumir.

Está bem. Quando tinha catorze anos, esse garoto conheceu uma garota com quem saiu por muito tempo. Ela ouvia enquanto ele falava seriamente de seu amor por ela. Até o dia em que ela lhe declarou brutalmente que estivera fingindo. Aquilo deixou uma ferida... Ele escreve: "Ela se divertia zombando de mim. Aquilo me fez muito mal. Tinha catorze anos quando comecei a sair com ela. Foi dois anos depois que ela acabou com tudo. Desde então, não consigo superar minha dor, minha falta de jeito diante das garotas da minha idade. Acho que sempre tive essa falta de jeito, mas desde aquele acidente minha vergonha aumentou mais ainda."

Bem! Esse garoto está sofrendo! De fato, não é nada bom as garotas brincarem com o coração de um garoto. Mas tenho certeza de que ela não fingiu durante dois anos. No começo, sentiu-se lisonjeada por ser amada: se ela o escutava, é porque isso a lisonjeava. Ela tinha uma razão para escutar, ficar séria e voltar: era feliz. Depois, deve ter tido medo de si mesma, medo de já amar. Seja qual for o motivo, pode-se dizer que não é verdade que ela zombou dele durante dois anos. Fez essa provocação porque não sabia mais como se virar com a própria vergonha, a vergonha de ter amado e não mais amar. Ela está na idade em que se ama e depois se muda de idéia. Suponhamos que, no último dia talvez, ela tenha de fato se divertido um pouco em fazê-lo sofrer. É assim: as meninas que não conseguem amar, gostam de agredir aqueles que gostam delas. Às vezes, os meninos fazem a mesma coisa.

Então, rapazinho, o importante agora é você primeiro se fortalecer na vida de jovem, fazer esportes, jogos coletivos; freqüentar uma casa de jovens, aprender, se possível, uma arte: tocar violão, bateria, fazer mímica, contar piadas... Desse modo você vai redescobrir a possibilidade de viver em grupo – talvez não imediatamente a possibilidade de amar e ser amado; mas vai recuperar a autoconfiança pouco a pouco. Depois, se não conseguir, pode ir conversar com um psicólogo-psicoterapeuta. Mas ainda tem muito trabalho pela frente. Você só tem dezesseis anos: é bom ter sido vacinado, ter desenvolvido anticorpos, por assim dizer, contra a doença do amor.

Por ora, em todo caso, saiba que essa garota não zombou de você, mesmo que tenha dito isso. Queria se livrar do seu amor que sentia sério demais... Ficou perdida e não sabia mais como se sair dessa. Ela o machucou, é verdade; mas certamente também ficou comovida por certo tempo por sua sinceridade. Ela não era feita para você. Vamos, reaja. Coragem. Existem outras garotas!

No correio dos jovens, que lhe escrevem cada vez mais, constata-se que há muitos problemas amorosos: mas isso aqui não é um correio sentimental, não é?

De fato. O que quero dizer sobre isso é que um dia, é preciso sofrer as dores do amor. Alguma hora tem de se começar, como eu disse, a "criar anticorpos". Como todo o mundo sabe, o amor é uma doença, mas uma doença sem a qual não podemos viver. Portanto, é preciso pegá-la bem cedo, e cedo aprender a se curar cada vez que ela nos atinge.

O que há de sério na busca do outro não se faz dessa forma. Passa por aí, com certeza, mas o importante é estudar, adquirir a possibilidade de se realizar, de se interessar pelos outros e não pelo próprio sofrimento. Somos importantes uns para os outros, não só porque nos amamos, mas porque temos coisas para dizer, coisas para fazer juntos. Amar de verdade é isso! Não é ficar choramingando porque queríamos nos ver, porque o outro faz falta; é preparar os encontros para que eles sejam enriquecedores e não ficar apenas se olhando nos olhos.

Sem dúvida é preciso olhar-se, faz parte do amor, mas não é só isso que existe. Se for assim, restará do amor apenas a doença, não a saúde, a renovação, a intensificação da vida, as descobertas, a preparação do futuro.

É isso. Estou mais interessada nos jovens que expressam as dificuldades práticas de sua existência. Com o amor, provavelmente vão se virar muito bem. Em todo caso, não sou eu que poderei ajudá-los se estiverem realmente doentes demais de amor; nesse caso, uma psicoterapia se faz necessária.

Mais cartas de quarta-feira

Proponho-lhe responder às cartas de alguns meninos e meninas, cartas de quarta-feira. Para começar, temos aqui a de uma garota que escreve: "Sou órfã de pai e meu irmão sempre me diz que sou magricela. Inventa até músicas sobre isso. Ora, não é verdade, sou simplesmente esguia, e me chateia muito que ele me diga isso." Ela lhe escreve, por outro lado, que tem sete anos e três quartos e que pulou a última classe da pré-escola porque já sabia ler com cinco anos. Agora está na 2ª série, com crianças mais velhas e que sabem mais que ela. Sua professora atual tem dezenove anos e é principiante. Escreve: "Sinto muita falta da minha professora anterior, porque ela ao menos me emprestava livros e, uma vez, até me emprestou seu livro de matemática durante vários dias. Agora não tenho mais amigas e isso me deixa triste. Tinha uma amiguinha de que gostava muito, mas ela ficou no grupo das menores e que sabem menos, o que fez com que eu não a visse mais, exceto na aula de educação física – porque é a mesma professora que dá educação física para todas as classes. Recentemente, entrou um professor de ginástica. Jogamos futebol, basquete..." E esse professor lhe deu uma bronca por ela não ser suficientemente esperta. Ele lhe disse: "Você sabe tricotar? Pois bem, melhor você pegar agulhas e lã e ir tricotar agora!" E ela lhe pergunta: "Que devo fazer se esse professor voltar?"

Senhorita, agradeço muito sua carta. E você tem tudo para se consolar imediatamente. Em primeiro lugar, você é muito inteligente – você sabe disso –, mas precisa trabalhar essa inteligência. Não só com a cabeça e com os estudos: precisa trabalhar a inteligência do corpo também. Talvez esse professor a ofendeu um pouco ao lhe dizer que você não era tão boa quanto os outros e que melhor seria fazer tricô do que jogar futebol. Mas ele disse por dizer, sabe, e já esqueceu. Você continua pensando nisso, mas ele nem mesmo lembra que disse isso. Quando ele voltar, se você tentar fazer o melhor que pode com o seu corpo, ele certamente ficará satisfeito. E não esqueça que a habilidade do corpo e a habilidade manual são uma inteligência tão importante quanto a inteligência escolar e a escrita... Aliás, você tem uma letra maravilhosa!

Por outro lado, se você quiser livros, não esqueça que certamente existe na sua cidade uma biblioteca que aceita crianças. Lá, eles emprestam todos os livros que você quiser (basta levar um comprovante de residência).

Agora, seu irmão zomba de você? Mas, todos os irmãos zombam da irmã! Ele tem inveja de que você seja esguia, porque você é elegante! Só isso. Não dê ouvidos para o que ele diz, ou dê ouvidos e dê risada. Não se faça de mártir por isso. Você tem muitos recursos. Até logo, senhorita.

Uma carta muito importante, agora, uma carta toda vermelha, que vem de um pequeno David.

Ele tem oito anos e é judoca. Pergunta-me como fazer para ficar musculoso, porque tem um amigo que bate nele. E, pelo que entendi, esse amigo deve bater mais forte que ele.

Sim, certamente.

Então, eu me pergunto, David... Quando a gente faz judô, sabe passar rasteira. E seu amigo, que é mais musculoso que você, talvez não seja judoca. Se também for, é grave. Mas talvez você possa conseguir uma faixa superior mais rápido que ele. Em todo caso, uma coisa que vejo na sua letra é que ela desce sobre um papel todo vermelho. Você deve estar com muita raiva dele e se sentir tímido na frente dele. Em primeiro lugar, precisa olhar para ele com os olhos brilhantes, brilhantes como a raiva. Isso já vai impressioná-lo. Depois, talvez você pudesse perguntar para o seu pai, ou para um irmão maior, ou para um tio, como é que se faz para dar socos incríveis quando a gente aparentemente não é tão forte. Porque existe um jeito de dar socos!

Sobretudo no judô, acho.

Não, no judô não se dão socos. São socos destinados a um colega que bate nele, não no judô; portanto, é preciso aprender a dar uma seqüência de socos. As meninas não sabem fazer isso. Mas os meninos – eu me lembro, quando era pequena, porque tinha muitos irmãos –, os meninos sabem dar uma seqüência de socos que não são muito fortes mas doem muito. Só os homens sabem ensinar a dar socos assim. Você tem de dar socos que vão decrescendo, que são como um monte de bolas grandes caindo em cima do cara. E ele... bum, bum... Tem de aprender. Você certamente tem amigos fortes que o ensinarão. Primeiro, a rasteira, depois, os socos de menino.

Você realmente tem uma infinidade de recursos, Françoise Dolto! Em todo caso, acho que o pequeno David deve estar satisfeito com a resposta.

E o amigo dele vai gostar ainda mais dele depois disso.

Você acha?

Tenho certeza. Quando um amigo bate em outro... Com as meninas, aliás, é parecido: quando um menino bate nelas, isso prova que ele está interessado nela. Então, tem de responder! Senão, quando a gente não responde... Eu lhe respondi hoje, não é? Ele também tem de responder ao outro.

Um menino de doze anos lhe escreve:"Tenho uma irmãzinha de oito anos. Minha mãe e meu pai têm trinta e oito anos. O que tenho vontade de lhe perguntar é: deve-se permitir que os filhos digam palavrões? Porque na minha escola tem um professor que nos dá um castigo cada vez que ouve a gente dizer um palavrão. O que os pais podem fazer quando ouvem um dos filhos dizer um palavrão? Devem puni-lo ou deixar [estou lendo a carta na íntegra porque a considero absolutamente encantadora], e depois lhe explicar que não está certo dizer palavrões e que se ele recomeçar..." Também lhe pergunta se se deve ou não proibir os filhos de brincar com pistolas, carabinas, bombas... e que influência isso pode ter sobre a vida futura. Ele assina:"Um fiel ouvinte X..." Não acrescentou que lhe quer bem, mas dá a impressão de que tenta se informar para em seguida ir dizer a seus professores ou a seus pais:"A doutora Dolto disse que..."

Sim, é muito espantoso, porque ele não se põe no lugar dele mesmo.

No que diz respeito aos palavrões, vou responder a esse rapazinho que existe um provérbio que diz: "Cada terra com seu uso, cada roca com seu fuso." Ora, todo o mundo sabe que esse professor não suporta palavrões e que, quando ouve algum, dá um castigo. Eu me pergunto se as crianças realmente não gostam de castigo, porque parecem continuar a dizer palavrões. Afinal, muitas crianças acham chato ficar o dia inteiro em casa na quarta-feira e preferem receber um castigo e dizer: "Esse professor é idiota de não permitir que a gente fale palavrões." Não sei. Na verdade, vamos para a escola para aprender a falar francês. Para falar palavrões, não é preciso estar na escola. Quanto à casa, aconselhei os pais que não gostam dessa mania de palavrões (que começa por volta dos quatro anos) a pedir aos filhos para ir dizê-los no banheiro. Também para você, meu rapaz, aconselho a mesma coisa quando você estiver realmente com a boca cheia de palavrões. Agora, às vezes, acontece de um palavrão escapar de repente (porque a gente caiu no chão, escorregou numa casca de banana, quebrou alguma coisa de que gostava...). Azar, escapou. A gente pede desculpas para quem ouviu. (Geralmente, quando dizemos a "palavra de Cambronne"* e há pessoas por perto, a gente diz: "Oh, desculpe.") Mas, para você, é realmente necessário dizer palavrões? Se for, precisa pensar no problema e ter sempre à mão um papelzinho. Quando um palavrão quiser sair da boca, você o escreve e tenta fazê-lo sem erro de ortografia. Existem muitos palavrões. Seria o caso de tentar fazer a lista de todos. É muito divertido saber um monte deles. Aliás, é preciso

---

*Circunlóquio para "merda". Cambronne: general francês que teria dito a palavra "merda" na Guerra dos Cem Dias. (N. da T.)

conhecê-los, senão a gente é idiota. Mas não se deve dizê-los, exceto quando se está entre amigos e se tem certeza de que nenhum adulto está escutando. Porque eu não conheço nenhum adulto que diga: "Por favor, meus filhos, falem palavrões, é tão bonito."

Quanto à pergunta sobre pistolas, fuzis etc., acho que as crianças precisam brincar de guerra, porque os adultos acham as armas tão interessantes que fazem desfiles delas nos dias de festa e todo o mundo vai ver e aplaudir esses desfiles de armas cada vez mais perigosas. Um fuzil de madeira, uma pistola de brinquedo, não são muito perigosos e possibilitam brincar de durão. Não tenho opinião formada sobre essa questão. Mas alguns pais têm. Os pais são como são e, depois de escolhê-los, é preciso se acostumar com eles. Quando você for pai, rapazinho, fará como quiser! E cabe a você me dizer se acha que os amigos que não têm brinquedos de guerra são mais humanos e mais civilizados que os outros. Eu não sei. As brincadeiras de guerra são brincadeiras de crianças pequenas; mais tarde, gosta-se de artes marciais – como se diz – que são brincadeiras com regras e que exigem autocontrole – como o caratê, o judô e as outras brincadeiras de controle do corpo e de armas. Pelo que posso ver por sua letra, você já está na idade de se interessar por essas brincadeiras com regras – por uma arte, portanto, para dizer o nome exato.

Temos aqui uma garota de doze anos: ela foi adotada legalmente pela tia e pelo tio; sabe que a mãe, que nunca a abandonou, é a irmã de sua mãe adotiva. Mas não sabe o nome do pai e gostaria de conhecê-lo. Sua tia não se opõe a isso, mas diz que a mãe sofreria muito com esse pedido. Quer um conselho.

Sua mãe precisa que você lhe diga que a ama e que é grata por ela ter permitido que, desde os seus quinze dias, você fosse criada pela irmã e pelo cunhado dela e se tornasse a filha adotiva deles, já que ela mesma não tinha condições de criá-la. Acho inútil causar-lhe mais um sofrimento, pelo menos agora. Talvez, mais tarde, você consiga vir a saber quem foi seu pai, mas me pergunto se é necessário, já que esse homem não cuidou de você. Você diz que sua mãe a confiou à irmã dela por razões financeiras. Ela teve coragem, pois muitas mães, por essas mesmas razões, talvez tivessem dado o filho em adoção para alguém que elas não conhecessem. O que ela fez é difícil e você pode lhe ser grata por isso, porque sua família adotiva é sua verdadeira família.

Ela também lhe pergunta se as dificuldades de memória podem ser hereditárias, pois lhe disseram que sua mãe biológica tem dificuldades psíquicas.

Não, não são hereditárias. Aliás, sua carta mostra que você não tem nenhuma dificuldade psíquica, mesmo que tenha dificuldades de memória. Ora, a memória é algo que se treina, e você pode treinar a sua: por exemplo, faça uma lista de uma seqüência de palavras escritas e brinque de memorizá-las; diga-as em voz alta e em seguida verifique se pulou alguma. Quando souber todas bem, espere dois ou três dias, e retome a lista. Acho que se você treinar sua memória, irá se sair muito bem. Não desanime.

Uma carta, agora, de um menino de dezessete anos que sofreu muitíssimo do ponto de vista físico. Até os nove anos, vivia alegre e feliz. Em seguida, sua vida se tornou um pesadelo: teve uma doença física cuja causa nunca foi descoberta e em função da qual passou por vários exames muito dolorosos. Depois, teve de ser operado. Hoje, continua tendo dificuldades físicas e sobretudo um retardo e uma fragilidade que o fazem sofrer, porque seus colegas zombam dele (chamam-no até de "senhorita"). Do ponto de vista escolar, só está dois anos atrasado – o que é pouco, considerando tudo o que sofreu –, mas a vida na escola é insuportável. Escreve: "Só me sinto bem na minha família, não em sociedade." E lhe pergunta: "Será que sou um desadaptado, ou fiquei traumatizado por essa doença que tanto me fez sofrer? Como recuperar minha autoconfiança?"

Em parte, você já encontrou a solução, já que, conforme você diz, escreve contos, novelas, poemas: continue; e se for realmente impossível conviver com seus colegas, talvez possa obter autorização para acompanhar as matérias do colégio por correspondência. Cuidado, porém: se fizer isso, é imprescindível que conviva com outros rapazes e moças – em ateliês, por exemplo, ou centros de juventude. Na sua idade, dá para conseguir. Seus pais aceitariam? Não custa tentar. Mas, sobretudo, não desanime. Dois anos de atraso não é nada. E pense que alguém que sofreu tanto como você e já encontrou uma via de sublimação (como dizemos em psicanálise) na criação literária não está perdido. Você tem um retardo, mas certamente vai crescer, se desenvolver. Azar daqueles que não gostam dos que não são como eles na sua idade. Em todo caso, posso lhe dizer que você não tem nada de anormal. Está momentaneamente inadaptado à vida dos meninos de sua idade, por causa desse longo traumatismo. Caso more perto de uma cidade onde existam ambulatórios médico-pedagógicos, poderia muito bem ir até um deles. Mesmo que seja um centro para crianças até quinze anos, tenho certeza de que encontrará alguém com quem conversar e que lhe indique um outro centro onde poderá ser aceito como jovem adulto ou como adolescente prolongado, embora tenha dezessete anos. Você está numa idade de transição em que certos atendimentos terminam, ao passo que outros começam aos dezesseis anos. Mas não se desespere. Não há motivo.

Psicoterapia, psiquiatria, reeducação e psicanálise[1]

> *Uma professora lhe faz uma pergunta que me parece muito interessante: "Você às vezes aconselha os pais a buscarem um centro de psicoterapia na região em que moram... Poderia explicar a diferença que existe entre psicoterapeutas, psicanalistas, psiquiatras e reeducadores, talvez com exemplos, para que aqueles a quem você dá esses conselhos não fiquem com uma espécie de medo do vazio? Quando, por exemplo, a gente vai procurar um psicanalista, não sabe muito bem com quem estamos lidando, o que vai acontecer no consultório dele..."*

Vamos tentar.

Quando a gente não se sente bem, vai procurar um *médico*. Ele examina o corpo e, se não houver doença definida, investiga pelo lado da vida familiar e sentimental ou do trabalho. Isso, se tiver tempo; senão, receita um remédio que reduza os mal-estares sem causa definida de que o doente se queixa. Se o médico perceber que o doente apresenta um juízo deformado, uma lentificação do pensamento, uma fuga de idéias, que ele fabula, que está excitado ou deprimido, que se acusa de atos imaginários, declara merecer a morte ou faz de um de seus próximos o objeto de seu delírio; e se o médico achar que o doente não é mais responsável por atos que possam pôr sua vida em perigo, ou então que corre o risco de cometer – devido à sua excitação, à sua convicção de estar sendo perseguido – um ato agressivo, perigoso para outrem, ele aconselha o paciente ou sua família – no caso de o doente não estar em condições de compreender a crise por que passa – a consultar um psiquiatra.

O *psiquiatra* tem uma experiência que lhe permite avaliar a gravidade da patologia mental. Examina o estado neurológico do paciente. Prescreve, se isso bastar, remédios químicos eficazes para acalmar os distúrbios. Avalia se o paciente pode, sem riscos para si ou para os outros, continuar junto da família, ou

---

1. As questões abordadas nos capítulos intitulados "Psicoterapia, psiquiatria, reeducação e psicanálise" e "O que se *deve* fazer nessa idade" só puderam receber as respostas sucintas impostas pelos diálogos cronometrados dos programas de rádio. Aos pais que buscam esclarecimento, tentamos aqui fornecer uma exposição bem mais desenvolvida. O leitor pode ler também: S. Leclaire, *Psychanalyser*; D. Vasse, *L'Ombilic et la Voix*; F. Dolto, *Psychanalyse et Pédiatrie*; *Le Cas Dominique*; e sobre a reeducação: A. Muel e F. Dolto, *L'Éveil de l'esprit chez l'enfant inadapté*.

se é mais prudente colocá-lo em repouso sob vigilância. No último caso, indica o hospital ou a clínica psiquiátrica. Ali, o paciente pode ser posto em observação, de repouso, ao mesmo tempo que convive com os outros pacientes e com os profissionais de saúde; ou, se necessário, recorre-se ao isolamento, à sonoterapia etc.

Além da prescrição de medicamentos, o psiquiatra às vezes indica uma psicoterapia, que ele mesmo ou alguém recomendado por ele conduz. Assim, ajudado pelo repouso, pela separação de seu meio habitual, pela interrupção de um trabalho muito pesado e pelo tratamento medicamentoso, o paciente pode voltar a entrar em contato, começar a se relacionar com o psiquiatra; a psicoterapia o ajuda a fazer uma crítica de seu estado e a recuperar o equilíbrio perdido.

Bem, isso quanto aos psiquiatras. E os psicólogos?

Existem psicólogos em todos os lugares em que pessoas vivem juntas: no trabalho, na escola, no hospital, nas prisões. Os psicólogos administram testes para avaliar as aptidões dos indivíduos que eles têm de examinar: a inteligência, a habilidade manual, a sensibilidade, a resistência à fadiga etc. Existem também testes de personalidade, de caráter. Os psicólogos ocupam-se sobretudo da população sadia. Alguns se dedicam mais particularmente à população infantil, sadia ou deficiente: berçários, creches, escolas, grupos de jovens; outros à orientação escolar e profissional; outros, à terceira idade. Outros são especializados em psicologia patológica: estes trabalham nos hospitais psiquiátricos e nos atendimentos especializados.

Quando dizem para os pais irem consultar um psicólogo, é para quê?

É para que seja feito um exame por testes que ajudará a entender as dificuldades da criança. Em função dos resultados, por exemplo, o psicólogo poderá aconselhar os professores, os pais e a criança com dificuldades.

Mas existem psicólogos que fazem psicoterapias?

Existem, aqueles que se formaram para tal fim e que têm um contato fácil com todas as crianças.

Isso nos leva à questão: O que é uma psicoterapia?

É uma série de entrevistas: o paciente fala, o psicoterapeuta ouve, transmite confiança, permite que o sujeito exprima o que não vai bem na sua "alma" e nas suas relações com os outros. Quando se pode confiar em alguém, quando se está certo de sua discrição, isso ajuda.

Mas algumas psicoterapias não funcionam...

Geralmente porque o sujeito, adulto ou criança, não tinha vontade de sair de sua dificuldade, ou porque achava o psicólogo antipático – isso acontece. A confiança, a simpatia, a discrição e a vontade de sair de sua dificuldade são necessárias.

Você muitas vezes fala de psicoterapia psicanalítica ou de psicoterapia simples. Qual é a diferença?

A diferença vem da formação do psicoterapeuta, segundo ele mesmo tenha sido psicanalisado ou não. Pode-se fazer uma psicoterapia simples ou de apoio com um médico, um psiquiatra, um psicólogo, que consegue transmitir confiança, fazer a pessoa falar, que consegue ajudá-la a exprimir o que lhe aperta o coração. Mas só se pode fazer uma psicoterapia psicanalítica com um interlocutor psicanalisado, formado para escutar o inconsciente, aquilo que se passa e se exprime à nossa revelia quando falamos. Aparentemente, o processo da psicoterapia é o mesmo, mas um psicoterapeuta que foi psicanalisado permite – por sua atitude – que voltem à superfície e se exprimam problemas mais profundos, mais antigos do paciente.

Qual a diferença entre uma psicoterapia psicanalítica e uma verdadeira psicanálise – já que, para ambas, o terapeuta é formado por uma longa psicanálise pessoal?

Não é o mesmo método. Para começar pelo mais visível, a psicoterapia se dá frente a frente; tanto o paciente quanto o terapeuta falam, o paciente geralmente mais que o terapeuta, que intervém para facilitar a entrevista, ajudar o sujeito a se exprimir. Uma psicoterapia é – para ir um pouco mais longe na diferença – bem menos longa, menos exigente que uma psicanálise. E, sobretudo, o objetivo é diretamente terapêutico. Só é evocado o que não está bem atualmente para que se possa entender a dificuldade e resolvê-la: não se evoca *tudo* o que vem à mente. A psicoterapia visa, antes, os problemas conscientes, a relação com os próximos, a realidade atual, e como enfrentá-la. Opera mais na superfície e mais rápido. Muitas vezes é suficiente para voltar a um equilíbrio viável, recuperar a confiança, a vivacidade, sair de um período difícil do qual não se teria conseguido sair sozinho.

Numa psicanálise, o paciente deita no divã, não vê o psicanalista que permanece silencioso. Trata-se, para o paciente, de dizer tudo o que pensa e sente. A experiência mostra que, através da relação imaginária do psicanalisando com o psicanalista e dos sonhos que relata, o paciente revive inconscientemente suas experiências passadas refazendo sua história. É como uma aventura, no final da qual se está menos frágil psiquicamente, por assim dizer. Numa psicanálise, evocam-se as lembranças mais antigas, aquelas que tínhamos esquecido completamente. É uma espécie de revivescência de toda a vida – amor, ódio, desconfiança, confiança etc. – em torno da relação imaginária com o psicanalista. Uma psicanálise pode ser penosa ou angustiante e é um trabalho longo em que o objetivo direto não é tratar.

Quando e em que idade, então, uma psicoterapia é indicada?

Não existe idade em que uma psicoterapia não possa ajudar alguém que deseja melhorar suas relações consigo mesmo e com os outros.

No caso dos bebês, não se deve esperar quando se percebe que a comunicação com a mãe se interrompeu, ou, entre cinco e vinte meses, quando ela se interrompeu com ambos os pais, sobretudo se a comunicação não for excelente fora de casa e com os outros membros da família. A mesma coisa vale a partir dos trinta meses, quando a criança teme o mundo exterior e os da sua idade em vez de se sentir atraída por eles, embora se sinta segura em casa; ou quando se entedia ou é instável, não consegue brincar.

Na idade escolar, quando a criança fracassa, passa a ter aversão à escola, ou quando passa a ter aversão ao resto das atividades da sua idade, exceto os estudos.

A partir dos oito anos, quando a criança não faz amigos, não consegue se ocupar em casa, não gosta de brincar ao ar livre, mostra-se hostil aos pais ou, ao contrário, não consegue viver longe deles.

Na puberdade, quando o jovem permanece infantil, foge do convívio com os amigos, meninas e meninos, só gosta de estar com papai-mamãe. Na adolescência, quando não procura outros adolescentes, não fala com os pais, sente-se mal na própria pele.

Jovem adulto, quando, depois de um bom começo de vida sentimental e sexual que levava a prever um bom futuro, não consegue mais se entender com os mesmos parceiros, quando o sujeito se sente um fracasso, tem medo da vida.

Adulto, quando sofre consigo, com os outros, acredita que só faz os outros sofrerem, ou tem um caráter que os faz sofrer de fato. Em suma, quando conflitos inter-relacionais dolorosos estragam uma vida que teria tudo para ser feliz.

Adulto maduro, quando – com os filhos grandes – a vida pessoal, sentimental, cultural, sexual perde a graça, quando não se consegue mais viver sem ter o tempo todo por perto os filhos que já se tornaram adultos, quando não se suporta mais o cônjuge e não se encontra compensações nas relações sociais.

Idoso, quando as provações da velhice tornam-se o único objeto de toda a atenção e levam ao retraimento um sujeito que não busca todas as possibilidades de conviver com os outros. E quando a proximidade da morte angustia.

Em suma, é a perturbação recente da vida de relação que é a indicação das psicoterapias.

Portanto, na sua opinião, são muitas as indicações de psicoterapia?

De fato. E o lamentável é ver uma criança chegar dois ou três anos depois de os pais terem recebido o conselho de uma psicoterapia: nesse meio-tempo, a criança atolou em dificuldades, de início ocasionais, que estragaram sua vida afetiva e social, acarretando efeitos secundários, sentimentos de fracasso que, conforme o caso, deram em revolta, depressão, retardo afetivo importante ou neurose que, agora, levarão muito tempo para ser tratados, e somente por uma psicanálise.

Isso não vem, justamente, do fato de os pais não saberem do que se trata quando lhes falam de psicoterapia e por isso ficarem com o pé atrás?

Certamente. Talvez também seja responsabilidade nossa, dos diversos "psi". Não explicamos suficientemente para os pais o sentido dessas dificuldades que se instalaram na relação da criança consigo mesma, com eles, com a escola; o sentido das barreiras inconscientes de que ela é vítima; não explicamos suficientemente que nenhuma boa vontade de sua parte, nenhuma pedagogia especial, nenhuma atitude educativa da parte dos adultos pode modificar a situação. Uma situação em que, ao contrário do que alguns pensam, não se deve procurar o "erro" – exceto, às vezes, uma falta de entendimento entre pais e filhos.

Mas existem também psicoterapias que fracassam, e é isso que faz os pais hesitarem.

Escute. A psicoterapia raramente fracassa e certamente não tanto quanto pais pusilânimes dizem ou pensam. Mas há, por certo, uma condição: é preciso não ter adiado seu começo. E quem deve fazer psicoterapia é aquele que está inquieto com a situação, que tem consciência de sofrer com ela.

Muitas crianças apresentam distúrbios que angustiam os outros, mas não elas mesmas. Nesse caso, são o pai e a mãe – os dois ou um dos dois – que, por meio de sua própria psicoterapia, poderão ajudar o filho e prepará-lo para recorrer a um terceiro, se ainda for necessário.

Por outro lado, vemos crianças grandes, adolescentes, conscientes de seu sofrimento psicológico, sufocados numa neurose já organizada ou se organizando (às vezes, aliás, ótimos alunos) sem que os pais percebam seu sofrimento; e o dia em que a neurose se manifesta por graves sintomas, esses pais ficam desesperados, se sentem culpados...

Nos casos de dificuldades de caráter, os pais já tiveram muitos atritos com o filho e, quando lhes sugerem uma psicoterapia, esperam um resultado mágico em algumas sessões. Não confiam nem no filho nem naquele ou naquela que cuida dele e que a criança fica feliz em ver... Sofrem com o fato de que um terceiro conquiste a confiança do filho e – embora felizes com a melhora – interrompem o tratamento assim que os problemas da criança deixam de envergonhá-los ou já não os angustiam: no entanto, ainda é muito cedo. Não ajudam o filho a perseverar. Mais ainda: alguns sofrem ao constatar o resultado que, esperavam na imaginação, sem se darem conta de que ele viria necessariamente acompanhado de um amadurecimento do filho ou da filha, que implica assumir suas próprias responsabilidades. A criança está bem, recuperou sua capacidade de relacionar-se, exprime desejos pessoais. É o sinal de sua cura, mas os pais ficam desnorteados e já não sabem o que ser diante desse filho liberto de uma dependência pueril com relação a eles. Tornam-se então detratores da psicoterapia perante os outros pais, equivocadamente, pois o filho resolveu seus problemas.

Acrescente-se a isso que, mesmo nos casos em que os pais não têm de desembolsar nada (o atendimento psicológico das crianças é reembolsado pela Previdência Social na França), ou talvez por causa disso, pais que não "escolheram" o eventual terapeuta do filho sentem-se excluídos de seu papel legal e natural, privados de responsabilidades tutelares. Gostariam apenas de ser ajudados, receber conselhos, o que talvez tivesse bastado para restabelecer seu relacionamento com o filho quando as dificuldades começaram, mas agora já não tem o menor sentido. O terapeuta não tem nenhum conselho educativo a dar aos pais. Seu papel é possibilitar que a criança se compreenda e utilize em prol de seu desenvolvimento as tensões com que se depara. Portanto, os pais têm de continuar a cumprir seu papel educativo e não abdicar dele, como é comum ver acontecer a partir do momento em que a criança está em psicoterapia. Não existe vida de grupo e, portanto, não existe família nem educação (bem ou mal sucedida) sem tensões. Uma psicoterapia pode justamente ajudar a criança que está se livrando de suas angústias a reagir de maneira positiva às tensões que encontra na família ou fora dela.

Portanto, se os pais confiarem no filho e na psicoterapia, se apoiarem o filho nos momentos de angústia inevitável a esse tipo de tratamento, se eles mesmos perseverarem nos momentos de dúvida, serão recompensados. Quantas cartas de pais que viram os resultados da psicoterapia nos relatam isso! Mas, é claro que não é magia e tampouco "moral". Desenvolver-se bem nem sempre quer dizer ser alguém com quem seja fácil conviver!

Não haveria fracassos se as psicoterapias fossem empreendidas por quem está sofrendo, e a tempo, assim que a pessoa se dá conta. É isso o que você quer dizer?

Sim, é isso. Os fracassos, caso ocorram, decorrem de um encaminhamento errado da psicoterapia, da parte da criança ou da parte dos pais. Às vezes, a criança sente-se pressionada, obrigada a se submeter a uma psicoterapia para a qual não está motivada, porque não sofre ou ainda não sofre com os problemas observados pelos que a rodeiam. São adolescentes que me escrevem: "Quando era criança fiz dois ou três anos de psicoterapia que não serviram para nada... Nem mesmo entendia por que ia desenhar com uma mulher – ou um homem –, e depois parávamos." Nesses casos, a criança visivelmente não era quem demandava. Não é que a psicoterapia fracassou, ela nem começou. Criança, pais, terapeuta perderam seu tempo. Esses pais (ou a Previdência Social) gastaram dinheiro à toa.

Às vezes, o fracasso vem dos pais. A criança estava muito motivada e não tinha ninguém com quem falar de si. A psicoterapia começou muito bem mas, devido à incompreensão dos pais, ficou bloqueada: pararam de levar um filho que morava longe demais para ir sozinho a suas sessões, ou então, surdamente, culpabilizaram-no por precisar de outra pessoa além do pai e da mãe, por não lhes contar o que acontecia na sessão etc. O ciúme dos pais existe, infelizmente! Leva ao fracasso da psicoterapia e é a criança que desiste, que afunda, ainda mais gravemente assaltada por seus sintomas que antes.

Mas o fracasso pode vir do psicoterapeuta, não?

É raro, muito raro. Pois não é ele que faz o trabalho. Assiste aquele que quer resolver seu problema, ajuda-o a lhe dizer tudo que não vai bem. Não, se o psicoterapeuta é por vezes cúmplice do fracasso, é por aceitar uma criança não motivada ou uma criança cujos pais não entenderam de que trabalho se trata. Vale mais a pena adiar, esperar uma demanda autêntica, não teleguiada pela escola (por medo de que a criança seja expulsa) ou por um "doutor". Ficar à disposição, só isso. Não se compra, não se sofre passivamente uma psicoterapia. Pais e filho devem colaborar com ela.

Quando o paciente está pessoalmente motivado, não há fracasso em psicoterapia?

Não, pelo menos não no curto prazo; às vezes, no longo prazo, percebe-se que os distúrbios desapareceram, mas foram substituídos por outros, de origem mais antiga, ou então que eles reaparecem. Isso não é um fracasso. A psicoterapia tem seus limites. Trabalha-se com a realidade atual e sobretudo com a vida consciente.

Nesse caso, seria melhor uma psicoterapia psicanalítica?

Sim, uma vez que o trabalho evoca essas angústias historicamente antigas que reapareceram recentemente. Pode até ser necessário recorrer a uma verdadeira psicanálise.

Em que caso, pois, deve-se recorrer a uma psicoterapia psicanalítica, ou seja, conduzida por um interlocutor psicanalisado? E em que caso, a uma verdadeira psicanálise?

Em todos os casos em que, consultados devido a certas dificuldades, um médico, um psicólogo, um psiquiatra ou um terapeuta psicanalista, depois de estudarem o caso, derem esse conselho; e mais ainda se uma psicoterapia, seriamente realizada durante alguns meses, não produzir nenhuma melhora, embora o paciente, seus pais e o psicoterapeuta a desejem de fato.

Como eu disse: numa psicoterapia, abordam-se conflitos recentes, as dificuldades atuais e conscientes, e muitas vezes isso basta (sobretudo se o meio educativo for favorável), mas existem casos em que, durante a psicoterapia, sob a aparência de conflitos recentes, aparece uma neurose estruturada faz muito tempo. O aparente sucesso do sujeito, visto de fora, escondia na verdade sintomas muito graves, que datavam do começo da vida sexual ou da relação afetiva, ignorados pelo meio e, por isso, até então suportados pelo paciente. A psicoterapia o ajudou a sair de uma crise aguda desencadeada por uma situação ocasional, o que já é bom. Mas, nesse caso, isso pode ser insuficiente. Somente um trabalho em profundidade pode ajudar de fato.

Percebo que não falei da psicanálise aplicada às crianças. É sempre uma "escuta" do inconsciente, mas, com as crianças, a técnica não consiste apenas no recurso à fala. É também pelo desenho, pela modelagem, pela mímica expressiva, que a criança faz compreender o que, de seu passado, ("já") cria um obstáculo inconsciente que nem técnica nem boa vontade podem vencer.

Bem, as coisas agora me parecem claras. Distúrbios recentes: psicoterapia, sempre que for aconselhada. Distúrbios antigos e, sobretudo, num meio ele próprio perturbado ou perturbador em que as mesmas angústias se repetem em situações elas próprias provocadas de modo repetitivo pelo sujeito: psicoterapia psicanalítica ou psicanálise.

Acrescente-se que não é o sujeito nem o psicanalista quem decide, mas os dois juntos. O sujeito tem de ter motivações sérias, disponibilidade de tempo (e de dinheiro), em suma, o sujeito tem de reunir as condições práticas para uma psicanálise, levando também em conta as responsabilidades que assumiu. Repito, uma psicanálise é um caminho árduo para assumir com lucidez sua responsabilidade humana. Não tem um objetivo diretamente terapêutico. Necessita de uma disponibilidade que nem sempre se tem, em todas as situações e em qualquer idade. A psicanálise não deve de forma nenhuma ser confundida com uma psicoterapia. Espero ter sido bem clara a esse respeito. Não tem as vastas indicações da psicoterapia.

E, em termos bem mais modestos, a reeducação?

Trata-se de recuperar uma função perdida ou da qual não se ousa, ou já não se ousa fazer uso. Não se pode reeducar uma função que não existe, uma função que nunca foi adquirida nem educada, nem uma função que não se tem vontade de utilizar. Muitas reeducações, da linguagem, da motricidade, por exemplo, fracassam, porque quiseram pôr o carro na frente dos bois. Quando a reeducação fracassa é porque deveria ter sido precedida e preparada por uma psicoterapia.

Quando a criança é pequena, a mãe ou o pai devem estar presentes nas sessões de reeducação, para estabelecer ou restabelecer a comunicação de linguagem e de motricidade com o filho, com a ajuda da reeducadora. Os pais e o filho devem sentir confiança e simpatia pela reeducadora. As sessões devem ser agradáveis.

Quando uma reeducação é indicada?

Para uma criança?

Sim. Muitos pais escrevem que os filhos falam mal, gaguejam ou são desajeitados, sofrem de disortografia, discalculia. Eles precisam dessa reeducação de que você fala?

Os reeducadores são pessoas formadas para ajudar uma criança por meio de uma técnica muito precisa e que visa uma dificuldade instrumental, exclusivamente instrumental. Por exemplo, para uma criança que não fala bem com a boca, mas se exprime muito bem pelo gesto e pelos olhos, que brinca muito bem, que é esperta, que quer se comunicar e não consegue, uma reeducação pode ser suficiente. Mas muito freqüentemente, no que diz respeito às reeducações relativas tanto à fala como à psicomotricidade, à leitura, à escrita, à ortografia, ao cálculo, os reeducadores bem formados percebem, passado certo tempo, que chegaram a um patamar que a criança não consegue transpor. Nesse momento, pedem que os pais consultem um psicanalista, pensem numa psicoterapia psicanalítica. É uma pena que ela não tenha sido feita antes da reeducação, mas antes tarde do que nunca. Esse não é um motivo para abandonar a reeducação, como é comum fazerem, sobretudo se a criança gosta da pessoa que a ensina e deseja muito sair de seu estado de impotência instrumental, falar, "gestuar", tornar-se hábil, escrever ou calcular corretamente. Só se deveria suspender uma reeducação quando a criança não quisesse mais ir. Uma reeducação não é uma psicanálise; a psicanálise pode torná-la possível, auxiliá-la. A psicanálise da criança não é uma reeducação: é um trabalho que remonta às primeiras emoções da vida revivendo-as na pessoa do psicanalista e resgatando sobretudo as razões simbólicas dos obstáculos à inteligência, à afetividade, à comunicação. Em suma, o que é psicanalítico é totalmente diferente do que está em questão nas técnicas pedagógicas e nos métodos de aquisição; mas não são em nada contraditórios, se a própria criança desejar vencer sua dificuldade instrumental, se estiver fortemente e conscientemente motivada para isso, se desenvolveu uma boa relação com a reeducação e com seu método.

Portanto, existem fracassos da reeducação?

Sim, temos de admitir isso, assim como existem fracassos parciais da psicoterapia, da psicanálise. Ainda não existe solução para alguns sofrimentos morais, afetivos ou intelectuais.

O que se deve fazer nessa idade
(Falsas normas)

Uma carta lhe faz uma espécie de pergunta acadêmica – sei que isso a irrita... enfim, "irrita" entre aspas...

É verdade.

É uma mãe que lhe pergunta muito detalhadamente quais são as aquisições feitas nos primeiros anos de vida de uma criança. A impressão que dá é que ela fica observando um pouco os filhos.

Sim, "um pouco", como você diz! Essas mães de olhos fixos no corpo do filho, no "desempenho" dele, sempre me chocam! E essas observações cronometradas: tal dia "bebê" faz isso, tal dia "bebê" faz aquilo. Parece um relatório de psicologia experimental. Existem mães assim, que observam, ficam à espreita, inquietas por qualquer coisinha. Será que é normal um incisivo nascer tal dia, em cima e não em baixo? Será que é normal isso ou aquilo? Essa senhora parece não fazer outra coisa senão observar e anotar no seu caderno! Que energia lhe resta para ser mulher? Não há nenhuma menção ao pai, nem a outras pessoas, nem a ela mesma, ao que sente pelo filho que chorou duas horas seguidas das cinco às sete horas de tal mês a tal mês. Não diz uma palavra sequer sobre suas mímicas, sobre aquilo que o faz sorrir, sobre o que o faz chorar, nem sobre o caráter que vai se desenhando, sobre o que gosta e o que não gosta. Fala de seu peso, mas não dos traços de seu rosto, da cor de seus olhos ou de seus cabelos... Se ele se parece com o pai, com a família paterna ou com ela e com seus familiares, não sabemos nada sobre o caráter dela, sobre a pessoa que ela escolheu para ser o pai de seu filho. Não sabemos nada do contexto da vida deles, dos que rodeiam a ela e a seu "bebê", dos que gostam dele e de quem ele gosta, nem se ela o carrega no colo, o embala, o leva para passear, conversa com ele. Nem como é o prazer dela e a cumplicidade deles quando ela lhe dá mamadeira, o troca, lhe dá banho. Que lhes resta, a ela e a ele, de ternura, risadas, alegria? E quando o pai do filho está em casa, que sabemos da felicidade deles de ser pais e de ver nesse filho que vive a marca carnal de uma união que convidou um terceiro a nascer? Onde estão as esperanças que cada um deles depositou no filho? Tudo isso, que o filho percebe ou "intui", é que são para ele as verdadeiras "aquisições".

Será que você está brava, Françoise Dolto? Parece!

Brava, não, mas isso me entristece. Que cientistas psicólogos façam tais observações sobre crianças que não são seus filhos, ponham-nas diante da câmera de seu olhar quando as observam (e felizmente isso não acontece todos os dias, e a criança não gosta deles como gosta da mãe e do pai), é algo que faz progredir a ciência do mamífero humano, comparado com as outras espécies. Mas uma mãe! Um pai!

É ruim para a criança?

Sim, essa observação e esse julgamento constantes fazem com que ela se torne uma coisa.

Mas, então, você não quer responder nada para essa mãe sobre as aquisições dos primeiros anos de vida?

Quero dizer que, desde o nascimento (e mesmo antes), uma criança é um ser inconscientemente sensível ao que sente do inconsciente dos que vivem com ela e que dela se aproximam.

Isso quer dizer o quê?

Quer dizer que o ser humano é um ser de linguagem, de comunicação, sensível a tudo o que percebe de um outro: seu humor, seu cheiro, seus ritmos motores, sua voz, e que sente o amor ou a indiferença que se tem por ele, o lugar que lhe é dado, o respeito que se tem por sua vida e pelo que ele exprime. Se o tratam como objeto, como tubo digestório, aparelho motor, e não como ser humano amado e que ama, ele irá se tornando – à medida que for crescendo – um robô que funciona quando o mestre ordena. A criança já é um sujeito, tem desejos e não somente necessidades. Não é "bebê", tem um sobrenome que o vincula a uma linhagem, um nome que foi escolhido para ele, que lhe é próprio, em torno do qual gira toda a sua vida de relação com seus pais e seus familiares, cúmplices ou não de suas alegrias e tristezas; e ele tem a intuição, se ainda não tem a inteligência consciente, do verdadeiro sentido da relação dos outros com ele, sobretudo no que diz respeito à sua mãe, ao seu pai, à babá de quem sua vida depende. Tudo isso fica registrado e marca com linguagem todo o seu ser.

Dito isso, e as aquisições?

Tudo é aquisição, do coração, da mente, da inteligência, conjugada com o crescimento físico, que é incrivelmente rápido até os três anos. Não é algo que se "veja", que se possa "testar" diretamente. Com sua natureza inicial, a criança "aproveita" o melhor que pode o que lhe é dado. Acomoda-se. Tudo o que percebe daqueles de cuja vida depende a sua própria – da gravidez até os seis, oito anos de idade – liga-se a seu ser desejante e se organiza em linguagem, inicialmente muda. Seus gritos, seus balbucios, seus choros, seus sorrisos são expressões naturais que irão se tornar, em função de quem toma conta dela, linguagem por meio da qual indica harmonia e desarmonia interiores, encontro com um outro que responde, cumplicidade ou não com esse outro. Uma rede de comunicação sutil tece-se tanto na vida desperta quanto no sono, tanto nas tensões de seu desejo de troca quanto no repouso, e essa rede o informa do bom e do ruim, do bem e do mal, do belo e do não-belo, do permitido e do proibido. Busca o que dá prazer, evita o desprazer. Tudo isso é inconsciente, claro, e se dá na criança em resposta ao que satisfaz, desagrada ou deixa indiferentes aqueles que a criam e a quem está ligada (sem que eles o compreendam).

Então não há nada que possa ser classificado de "normal" ou "anormal" nas aquisições de uma criança pequena?

Não. Tudo se ordena na sua relação com a mãe, no seu apego precoce a ela e, através dela, a si mesma e aos outros. Realmente, é impossível descrever normas para o que uma criança adquire e avaliá-la pelo que faz ou deixa de fazer nesta ou naquela idade.

Em compensação, posso dizer que o desenvolvimento de uma criança acontece como deve acontecer, da melhor maneira possível segundo a sua natureza no começo da vida, quando ela se sente amada por pais que se amam e quando há alegria no ar. Posso dizer que uma criança se sente segura quando não se "quer" aquilo de que ela não tem "vontade", o que não significa fazer tudo o que ela parece querer, nem lhe dar tudo o que pede.

E, particularmente, no que se refere aos pais: a mãe e o pai devem continuar a viver, a fazer o que têm de fazer, o que dá sentido a sua vida. É claro que a liberdade diminui quando há um bebê para alimentar a cada três horas, e que, ademais, entra no orçamento. Mas toda a vida dos pais não deve se centrar nele, ficar ofuscada por ele. Ele pode acompanhar os deslocamentos dos pais, ficar ao alcance da voz quando se está ocupado, quando se tem visitas.

A única coisa que se deve evitar em sua presença são as relações sexuais, sobretudo quando a criança está dormindo, pois ela compartilha tudo inconscientemente, ainda mais quando está dormindo, e a excitação do prazer, bem como a da raiva ou da angústia, lhe provocam sensações fortes demais. Deve-se evitar as sobreexcitações, pela voz e pelas carícias, evitar impor-lhe movimentos bruscos, não jogá-la como uma bola para outra pessoa como forma de diversão. Não zombar dela: ela é muito sensível a isso, mesmo que não demonstre.

Mas, e as aquisições?

Você insiste!
Bem! É importante saber que são progressivas, que o sistema nervoso central do ser humano ainda não está totalmente desenvolvido quando a criança nasce; o cérebro está formado, mas não as terminações nervosas que vão até as mãos; estas se formarão bem antes daquelas que vão até o traseiro e os pés. Embora seja sensível ao toque, não consegue comandar os próprios movimentos. A medula se desenvolve até os vinte e quatro, vinte e oito meses em média.

Por esse motivo, por exemplo, bem antes de ser capaz de perceber por suas próprias sensações o que acontece no seu traseiro, e portanto ser continente (conseguir controlar o "xixi-cocô" naturalmente), a criança tem muitas coisas para aprender e de que será capaz antes que lhe seja imposta, por treinamento, a continência esfincteriana. A capacidade da boca e dos lábios para reconhecer as formas existe desde muito cedo; assim como o paladar, a capacidade do nariz de discriminar os cheiros, das orelhas de discriminar os sons, seu timbre, sua altura, sua intensidade, de gravar músicas, de reconhecer vozes, sua modulação, seus sotaques, palavras (que a criança só conseguirá dizer mais tarde). A criança pode adquirir a discriminação das cores, de sua intensidade, de seus valores relativos. Existem imagens, quadros, pinturas de que gosta e ela escuta o que lhe dizem sobre eles. Por outras ilustrações que lhe são indiferentes, ela não se interessa. As crianças gostam desde cedo de ver as folhas que se agitam contra o fundo do céu, são sensíveis ao vento que canta e faz mexer a folhagem das árvores. Gostam do verde, do ar, das flores, do canto dos pássaros, das nuvens que passam. Gostam do movimento, porque é a vida. Pode-se e deve-se "falar" com elas de tudo que claramente chama sua atenção. Sua riqueza mímica é a resposta cúmplice a tudo isso e às palavras, sobretudo as da mãe e do pai.

Há, portanto, uma ordem natural das possibilidades de aquisição – a mesma para todos, mas não no mesmo ritmo, segundo as crianças e segundo a mãe que têm; e é essa ordem que não se deve contrariar.

Por exemplo, é perigoso uma criança falar cedo demais. Quer dizer: perigoso que fale por ser esta a única coisa que tem valor para a mãe, e a criança vira uma fita magnética que repete as palavras, os pedaços de frases da mãe, por imitação, porque é só isso que dá prazer à mãe. Existem crianças que aparentemente falam com perfeição, como adultos, mas que não se mexem, não fazem barulho, não bagunçam as coisas, não trepam em tudo, já não são curiosas de tudo o que vêem, de tudo em que podem mexer, por prazer. Se a fala perfeita vier quando a criança ainda não tem mãos tão hábeis para se alimentar quanto as dos adultos (que, portanto, ainda lhe dão de comer, porque ela não consegue ou não quer comer sozinha), estamos diante de um sujeito que está se desenvolvendo em desordem.

Da mesma maneira, uma criança que já tirou as fraldas, faz suas necessidades no penico porque a mãe pede e para lhe dar prazer, antes de ter prazer de brincar, de ficar agachada, antes de ter habilidade para andar, subir sozinha numa escada portátil ou num tamborete por prazer, esta é uma criança "treinada" e colocada na dependência do adulto; segue um desenvolvimento desordenado com relação à sua "natureza" e a seu progresso espontâneo. O treinamento a leva a renunciar às sensações de seus esfíncteres, que são lugares de prazer natural em seu funcionamento. Renuncia a seu prazer pelo prazer da mãe, para ficar em paz com ela. Mas "esquece de si mesma".

O mesmo se aplica à motricidade. A criança a adquire brincando com as outras crianças para descobrir o espaço, controlar as coisas e conhecê-las, saber como fazê-las se mexer por prazer, como manipulá-las por utilidade, emitindo sons, fazendo barulho, falando a seu modo. Se a mãe a obrigar o tempo todo a se calar, a não tocar no que pode alcançar e que não é realmente perigoso, a criança se apaga, freia suas disposições, fica bloqueada nas suas aquisições.

Então, concluindo sobre as normas de aquisições?

Acho que já disse o bastante.

Uma criança "elástica", ou seja, que se mexe, cujas expressões de boca, de paladar, de olhar, de atenção auditiva, de ruídos variam; que pega, joga, fuça, mexe nas coisas, tudo isso adaptado a suas próprias necessidades; que, à medida que cresce, brinca de fazer as coisas que vê fazerem e inventa outras; que satisfaz sozinha as necessidades de seu corpo, come quando tem fome, lava-se porque é agradável, sabe se ocupar sozinha, mas prefere brincar com outras crianças de sua idade; que se sente segura fazendo tudo isso, com uma mãe vigilante mas não angustiada, nem permissiva nem severa demais, uma mãe que não é escrava do filho e não faz dele seu ursinho, sua boneca ou seu cachorrinho de estimação, uma mãe que ele vê rindo, que escuta cantar, que sente estar feliz com outras pessoas além dele, sem nem negligenciá-lo nem exigir mais dele quando está acompanhada do que quando está sozinha – essa é uma criança sadia e bem viva. Uma criança feliz, bem na própria pele, que se desenvolve como tem de se desenvolver, com suas particularidades que serão respeitadas.

É a relação com os outros, com os seres vivos, os animais, as plantas, as flores, os elementos, as coisas, e as palavras ditas a respeito de tudo isso, que fazem de uma criança um ser de trocas, de ter, de fazer, de pegar e de dar, de saber e de inventar: um ser humano que, dia após dia, se torna uma pequena pessoa de companhia agradável, e o é verdadeiramente por volta dos trinta meses.

Bem, são essas as aquisições possíveis aos trinta meses.

A criança ainda tem muitas coisas para aprender antes dos três anos para estar em segurança em qualquer lugar, poder se adaptar à disciplina imposta pela escola maternal sem se apagar, tendo prazer e descobrindo ali, com alegria, novas atividades.

Aprenderá seu nome – e por que esse? –, seu sexo e seu devir, de quem é filho ou filha, e o que isso quer dizer; seu endereço, o nome das ruas, o caminho para ir para a escola. Além disso, que não se pode ter tudo o que se quer, que não se pega o que não lhe for dado e que tudo se paga; que é preciso saber se defender, não prejudicar de propósito, tomar cuidado na rua; em suma, tudo que a deixará em segurança na sociedade e que tornará possíveis novas aquisições todos os dias, na direção de uma autonomia cada vez maior e de boas relações com os outros, entre os quais escolherá seus preferidos e fará amigos. Também com os outros é preciso se acostumar.

Essa é uma longa conclusão a qual lhe agradeço. Pelas crianças e por seus pais... E, resumindo, não existem normas!

Não. Existe a ordem da natureza que o amor dos pais e a educação utilizam, desenvolvem ou não, mas que é preciso tomar cuidado para não contrariar.

Tanto o pai quanto a mãe devem desejar a criança
(Bebês programados ou bebês-surpresa?)

Antigamente, havia mais famílias numerosas que agora. Atualmente, a tendência é decidir se deve-se ou não ter filhos; eles são, de algum modo, "programados".

De fato. Esse é o resultado da liberação dos métodos anticoncepcionais. Muitos pais começam a programar os filhos como programam a compra da máquina de lavar, da televisão: chama-se a isso, infelizmente, crianças desejadas. Na realidade, a criança desejada é a que surge como resultado natural do desejo de um casal que é feliz assim, sem filhos. E então, de repente, tornam-se pais.

Uma mulher escreve: "Para meu marido e eu, a questão é: devemos ter filhos ou não? A pergunta não se relaciona diretamente com suas considerações, mas conosco". Explica que o marido é pesquisador-arqueólogo e ela é assistente de radiologia. É suíça e trabalha freqüentemente na Suíça, porque seu diploma não é reconhecido na França e o marido tem que viajar para fazer escavações. Escreve ainda: "Nós dois desejamos um bebê, mas não conseguimos nos imaginar vivendo com uma criança grande no futuro. Nosso bebê seria o único, por razões de idade [ela tem trinta e quatro anos] e por razões financeiras. Quanto a meu marido, ele sacrifica tudo pelo trabalho. Eu entendo, também acho sua profissão fascinante". Ela se pergunta se não seria bobagem arriscar sua vida a dois, que parece feliz, tendo um filho para fazer como todo mundo. Porque, como ela diz: "É normal ter filhos; é a verdadeira vida".

Em primeiro lugar, ela diz: "Tenho trinta e quatro anos", como se fosse velha, e "eu não poderia, então, ter mais do que um". Quanto a isso, posso garantir que trinta e quatro anos é uma idade perfeita para se começar a ter filhos.

Já imaginava que você iria responder isso.

Até quarenta anos. Às vezes, ter o primeiro com quarenta anos é um pouco difícil, por várias razões, mas trinta e quatro anos é realmente a flor da idade, a idade madura. É possível, evidentemente, ter filhos mais cedo, mas trinta e quatro anos é a plenitude da saúde, da maturidade de uma mulher.

Segundo, ela escreve que eles têm amigos que são como eles. Formam um grupo que vive um pouco como estudantes crescidos; cada um se dedica aos próprios estudos e ninguém tem filhos. Não acredito muito em tudo isso. Acho que quando a criança nasce, quando está ali e a amamos, damos um jeito. É antes que fazemos um cavalo de batalha; mas se eles amarem o filho, mesmo com a profissão que têm, gostarão de vê-lo crescer, porque não se tem um filho para se ter um bebê – senão é para brincar de boneca. Tanto o pai quanto a mãe devem realmente desejar a criança, mas eles precisam saber que, ao nascer, é ela que os torna pais. A partir desse momento, ela já não é um bebê. Eles haviam pensado em um bebê, mas é um ser humano, menino ou menina, que cresce, que lhes abre horizontes; porque a criança coloca constantemente novas questões. É isso que faz evoluir um casal que já se entende bem, mas como fazem velhos conhecidos, já acostumados com sua vida, e que se separam de vez em quando, por causa do trabalho do marido. Evidentemente, tudo mudará. Ela tem de saber disso. Mas vale a pena. Não para fazer como os outros: por ela mesma. Se ela desejar. Mas não sou eu que posso lhe dizer o que deve fazer; esse é um problema do casal.

Ouvindo você, temos a impressão de que você é mais favorável aos bebês-surpresa que aos bebês programados.

É verdade, porque eles representam verdadeiramente o amor de um casal e porque os pais ficam felizes por essa criança, por si mesma, ter desejado nascer, quase surpreendendo-os.

Gostaria de esclarecer, por via das dúvidas, para evitar mal-entendidos, que tudo o que você acaba de dizer não invalida em nada o fato de a contracepção ser, em si mesma, útil.

Claro. É uma descoberta maravilhosa. Mas, ao mesmo tempo, implica fazer um grande esforço de educação da juventude: porque evitar, e saber que se pode evitar ter um filho, torna a decisão de dar sinal verde à criança muito difícil para alguns, que gostariam de estar perfeitamente prontos para isso. Ora, nunca estamos prontos para a surpresa do desconhecido que um ser humano representa. Podemos impedir o nascimento, mas não podemos saber o que dará um ser humano a partir do encontro de dois seres. O que podemos fazer é educar os jovens para, um belo dia, estarem prontos para essa surpresa. Se os métodos anticoncepcionais permitem ao indivíduo amadurecer para se tornar capaz de assumir responsabilidades, não devem contudo obcecá-lo quanto à sua imaturidade. Não devemos esquecer que também a criança, nascendo, confere aos pais poderes de amadurecimento, de transformação; eles mudam e não continuam os mesmos que eram ao concebê-la. Prova disso são os pais que adotam filhos por não poderem tê-los; durante a educação dos filhos adotivos, freqüentemente adquirem tal maturidade que até seus corpos se tornam capazes de conceber crianças de sua própria carne, ao passo que antes eram estéreis. É a concepção surpresa, imprevista, inesperada. O que, aliás, é muito bom.

Poderíamos concluir dizendo que é a criança que transforma um casal em pai e mãe; eles têm que dar "sinal verde" para a criança ser concebida, claro, mas não devem esperar estarem perfeitos para fazê-lo. Decidem: "Pronto, estamos dispostos a aceitar o desconhecido que é uma criança, se ela quiser vir." E então, com a ajuda do bebê, sua relação ganha um novo sentido.

Temos aqui a carta de uma mãe que, ao contrário, não havia programado o nascimento da criança. Tem um filho de doze anos e, quando ele nasceu, tanto ela como o marido eram bastante imaturos. É a análise que ela faz, agora, em retrospecto: "Talvez naquela época eu não tivesse nem sequer simplesmente bom senso; sentia-me desequilibrada; tive dificuldade em aceitar a criança, o que me levou a ser muito dura com ela naquele momento; eu a repreendia severamente e nunca a pegava no colo; ela chorava muito..."

Trata-se de uma criança que veio cedo demais.

"Agora, escreve ela, não entendo como pude pensar assim um único instante"; e acrescenta algo que interessa a você: "Como seria formidável se, nas escolas, pudessem preparar os jovens, oferecer-lhes cursos, instruí-los sobre a psicologia da criança, sobre o modo de tratá-la!"

Não creio que isso possa tornar-se matéria de cursos a que assistiríamos sentados. Penso sinceramente que se trata da vida prática. E que com o desaparecimento das famílias numerosas essa experiência deixou de existir. As famílias numerosas às vezes tinham inconvenientes, mas em todo caso tinham a grande vantagem de fazer as crianças acharem natural o fato de haver crianças menores em uma casa, porque conviviam com elas enquanto cresciam, e de essas crianças fazerem parte da vida dos pais, da vida familiar. E, como cada criança é diferente, já adquiriam uma pequena experiência psicológica, que talvez não pudesse ser escrita com palavras cultas, mas que era psicologia viva.

Esse menino de doze anos é filho único. Nasceu cedo demais e os pais não puderam ter outros filhos, ou ficaram tão transtornados com essa educação difícil que não quiseram outros. A mãe pergunta-se agora se esse menino que age como uma criança mais nova, que se aconchega em seu colo, que pede carinhos de bebê, que rói as unhas até sangrar, não teria de receber o que não teve quando pequeno.

Isso me faz pensar nas mães que dizem: "Não alimentei meu filho como devia; não lhe dei as doses certas de mamadeira; agora ele está com doze anos. Vou dar a ele as mamadeiras que não recebeu." Não, acabou. Agora ele tem que viver como uma criança de doze anos, ora. Acho que, se ele procura tanto o colo da mãe, é porque não tem amigos. O melhor que os pais têm a fazer por ele é ir passar as férias em *campings* em que haja outras famílias, de modo que possam ficar com os pais da idade deles e o menino fique com as crianças da idade dele.

Essa pessoa também fala dos acampamentos de férias e escreve:
"Ele já viajou muitas vezes para acampamentos de férias, mas nunca conseguiu se sentir bem..."

Porque os pais não iam...

"Agora, não quer ir mais de jeito nenhum. Só se sente realmente feliz conosco e, este ano, tomamos a decisão de poupá-lo do acampamento."

Trata-se de uma criança que viveu num trio completamente fechado em si mesmo. Mandar a criança sozinha para um acampamento de férias não pode dar certo mesmo. Estou falando desses *campings* de férias ou desses hotéis familiares em que pais e filhos ficam misturados; as crianças se divertem muito jogando vôlei, andando de barco, nadando com amigos da mesma idade, e ao mesmo tempo estão com os pais. E entre adultos os pais se divertem tanto quanto as crianças. Neste momento, é como se o menino vivesse com velhos, já que tem doze anos e os pais também são adultos isolados. A criança se sente numa situação difícil. Acredito que ter esse tipo de férias coletivas seria bom para os pais. Assim, a vida voltaria a seguir seu curso tanto para eles como para a criança. Acho que foi isso que faltou.

Retomando o que essa senhora dizia, eu realmente gostaria muito que rapazes e moças fossem treinados para cuidar de crianças. Lamento que jovens a partir de catorze, quinze anos não possam, em grupos de três ou quatro e por revezamento, fazer um estágio no maternal das escolas, para cuidar dos pequenos, brincar com eles. Talvez achassem isso muito bom. E depois, alguém – talvez o psicólogo da escola, por que não? –, conversando com eles sobre o que viram, o que viveram com os pequenos, poderia explicar-lhes o que aconteceu nas suas relações com as crianças. Do mesmo modo, as moças poderiam ser preparadas para cuidar de crianças, talvez ajudando algumas mães. Poderia haver, nos jardins-de-infância ou creches, três ou quatro lugares para moças, por revezamento, para que aprendessem o ofício de futuras mães.

Uma carta, agora, sobre uma criança que veio muito tarde, pois quem escreve é uma mãe de cinqüenta e três anos, cujo filho tem seis anos. O marido tem sessenta e três. O problema é o seguinte: daqui a cinco anos, ela vai se aposentar. "Meu marido e eu iremos para um meio menos rural, para perto de uma cidade grande, onde haja um colégio. Tenho um pouco de medo de que meu filho se perturbe, na pré-adolescência, com uma pergunta que certamente lhe farão: "É sua mãe ou sua avó?" Pois, embora eu ainda seja jovem, não posso ter a aparência de alguém de vinte e cinco ou mesmo trinta e cinco anos." O marido, por seu lado, pensa que essa questão pode ser deixada de lado e diz que muitas crianças, afinal, têm seus problemas particulares, como aquelas, por exemplo, cujos pais são de raças diferentes. O filho só tem que assumir o próprio problema, ou seja, o fato de ter pais velhos. Ela escreve ainda: "O que me faz pressentir um problema não manifesto é o fato de ele não gostar de pessoas idosas. Na televisão, ele declara, diante desta ou daquela cantora de idade madura e que, no entanto, eu acho muito sedutora: "Ela é velha." Idolatrava John Wayne, por exemplo, de quem viu muitos filmes. Recentemente, ficou muito decepcionado ao vê-lo num filme de alguns anos atrás e disse: "Mas ele é velho." São pessoas, então, que tiveram um filho muito tarde, que só tem seis anos agora e que não gosta de velhos. Ela ainda acrescenta: "Não pense, por favor, que estou projetando em meu filho minha própria recusa de envelhecer. Claro que, como todo o mundo, não gosto de envelhecer, mas é só isso. Então, que devo fazer? Devo falar com meu filho e dizer-lhe francamente nossa idade [porque, evidentemente, eles nunca o fizeram], ou falar mais tarde, ou calar-me, como aconselha meu marido?"

Mas é claro que devem dizer a verdade! Quando o menino disser que não gosta de velhos, devem responder: "Pois é, você não tem sorte, porque tem pais velhos." Então, ele perguntará: "Mas quantos anos vocês têm, afinal?" Nesse momento, a mãe pode dizer sua idade, mostrar-lhe os documentos da família – já que ele deve estar começando a aprender a ler. Ele precisa saber que tem pelo menos o direito de saber a idade dos pais. Principalmente porque essa mulher não se sente velha, pois não temos a idade civil...

Temos a idade de nossas artérias!

E também a idade de nosso organismo – já que ela teve filho numa idade em que outras mulheres não podem mais tê-los. Isso prova que ela tem uma idade física muito mais jovem do que pensa. Ela se pergunta: "Será que sou jovem? Será que sou velha?" O que posso dizer é que os filhos, quando têm catorze ou quinze anos, ficam bem mais incomodados com mães jovens do que com mães velhas: uma mãe velha não é uma rival das namoradas que se gostaria de ter. O importante é que o menino saiba a verdade desde já. Não me espantaria se ele dissesse: "Como assim? Vocês não são velhos, vocês são meus pais." Muitas crianças de seis anos se postam diante da mãe de vinte e cinco ou vinte e oito anos e declaram: "Você deve ter pelo menos uns cem anos!" Se a mãe responder: "Não, eu não tenho cem anos", elas dirão: "Ah, não? Achei que tivesse." E acabou. A idade, para as crianças, não tem nada a ver com o número de anos.

Mas se ele faz todos esses comentários, é porque entendeu?

Não; mas deve ter ouvido falar, desde pequeno, ou quando estava no berço: pois tudo fica impresso no cérebro das crianças. Em todo caso, já está mais do que na hora de esses pais dizerem a verdade. Sabendo que não são nem jovens, nem velhos para o filho: ela é sua mãe, ele é seu pai. E a mãe não deve ficar pensando sobre o que acontecerá daqui a alguns anos. Acontecerá o que deve acontecer a cada dia. Só isso. Ele saberá mais depressa que deve tornar-se responsável por si mesmo. E depois, afinal, pode ser que essas pessoas cheguem aos cem anos!

Para terminar com humor, podemos recordar a essa correspondente a lembrança que Pagnol conta em um dos três volumes que consagrou à sua infância: um dia, com quatro ou cinco anos, ouviu os adultos à sua volta anunciarem a chegada de uma tia que era bastante "idosa" e de quem todos diziam: "Nossa! ela acabou de ter um filho. É bem tarde para isso. Será um filho de velhos." Ele conta que, assim que a tal pessoa chegou com a criança que ele não conhecia, ele entrou no quarto na ponta dos pés para ir debruçar-se no berço. Ficou consternado ao ver um bebê rosado e sem cabelo, pois esperava ver um bebê com uma longa barba.

Essa mulher poderia então dizer ao filho: "Você ainda tem sorte de não ter nascido de barba, já que é filho de velhos." E ele vai achar muito engraçado. Ela poderia dizer também: "Sabe, os filhos de velhos têm sorte, porque os pais refletiram durante muito tempo e eles receberam toda a riqueza da experiência dos pais. Você foi muito esperto de ter-nos escolhido já velhos."

Veja, estou tocando em você: sou eu, é você
(O espelho)

Temos aqui um depoimento extraordinário e que, acredito, interessará muito às mães de gêmeos. A correspondente que o enviou tem duas filhas de sete e cinco anos, e dois meninos gêmeos – "gêmeos mesmo", ela esclarece – de três anos. Vivem no campo e todos vão a uma escola que fica a mais ou menos dez quilômetros dali (graças ao transporte escolar). Os dois meninos foram à escola pela primeira vez com dois anos e meio e gostam muito. Segundo a mãe, são dois verdadeiros arteiros que transbordam alegria de viver.

Pois bem, vejam o que aconteceu: certa manhã, um dos meninos queixou-se de dor no pescoço. De fato, estava inchado embaixo do maxilar e da orelha. Não tinha febre, mas a mãe preferiu deixá-lo em casa, temendo que fosse caxumba. Mandou o outro para a escola; ele não ficou muito contente, mas foi embora com as irmãs. O que ficou em casa, ao passar pelo quarto dos pais, viu-se num grande espelho que havia na parede. Nesse momento, a mãe ouviu-o perguntar ao irmão: "Você está aqui?" Inicialmente, pensou que ele estivesse brincando, mas ele insistiu, se pôs a chorar e a suplicar ao irmão no espelho: "Não pegue a minha moto" – ao passo que era ele mesmo que estava sentado na moto, evidentemente. Como parecia desesperado, a mãe aproximou-se, falou com ele, explicou que ele estava vendo a si mesmo, mostrando-lhe a imagem dela, ao lado dele, no espelho; mas a criança não parava de falar com o irmão. Para distraí-lo, ela tentou levá-lo para pegar a correspondência etc. Mas ele não queria afastar-se do espelho. "Ele nunca veste roupas iguais às do irmão – sempre os tratamos como crianças diferentes. Mostrei-lhe então que ele não estava usando nem os sapatos nem as calças do irmão. Ele entendeu um pouco, mas era mais forte que ele, não conseguia convencer-se de que o irmão não estava ali, de que não estava falando com ele, exatamente como quando brincam. O que realmente me surpreendeu é que eu sentia que ele não estava fingindo, estava profundamente perturbado. Depois de algum tempo, ele pegou uma caixa, olhou-se no espelho e, ali, pronunciou seu próprio nome dizendo: "Olhe! ali [no espelho] tem uma caixa!"

Isso é muito curioso, porque se trata de uma criança que, além disso, já diz "eu" e fala normalmente. E que, de repente, se expressou como uma criança muito menor, usando a terceira pessoa. O que prova – a mãe tinha toda razão – o quanto estava abalado por essa experiência insólita.

Em seguida, voltou a se olhar com outros brinquedos. E a mãe lhe deu um doce, que ele comeu diante do espelho, fazendo caretas: "De repente, tive a impressão de que ele voltava à Terra; pôs-se a enumerar tudo o que via no espelho: uma cadeira, a cama, a janela, uma roupa etc. E saiu da frente do espelho dizendo: "Bom, meu irmão está na escola, está tudo certo." E a história acabou por aí.

É uma observação extremamente interessante. A mãe explica que essas crianças já tinham a experiência do espelho. Já que o espelho está sempre no mesmo lugar no quarto dos pais, efetivamente eles já se tinham visto, mas juntos, correndo um atrás do outro, por exemplo, sem se dar conta de que cada um via o próprio rosto, e não apenas o do outro. Na realidade, acreditavam ver apenas a imagem do outro. Certas crianças – às vezes mesmo quando não são gêmeas – experimentam essas sensações insólitas ao descobrir a própria imagem no espelho. Acham que, de repente, um amiguinho entrou por mágica naquele aposento; falam com ele e vivem momentos de desrealização, como esse menino. A única maneira de tirá-los do mal-estar é agir como essa mãe. Primeiro, colocar-se na frente do espelho e falar com a criança: "Está vendo, estou tocando em você: sou eu, é você. E ali, é frio: é um espelho; é sua imagem" – não dizer: "É você", mas: "É sua imagem; é minha imagem." E, depois, dar-lhe algo para comer, porque comer é algo que não se pode fazer no espelho; nesse caso, ao comer e também com a caixa que segurava nosso gêmeo teve a sensação de que era dele e só dele que se tratava. Foi a partir disso, depois de se ver no espelho com a mãe, depois de comer e sentir a realidade de seu ser interno através da comida, que pôde brincar de tudo o que queria diante do espelho. Estava centrado nas próprias vísceras, por assim dizer, em seu corpo existencial separável da presença do irmão gêmeo, cuja aparência podia confundir-se com a sua no espelho.

Fascinados pelos elementos
(O fogo, a água)

Vamos lembrar um velho adágio. Sempre se disse que não se deve deixar as crianças com fósforos, brincarem com fogo. A pessoa que escreve tem, acredito, boas razões para lhe fazer essa pergunta. Trata-se da avó de um menino de seis anos. Recentemente, passou algum tempo com a nora e o filho, e constatou que o fogo atraía extremamente o neto: "Já bem pequeno, ficava fascinado pela luz dos bolos de aniversário; guiado por uma mão adulta, acendia e reacendia sem cessar as velas. Depois, ficava fascinado pelo fogo do mato e dos galhos que o avô queimava no fundo do jardim." Ao chegar à casa do filho ela ficou sabendo que, na semana anterior, o pequeno ateara fogo em um cobertor – rapidamente apagado porque havia alguém no apartamento. Nesse momento, os pais falaram com o filho, explicando-lhe que era muito perigoso, que ele poderia ter incendiado a casa etc. Enfim, tentaram mostrar-lhe a catástrofe que poderia ter provocado. Perceberam porém que, depois da conversa, a criança roubara uma caixa de fósforos na cozinha, ela que, até agora, nunca havia escondido absolutamente nada: quando pegava alguma coisa (uma tesoura, um livro), vinha sempre contar a eles. Os pais então se perguntaram: "Mas então o diálogo não adianta?" Mais grave, talvez: um dia antes da chegada da avó – é por isso que ela escreve –, alguns vizinhos viram o menino pôr fogo nos papéis da lixeira de um prédio próximo. As lixeiras derreteram. Um outro menino que estava com ele saiu correndo, porque ficou com medo; ele, ao contrário, permaneceu ali, fascinado pelas chamas. Ela escreve: "Que fazer? Se o diálogo não serviu para nada, devemos punir? E como vigiá-lo? É impossível. Não se pode vigiar uma criança dessa idade vinte e quatro horas por dia. Devemos queimar de leve sua mão, para mostrar-lhe que é perigoso? Isso me parece bem extremo e bem cruel." Uma amiga da família sugeriu que o enjoássemos do fogo pelo excesso, obrigando-o a queimar todos os fósforos de vinte caixas grandes. A avó pergunta o que você acha de tudo isso.

O fogo é mesmo um problema para as crianças, porque as fascina, como a água, como a areia – sabemos quantas crianças sofrem acidentes fazendo buracos em montículos de areia para ali penetrar, o que em muitos e muitos casos as leva a se sufocar –, como o ar – no qual elas tanto gostam, por exemplo, de soltar bexigas. As crianças são fascinadas pelos elementos, como todos os seres humanos, desde que o mundo é mundo. É graças ao domínio dos elementos que a criança se desenvolve. Ora, essa avó não nos diz nada sobre o nível de desenvolvimento da criança. Diz apenas a idade que tem pela data de nascimento, mas não diz nada sobre sua destreza manual, seu nível de vocabulário, seu nível escolar, seu modo de ser sociável com os adultos, com as crianças...

Diz simplesmente que ele é filho único; e que os pais planejam ter um segundo filho em breve.

Forneceu também um esclarecimento muito importante sobre o passado desse menino. Escreve que, por ocasião de um aniversário, quando ele era muito pequeno para fazer isso sozinho, um adulto guiou-lhe a mão para que acendesse e reacendesse as velas do bolo. Ora, nunca se deve guiar a mão de uma criança para ajudá-la a fazer algo que ela ainda não esteja autorizada a fazer sozinha. Isso é muito importante, porque o fogo é fascinante. Pergunto-me se esse menino não está tentando encontrar de novo uma mão que o guie em tudo, como quando era pequeno; se inconscientemente, não se lembra, totalmente fascinado, desse dia de festa em que, de repente, fez algo perigoso como se fosse um adulto, sem se dar conta, naquele momento, que era ajudado.

Como os pais que põem os filhos no colo quando estão ao volante, para fazê-los "dirigir" o carro. É uma coisa abominável. Ou, ainda, quando a criança já é um pouco maior (com onze, doze anos) e conhece os princípios básicos de direção, e a deixam dirigir o carro, quando a lei proíbe fazer isso antes de tirar a carta de motorista nas condições estabelecidas: esse comportamento também é extremamente perigoso, porque significa que o pai é um fora-da-lei, fora de uma lei que é a lei de todos.

Agora, nesse caso particular, o fato, para a avó, aconselhada pelas vizinhas, de obrigar o pequeno a queimar o conteúdo de vinte grandes caixas de fósforos, serve para quê? Para atormentá-lo? Mas não é atormentando-o que se irá ajudá-lo. Se alguém pode ajudar essa criança, não é uma mulher, agora que ele tem seis anos e considerando que o fogo simboliza o desejo: acho que é o pai. Ela pode vigiá-lo. E falar com ele do fogo. Pedir-lhe para desenhá-lo. Toda vez que tiver a ocasião de fazer algo ligado a isso (como acender o gás, ou a lenha, se tiver uma lareira), ela pode ensinar-lhe o fogo utilitário. Pode dizer-lhe: "Vou mostrar para você." Não deve ter pressa, não deve guiar-lhe a mão, mas mostrar-lhe como ela faz, explicando-lhe com palavras. Depois, o menino pode fazer a mesma coisa que ela. Se houver algum perigo, se ele se queimar um pouco, ela comentará: "Está vendo, você se queimou, mas se fizer tudo direitinho, com as mesmas precauções que eu, e não de qualquer jeito, você não se queimará." Ela pode ensiná-lo a realizar atos utilitários, mostrando-lhe a técnica.

Os fósforos devem ser guardados a chave?

Isso é impossível. Certamente ele irá encontrar outros fósforos em outros lugares. Em compensação, acho que seria bom se, por exemplo, em cima de uma pia, onde não há perigo, o pai acendesse um fogo e lhe dissesse: "Olhe, já que você é fascinado pelo fogo, nós dois vamos conversar um pouco sobre o fogo. Temos meia hora, uma hora. Iremos até o fim. Já que você tem tanta vontade de ver fogo, vamos acender um." Explicando-lhe por que é tão perigoso, não é? Punir uma criança que põe fogo nas coisas não serve para absolutamente nada: pois trata-se de um fascínio enraizado no mais profundo inconsciente. O menino precisa conseguir se controlar e aprender que não se pode pôr fogo em lugares perigosos. E conseguirá, com a ajuda do pai.

Acrescento que, com a idéia de que a mãe poderia estar grávida, a criança de seis anos precisa particularmente da atenção e da afeição tutelar do pai, de explicações não apenas sobre esse fogo que a atrai e fascina, mas sobre a vida que o questiona.

É verdade. Pude perceber pessoalmente o efeito que produziu, tempos depois, a visão de uma lareira em uma menina de oito, nove meses. Um ano, um ano e meio depois, sem que a menina tivesse tido a oportunidade de rever outra lareira, já que isso aconteceu no campo e ela mora na cidade, ela voltou a falar disso. Assim que via alguma coisa se acender, ela pronunciava algumas palavras: "fogo", "lenha", "crec", "barulho" etc. Parecia um pouco alucinada. Tinha ficado fortemente impressionada com a imagem.

Isso me interessa muito, porque devemos dizer que antigamente sempre havia fogo nas lareiras. E mesmo nós, adultos, sabemos como é fascinante, como o tempo passa quando olhamos o fogo queimar. Hoje, com o aquecimento central, quase não temos a ocasião de perceber, como as crianças de antigamente, esse encanto do fogo.

Que acontecia à noite.

Exato. E o trabalho dos pais, e como o fogo acende, como o mantemos etc. Talvez haja na história desse menininho algo mais que a mão que o ajudava a acender e reacender as velas: talvez haja também uma lembrança de incêndio ou de fascinação pelo fogo. Não sei. Em todo caso, se quiserem ajudá-lo, será intervindo do modo como falei.

Temos aqui duas cartas que tratam da mesma questão: o medo de água de certas crianças, que se traduz evidentemente de maneira muito diferente. A primeira mãe tem uma filha de quinze meses que tem medo, e mesmo horror de água. Tem medo da chuva, de sua banheirinha etc. "Ela berra literalmente", escreve a mãe. "Que fazer? Esclareço que sempre utilizei um termômetro de banho. Portanto, não houve problemas por esse lado. Tentei até dar banho nos brinquedos. Nada adianta. Como agir? Entrar com ela na banheira? Mas isso não a acostumará mal? Devo contentar-me, por enquanto, em esperar, quer dizer, em lavá-la em cima de uma grande toalha com um paninho? Devo fazê-la brincar com a água?"

Para a outra correspondente, é um pouco diferente. São pessoas que moram no litoral e que têm um menino de dezenove meses. Não teve medo de água durante todo o último inverno. Depois, quando chegou o verão, quando os pais tinham vontade de deixá-lo brincar no raso, o menino foi tomado de um medo pânico do mar – "talvez porque", escreve a mãe, "um dia em que ele jogava pedrinhas na água, foi derrubado por uma onda. Desde então, não há meio de aproximá-lo da água". Ela tentou de tudo: pegá-lo no colo, levá-lo com ela. Ele berra, mesmo quando não está na beira da água, mas vê os pais se aproximarem dela.

São dois casos muito diferentes, porque a menina *sempre* teve medo de água, mesmo da água da banheira, enquanto o caso do menino é clássico.

No primeiro caso, não sei. A mãe pode ajudá-la fazendo-a brincar com água, mas fora da água, ao lado de uma bacia, por exemplo, ou de uma tina. Se tiver a sorte de ter um pequeno jardim com um monte de areia, a criança pode ter uma tina a seu lado, para misturar a areia com a água. A atividade manual com a água dá confiança às crianças e, além disso, as torna inteligentes com as mãos. Acho que essa menina está justamente na idade das brincadeiras com água. Então, deve-se colocar na tina pequenos objetos que bóiem, que flutuem (bonequinhas, mamadeira, copinhos para brincar de derramar água, panelinhas, pratinhos, garfinhos, colherzinhas para brincar de lavar louça).

Mas deve-se separar isso da hora do banho?

Totalmente! A criança, vestida com um avental de plástico para não molhar as roupas, brinca com a água, algumas vezes duas ou três horas por dia. É completamente diferente do banho, em que a água domina a criança, que se torna, naquele momento, o objeto da água; aquí, ao contrário, a água é o objeto e a criança a domina. Todos os pais deviam fazer isso com suas crianças. Elas precisam brincar com água. Nunca se deve fazer dramas com isso. Se a criança, na primeira ou na segunda vez, molhar um outro cômodo ao sair do banheiro, não devemos dar-lhe bronca; devemos dar bronca em seus pés que molharam, que a levaram para fora do banheiro. E, depois, precisamos também lembrar que brincar com água dá vontade de fazer xixi e que, nesse caso, deve-se deixar um penico ao lado, ou não brigar com a criança se ela fez xixi nas calças quando brincava. Quanto ao menino, que tinha total confiança até os dezenove meses...

... e que até sonhava em ir ao mar. Os pais eram obrigados a dizer-lhe: "Mas é inverno. Você não pode..."

... esse caso é clássico. As crianças, até dezoito, dezenove, vinte meses, não têm nenhum senso do perigo. A menininha não sente medo do perigo real, trata-se de uma espécie de fobia. Mas o menino era como todas as crianças, ou seja, quando via água, tinha vontade de entrar. As crianças, em geral, adoram água. Aconteceu, porém, que uma onda o derrubou: no momento, isso não pareceu assustá-lo. Foi depois que sentiu medo (ou, talvez, tenha ficado envergonhado). De qualquer modo, isso teria acontecido no ano seguinte: pois, durante pelo menos um verão, a criança que se torna observadora compreende os perigos das ondas e do mar; ainda não está totalmente segura de si diante dessa imensidão viva, movente, mesmo que não chegue muito perto dela. Acho que não se deve forçá-lo. E, principalmente, não zombar dele nem chamá-lo de covarde. De jeito nenhum!

Só o ano que vem, então.

Exato, só o ano que vem, e brincando com outras crianças. Mas, em casa, brincar com água no bidê, com objetos dentro, será excelente; porque, assim, ele não terá medo algum e voltará a ter confiança na água, uma água que terá aprendido a dominar com as mãos, com os pés em terra firme.

Fala-se muito de bebês nadadores. É bom ou não mergulhar com bebês bem novos nas piscinas?

Mas, por que não? Nesse momento, eles não têm absolutamente nenhum medo. Os monitores, as mães ou os pais que mergulham, segurando a criança nos braços, devem aprender a não respirar dentro da água, enquanto o bebê faz isso instintivamente. É muito curioso. Eu não teria imaginado se não tivesse lido artigos e depoimentos. É exatamente isso. Mas, atenção. Essas crianças estão com a mãe na piscina mas, no mar, a reação seria a mesma do menininho, devido à dinâmica das ondas que vêm e, ao voltar, levam a areia que está sob os pés, dando às crianças que estão aprendendo a ficar em pé a curiosa sensação que todos temos quando vamos ao mar. Para não ter mais medo dessas sensações desconcertantes, a criança deve ter certeza de sua identidade de sujeito senhor da água e ser muito ágil com as pernas e os pés.

Quando os circuitos do computador se embaralham
(Bilingüismo)

Certa vez você pediu depoimentos sobre as questões que os pais se colocam a respeito do bilingüismo das crianças. Recebemos alguns. O primeiro é de um francês que mora na Espanha; seus filhos são bilíngües e ainda aprenderam duas outras línguas com facilidade. Ele conta também a história de uma menininha de pai alemão e mãe inglesa, que falavam francês entre eles e tinham uma empregada italiana. A pequena só falou aos oito anos, mas falou as quatro línguas de uma vez.

É um depoimento muito interessante! Porque, realmente, o aprendizado da linguagem é como a organização e a instalação de um computador. É verdade que, algumas crianças ficam muito tempo sem falar e, de repente, falam com perfeição. Outras, porém, começam a falar enrolado cedo, mas permanecem assim durante muito tempo e depois raramente falam muito bem. Só falam realmente bem as crianças que se põem a falar corretamente em muito pouco tempo. É por isso que não se deve forçá-las.

Nessa família, devem ter pensado que a criança estava demorando para falar por causa do multilingüismo. Em todo caso, observando-se o resultado, tratava-se certamente de uma criança que se comunicava com mímicas e gestos com as quatro pessoas que falavam línguas diferentes. E foi com oito anos, idade em que a criança se liberta dos problemas da primeira sexualidade que culminam no Édipo, ou seja, foi quando saiu do Édipo e se voltou para a vida social, que ela pôde falar as quatro línguas sem dificuldade. Essa criança certamente viveu muitos problemas. Mas não estava acuada, porque os pais não estavam angustiados. É muito importante que os pais não se angustiem pelo fato de o filho não falar, se, simultaneamente, ele se faz entender por uma multiplicidade de gestos. Devemos nos preocupar apenas com as crianças fechadas em si mesmas, que não têm linguagem (comunicação) de olhar, de compreensão e intercompreensão com seus semelhantes e não brincam. Essa menina, ao contrário, devia ser viva; simplesmente os circuitos de seu computador estavam embaralhados.

Problemas de circuitos é que não faltam. Muitos casais bilíngües se perguntam qual é a primeira língua a ser falada pelo filho. Temos aqui um depoimento bastante revelador que remonta aos anos 1938-1940 e que, acredito, pode ser interessante para muitos pais. Quem escreve é uma mãe:

"Sou austríaca de língua alemã e, em casa, falávamos alemão com nosso filhinho." Nos anos 30, durante a crise, eles viveram alguns anos numa fazenda do Tirol. Ali, havia o alemão que continuavam a falar em casa, mas também o dialeto tirolês que se falava nas fazendas. A criança distinguia muito bem esse dialeto do alemão. Mas, em 1938, essas pessoas emigraram para o Peru e colocaram a criança, na época com cinco anos e meio, numa escola anglo-peruana, numa classe de adaptação. A criança não sabia nem espanhol, nem inglês. "Estava fora de cogitação", escreve a mãe, "colocá-lo na escola alemã, porque era uma escola nazista." Preferiram então colocar o filho numa escola em que falavam línguas que ele não conhecia. E depois, um dia, em plena aula, essa criança, que era muda, que não falava nem inglês nem espanhol, subiu na mesa e se pôs a berrar como louca. O professor chamou uma outra criança que falava alemão. Ela se dirigiu ao colega em alemão: "Você não está ficando louco?" Imediatamente, o pequeno exilado parou de gritar; acalmou-se. E, muito depressa, como se tudo de repente se tivesse desbloqueado, pôs-se a falar perfeitamente espanhol e inglês.

É uma história maravilhosa. A compreensão da relação humana desse professor do Peru é extraordinária; ele teve a idéia de procurar outra criança que, com voz de criança e numa língua que o menino falava quando era ainda menor, pôde dizer-lhe a palavra "louco", "não louco". Quando o menino se sentia justamente louco por não poder se exprimir! Por isso tivera aquela explosão de raiva. Certamente, o surgimento da língua de sua infância, na frente de todo mundo, e graças à ajuda do professor, permitiu-lhe fazer a ligação entre sua primeira infância e o tempo presente; ele descobriu que ainda podia ouvir de alguém semelhante a ele essa linguagem que agora só ouvia dos pais – e que podia, portanto, não ser excluído, em sociedade, por ser um fora-da-linguagem total. Essa história certamente interessaria lingüistas, fonoaudiólogos e sociólogos.

Essa correspondente escreveu-lhe novamente alguns dias depois, para completar o depoimento. O menino tem agora mais de quarenta anos. É cirurgião, casado com uma francesa e pai de três meninos. Mas, o que nos concerne mais diretamente é que teve problemas aos doze anos. Na vida social, conservara resquícios de seus traumatismos de infância. E, educado numa escola inglesa, começou a ter grandes dificuldades com os colegas. Então, a mãe não hesitou em recorrer a uma psicóloga experiente que, em quatro sessões, conseguiu livrar a criança de todos os seus problemas.

Isso também é interessante, porque muitos pais não sabem que, quando uma criança está traumatizada por problemas de relações com os colegas, recorrer a um psicoterapeuta pode ser muito oportuno; e que, além disso, quando a criança está muito motivada, é o momento para tal recurso. As coisas entram muito rapidamente nos eixos, nessas etapas de pré-adolescência.

Ela ainda escreve que, por volta dos dezesseis anos, ele voltou a ter dificuldades, e conta como respondeu a elas: "Disse-lhe que sabia que estava com problemas; que, nesta idade, todos têm problemas, mas que ninguém os conta para a mãe; que, talvez, bastaria que ele soubesse que eu, sua mãe, sabia disso." Ora, ela aplicou o que eu chamaria de "o método Dolto".

Em todo caso, seria aconselhável que todas as mães que gostariam de saber os problemas dos filhos de dezesseis anos lessem essas linhas. Temos aqui uma atitude muito inteligente, muito respeitosa, em que o pudor do menino é integralmente reconhecido por uma mãe que não insiste. O que é muito importante, justamente, aos dezesseis anos.

Você ainda recebeu um depoimento em que o problema das línguas se repete de geração em geração. Trata-se de uma mulher de pais suíços de língua alemã, que viveu na França desde os seis meses de idade: "Durante toda minha juventude, tanto na Suíça como na França, eu me senti uma estrangeira. Passávamos as férias na Suíça, e eu não gostava muito disso; durante toda minha infância, o lado francês dominou. Só raramente meus irmãos e eu falávamos o dialeto suíço-alemão. Nosso vocabulário enriquecia-se principalmente de palavras francesas. Mas era como se eu não tivesse raízes seguras. Com dezoito anos, após o final do colégio, minha família mudou-se para a Suíça e fiz meus estudos universitários em alemão. Meu francês permaneceu no nível do colégio e meu alemão nunca conseguiu recuperar os anos de escolaridade perdidos. Sempre tenho a impressão de não conhecer verdadeiramente nenhuma língua. Além disso, o fato de ter crescido 'montada em duas culturas' me deu como que duas personalidades."

Pode soar estranho, mas a influência da linguagem e de tudo o que ela envolve em todo nosso modo de ser e pensar é muito grande. Não nos sentimos os mesmos conforme falemos francês ou suíço-alemão.

Ela continua, e faz mais uma observação curiosa: "Não sinto absolutamente isso com o inglês, não tendo vivido a cultura inglesa." Ela é, efetivamente, obrigada a falar inglês, agora que o marido trabalha na África. E é aí que a questão reaparece, para uma outra geração: "As crianças — de quatro anos e meio e três anos — vão muito bem. O segundo só falou com três anos, mas, em alguns meses, falou o inglês e o suíço-alemão ao mesmo tempo, sabendo perfeitamente quando e como usar uma ou outra língua."

Ela não se preocupou com o fato de ele não ter falado mais cedo, porque, justamente, tivera sua própria experiência. Ele precisava de tempo para pôr seus computadores em ordem.

De fato, é como recuar para pular melhor!

Pode ser! E quando ele falou, falou as duas línguas perfeitamente e de modo pertinente.

"Falo pouco francês com eles, de vez em quando uma música. Conto à minha filha mais velha, que tem quatro anos e meio, que, quando era pequena, morava na França, falava francês e suíço-alemão. E que ela fala inglês e suíço-alemão."

É isso, podemos viver com duas personalidades de duas línguas diferentes dentro de nós e viver muito bem. Isso não quer dizer que não sentimos e não lembramos disso.

E isso responde às perguntas que os pais se fazem sobre o que se passa na cabeça das crianças que adquirem duas línguas ao mesmo tempo.

Para terminar, uma última carta sobre o bilingüismo. É de uma correspondente marroquina de vinte anos; o pai é marroquino e a mãe francesa. Os pais moram no Marrocos. Ela estuda na França – você logo irá entender por quê. "Minha língua materna é o francês e, até agora, não consegui falar árabe." *Por quê? Porque, para ela, essa língua está ligada a uma espécie de complexo, de angústia. Ela tem um bloqueio total com relação à língua do pai. Durante toda sua escolarização, no Marrocos, nunca freqüentou uma escola árabe, mas escolas francesas. Assim, falava francês na escola. Mas era a única, entre todas as coleguinhas, a não falar um pouco de árabe.* "Eu me sentia diferente das outras por causa disso. Vivia essa ignorância da língua árabe como uma espécie de doença vergonhosa. Sentia-me humilhada quando falavam comigo em árabe, porque entendia perfeitamente o que estavam dizendo, mas, no momento de falar, alguma coisa se bloqueava." *E nada mudou! Ainda hoje, ela sempre tem medo de pronunciar mal, de acentuar mal as palavras em árabe. Sente-se infeliz por isso provocar a separação entre ela e os pais. Ela pede que você tente explicar seu bloqueio. O que poderia resolvê-lo?*

Ora! Explicar, explicar... Livrar-se dele! Porque isso parece complicar-lhe a vida. E, principalmente, angustiá-la.

Exatamente. Ela escreve: "Sou incapaz de falar com meus parentes, com meus pais." *Mas é principalmente com relação ao pai que ela tem problemas:* "Tenho uma impossibilidade quase física de pronunciar qualquer palavra árabe na sua frente. Tenho um medo horrível de decepcioná-lo."

É difícil responder a essa jovem, pois nada sabemos a respeito da família do pai. Ela só fala do próprio pai. Parece-me que ela viveu sua primeira infância não ousando falar com o pai na língua do país dele porque queria em primeiro lugar ser a filha de sua mãe e falar francês. E depois, na escola, foi também em francês que o pai quis que ela se desenvolvesse, já que a colocou numa escola francesa.

Ela diz que na época era uma espécie de moda, e mesmo declaradamente um esnobismo, mandar os filhos para uma escola em que se falava francês.

Certo, mas com crianças que, sem exceção, falavam árabe antes.

Evidentemente.

Mas ela, em particular, não podia falar árabe; talvez porque não gostasse de uma avó ou de uma tia árabe, ou das tias árabes casadas com os irmãos do pai.

Acho que estamos lidando com um problema de identidade. Ser a filha do pai: não era claro que ela podia conservar relações castas com ele falando árabe. Parecia-lhe que, se desenvolvesse o lado árabe de si mesma, desenvolveria algo que faltava à mãe e que ela se tornaria então, por assim dizer, a concubina árabe do pai, que tinha uma legítima francesa como mulher. Deve ter acontecido algo assim na sua primeira sexualidade, a que chamamos de edipiana, no momento da obrigação de ter relações castas com o pai e de se comunicar com ele pela linguagem.

Pergunto-me se ela não poderia encontrar ajuda freqüentando estudantes marroquinas em Paris e se confiando a uma delas. Porque o passo a ser dado seria criar uma relação de irmã para irmã, de irmã marroquina e francesa para irmã marroquina. Neste momento, na sua idade, ela poderia se sentir como uma irmã humana tanto da mãe quanto do pai. A única diferença, na verdade, é que ela não pode falar com o pai na língua em que uma irmã de seu pai falaria.

Aprendendo a falar com uma amiga, ela se prepararia para falar também com colegas masculinos e, pouco a pouco, se "vacinaria" contra a impossibilidade tão seletiva de falar a língua "de seu pai". Pela carta, essa jovem parece ser filha única, não ter irmãos. É esse lado de comunicação fraterna com o pai que seria necessário abordar: ela entende perfeitamente sua linguagem, mas não pode responder-lhe, porque não teve um modelo na família, um "eu auxiliar", irmã ou irmão, para falar árabe, língua de seu pai, mas não de sua mãe. É isso que precisa ser superado. Acho que existe um pequeno problema de personalidade de filho único nessa história. Faltou-lhe uma família expandida – com isso quero dizer avó, tia, tio do lado paterno – em que se vivia falando a língua árabe, e irmãos e irmãs, primos, primas que, em árabe, falando com ela e com o tio, pai dela, lhe teriam servido de modelos, de treinadores lingüísticos.

Françoise Dolto, para sermos completos, temos que dizer que, conforme a massa de correspondência que recebemos sobre o bilingüismo, na maioria dos casos isso não causa grandes problemas.

É isso que me interessa.

Aliás, há pais que escrevem: "Acredito que, se uma criança parece ter problemas para adquirir uma das duas línguas, não se deve fazer disso um problema diante dela." E isso resolve muitas situações.

Perfeitamente. Nem diante dela, nem pelas costas, não se deve dar atenção a isso. A maioria dos depoimentos mostra que há pequenos bloqueios momentâneos e que depois tudo volta ao normal; que é preciso é respeitar as dificuldades que a criança tem, mas sem transformá-las num problema psicológico do qual todos falam em família. Isso é o mais importante.

Branca de Neve é alguém que trabalha dia e noite
(Do bom uso do conto)

Temos aqui a carta de uma mãe que não tem um problema de fato, mas está extremamente intrigada com o comportamento da filha de cinco anos e meio.

Mas acho que isso já é um problema!

A menina tem uma irmã de catorze anos. A mãe não trabalha. O marido cuida da filha, "mas sem mais", escreve ela. A criança vai ao maternal desde os dois anos e meio.
"Ela fica meio apática ali", esclarece a mãe.

Mas por que deixar uma criança no maternal quando ela está demonstrando toda essa apatia?

Aparentemente, foi ela que quis ir, mas ficou muito decepcionada quando se deu conta de que não ficaria com a irmã. Devia pensar que, indo também à escola, poderia encontrar a irmã mais velha. Bom, vejamos o que está acontecendo: ela escuta muitos discos das histórias que lhe contam. Ela é totalmente, digamos, "normal" e se comporta como uma criança de sua idade, mas é absolutamente fascinada pela história de Branca de Neve. E a mãe escreve: "E isso a tal ponto que, há dois anos, escuta o disco mais ou menos duas vezes por dia." A mãe, por sua vez, tem que ler o livro para ela (todas as versões: de Disney, de Grimm etc.) constantemente. "Claro, fiz para ela a cópia exata do vestido de Branca de Neve. Ela também queria tingir os cabelos de preto. Não tem os sapatos de salto alto, mas sempre fala disso, porque gostaria muito de tê-los. E quando, durante a leitura, chegamos no momento em que o príncipe encantado acorda Branca de Neve com um beijo, como na Bela Adormecida, seus olhos exprimem um êxtase total." A mãe esclarece que a filha é bem bonita, mas que, em casa, ninguém fica o dia inteiro adorando-a e que ela própria, a mãe, pede que não a elogiem em excesso.

Então, você acha que a menina fica fascinada porque Branca de Neve é bonita nas histórias? O que isso quer dizer? A mãe leu, por exemplo, o que se comenta sobre Branca de Neve no livro de Bruno Bettelheim sobre a Psicánálise dos contos de fadas[1]*, mas não acha que isso corresponda ao que está acontecendo com a filha.*

---

1. Paris, Laffont, 1940. [Ed. bras.: *A psicánálise dos contos de fadas*. 18. ed., São Paulo, Paz e Terra, 1996.]

De qualquer modo, os pais podem usar toda atração de uma criança por um herói – Branca de Neve é uma heroína – para ajudá-la a se desenvolver. Aqui, ao contrário, a menina está fixada no imaginário, é uma espécie de êxtase. E, finalmente, não está de modo algum se desenvolvendo, continua a ser a criança que faz as perguntas e dá as respostas, que vive isolada. Ora, há uma coisa que a mãe não diz: se também fez os anões para ela – já que parece ser uma mulher que tem tempo!

Em todo caso, ela confeccionou o vestido.

Justamente. Na verdade, não é tão difícil colocar saltos em sapatos de criança (podemos colocar rodelinhas de alguma coisa, para ficar parecido com saltos). E ela pode dar à menina uma velha peruca, por que não? As crianças gostam de se fantasiar. Agora, por que os anões? Essa menina finge ser Branca de Neve; bom, mas Branca de Neve é alguém que trabalha dia e noite! Não é? É ela quem arruma as camas, quem confecciona colchas para os anões com retalhos de todas as cores, quem pega na vassoura, quem canta etc. Foi justamente por ter uma mãe malvada que ela fugiu. Mas fugiu para se tornar mãe de sete anões. E Deus sabe como cuida deles! E Deus sabe que ela é uma dona de casa extraordinária! Pois bem, será que essa menina sabe bancar a dona de casa? Ela pode se fantasiar de Branca de Neve, mas deve também descascar legumes, cozinhar tudo e dizer que a mãe, a irmã, enfim, todas as pessoas da família, são os anões e que ela vai cuidar deles! Pelo menos...

Desse jeito, na minha opinião, ela vai mudar de conto. Vai preferir A Bela Adormecida!

Precisamos usar os contos de modo que a criança desenvolva sua inteligência na realidade. Nesse caso, a criança foge para o imaginário e a mãe só joga esse jogo. Mas pode-se fazer outra coisa. Por que não usar o herói para se identificar com ele na realidade, e não apenas no imaginário? Ora, Branca de Neve é realmente uma dona de casa, mais anti-Movimento de Libertação das Mulheres impossível, não é? E isso é muito bom, porque ajuda as crianças a se desenvolverem. A mãe deve mostrar a ela, com desenhos, tudo o que Branca de Neve faz na casa; mostrar-lhe que os anões também trabalham e que, quando voltam, tudo está bem-feito, tudo está preparado! É isso! A criança precisa se identificar com as atividades de Branca de Neve e não apenas com seu vestido, sua beleza e sua solidão, como parece ser o caso. É isso que me preocupa nessa criança: essa apatia, sua fuga unicamente em um mundo imaginário, sua inépcia nas tarefas domésticas, sua passividade na escola e em casa, perdida em sonhos, à espera de um hipotético príncipe encantado para se extasiar!

Mas, em geral, quando se conta uma história, uma lenda ou um conto de fadas para uma criança, deve-se insistir no fato de se tratar apenas do imaginário?

Não existe "deve-se"!

Enfim, o que é desejável?

Digo que, quando uma criança se identifica com um herói, deve identificar-se com ele não apenas em pensamentos, mas também em atividades. Ser Robin Hood, por exemplo: muitas crianças gostam de se fantasiar de Robin Hood, por que não? Pois bem, devemos ensinar-lhes a ter boa pontaria também! Não é difícil. Pode-se fazer um alvo com um grande compensado de madeira, e mirar de cada vez mais longe com uma flecha não perigosa (pode-se fabricar pequenas flechas caseiras com massa de modelar na ponta de um lápis): "Se você é Robin Hood, deve ter boa pontaria. Senão, que graça tem?" Não é? E, depois, há a agilidade, as acrobacias de Robin Hood, o modo como ele salva as mocinhas dos bandidos etc. Enfim, não deve haver apenas uma história no ar, na cabeça. Tudo o que a criança faz tem como objetivo desenvolvê-la, quer dizer, retirá-la de sua impotência e torná-la potente na realidade, a exemplo do herói. Ora, nessas histórias, se os heróis são seres imaginários, são também exemplares, desenvolveram seus corpos, são hábeis e eficazes. E é para isso que as crianças devem encaminhar-se: aplicar-se, na realidade de seu ser em sociedade, em desenvolver as qualidades do herói ou da heroína que admiram.

Não só com os pais, mas com muitas outras pessoas
(A leitura, a televisão)

Temos a impressão de que muitos pais ficam decepcionados com os filhos quando estes não são exatamente como eles gostariam ou sonharam que fossem.

Infelizmente!

A mãe de uma criança de treze anos escreve: "Ele não gosta de ler. Isso nos espanta muito, pois seu pai e eu sempre temos vários livros ao alcance da mão. Lemos regularmente, mas nunca pudemos interessá-lo pela leitura. Ele lê histórias em quadrinhos (é melhor que nada) e, ainda por cima, durante muito tempo, só olhava as imagens; só lia as legendas quando não entendia o desenho." Por exemplo, quando tinha seis anos, gostava de escutar discos que contavam histórias, em particular *O pequeno príncipe, contado por Gérard Philipe. Quando começou a ser alfabetizado, a mãe tentou fazê-lo ler *O pequeno príncipe* escutando o disco ao mesmo tempo. Mas, depois de alguns minutos, a criança perdeu todo o interesse pelo livro, fechou-o e nunca mais quis tocar nele. "Finalmente, aprendeu a ler como um papagaio, sem entender direito o sentido das palavras, até o dia em que encontrei um jogo que o interessou, numa loja para crianças. Nesse caso, ele esforçou-se para ler." Ela dá outros exemplos e conclui: "Creio que o gosto pela leitura virá, talvez, como todo o resto: seu primeiro dente nasceu aos catorze meses; um dia, jogou fora a mamadeira e dali por diante só quis a colher etc. Ele gosta de esporte, de atividades manuais, de música, mas não quer aprender. Faz cursos de música no colégio, tira músicas no órgão. Nós o ouvimos, porque conversamos. Mas é pena que ele não se interesse pela leitura, pois gostaríamos de fazê-lo apreciar tudo o que há nos livros e de que gostamos. Isso o ajudaria também nas tarefas escolares."

Nesse caso, você tinha razão: são pais que não tiveram o filho com que sonharam. Têm um filho que, na realidade, é diferente deles. E talvez seja diferente deles justamente porque, quando os vê mergulhados nos livros, sente-se ausente de suas preocupações. A única maneira de fazer uma criança apreciar a leitura é ler histórias em voz alta para ela, durante muito tempo. Não há outro jeito.

Quando ele era pequeno, porém....

Eu sei, eu sei, mas tratava-se de audiovisual, de discos, da televisão, do rádio. Quando contavam uma história, ele gostava. Mas as crianças gostam ainda mais quando a leitura é feita pelo pai ou pela mãe. E já que os pais gostam de ler e que o menino tem treze anos – aos treze anos, somos absolutamente iguais aos adultos para a leitura –, eles podem ler em voz alta tudo o que forem ler: se ele achar chato, irá embora; ou então escutará e aprenderá com os pais. É uma criança muito ativa. Gostaria de dizer que, nos meninos, o fato de ler cedo representa muito freqüentemente uma fuga da realidade. Os pais ficam encantados quando o filho lê muito; mas isso é muito ruim. Ora, atualmente, existem não apenas ocupações como as que o menino tem (manuais, físicas, esportivas etc.), mas também a televisão e o rádio. Estamos em outra época. Mesmo quando essa pessoa e o marido eram jovens, certamente havia muitos rapazes e moças de sua idade que fugiam da realidade e dos contatos, do esporte e do trabalho manual, com o pretexto de mergulhar num mundo imaginário, que era, então, o da leitura. Seu filho é um menino que tem necessidade da vida real, o que é muito bom. A idade certa para gostar de ler é aos dezesseis anos, mais ou menos, quando se tem tempo e quando se está um pouco entediado, por falta de contatos humanos suficientes. Mas a verdadeira idade para a leitura, para se ler de um modo realmente proveitoso, é ainda mais tarde, entre dezoito, dezenove anos, porque já temos uma experiência da realidade e do mundo à qual os livros aludem. Caso contrário, é uma experiência falsa, unicamente verbal; uma experiência que não podemos reinserir na vida, que não exerce o papel de enriquecer o que já conhecemos e experimentamos, acrescentando-lhes o que não vimos e gostaríamos de conhecer.

Dizendo: "Ele tem treze anos, portanto os pais podem ler em voz alta para ele tudo o que eles próprios lêem", imagino que você vai fazer muita gente pular da cadeira. Existem afirmações que são lugares-comuns: por exemplo, sempre se fala de certos livros que não devem cair em todas as mãos...

Claro! Mas não acho que os pais estejam falando desses livros.

Quero dizer que se considera que certos assuntos, certos temas, não devem ser abordados...

Então, justamente, não é verdade. Quando os livros são bem escritos, e sejam quais forem os assuntos – não estou falando dos livros pornográficos ou eróticos, claro; falo dos romances, dos ensaios, dos livros de documentação –, eles são interessantes, digamos, a partir dos dez, onze anos, quando os pais fazem os filhos participar de suas próprias leituras. Eles dizem: "Olhe, neste capítulo, esta meia página é genial. Pelo menos eu achei. Vou lê-la." E as crianças conversam com os pais. É assim que começam a gostar de um autor. Porque um livro só terá sentido se formos influenciados pelo autor que o escreveu. Sem isso, as crianças não entendem um livro: não passa de papel, de uma coisa. Torna-se vivo quando os pais o tornaram vivo. Prova disso, aliás, é que mesmo com uma voz que não era familiar, mas que o tornava vivo, o menino gostava de *O pequeno príncipe*. Se lemos é para ter a história no ouvido e no espírito. Se alguém nos dá isso, ficamos felizes. Se os pais querem abrir o espírito do filho, devem agir desse modo, e não lhe impor uma leitura solitária que, para ele, é chata.

Falando em despertar, esse tema ainda não foi abordado aqui e preocupa muitos pais: as crianças devem ou podem ver televisão? O que a televisão traz de bom para as crianças? E o que tira delas? É bom para elas? É ruim?

Esse é de fato um problema de muitas famílias, principalmente porque uma família significa pessoas de idades diferentes vivendo juntas, e essas pessoas não têm nem as mesmas motivações nem os mesmos interesses. É isso que é complicado.

Uma mãe lhe explica desde logo por que é contrária à televisão: "Sou contra, porque ela atrai as pessoas como um ímã; elas ficam presas. Isso mata as conversas, é uma armadilha para as crianças, cansa seus olhos. E, além disso, a televisão também mata a vida familiar. Temos televisão em casa, mas não autorizo meus filhos a ver." Ela compara a televisão a uma espécie de droga, da qual a família não consegue mais se livrar.

Ela diz a idade dos filhos?

Sete anos e dois anos e meio: não diz se são meninos ou meninas. Escreve: "Eles são brilhantes na escola..."

Mas, escute! sete anos! dois anos e meio! brilhantes na escola!

Talvez ela generalize apressadamente. Continuo sua carta: "Eles são brilhantes. Penso, aliás, que é por não verem televisão. Ao contrário de muita gente, fazemos outras coisas com nossos filhos. Organizamos jogos, leitura, música, passeios, discussões." Acrescenta, contudo, que o marido não concorda de modo algum com ela e a critica por não viver em nosso tempo. De fato ela pergunta quem está certo, quem está errado e, principalmente, pede-lhe que não hesite em dizer se ela estiver errada.

É absolutamente impossível decidir. Devo dizer que essa carta é um pouco espantosa, porque essa mãe fala do mesmo jeito do filho de sete e do filho de dois anos e meio. Como uma criança de dois anos e meio pode discutir algo? Ela parece falar muito mais do filho mais velho, com quem tem uma relação muito privilegiada; talvez o pai se ressinta um pouco com isso, já que por causa dessa criança ele próprio é privado de ver televisão.

Agora, devo acrescentar que existe um bom uso da televisão para as crianças bem pequenas: dois anos e meio é uma idade em que as histórias apresentadas na televisão ocupam bastante a imaginação. Isso já significa sociabilidade para elas, pois lhes dá a oportunidade de falar entre si de algo diferente da família, quando se encontram nos parques ou no maternal. Não sou contra a televisão *a priori*. Sou contra a droga, ou seja, contra a falta de opções dos programas e a monotonia. Acho que proibir totalmente a televisão é educar de forma "retrógrada" as crianças de nossa época.

Além disso, os programas de quarta-feira – a que assisto quando tenho tempo – são excelentes. Ensinam às crianças muitas coisas, que não precisam passar pela palavra dos pais, que passam pela palavra de pessoas que sabem ensinar: como histórias de animais, ou geografia viva... Há também desenhos animados. Talvez essa senhora não goste deles, mas há alguns bem interessantes! E também os bobos, infelizmente...

De qualquer jeito, o que vai acontecer? As crianças irão à casa de amigos que vêem televisão e pensarão que a mãe deles está atrasada, o que não será nada bom. Acho que ela deveria acompanhar os programas e escolher: "Olhem, esta noite vai passar uma coisa bem interessante; se vocês quiserem – pois eles não são obrigados a assistir a um programa porque a mãe disse que era bom – podemos assistir." A mesma coisa para a criança menor: que um dia ela assista, sozinha, aos programas destinados às crianças pequenas para saber o que a televisão lhes oferece.

Em suma, o marido não está completamente errado?

Não, tanto mais que, no final das contas, ele também não pode assistir à televisão, para evitar que as crianças tenham um regime à parte. Além disso, acho que não é bom que os pais se centrem unicamente na educação e no despertar do espírito dos filhos. Sempre isso e nada mais que isso. Mas, e eles, então?

Há uma outra questão nesta carta. Você acaba de dizer que não é apenas o desenvolvimento educativo dos filhos que conta; que há um tempo para tudo. E, justamente, o problema do despertar das crianças parece preocupar essa mulher. Ela pergunta: "Quando percebemos que as crianças são inteligentes, que assimilam rapidamente, é bom ou ruim estimulá-las a estudar, mostrar-lhes o alcance dos estudos, fazê-las sentir sua riqueza? Como fazer? Estou certa, ou não seria melhor deixá-las viver sua infância?"

Tenho a impressão de que ela já sabe! Quando escreve "viver sua infância", eu respondo: claro! Do contrário, as crianças serão como uma parte da mãe. Os pais têm de saber que tudo o que foi aprendido, inculcado, vivido, trocado apenas com o pai e a mãe ou apenas para dar prazer aos pais irá cair, como folhas mortas, no momento da puberdade. A criança só guarda da infância o que foi integrado, não apenas com os pais, mas com muitas outras pessoas ao mesmo tempo. Isso é muito importante.

Agora, estimulá-las a estudar quer dizer o quê? O que posso garantir é que é muito ruim, para uma criança, pular uma série. É melhor não entrar no maternal e entrar diretamente – talvez, de fato, se ela souber ler e escrever – com cinco anos e meio ou seis anos, se tiver nível, no pré-primário e no primeiro ano, por exemplo. Mas, a partir do momento em que entrou na escola, não deve pular séries. Vi muitos problemas de crianças que pularam uma série para agradar aos pais: elas não conseguiam acompanhar. Então, se a criança pode aprender a ler, a escrever e a contar com a mãe e o pai, muito bem; é até melhor do que se estivesse na escola, contanto que já tenha outras possibilidades de encontrar outras crianças em brincadeiras, em atividades.

Ouvindo você falar, tenho a impressão de que você não gosta das pessoas que querem forçar os filhos...

Acho perigoso.

... e que têm tendência a tentar descobrir um pequeno superdotado na família.

Todas as crianças são inteligentes. A inteligência escolar não é quase nada diante da inteligência geral. Inteligência é dar um sentido a tudo na vida, não é apenas a escolaridade. Ela desperta também pelo trabalho dos músculos, do corpo, pela agilidade das mãos. A memória faz parte da inteligência: exercitar a memória com poesias, contos que ela saberá contar, com um programa de televisão de que guardará o que foi dito, é isso que desenvolve a inteligência de uma criança; poder trocar idéias a respeito de tudo o que se vê, e não escolarizar a qualquer custo. Gostaria que os pais entendessem que é preciso desenvolver a inteligência e a sensibilidade pela vida por todos os meios que o corpo tem para se expressar.

Muitas vezes, quando os pais querem forçar muito os filhos, percebem que eles têm reações de rejeição...

Isso mesmo.

... com relação à escola, porque a glorificaram de forma exagerada em casa.

Além disso, as crianças precoces, aquelas que, por exemplo, chegam antes dos outros aos exames finais, atingem a puberdade "empanturrados" escolarmente. E quando, na idade de ser estudantes, têm que viver sua vida de corpo – que ainda não conheceram suficientemente –, sua sensibilidade aos outros (às meninas ou aos meninos, de acordo com o sexo), sua sensibilidade artística, produz-se uma queda: não se interessam mais pelos estudos. O que é pena, em crianças que pareciam tão promissoras, não é? Nós, franceses, precisamos parar com essa ladainha, por assim dizer. Privilegiamos a escolaridade, acreditando que era o essencial para a inteligência da criança: "Meu filho está na 6ª série. Na sua idade! É maravilhoso!" Pode ser. Existem seres que se abrem muito rapidamente para muitas coisas. Mas não é uma razão para estimulá-los exclusivamente para a vida escolar. A retidão de caráter, o amor e a observação da natureza, das plantas, dos animais, a alegria de viver, a inventividade industriosa, a destreza manual e corporal, uma afetividade disponível, a experiência psicológica do outro e da vida coletiva, a aceitação da diferença dos outros, a capacidade de fazer amigos e conservá-los, o conhecimento da história de sua família, de sua cidade, de sua região, de seu país, o despertar para a arte, para a cultura, para os esportes, o sentimento de sua responsabilidade, a curiosidade por tudo, a liberdade de satisfazê-la, essas são qualidades que muitas vezes não se desenvolvem quando o sucesso escolar é o *único* valor pelo qual uma criança é apreciada pelos pais.

Uma criança pessoalmente motivada por alguma coisa – por qualquer coisa – é que é uma criança viva; se a criança for apoiada para superar os fracassos e as decepções, escolares ou sentimentais, pela afeição dos pais e a confiança que eles lhe demonstram num ambiente descontraído, ela estará destinada a ter um futuro promissor.

Acrescento que antes de se regozijar por ver uma criança "adiantada" na escola, seria preciso se perguntar não apenas sobre sua capacidade de assimilar conhecimentos mas sobre os amigos que ela pode fazer nesse estágio de seu desenvolvimento, e pelos quais pode ser acolhida como um semelhante. Dois imperativos que devem ser modulados. Estar adiantada expõe a criança ao risco de segregação se ela for fisicamente e, depois, sexualmente imatura com relação aos outros. Chega a ser mais prejudicial ao desenvolvimento do caráter do que ser mais velho que os colegas de classe. Assim, é inteligente evitar que uma criança brilhante fique "adiantada" na escola antes dos quinze anos.

Explicar o barulho, fazer com que se goste de música gostando dela
(Os sons: barulho, música)

Vivemos em uma sociedade em que somos envolvidos e mesmo agredidos pelos sons e barulhos... A esse respeito, muitos jovens pais perguntam como podemos habituar os bebês aos barulhos, apresentar-lhes sons que descobrem quase a cada minuto, a cada dia e que os assustam porque na maioria das vezes não podem identificá-los.

Podemos dizer que, em casa, o que assusta a criança são os barulhos do aspirador, dos aparelhos elétricos e da descarga. O único jeito de prevenir ou curar essas angústias é pegar a criança no colo e explicar-lhe: "Olhe, o barulho de que você não gosta é o barulho do aspirador, o barulho da descarga etc.", nomeando-os. "Venha, você vai ver."

Mesmo se a criança só tem algumas semanas?

Claro, mesmo com oito dias, quinze dias! A mãe deve fazer a criança ouvir todos esses barulhos familiares segurando-a no colo. Assim, eles passam a fazer parte de uma "mamãização" tranqüilizadora.

"Mamãização"? Isso é novidade!

Gosto muito desse neologismo. Quando tudo está "mamãizado" na vida de uma criança, na vida familiar, tudo fica tranqüilo. Pois tudo faz parte da intimidade com a mãe. É preciso saber que, se a criança tem medo do barulho do aspirador, é porque geralmente o escuta nos momentos em que a mãe está descabelada, agitada, apressada: é chato para ela, mas é necessário. E a criança sente uma tensão o tempo todo. O que envolve essa atividade é que lhe dá medo, principalmente quando não a viu, no início, quando ainda era bem pequeno, como fazendo parte da vida normal, cotidiana, da mãe.

Tem também o barulho da sirene da primeira quinta-feira do mês[2]. As mães, principalmente se os pais morarem perto de uma sirene, devem segurar o

---

2. Toda quinta-feira do mês, ao meio-dia, os bombeiros testavam a sirene que serviria para anunciar um possível bombardeio. (N. da T.)

filho no colo nesse dia, a partir de dez para o meio-dia, para terem certeza de que, ao meio-dia, os primeiros sons não o assustarão. Ou, se estiverem na rua, devem pegar o filho no colo assim que ouvirem a sirene. A sirene é uma coisa antifisiológica. Alguns bebês, ouvindo-a, encolhem-se e ficam azulados de angústia. Mas se a mãe o tranqüiliza, olha-o nos olhos dizendo-lhe: "Isso não é nada; é uma sirene. Não precisa ter medo. Mamãe está aqui! Mamãe está aqui!", acabou. Depois, eles poderão ouvir qualquer tipo de sirene, dos carros e das fábricas, sem nenhum medo. É preciso simplesmente tomar cuidado nas primeiras vezes.

Quanto aos barulhos da descarga: a criança está preocupada com o destino de seu cocô; ele ainda faz parte dela e ela tem medo de ir embora com o cocô se um dia, por acaso, estiver lá. É, portanto, um barulho que a arrasta. Do mesmo modo, algumas crianças ficam assustadas quando a banheira, ao esvaziar, começa a fazer um barulho de sorvedouro, como se elas tivessem medo de ser tragadas pelo ralo. É preciso dizer-lhes tudo isso com palavras, quando elas ainda não estiverem preparadas para olhar; depois, deve-se fazer com que observem. Assim, elas se acostumam muito bem.

O mais importante, porém, é não zombar de uma criança que tem medo de um barulho. Nunca lhe dizer: "Ah! como você é bobo! É o aspirador."

A criança está procurando conhecer. É preciso explicar-lhe o barulho com palavras, tranqüilizá-la.

E também não ter medo de ligar esses aparelhos?

Exato! E ensinar à criança como ligá-los, apertando o botão.

Agora, uma outra questão. Sem querer entrar em problemas que não dependem de sua especialidade, mas que, contudo, dizem respeito à criança, escolhemos cartas sobre o despertar musical das crianças, especialmente através de aulas de piano. Pois as aulas de piano estão sempre em pauta na correspondência. Temos aqui uma carta, que representa muitas outras, de uma correspondente que tem três filhas de onze, nove e quatro anos. O problema é que a avó, que é professora de piano, dá aulas à menina de nove anos. Antes, ela já tinha começado a dar aulas à filha mais velha, "mas ela desistiu", escreve a mãe, "depois de um ou dois anos de gritos, choros, berros, mau humor da criança, toda vez que tinha que ir às aulas. Minha filha do meio, aliás, fazia a mesma coisa o ano passado. Eram sempre berros, gritos de 'Eu não quero ir', 'Não gosto de piano', 'Prefiro fazer outra coisa' etc.". Finalmente, os pais se perguntam se devem insistir, obrigar as crianças a aprender música, a ir às aulas de piano e suportá-las; se, no final das contas, mais tarde, elas não ficarão reconhecidas aos pais que as forçaram a superar esse obstáculo. Quanto ao pai, quando lhe perguntam sobre o que se deve fazer, ele responde: "Primeiro são as aulas de piano. Depois, será a escola. Elas também não vão querer ir à escola."

Mas é completamente diferente, já que a escola é obrigatória! Se uma criança não gosta das aulas de piano, é porque o professor não soube dar-lhe o gosto por essa disciplina, seja pelo ambiente que cria nas aulas, seja porque ele próprio não gosta muito de sua profissão. Pois se fica irritado ao exercer tal ofício, isso prova que não está satisfeito com ele. E, desse modo, corre o risco de fazer as crianças detestarem algo que lhes está ensinando para a vida inteira. Quantas pessoas não conheço, que eram músicos por natureza e que passaram a detestar a música para sempre por causa de um professor com o qual as aulas não transcorriam bem? E, depois, o professor precisa se adaptar: está vendo que uma criança não gosta de piano? Pois bem, já que é pago por uma hora ou meia hora de música, ele pode tocar para a criança durante esse tempo. É muito melhor do que obrigá-la a tocar se ela não gosta. A música é um prazer para quem gosta dela. O que pode ser visto pelo prazer de escutá-la, e nem sempre de produzi-la.

Não sei quais são as relações entre essas meninas e a avó em geral, nem se a correspondente é ela própria uma boa pianista e se gosta de música. Se ela própria gosta de música, deve ouvi-la com freqüência, falar do prazer que sente com isso e do prazer de tocar. É desse modo que as crianças aprendem a gostar de música: ouvindo desde pequenas, porque os pais tocam e gostam de música e desde muito cedo procuram descobrir qual música agrada a seu bebê.

Repito: em primeiro lugar, os próprios pais devem gostar de música! Uma criança gosta de alguma coisa em fusão afetiva, emocional com a mãe. Se as meninas aprendem piano porque a mãe quer agradar à própria mãe, não funciona. E não funciona porque a motivação é a relação da mãe com a mãe dela, e não com seus filhos. E, além disso, para as crianças ficarem agradecidas mais tarde. Francamente, fazermos algo para as crianças nos agradecerem é educação às avessas.

Falamos do amor do professor por sua profissão, do amor dos pais pela música; além disso, há também o movimento pessoal da criança. Ensina-se uma arte a uma criança que goste dela. Mais tarde, ela própria tentará descobrir de que seus filhos gostam. Talvez essa mulher não tenha sido educada pela mãe? ou talvez sua mãe não procurasse descobrir de que ela gostava? Caso contrário, ela não insistiria em obrigar uma criança a estudar um instrumento de que não gosta.

Em compensação, pode-se levar as crianças a audições de piano de outras crianças, ou a concertos. Pode-se dizer: "Eu adoro música! Você quer ir comigo ao concerto? Se você não gostar, pode sair e me esperar fora da sala." E avisa-se à lanterninha: "Eu quero ouvir o concerto. Você tomará conta do pequeno." Pouco a pouco, as crianças que vêem os pais gostar de música passam elas próprias a apreciá-la, principalmente se não for uma obrigação.

Evidentemente, as crianças não gostam de imediato de qualquer música. Eu falava há pouco dos bebês. Por experiência, pode-se dizer que o que agrada aos bem pequenos são seqüências bem curtas de músicas de Mozart ou Bach – variações, por exemplo –, com um ou dois instrumentos (violoncelo e piano;

piano e violino); o órgão não é recomendável para as crianças menores, é complexo demais e elas não podem analisar – porque o ouvido das crianças analisa inconscientemente muito bem a música, contanto que ela não seja abafada por uma intensidade sonora excessiva. Mas, do *Pequeno livro de Anna Magdalena Bach*, por exemplo, do cravo, do piano, da flauta, do violino, do violoncelo, eles gostam muito. Mais tarde, existem métodos maravilhosos que formam o gosto musical e o ouvido harmônico. O método Marie Jaël[3], por exemplo. Existem professores estaduais formados segundo esse método (certamente existem outros, mas eu conheço esse). Além disso, há também o canto, os corais de crianças. E se a criança gostar, por que não a dança?

É preciso saber que uma criança, às vezes, começa a aprender a tocar um instrumento musical e desiste. Isso não significa que ela não gosta de música! Deve-se dizer: "Já que você não gosta disso, vou guardar o dinheiro que gastava nas aulas para quando você quiser se dedicar a uma arte, à música ou a qualquer outra coisa." É assim que os pais mostram que estão atentos ao fato de o filho gostar de uma arte. Pois é verdade que, na vida, encontrar uma arte que dê prazer é uma alegria muito grande, enorme; mais tarde, quando estiverem trabalhando, voltar para casa cansado e ter essa válvula de escape é formidável. Então, já que esses pais têm dinheiro para isso, devem guardar o dinheiro dos cursos e dizer à criança, anotando num caderninho: "As aulas custam tanto. Você teria uma por semana; isso dá tanto por mês" etc.

É tudo o que posso dizer. Mas fico transtornada quando vejo crianças irem às aulas de piano como a sessões de tortura. É terrível! Repito: ou o problema vem da professora ou do fato de a criança realmente não gostar de música. É preciso respeitar isso.

Mais uma pergunta sobre as aulas de piano. Os pais sempre se perguntam: "Existe uma idade ideal? Quando se pode começar?" – supondo-se, evidentemente, que a criança tenha vocação para isso, como se diz.

O piano ou a iniciação musical?

Os dois, as aulas e a iniciação.

A iniciação musical, o mais cedo possível; com dois anos ou menos, se possível; e mesmo *in utero*. É o que fazem os ciganos: *in utero* e nas semanas que seguem o nascimento; o melhor cigano vem tocar perto da mulher grávida e continua tocando perto do berço da criança durante os primeiros meses de vida. Observou-se que uma criança que ouviu tocar assim um instrumento se dedicará

---

3. Associação Marie Jaël, 117, bd Jules-Sandeau, Paris, XVIème.

na maioria das vezes a ele, se for músico. É interessante conhecer essas tradições de um povo musicalmente muito talentoso.

Na Alemanha, aliás, a iniciação musical começa na pré-escola, e mesmo no maternal, cantando-se ritmos com tamborins. Professores do conservatório passam para identificar as crianças que têm gosto pela música e bom ouvido. A partir dos dois anos e meio, uma perua as leva ao conservatório, para a aula das crianças bem pequenas. Em seguida, a partir da pré-escola, os que gostam de música são iniciados através dos instrumentos que lhes agradam: durante dois meses, é um instrumento; durante os dois meses seguintes, um outro. Acompanham-se os gostos da criança e seu interesse momentâneo, porque, dependendo da criança, é por volta dos cinco ou seis anos que elas se apaixonam realmente por um instrumento ou que, ao contrário, são colocadas nos corais e nos grupos de dança e de canto. E continuam sua educação musical geral desse modo. Para alguns, o desejo de aprender um instrumento aparece às vezes por volta dos dezenove anos, mais freqüentemente na puberdade, mas foram preparados para isso por essa educação. É excelente que a iniciação musical tenha precedido a época da puberdade, se ela não cansou a criança, se foi feita como uma brincadeira e com um ouvido já formado. A música, os ritmos e os sons fazem parte da vida, como as formas e as cores. São fonte de prazer para todos os seres humanos. Mas também podemos fazer as crianças perderem o gosto por um prazer, se o tornarmos obrigatório.

A verdade nem sempre deve ser dita
(O indiscreto, o insolente e o fofoqueiro)

Uma mãe escreve a respeito do filho de quatro anos que tem, como se diz, a língua solta, e muitas vezes a deixa constrangida com as observações que faz, em voz alta, na rua. Por exemplo, aproxima-se de um africano e diz: "Olha como este senhor é preto!"; ou, vendo um senhor de idade atravessando a rua: "Você viu aquele senhor? Ele é muito velho; vai morrer logo." Fica então constrangida. Ela também se questiona sobre outro problema: "Tenho duas amigas que têm, ambas, situações familiares difíceis. Uma perdeu o marido, que se suicidou, e tem um filho da mesma idade que o meu; ele nunca conheceu, de fato, o pai. A outra separou-se do marido e seus dois filhos vêem muito raramente o pai. Temo que um dia meu filho, com suas habituais observações, magoe essas crianças fazendo-lhes perguntas precisas demais sobre o pai. Devo tomar a iniciativa de falar com ele ou devo esperar que aborde o assunto?"

Em primeiro lugar, essa mulher poderia perguntar às duas amigas se os filhos conhecem a respectiva situação familiar. Pela idade deles, já deveriam. Um deveria saber que o pai morreu quando ele era pequeno – por fotos desse homem antes de seu nascimento ou de quando era bebê –; com os outros, pode-se falar claramente, eles não são as únicas crianças que vêem raramente o pai, divorciado. Quando as crianças têm consciência de sua situação, nada as magoa, a não ser que algo seja dito com essa intenção, e não para falar da realidade.

Quanto à consideração do menino na rua, isso não significa que ele seja racista: ele diz que o senhor é negro porque ele é negro. Evidentemente, existem situações constrangedoras. Existem até mesmo crianças telepatas e videntes: conheço uma menina que, num trem, quando uma senhora acabava de explicar que ia ver o marido, disse bem alto: "Mas, não é verdade! Seu marido não está aqui. Ela vai ver um outro senhor, e não vai dizer ao marido." A senhora ficou toda vermelha...

É o que chamamos de "dar um fora"!

Não dizem que a verdade sai da boca das crianças? Elas não a dizem para magoar, mas, algumas, por serem telepatas e videntes e, outras, por serem simplesmente observadoras.

Devemos fazer essas crianças entenderem que são inconvenientes?

Não acho. Nesse caso preciso, quando a mãe sentir que a criança disse algo que magoou ou chocou, será ela que apresentará suas desculpas. Ao filho ela fará: "Psiu! psiu!". E um pouco depois: "Agora há pouco, você disse àquele senhor que ele ia morrer logo. Por acaso você gostaria de morrer?" E explicará a ele que não se deve dizer a alguém algo que irá magoar. Esse menino é inteligente e certamente sensível. Acho que, se ela falar com ele agora, educará sua sensibilidade. Deve dizer-lhe: "Tudo o que for verdade, você pode me dizer baixinho." Quando estiverem passeando na rua, ele lhe dirá em segredo: "Aquela mulher é muito feia", "Aquele homem é malvado". Há também crianças que dizem: "Olha como aquela mulher é azul!", ou "Oh! Como ela é vermelha!" Isso quer dizer que a acham agradável. Aos quatro anos, as crianças às vezes exprimem seus sentimentos por alguém através das cores. Podem confiar isso à mãe, que entende porque está em diálogo com o filho. Ela deve explicar: "Vermelha de brincadeirinha, o que você quer dizer é que ela é simpática ou que não é simpática." Não posso indicar mais nada. Ele só tem quatro anos... Não devem pregar-lhe grandes sermões!

Temos agora a carta de uma mãe que está realmente desesperada: "Devo levar a sério ou minimizar o que aconteceu?" Seu filho, de seis anos, vai à escola há pouco tempo. "Ontem à noite, ao voltar para casa, encontrei meu marido transtornado", escreve ela. De fato, o filho, ao sair da escola, xingara a diretora porque ela pegara seus carrinhos durante o recreio. Quando a avó foi buscá-lo, no final das aulas, ouviu a criança explodir de raiva e gritar "filha da puta", referindo-se à diretora. Felizmente, ela não ouviu nada...

Foi a avó que ouviu!

Foi. E repetiu para o pai, que repetiu para a mãe. E todo mundo se interroga. Ela pergunta: "Vocês percebem! O que teria acontecido se a diretora tivesse ouvido? O que teria acontecido com meu filho?" A mãe continua: "Como todas as noites, perguntei ao menino como tinha sido o dia, o que ele tinha comido na cantina da escola..."

Olhe, vou interrompê-la imediatamente porque esse "como todas as noites"... é terrível. Os pais, como eu já disse, perguntam às crianças o que aconteceu na escola, enquanto as próprias crianças não se lembram ou se lembram mal. Ele já teria esquecido completamente esse incidente, se a avó não tivesse feito uma tempestade em copo d'água.

Foi, aliás, o que ele respondeu à mãe: que tinha esquecido.

Mas é lógico! Foi a avó que se sentiu atingida: imaginou o que teria sentido se o menino tivesse dito isso para ela. Quanto à diretora, ela provavelmente ouviu, mas foi inteligente o bastante para colocar seus "filtros" e não dar ouvidos. Você entende, afinal ela havia feito uma sacanagem com ele, pegando seus carrinhos! Fazia três ou quatro dias que ele estava na escola e contava com os carrinhos para encantar os coleguinhas! Mas o regulamento era contra, e ponto final! É a lei, e a lei é dura. Quem já não disse da polícia, dos juízes: "Filho da puta!", pelo menos uma vez na vida? É muito barulho por nada. Terrível é o drama que fizeram.

A mãe continua, então "Como filho de peixe, peixinho é, finalmente obtive sua confissão". Nesse momento, a criança começou a chorar, fechou-se no quarto e saiu com um desenho que ofereceu à mãe. "Não me deixei engabelar", escreve ela, "justamente porque ele é muito esperto. Foi muito difícil recusar o desenho."

Mas por que recusar?

Ela vai esclarecer na continuação: "Expliquei-lhe por que naquela noite não haveria nem beijo nem histórias. Mas, às dez horas, ele não conseguia dormir. Tive que voltar atrás." Em suma, ela achava que ele era esperto demais fazendo-lhe um desenho depois de uma palavra tão horrível.

É realmente o retrato de pais que não conseguem aceitar que uma criança tenha um movimento de revolta e de verdade para exprimir o que sente. A verdade nem sempre deve ser dita, concordo. É simplesmente isso que deveriam ter-lhe explicado: "Olhe, da próxima vez, preste atenção. Quando quiser dizer alguma coisa de alguém que deve ser respeitado para não ter muitos problemas depois, você a diz para nós. E, depois, agora você já sabe que não pode levar seus carrinhos para a escola." Mas esse pai transtornado, essa mãe desesperada... eu, francamente, acho cômico – exceto por se dar muita importância a um pequeno gesto de uma criança encantadora e que continua verídica.

A carta seguinte apresenta, através de um caso particular, um problema do qual ainda não falamos ou falamos pouco até agora: o das crianças fofoqueiras. A mãe que escreve tem dois meninos de cinco anos e meio e quatro anos. O problema é com o mais velho; ele é bastante estudioso...

O que significa, com cinco anos e meio, ser bastante estudioso?

A mãe apenas escreve que a professora está satisfeita porque ele aprende muito depressa.

Quer dizer que é inteligente.

Ele sempre foi tímido desde a mais tenra infância e agora tem medo dos colegas. Não ousa defender-se e, em compensação, denuncia e conta tudo, ou à professora ou à mãe. Esta última já cansou de lhe dizer para não fazer isso, mas ele continua. A mãe propõe uma explicação: quando ele tinha vinte meses, perdeu o avô paterno, que era dono de uma padaria. Os pais tiveram que assumir o trabalho; por essa razão, confiaram as duas crianças à avó que acabara de ficar viúva. Ela os levava todos os dias ao cemitério: "Penso que talvez isso o tenha marcado. Naquele momento, não ousei pedir à minha sogra que não levasse as crianças ao cemitério, porque sentia que ela estava sofrendo enormemente e que aquilo lhe fazia muito bem." Ela acrescenta que os primeiros anos de seu casamento não foram muito bons, que muitas vezes ela e o marido ficavam brigados durante dias sem se perguntar se as crianças percebiam ou não. Agora, as coisas estão bem melhores entre eles.

É evidente que a vida difícil que ele teve a partir dos vinte meses, quando, de repente, a mãe foi obrigada a deixá-lo para cuidar dos negócios etc., marcou-o. Essa criança ficou com uma avó que vivia na dor. E, nesse momento, adquiriu um viés "masoquista" – quero dizer o seguinte: já que era obrigado a viver sua cota de prazer, durante o dia, com a avó, ele a vivia junto com a desgraça. É por isso que, agora, deixa que os outros batam nele, que é um pouco vítima. No começo, ele foi "vitimado". Está claro?

Como se pode ajudá-lo?

A uma criança que apanha o tempo inteiro dos colegas, deve-se dizer – já escrevi isso –: "Olhe! Talvez você ainda não tenha prestado atenção em *como* eles batem em você, quando dói *mais* (devemos usar essas palavras, *doer mais*). Se puder evitar as pancadas, evite. Mas, se o outro pegar você, lembre-se do que eu disse. E quando você souber, por experiência própria, o que dói mais, depois de algum tempo você também saberá, como os outros, como se bate, e saberá se defender. Aí, você verá que seus colegas nunca mais pensarão em atacar você. E você vai adorar brigar." É assim que se pode ajudar essa criança. Não adianta nada dizer a ele: "Defenda-se", pois ele não sabe fazer outra coisa além de se colocar como coisa e como vítima. Que experimente pois, sem angústia, graças aos incentivos recebidos, a agressividade do outro, prestando muita atenção na técnica daqueles que o atacam. Como é inteligente, aprenderá com eles e conseguirá se defender. Não se deve zombar dele, nem consolá-lo, nem acusar os outros, mas incitá-lo a aprender a se fazer respeitar pagando aos outros, nas trocas cinestésicas, na mesma moeda. É um menino passivo demais.

A propósito do medo, essa senhora ainda conta uma história exemplar: "No verão passado, durante as férias, levei meu filho à piscina para ter aulas de natação. Caímos com um professor de natação que talvez não tivesse muita psicologia, que me disse que, de qualquer jeito, não era grave que o menino estivesse com medo, porque ele era inteligente e bastaria forçá-lo a dominar seu medo. Meu filho perdeu toda a vontade; ficava angustiado o tempo todo, pedia para colocarmos uma luzinha em seu quarto, à noite, declarava que não podia dormir no escuro." E depois, no último dia, foi uma verdadeira catástrofe. O professor de natação levou-o para a piscina grande: o menino ficou literalmente paralisado, berrando: "Estou com medo." A mãe não interveio, mas quando o professor lhe devolveu o filho, ele estava gelado, de olhos fechados – e, contudo, fazia 35° – e só voltou a seu estado normal depois de um banho quente. Evidentemente, ele disse no ato que piscina, nunca mais; e nunca mais voltou. A mãe termina perguntando: "Que fazer para que ele perca o medo, não fique angustiado, pare de contar tudo? Devo fazer com que pratique esporte? – até agora isso não deu muito certo. Qual esporte seria bom para ele?"

Em primeiro lugar, nada de esporte! Cinco anos e meio, é cedo demais para ensinar a nadar uma criança que não tem vontade e que, já na primeira aula, não estava entusiasmada com aquilo que a mandavam fazer. Os pais não devem, talvez com o pretexto de já terem pago uma série de aulas – em geral é assim que funciona nas piscinas –, dizer: "Já que paguei tantas aulas, meu filho tem que tê-las." Nesse caso, é pena que tenham continuado. Se o menino tivesse oito anos, seria totalmente diferente; um incentivo o teria ajudado. Mas os pais devem saber que, com cinco anos e meio, só se deve tentar ensiná-lo a nadar se ele pedir. Nesse caso, podem propor a um professor de natação ou a qualquer outro professor: "Você poderia aceitá-lo para uma aula experimental? Se ele gostar, continuará." Aparentemente, essa mulher trata o filho como se ele tivesse oito anos.

Acrescento que se ela própria e o marido tivessem entrado na água com ele, teriam começado a familiarizar a criança com a piscina; o menino teria brincado entre o pai e a mãe, até que um dia, nadando cachorrinho, como fazem todas as crianças, diria: "Gostaria de aprender a nadar rápido e bem." É evidente que, nesse momento, tudo teria corrido bem melhor.

Agora, as crianças dedo-duros.

Não sabemos de modo algum, *a priori*, o que significa "dedurar" para uma criança. Devemos desconfiar daquilo que dizemos. Pode ser bem útil que uma criança fale quando uma outra está correndo um grave perigo e ninguém sabia. Se dissermos às crianças que nunca devem contar nada e se lhes dermos bronca ou as punirmos por fazê-lo, elas não ousarão avisar quando algo perigoso estiver acontecendo. Quando uma criança vem anunciar: "Fulano fez tal coisa", deve-se perguntar "Por que você veio me contar isso?" Se ela responder: "Porque o que ele fez não é certo!", podemos explicar-lhe: "É verdade, era proibido" (ou, "você tem razão, não era certo"). "Já que você sabe disso, não faça o mesmo." Se ele responder: "Porque alguém tem que dar uma bronca nele", deve-se dizer-lhe: "Olhe, ele teve sorte, eu não vi (ou não ouvi nada)", ou ainda: "Ele teve sorte de ter-se saído bem dessa vez, já que não aconteceu nada de grave" (afinal, por que proibimos as coisas, senão por serem perigosas?). Em compensação, se o pequeno fofoqueiro avisar que uma criança está fazendo algo perigoso, devemos nos mostrar reconhecidos: "Obrigada por ter-me avisado"; mas não falamos, nesse caso, de dedurar. Vamos ver o que está acontecendo, cortamos a imprudência, mas nunca damos bronca na criança que está fazendo algo errado e que foi "dedurada". Nunca.

Dizemos a ela: "Você sabe que não está certo", ou "O que você está fazendo é perigoso. Por isso dissemos que não podia". Se a criança tiver saído ilesa ao desobedecer fazendo algo perigoso, diremos: "Não aconteceu nada com você desta vez. Ainda bem! Não vou te dar bronca. Felizmente eu não vi você, senão teria ficado com medo."Vocês percebem a diferença? Não damos bronca, vamos ver se a segurança da criança está garantida. Se não estiver, vamos ajudá-la a sair da dificuldade na qual se meteu. E dizemos à que veio contar: "Você fez bem em vir, porque estava preocupada. Ele se arriscou. Poderia ter sido perigoso."

É assim que podemos ajudar as crianças. Não lhes diremos que é ruim contar, porque como vamos saber? O que se deve coibir é a indignidade de dedurar alguém para fazê-lo levar bronca. E, se ela existe, é porque os pais dão bronca nas crianças que os outros deduraram, não é?

Talvez devêssemos passar para o caso mais preciso em que o fofoqueiro acaba de ser vítima daquele que está denunciando. "Vou contar para minha mãe" (ou "para o meu pai", ou "para a professora"): é uma ameaça que sempre ouvimos em casa ou durante o recreio. Como o adulto deve reagir quando uma criança se queixa de um colega, de um irmão ou de uma irmã, depois de uma briga em que ele foi vítima do outro?

É preciso tomar muito cuidado para não cair em duas armadilhas: a de não ter compaixão da vítima (às vezes machucada) e a de agredir, por sua vez, com palavras, como "correção" ou como punição, o agressor – pois essas duas armadilhas têm como efeito magoar as duas crianças. E educar não é isso.

Deve-se acolher o mais necessitado, consolar e cuidar daquele que foi lesado ou machucado; dizer-lhe: "O outro exagerou um pouco" ou "Escolha melhor seus adversários; esse aí é muito forte ou muito grande para brincar com você, mas pelo menos você aprendeu alguma coisa". Na maioria das vezes, bastam algumas palavras e alguns cuidados e tudo acaba. Mas nunca se deve falar mal do autor do malfeito. Se ele puder ajudar você a reparar os danos, será bom incentivá-lo a isso.

Também acontece de o outro, logo depois do primeiro queixoso, vir justificar seu comportamento, queixando-se por sua vez: "Ele ou ela não parava de me cutucar, ele me provocou." Temos que consolá-lo também: "É muito chato ele ser fraco, não é bom brincar com quem não tem a mesma força que você."

Quanto às brigas em família, em que as crianças se agridem por causa do espaço violado: "Ele entrou no meu quarto", "Ela fica pegando minhas coisas"..., elas devem nos fazer refletir sobre o modo de organizar a defesa passiva de cada um. Eu já falei: cada criança deve ter em casa um espaço bem definido para seus objetos pessoais, uma caixa ou um armário com chave ou cadeado. Cabe aos pais tornar eficaz a defesa passiva possível. Se a criança vier em seguida se queixar da invasão de um outro ou de um rapa em seus bens mais preciosos, será porque não utilizou os meios à sua disposição: é o que devemos lhe dizer, consolando ao mesmo tempo as duas crianças por terem nascido na mesma família.

De um modo geral, o fato de ser fofoqueira não implica perigo para uma criança?

O importante, no caso de uma criança gostar de fazer fofoca e não parar de acusar os outros, é nunca se deixar manipular por ela para punir ou criticar a outra; do contrário, a criança fofoqueira ou caluniadora, pseudo ou realmente vítima, nunca poderá se tornar autônoma. Sempre recorrerá à autoridade protetora e, fazendo com que o outro seja punido, conseguirá uma vingança lamentável. Será progressivamente detestada pelas outras crianças e considerada uma espiã inimiga.

Agora, se a deduragem é motivada pela preocupação diante da transgressão de um regulamento, é reafirmando esse regulamento transgredido que ajudaremos a criança a saber se comportar, pessoalmente, segundo sua própria consciência, em vez de se deixar tentar como uma "maria-vai-com-as-outras" e repetir, por sua vez, a besteira do outro.

A criança dedo-duro é um fraco que sente inveja de um outro mais forte, mais esperto, mais hábil, que ganhou dela. Recusando-lhe o benefício que ela contava ganhar, podemos ajudá-la a corrigir essa sensibilidade queixosa ou acusadora que a impede de fazer amigos. Os maus jogadores, os maus camaradas, sempre prontos a falar mal dos outros, as crianças bem-comportadas para as instâncias tutelares, tornam-se rapidamente, se a autoridade dos pais se deixa manipular, crianças solitárias e infelizes entre os companheiros da sua idade.

Repito, nosso papel de educadores consiste em armar as crianças para a vida em comunidade com os companheiros de sua idade, ajudá-las a saber se automaternar nas provações e se autopaternar em seu comportamento, com referência à prudência e à lei, mesmo se outros lhes derem o exemplo de que se pode transgredir, a primeira sem conseqüências e a segunda sem escrúpulos. "Não faça a mesma coisa, já que você considera conscienciosamente que ele agiu mal, ou que foi imprudente."

Cabe à criança responsabilizar-se
(Organização do trabalho escolar)

Muitos pais pedem-lhe, eu diria, um pequeno socorro: "Ah! meu Deus! como ajudar essa criança a organizar seu trabalho? Ela é cabeça-de-vento; ela é isso, ela é aquilo!"
Primeiro, uma carta exemplar. Uma mãe lhe pergunta o que deve dizer ao filho de oito anos para fazê-lo entender que já é tempo de se responsabilizar por si mesmo. Ela tem dois outros filhos de seis anos e de um ano. Ela já não sabe mais a que argumento recorrer para o filho prestar atenção. Conta, particularmente, seu último feito: ao sair da escola, num dia de chuva, voltou para casa correndo – porque ele sempre corre irrefletidamente, escreve ela –, mas de casaco na mão, o que o fez chegar completamente ensopado. Outro dia, como estava com a mochila mal fechada, foi semeando o boletim e a borracha pelo caminho. "Meu marido diz que eu o mimo demais, e meu filho não pode entender que precisa ter responsabilidade. Talvez. Mas, enfim, há pelo menos dois anos brigo com ele para que arrume suas coisas, lave as mãos sem ninguém pedir etc. Minha filha, que é dois anos mais nova, é mais responsável que ele: mas ele tem a impressão de que só exijo as coisas dele, em outras palavras, que estou sempre em cima dele e não em cima dos outros." Ela observa que o menino é muito inteligente e está entre os primeiros da classe. É tagarela – mas, enfim, qual criança não é? – e um pouco cabeça-de-vento: "Quando lhe falamos de todos esses pequenos problemas, ele não chega a dizer – mas certamente pensa o seguinte: 'Vocês me atormentam com coisas sem importância.'"

O importante, nessa carta, é que a mãe parece ter educado os filhos sozinha, e também esse menino de oito anos, vivo, dinâmico, que é o mais velho. O pai diz que ela o mima demais? Acho que, quando as crianças eram pequenas, esse pai deixou a mulher cuidar deles um pouco demais, sem que ele próprio se interessasse muito por isso.
Em todo caso, já faz dois anos que ela não deveria dizer mais nada ao menino. Nada de "Preste atenção!" (ou seja, "Faça o que eu mandava você fazer"), mas sim: "A partir de agora, você vai se virar sozinho, porque já pode. E se tiver problemas, peça-me ajuda." Ou seja, é a criança que deve pedir ajuda à mãe; esta não deve controlá-la. Se sua blusa de lã estiver torta, se o menino estiver molhado, se se queixar por estar molhado, ela pode lhe dizer: "Puxa! mas você tinha seu casaco! Coitadinho, não pensou nisso?" Só isso. E não deve lhe dar

bronca. Ele fez sua experiência. Se ele perdeu a mochila, a mãe deve ficar com pena. De fato, é uma criança digna de pena por todos esses contratempos desagradáveis. Parece que ele derruba pratos, assim, sem mais nem menos, porque não presta muita atenção. Acho que, durante tempo demais, os braços e as mãos da mãe fizeram tudo por ele. Então, a melhor maneira de ajudá-lo é não lhe dizer mais nada. Ele lhe contará as bobagens que fez. Então, a mãe deve responder: "Olhe, eu te mimei muito quando você era pequeno, mas você sairá fácil dessa." E pronto. Ele não lavou as mãos? Quando ele chegar à mesa, ela deve observar: "Você vai comer de mãos sujas? É ruim, porque as mãos pegam em tudo. Você pode observar que eu sempre me sento à mesa de mãos limpas." Mas de modo algum deve mandá-lo antecipadamente lavar as mãos antes de comer. Ele perderá cinco minutos, sua sopa vai esfriar? E daí? Ela deve deixá-lo em paz! Agora, se o pai quiser intervir a título preventivo – o que estou pedindo a ela, à mãe, para não fazer –, ela não deve se meter. Deve deixar por conta do marido. Se ele não reparar nas mãos sujas, azar! Não cabe a ela fazê-lo. Deve deixar que essa criança, agora, se defina com relação a si mesma e com relação ao pai, sem se meter. E, depois, tudo entrará nos eixos, já que se trata de uma criança muito talentosa, que corre atrás do que quer. Ela não a deixou correr cedo o suficiente. Essa é a questão.

Agora, vamos ampliar o foco: você disse que muitas cartas falam de crianças que não sabem controlar o próprio trabalho, enrolam, nunca terminam ou passam horas em cima dos deveres, sem conseguir terminá-los. Isso é uma questão de organização do trabalho. Há uma idade em que a criança se preocupa com isso. Antes, não creio que os pais possam fazer grande coisa.

Ou melhor, talvez nas grandes ocasiões, nas provas, quando é preciso repassar as lições. Nesse momento, há um jeito de ensinar bem cedo a uma criança como aprender as lições, é só pedir-lhe para fazer isso em voz alta. Os pais lhe mostram como fariam no seu lugar: lemos alto a lição, prestando bem atenção (mesmo que a criança só preste atenção na metade, ela vê como o pai e a mãe fazem), depois escondemos de nós mesmos o que lemos e tentamos nos lembrar. Se a criança disser: "Pronto, já sei a lição! Você quer que eu a repita?", aceitamos, mas apenas se for ela que pedir – e nunca devemos fazê-la repetir toda a lição. Devemos fazer-lhe uma ou duas perguntas no máximo, escolhidas ao acaso, observando eventualmente: "Essa pergunta você não sabia." E se ela protestar: "Sabia sim, sabia muito bem!", respondemos: "Bom, se sabia, você respondeu mal." E pronto. Se, ao contrário, ela souber: "Está vendo, você sabe esta questão. Espero que saiba também o resto." Não insistimos, não a fazemos repetir mil vezes, para não correr o risco de saturá-la.

Mais uma coisa: as crianças que foram anoréxicas quando pequenas (ou seja, que vomitavam a comida, não queriam comer) só conseguem saber as lições muito mais tarde que os outros. Nunca devemos fazê-las repetir em voz alta, porque, para elas, repetir é como vomitar. Devemos dizer-lhes: "Tenho certeza de que você estudou bastante a lição; você deve sabê-la." Se a criança voltar no dia seguinte dizendo: "Tirei uma nota ruim", devemos animá-la: "Você vai conseguir. Sabe, quando você era pequeno, não conseguia comer. Com as lições é a mesma coisa, é preciso engoli-las. Você não as engole. Mas certamente conseguirá." Enfim, confiar na criança.

Quanto à organização do trabalho: a criança interessa-se por isso mais ou menos a partir da quinta série. E seria realmente útil se, nas escolas, ensinassem nesse momento as crianças a organizar seus estudos. Já que isso não é feito – exceto por alguns professores e professoras –, como uma mãe, um pai ou um irmão mais velho podem ajudar uma criança, contanto que ela tenha pedido, contanto que tenha dito: "Quero aprender"? Em primeiro lugar, olhamos o caderno de lições: se estiver muito mal feito, ela não entenderá o que tem que fazer. "Em alguns dias, daremos um jeito nisso. Traga o caderno de lições de um colega. A gente vai comparar." Porque existem crianças que efetivamente pulam uma parte do que têm que fazer: vão depressa ou devagar demais. Depois, se o trabalho a ser feito está bem indicado, deve-se prever com a criança o tempo que cada matéria exige: "Você precisa de tanto tempo para fazer isso. A tal hora, você fará aquilo; se tudo der certo, você terminará a tal hora." E anotamos essas horas num papel perto dela. A mãe fica atenta a essas horas e vem controlar: "Agora, chega. Você já trabalhou bastante essa lição, passe para outra." Senão, principalmente depois da quinta série, as crianças ficam perdidas; os professores exigem muito; a primeira matéria nunca acaba. Pouco a pouco, em algumas semanas, a criança conseguirá fazer tudo no tempo determinado e saberá pegar e largar o que lhe deram para aprender, pois também é preciso saber parar. Entre a negligência e o perfeccionismo, deve-se achar o justo meio, o da eficácia suficiente.

Mais uma carta de uma mãe desamparada: ela tem dois filhos de oito anos e um ano e uma filha de quatro anos. A questão que ela se coloca – e que coloca para você – diz respeito ao menino de oito anos. "É um menino muito alegre, muitas vezes despreocupado na escola. Não estuda nem muito nem pouco, mas cuida mal dos cadernos; tento fazer com que os mantenha pelo menos decentemente. Esta manhã, antes de ir para a escola, escreveu uma cartinha para um correspondente que a escola lhe deu – às pressas, pois esqueceu de fazer isso ontem à noite, junto com a lição de casa. Não estava marcado no seu caderno de tarefas, que eu olho todo dia quando ele volta da aula. Já eram oito e vinte, ele tinha acabado de corrigir dois erros que eu tinha mostrado para ele, a caneta, enquanto a carta estava escrita a lápis. Disse a ele: 'Você vai refazer. Para você aprender a não fazer as coisas na última hora.' Aí, ele começou a ficar nervoso, a chorar e, de repente, me saiu com esta: 'Não, mamãe, vou chegar atrasado na escola... por favor.' E como eu não cedia, ele me disse: 'Eu vou me matar.' Foi a primeira vez que ouvi meu filho dizer essa palavra. Fiquei com muito medo. Falei com ele pausadamente sobre a carta, explicando-lhe que, da próxima vez, ele começaria mais cedo, que a gente não ia brigar por causa disso. E então ele foi embora sem que eu o fizesse reescrever a carta, consolado e, principalmente, acalmado. Agora, estou com medo de que ele me venha de novo com essa frase, um pouco como uma chantagem, pois ele deve ter tido plena consciência do efeito que ela produziu em mim. Tive a impressão de uma ducha de água fria. Diga-me o que devo fazer, se ele me ameaçar de novo desse modo. É a primeira vez que não sei que atitude tomar."

Essa carta é interessante, porque se trata de uma criança inteligente e de uma mulher que não sabe se tornar mãe de um menino de oito anos. A partir de sete, oito anos, um menino deve saber que a mãe confia nele. Pergunto-me se não seria bom ela se livrar definitivamente desse papel de bedel que assume com ele, isso vai estragar as relações deles. Pergunto-me se não seria melhor para a criança, por seu lado, ficar na escola depois da aula para fazer a lição, voltando para casa com a tarefa já feita, para a mãe nunca mais ter que controlar seus cadernos. Ela poderia lhe dizer: "Espero que você possa se virar sozinho agora... Eu já te atormentei tantas vezes para que você fizesse a lição de casa... Eu confio em você." Já é tempo de esse menino inteligente se responsabilizar por si mesmo. E, depois, essa história de carta ao correspondente... Que haja ou não erros? E daí? Enfim, choca-nos que essa mulher se ponha a corrigir a carta de uma criança destinada a outra criança.

Há um post-scriptum em sua carta: "Esperei que ele voltasse da escola antes de escrever, para ver seu estado de espírito." O menino olhou-a e disse: "Puxa, você está tão calma, hoje." Ela está muito preocupada com isso porque se diz que agora ele vai usar esta frase terrível: "Vou me matar", como uma espécie de meio de chantagem. O que isso mostra? Que o menino é muito inteligente ou muito perturbado?

Mostra simplesmente que ele não sabe mais como se livrar da mãe e tomar as próprias rédeas nas mãos. É isso que quer dizer. Ela o deprime a tal ponto que ele não pode mais gostar de si mesmo, confrontado com uma imagem de si em que está sempre errado, sempre merecendo censura. Sente-se perseguido por ela. Tem um temperamento despreocupado, por que não? Se pudéssemos ser despreocupados, viveríamos melhor. As preocupações virão; ele não está na idade delas. Por que ela lhe cria preocupações? Que importância podem ter erros de ortografia? Num ditado, tudo bem, é preciso saber corrigi-los, mas que uma criança de oito anos cometa erros numa carta, o que a mãe tem a ver com isso?

Além disso, que ele escreva a lápis ou a caneta...

Enfim! Essa carta é um pouco terrível. Espero que a lição que ele deu à mãe funcione. Porque, na verdade, o menino não disse que ia se matar para ameaçá-la. Disse isso porque chegou a pensar: "Não há mais nada a fazer. Se viver é isso, não vale a pena!" Repito mais uma vez: com oito anos, ele precisa viver por si mesmo, responsabilizar-se por si próprio, mesmo arriscando-se a ter notas menos boas na escola: isso é um detalhe. Além disso, ele não deve ter mais nada para fazer à noite e, quando estiver com a família, isso deve ser alegria e não, sempre e sempre, o estudo; e sua mãe não deve ser um professor a mais. E, mais uma coisa! Essa é uma carta em que não se fala do pai. Talvez ele diga, como eu: "Mas, enfim, não se preocupe mais com ele! Com oito anos, ele já sabe o que tem que fazer!"

Tenho certeza que, ao ouvir sua resposta, essa mãe vai ter medo de mudar de atitude e vai pensar que você a está levando a uma espécie de demissão. E ela se dirá: "Ele vai aproveitar."

Mas, não! Ela deve falar com ele. Quando ele lhe disse: "Como você está calma", por que ela não lhe respondeu: "É verdade, fiquei aterrada ao perceber que meu modo de ser com você provocava tal reação. Mas, você sabe que eu te amo"? Ele não sabe que ela o ama: pensava que ia chegar atrasado na escola; e ela preferia corrigi-lo em vez de deixá-lo ir; ora, o que ele deve é ir à escola. Não deve se preocupar com o que sua mãe diz ou não, se ele almoçou ou não, se está vestido ou não. Ele quer ir à escola? Que vá! É esse seu problema, não é? Repito, com oito anos, uma criança deve se responsabilizar por si mesma, controlada, evidentemente, mas nas grandes linhas, e não, assim, passo a passo.

Por que a escola deve ser tão triste?
(O ensino sem a educação)

Gostaria de falar do problema de uma correspondente que tem três filhos grandes de catorze, treze e onze anos e meio. O segundo filho, que tem treze anos, recentemente caiu em prantos, quando recitava as lições para a mãe, porque tem a língua um pouco presa e, como ela diz, tropeça no começo das frases. Os pais tentaram resolver o problema: consultaram um pediatra, um fonoaudiólogo, e todos disseram que não era nada grave, que tudo iria se resolver, que talvez fosse uma questão de tempo, de exercício. A mãe escreve: "Eu quero saber sua opinião não tanto sobre o problema puramente médico que isso poderia implicar, mas principalmente sobre a angústia dessa criança. Gostaríamos de ajudá-lo a superar esse momento difícil, porque, na escola, ele é sempre vítima das gozações dos professores e dos colegas. E fica profundamente infeliz com isso."

Isso coloca bem o problema da escola na França, onde os professores não podem educar. Educar nunca deveria ser tolerar que um aluno sofra, com o pretexto de ter características físicas, gestuais, de linguagem, diferentes das dos outros. É uma vergonha ver isso.

Isso me lembra a carta de um rapaz, de quem os colegas zombavam por também ter um pequeno defeito de pronúncia e ser mais franzino que os outros. A solução que ele encontrou foi terminar com sucesso seu ano escolar por correspondência, passando no exame, e partir para a Inglaterra, depois de grandes hesitações dos pais. Ele tem agora, naquele país, uma situação esplêndida, em comparação com a de seus irmãos e irmãs na França. Apesar de seu defeito de pronúncia e de sua compleição, desenvolveu-se psicossocialmente ali de modo muito mais fácil do que poderia ter feito na França, devido à permanente zombaria de que era objeto. Contava que em nenhuma escola inglesa existia tal prática. Gostaria que se entendesse isso. É muito difícil, para certas crianças sensíveis, suportar a escola na França. O que é uma pena, porque nem a sensibilidade nem os defeitos físicos tiram o valor de um cidadão. Ao contrário! Enriquecem a personalidade para mais tarde.

Para voltar a essa criança que tem a língua um pouco presa, não sei o que dizer. Evidentemente, uma psicoterapia poderia ajudá-lo, mesmo que os médicos acreditem que o defeito não seja muito grave; a ajuda seria que ele conseguisse se defender, não como os outros querem que faça, mas a seu modo. É tudo que posso dizer.

Sim, mas os pais... Como eles podem ajudar os filhos? Porque nem todo mundo tem condições de mudar de lugar, de colégio ou de ginásio. E, depois, a mãe se dá conta de que não é tanto esse pequeno defeito que perturba o filho, mas o que acontece por causa dele.

Se não sei como ajudá-lo, talvez seja porque não caiba à mãe intervir. Pois, se ela protege demais o filho... Caberia mais ao pai...

Mas você acha que os pais, nesse caso, deveriam ir falar com os professores?

É uma faca de dois gumes. Isso depende da personalidade dos professores. Precisaríamos saber se o menino quer isso. Pode-se interrogar os professores sobre os progressos dos filhos, claro, isso é até necessário. Mas, quanto a ir falar com eles sobre seus defeitos, sobre seus problemas de temperamento... Não acredito que um pai possa falar com um professor que sente prazer em zombar de um de seus alunos. O que é crueldade mental em uma criança pode mudar se falarmos com ela. Mas um adulto que não se sente inferior nunca zombará de uma pessoa desfavorecida pela natureza. Temo que os pais agravem a situação se falarem com esse professor. Então, no final das contas... Todo mundo deveria fazer psicoterapia! Mas não é possível! Mas é terrível ver que certas pessoas, só porque fizeram exames e têm diplomas, se tornam professores, sem ter as características psicológicas para isso, para viver em contato com as crianças e agir como educadores. Eles são instruídos, mas, ao mesmo tempo que transmitem seu saber, dão às crianças o exemplo de seres humanos corroídos por complexos de inferioridade. Essa criança é superior em alguma coisa ao professor que, com ciúmes, zomba dele. Isso é certo. E é isso que incomoda o professor.

Talvez o pai (não a mãe) pudesse ir falar com o diretor do estabelecimento escolar do filho e informá-lo da aflição do menino? Cabe ao diretor modificar uma situação intolerável falando com o aluno representante de classe. Senão, seria preciso mudar a criança de escola.

Temos aqui um depoimento um pouco semelhante à carta precedente: trata-se de uma mãe que tem dois filhos, de sete anos e meio e seis anos. O mais velho é muito vivo e muito emotivo, mas infelizmente está numa classe cuja professora é muito rígida. Conseqüência: ele não pára de ter notas ruins, sofre perpétuas repreensões, mas também – o que pode ser muito mais grave – vexações e humilhações diante dos colegas: a primeira vez em que ele errou um exercício na sala de aula, teve que, após a classe inteira ter zombado dele, ir ler o exercício na classe vizinha, para que ela também zombasse dele. E isso o magoou muito, humilhou-o. A mãe escreve: "Sempre tentei, ao contrário, ser acolhedora e compreensiva, em oposição a essa professora: mas não tenho condições de colocar meus filhos numa escola ideal, como as escolas Freinet, por exemplo." Por outro lado, ela não ousa ir falar com os professores, porque os supõe a priori convencidos de ter razão. Está, claro, decepcionada com o ensino tradicional. Detesta – acho que o termo não é suficientemente forte – os professores e professoras que não fazem com que as crianças estudem em harmonia. E resume bem sua carta com a última frase: "Por que, meu Deus, a escola deve ser tão triste?"

Essa pedagogia pela humilhação é algo que revolta absolutamente também a mim. Não sei por que o pai não pode ir pessoalmente falar com essa professora. Talvez o horário seja incompatível? Aliás, existem escolas que não recebem nas horas em que os pais estariam disponíveis. É outra coisa que acho lamentável: que não haja um dia reservado aos pais, fora do horário de trabalho, em que o diretor do estabelecimento e os professores estariam ali para recebê-los, duas vezes por trimestre.

Como estão as coisas, em todo caso, essa mãe só pode ajudar o filho a suportar o temperamento dessa professora dizendo-lhe: "Olhe, o importante é que você cresça e estude direitinho. Já que você estuda direitinho na escola... Todas as crianças fazem besteiras." E pronto. Ela deve desdramatizar. Aliás, é o que já faz.

Mas acho lamentável, e gostaria que todos os professores e professoras que lerem este livro aprendam com o que acaba de ser dito e que nunca, nunca, uma criança seja humilhada por ele ou, com o seu conhecimento, pelos colegas. Quando os colegas zombam de uma criança que se exprime mal ou que cometeu erros, o dever de um professor é calá-los dizendo: "Isso não é humano. Como vocês estão agindo? Como macacos numa jaula." Cabe ao professor, por seu lado, não se mostrar como o macaco-chefe da jaula. A escola é feita para que a criança fique ali com confiança, mesmo quando fez um exercício errado ou uma besteira. Quanto mais ajudarmos uma criança a superar suas dificuldades, mais teremos feito trabalho de professor, e trabalho de educador.

Aí está, em todo caso, seu comentário sobre esse depoimento que trata das relações, ou melhor, das não-relações, entre crianças e professores.

Os professores estão a serviço das crianças para educá-las, não para diminuí-las ou humilhá-las.

Se existe um grave problema, um problema que, em todo caso, faz com que os pais fiquem arrasados, é o das crianças que dizem: "Vou me matar: vou me suicidar." Quem escreve é a mãe de um menino de onze anos. O filho tem enormes problemas na escola, nas relações com os colegas. Naturalmente, ele não tem (ou não manifesta) muita defesa, e dá a impressão de se deixar dominar muito facilmente, o que faz com que alguns de seus colegas, no ginásio em que está há três meses e que tem trezentos alunos, façam chantagem, exigindo que ele lhes dê dinheiro.

Exigem dinheiro?

Isso mesmo. Ameaçam-no de quebrar-lhe a cara, se ele não trouxer dinheiro. Está literalmente aterrorizado. Nos fins de semana e feriados, fica em plena forma; mas assim que se aproxima o momento de voltar à escola, ele tem medo, fica com dor de barriga, sufoca, às vezes tem vontade de vomitar. E repete sem parar: "Não quero voltar para aquela escola." Ela cita outros incidentes: deram-lhe socos; outro dia, um menino arrancou-lhe o passe escolar, quando ele se preparava para subir no ônibus; enfim, todas essas vexações parecem fazê-lo não conseguir mais superar o medo; e ele diz à mãe: "Se você não me mudar de escola, vou me matar."

Essa história pode acabar mal. O que não entendo é que a mãe não fale do pai da criança, como se não houvesse um homem na família que pudesse ir rapidamente falar com o diretor e ver o que pode ser feito, junto com ele. A mim me parece ser, em todo caso, um desconhecimento do professor, que não foi avisado pelo pai. Não pelas mães: porque existem muitas mães que se queixam por nada; é verdade, isso acontece muitas vezes; estou vendo que você acha que estou exagerando...

Estava me perguntando se era você que falava, ou se era a reação que você atribuía aos professores em geral.

Olhe, é muito freqüente que as mães, quando uma criança se queixa, se desesperem por nada, diante de professores que sabem muito bem que as aulas não estão indo tão mal assim. E os professores ficam aborrecidos com essas mães que vêm se queixar.

"São mulheres, ora essa!" Digo isso porque, toda vez que você fala assim, você sabe que recebemos uma avalanche de cartas: "Mas como? ... Então, porque somos mulheres, somos assim?"

Claro que não! Só que as mães são muito apegadas aos filhos, e os filhos jogam com isso, principalmente quando entram em escolas novas. Esse menino estava muito contente de entrar no ginásio: isso lhe dava um outro *status*, ele se tornava um rapazinho. E, depois, ficou claro que ele não estava pronto. Ora, quando uma criança não sabe se defender, dar chutes, socos, logo no início, para mostrar que não é nenhum bobo, essas dificuldades acontecem. E sem dúvida, se essa criança, que começou o ano escolar no início do ano letivo, como os outros, tornou-se objeto da agressividade de todos, é porque era até agora uma criança superprotegida. Cabe ao pai ocupar-se dele agora. Talvez ele não tenha pai?

Em todo caso, esse menino não deve permanecer nas condições atuais. É tarde demais para se falar com o diretor, porque faz três meses que a situação está estabelecida, que os jogos estão feitos, que ele é objeto da zombaria e da violência de todos. Ou ele vai adoecer ou vai fazer o que diz – pois não se trata de modo algum de chantagem: é verdade que ele não agüenta mais. Está chegando ao fundo da depressão.

Justamente, é isso que eu ia perguntar para você: segundo sua experiência, quando uma criança ameaça se matar assim, o que se deve pensar?

As crianças às vezes dizem isso para angustiar a mãe e sem nenhuma outra razão, mas o contexto é diferente. Aqui, trata-se de uma criança que está realmente doente e que é efetivamente objeto de violências de que a mãe é testemunha quando ele volta da escola. E, depois, essa chantagem... Não sei se os professores sabem disso, mas conheço muitos exemplos de crianças que são efetivamente chantageadas: mal os colegas vêem que ele tem uma malha talvez um pouco mais bonita que a deles ou sapatos novos. Os outros são tão ciumentos... Alguns são até saqueados: roubam-lhes a malha, os sapatos, os cadernos. Atualmente, há uma enorme violência em certas escolas, e acho que não se dá muita importância a isso. As vítimas ficam sem nenhum recurso.

Do mesmo modo, quando um aluno entra em uma classe um pouco atrasado, após o início do ano escolar, quando os grupos já se organizaram, ele tem dificuldades de se integrar. Nesses casos, o papel dos professores seria apresentar o novo aluno aos colegas, escolher dois ou três entre eles para servir-lhe de intermediários até ele se integrar na classe. Esse trabalho psicossocial é também o trabalho dos professores.

Para voltar à nossa carta, acho que a mãe deve fazer um sacrifício de dinheiro ou para colocar pura e simplesmente o filho numa escola particular, ou para mudá-lo de ginásio e escolher um mais afastado, indo falar com o prefeito, já que ela está numa cidade grande, ou, na prefeitura, com a pessoa que cuida das escolas. Ela precisa fazer alguma coisa! Ela não pode, principalmente se não tiver marido, deixar a criança nessa situação. E, se ele tiver um pai, é absolutamente preciso que ele tire um dia, que vá falar com o diretor, a psicóloga da escola, ou com o prefeito, e encontre uma solução para salvar a criança.

Prepare seu futuro!
(Os pais e a escolaridade)

Podemos voltar aos problemas de escolaridade e, mais particularmente, à importância que os pais, em geral, atribuem à vida escolar dos filhos...

... e à angústia que sentem a esse respeito, ainda maior que a importância que dão a isso!

Essa preocupação é recorrente nas perguntas dos pais: "Meu filho de onze anos parece feliz. Mas, se não for bem-sucedido na escola, será bem-sucedido na vida? Será feliz mais tarde?" Daí, todo tipo de questões a respeito da escola. Por exemplo, esta carta, que representa muitas outras:

"Senhora, meu marido não concorda comigo. Eu estaria mais de acordo com sua opinião; ele, por exemplo, quer absolutamente que nosso filho de sete anos e meio leia todos os dias; ele está no segundo ano primário e com problemas de leitura em classe. O que você acha?"

Esse pai quer ajudar seu filho de sete anos e meio a ler. Por que não? Mas ele deve saber, como aliás Freinet provou, que é escrevendo que aprendemos a ler, não lendo. Se o pai gosta de ler, acabará contagiando o filho. Pode também contar-lhe histórias. E, depois, se ele quer atraí-lo para a leitura, deve fazê-lo ler uma linha ou duas e explicar-lhe: "Veja como é mágico todas essas pequenas letras que se tornam palavras que querem dizer alguma coisa!" Deve tornar a leitura interessante para ele, mas isso não deve acontecer, como parece o caso, entre lágrimas e gritos. E se a mãe também quiser ajudar o filho, ela pode recortar, por exemplo, letras de forma nos jornais e depois colá-las em cartolina. Existem também jogos de letras no comércio. Eles podem se divertir juntos tentando formar palavras com as letras ou, ainda juntos, fazer palavras cruzadas. Isso treinará muito melhor esse menino para a leitura, pela qual ele já tem certa aversão. Nunca é fazendo as coisas com tensão que se desenvolve uma criança.

Uma outra atitude, que traduz a angústia dos pais quanto à escolaridade: "Tenho um filho de doze anos que não vai bem na escola. É preciso ajudá-lo a fazer a lição de casa. O pai cita-lhe, como exemplo, primos bem-sucedidos na vida e que, com doze anos, eram todos bons alunos..."

Gostaria de dizer imediatamente que é muito ruim dar outra criança como exemplo para uma criança. Parece que esse homem tem sentimentos de inferioridade por ser pai de uma criança que não é bem-sucedida, e que ele gostaria de ser pai de uma outra. É isso que significa dar como exemplo uma criança de outra família em vez de ressaltar as qualidades de seu próprio filho e estimulá-las. Educação significa ajudar a criança a dar o melhor de si mesma, nunca encorajá-la a imitar outra pessoa.

Isso posto, coloquemo-nos um pouco no lugar desses pais que escrevem: "Precisamos fazer sua lição de casa. Senão, será uma catástrofe!" Há crianças que, manifestamente, não estão adaptadas à vida escolar tal como ela existe hoje. Contudo, precisam ir à escola. Então, como ajudá-las?

Se os pais querem fazer a lição de casa no lugar da criança, por que não? Contanto que ela, durante esse tempo, se sinta feliz e tenha outras atividades. Sei lá. Um ser humano é feliz quando se sente bem consigo próprio: nesse momento, ele quer alguma coisa. Se os pais querem fazer a lição de casa do filho para que ele passe de ano, não sou contra. Também não se pode impedir os pais de terem prazer! Mas não é educativo para a criança ter notas que são, em última instância, dos pais.

Então, a questão reaparece, como ajudar essas crianças?

Perguntando-lhes, em primeiro lugar, se e em quê elas querem ser ajudadas! Este é o problema: os pais querem sempre algo que a criança ainda não quer! Se uma criança pede aos pais para ajudá-la, nesse momento eles devem apoiá-la e sustentar sua atenção. Algumas crianças não conseguem manter a atenção sozinhas. Devemos reconhecer que ficar sentado oito horas na sala de aula e voltar para casa para fazer a lição, só pode ser feito sem conflitos quando existe uma relação agradável, afetuosa e carinhosa entre a criança e os pais, que estão ao lado dela, que têm as próprias ocupações ao mesmo tempo que permanecem disponíveis quando a criança lhes pede alguma coisa, e que a encorajam. O que não se deve fazer é gritar com ela ou forçá-la, fazer chantagem com recompensas ou punições. Pois, então, ou ela ficará com ojeriza da escola, ou se transformará num obsessivo da escolaridade. E toda a vida passa ao largo.

Françoise Dolto, temos aqui uma carta que a critica um pouco por nem sempre considerar suficientemente a realidade social: "É preciso considerar também as idéias dos pais oriundos de meios modestos e seu desejo de fazer com que os filhos acedam a um maior conforto material: porque, na maioria das vezes, conforto material e diplomas estão associados." Digo isso para explicar as reações "vigorosas" de alguns.

Agora há pouco você dizia: "Senão, passa-se ao largo da vida." A esse respeito, uma correspondente escreve: "Pulei da cadeira ao ouvir você dizer que não tem importância as crianças irem mal na escola e que, ao contrário, as crianças que são bem-sucedidas nos estudos são crianças que não tiveram infância."

O fato é que sempre me escrevem: "Minha infância foi estragada pela escolaridade."

Essa senhora, por sua vez, escreve: "Pois bem, eu tive sete filhos... Uma tem vinte e cinco anos e é engenheira civil; o outro, de vinte e quatro anos, é engenheiro em construção aeronáutica; a seguinte, de vinte e dois anos, é engenheira agrônoma; a última, de vinte anos, é enfermeira; e, depois, os três meninos estão no colégio...

São todas crianças que, como se diz, foram bem-sucedidas. E a mãe conta que ela sempre estava presente em casa, que aceitou parecer, em certo sentido, inferior, por não ter uma profissão. Mas é uma profissão formidável cuidar da manutenção de uma casa, torná-la agradável e estar ali o tempo todo para que as crianças possam se concentrar em seu trabalho, graças à mãe que as ajuda com suas palavras, sem tomar conta da vida delas e sem pressioná-las.

Ela esclarece que eles não passaram de modo algum ao largo da vida, que todos eles praticaram esporte. "Não tínhamos televisão até o ano passado. Eles fizeram dança, piano."

Cada uma dessas crianças foi bem-sucedida, justamente, porque teve a possibilidade de fazer o que a interessava, paralelamente à escolaridade. É perfeito!

E ela termina com uma fórmula de que você vai gostar: "Acho que é nas famílias numerosas que as crianças são mais felizes e mais 'bem-sucedidas'."

Então, elas se tornaram o que são porque já tinham uma enorme vida de relações uns com os outros e porque o ambiente não era tenso demais. Não sei por que essa correspondente pulou da cadeira; aqueles de quem estou falando são crianças que os pais forçam a ser bem-sucedidas na escola, sem se interessar por seu enriquecimento em conhecimentos no dia-a-dia, mas apenas por angústia ou por ambição quanto a seu futuro. É isso que é terrível: essas crianças são exigidas em disciplinas escolares por pais que não se sentem eles próprios concernidos por elas, que fazem isso apenas para que a criança seja feliz "mais tarde". Sacrificam a infância inteira com estas palavras: "Prepare seu futuro!" E, enquanto isso, a criança se entedia. E nada daquilo que estuda interessa nem a ela nem aos pais. O que se quer são boas notas, o sucesso estritamente escolar, mas ninguém quer mergulhar nas disciplinas, letras, ciências, história, geografia, que ela aprende na escola, para partilhar suas descobertas e avaliarem, juntos, seu efeito na vida corrente. Os estudos trazem a alegria de aprender? Respondem ao desejo de saber? Ou, ao contrário, boas notas, sucesso nos exames e diplomas são o preço de um masoquismo inculcado como virtude?

Temos aqui uma mãe cujo filho mais velho, de doze anos, acaba de quebrar o pulso direito. Terá que ficar engessado durante quarenta e cinco dias e, como é destro, não poderá escrever. Sua mãe considera esse fato uma pequena catástrofe: ele havia acabado de começar a quinta série, quatro dias antes, quando isso aconteceu. Seu marido e ela estão preocupados com esse menino "normalmente já apático", escreve ela, "que se encontra agora completamente fora de órbita, ou seja, que sofre essa situação [o braço engessado] como um espectador. Em casa, é preciso repreendê-lo para que comece a estudar e faça a lição de casa". Os pais pediram-lhe que treinasse escrever com a mão esquerda para evitar assistir às aulas como espectador durante quarenta e cinco dias. Ele não diz não, mas não faz nada. E ela explica, um pouco mais adiante, que eles sempre tiveram problemas com essa criança que repetiu a primeira série e que parece "viajar" – é o termo da mãe – o tempo inteiro. "Uma única coisa o interessa em casa: suas galinhas e seu cachorro. Ele não é nem um pouco esportivo e ei-lo dispensado da ginástica durante noventa dias. Aliás, ele está encantado com isso."

Mas, claro!

Ela ainda esclarece que nunca teve o menor problema com o filho mais novo, que sempre aprende com facilidade e rapidez: ela não teve que se preocupar muito com ele. Ela está pensando em encontrar uma pessoa que cuide do filho mais velho e o faça "fazer as lições de casa", segundo a expressão consagrada (expressão recorrente na correspondência). No ano passado, ele fazia isso com uma vizinha (que infelizmente acaba de se mudar) e o ano escolar transcorreu bem. Na realidade, ela não sabe bem como agir. A criança, por seu lado, critica os pais por não serem muito disponíveis.

Em suma, ela se pergunta, em todo caso, como superar essa indolência. "Devo levá-lo a um psicólogo?"

Isso eu não sei. Mas acho que não podemos obrigar uma criança a escrever e a estudar quando seu espírito está ocupado com outra coisa. Só há uma maneira de interessar uma criança pelos estudos: os próprios pais se interessarem pelas disciplinas escolares de seu currículo. Ele tem, nesse momento, uma oportunidade extraordinária de ser espectador na escola: acho que os pais deveriam aproveitar isso, em vez de recriminá-lo. Ir à escola, sem ter absolutamente que agir, vai permitir-lhe escutar, observar os colegas. Talvez ele pudesse ir à casa de algum colega que lhe é simpático para vê-lo fazer a lição de casa, discutir com ele o que está escrevendo, sem ter ele mesmo que fazer as lições. Acho que seria interessante para ele.

Agora, que essa criança tenha uma pessoa para ajudá-lo, já que sofre com o fato de os pais não estarem disponíveis, certamente isso seria importante para ela, se essa pessoa for alegre e simpática.

É importante saber que a mãe está sempre ocupada na mecânica do marido e que, desde o nascimento do irmão mais novo, ele não foi mais maternado, como você diria.

Acho que ele vai superar tudo isso, principalmente por gostar de suas galinhas e de seu cachorro. Seria interessante se ele pudesse assistir a todos os filmes sobre animais que passam na televisão – pois eles são realmente apaixonantes. Já que neste momento ele não pode fazer nenhum trabalho escrito, ele poderia instruir-se na televisão. É muito bom para crianças um pouco passivas, que têm dificuldades de aprender, de fazer o esforço de redigir suas lições etc.

O mais importante é que a mãe não o recimine e o critique o tempo todo: isso não serve para absolutamente nada. Em contrapartida, se os estudos do filho a interessam, ela deve olhar os livros que ele tem que ler, as lições que tem que aprender. Ela lê para ele em voz alta, eles discutem.

Para concluir, não podemos, se estou entendendo bem, mudar uma criança: se ela for apática, não será ficando em cima dela o tempo inteiro que...

A questão não é essa. A mãe escreve: "Devo pedir a opinião de um psicólogo?" Mas antes é preciso saber se o filho está sofrendo com seu estado! Neste momento, tenho a impressão de que são os pais que estão sofrendo e não ele, nem um pouco.

Haveria outras soluções: ou o professor principal poderia dar-lhe uma aula particular uma vez por semana e o segundo professor principal também – na quinta série, há provavelmente pelo menos dois professores; quando ele já estiver bom, poderiam colocá-lo como semi-interno ou interno, como ele preferir, num ginásio que faz recuperação, como se diz. (Esses ginásios ajudam muito as crianças nessa série difícil, em que eles ainda precisam que alguém cuide da organização de seu trabalho.) Assim, ele sofrerá menos com o fato de os pais, muito ocupados, não poderem dar-lhe atenção, e menos também com a comparação com o irmão mais novo, principalmente se for interno e assim o desejar.

Precisam pedir a opinião dele?

Mas, naturalmente! É preciso também consultá-lo se for o caso de procurar um psicólogo; não dizer-lhe: "se você quiser", mas "se você estiver sofrendo com seu atual estado e se você quiser ajuda para mudar". Pois se, neste momento, ele ainda não quiser mudar, não servirá para nada. Ela, em compensação, pode pedir desde já a opinião de alguém, já que está sofrendo. Acho que o problema está aí. A criança, por seu lado, é perfeitamente capaz de dizer o que deseja.

Esta mãe tem três filhos: um menino de doze anos, duas filhas de onze anos e meio e nove anos e meio. Ela pinta um pouco o quadro da família: o pai está presente fisicamente, mas só parece perceber a presença dos filhos quando eles o incomodam. Sua relação, principalmente com o filho, é difícil. Quanto à mãe, ela voltou a trabalhar recentemente. Até agora, ela sempre tinha ajudado o filho nos trabalhos escolares. Este ano, ele está na quinta série e ela não faz mais isso. "Conseqüência imediata", escreve ela: "péssimos resultados escolares. Além disso, ele não se interessa por nada: nunca lê um livro, nunca escuta um disco, nunca pega um jogo. Em compensação, está sempre pronto a prestar um serviço, é gentil, encantador e gosta muito de participar dos escoteiros do mar. Aliás, tenho a impressão de que ele só é realmente feliz quando sai com os escoteiros." Ela está aflita e incomodada, pois as relações estão se tornando muito ruins por causa da escola. Ela não quer lançar mão de chantagem. "Contudo, fiz isso. Um dia, ameacei-o de não deixá-lo viajar três semanas de férias com os escoteiros do mar se não melhorasse na escola." A criança falou com um psicólogo, que achou que lhe faltava estrutura. Essas conversas não interessaram o menino, ao que parece. Ela está muito preocupada, pergunta-se o que vai acontecer com ele num mundo que seleciona cada vez mais cedo as crianças, mesmo a partir da sexta série. Termina assim: "Ele vai entender isso tarde demais e, no futuro, me acusará."

Trata-se, nesse caso, de uma criança de doze anos, mas chegam-nos inúmeras cartas que falam em termos mais ou menos iguais de adolescentes.

Todos esses pais ficam desesperados com a seguinte idéia: "Selecionam! Selecionam!" E daí? Entre os que não são selecionados, existem crianças pouco afeitas à escola, mas de grande qualidade (sociáveis, generosos, industriosos, esportivos, artistas) e também crianças que não têm nenhuma qualidade notável, é verdade: os que ainda não encontraram nada que os interesse nem na vida escolar nem fora dela.

Essa mãe tem sorte de o filho se interessar pelo escotismo do mar, pela vida social, em prestar serviços, dentro e fora de casa: não é pouca coisa. Evidentemente, com um pai que não sabe ser pai, a educação fica muito difícil. Uma pergunta: será que a própria mãe dá atenção suficiente ao marido? Tenho a impressão de que se trata de um homem que vive na própria casa com o sentimento de ser quase demais. Agride as crianças porque a mãe só se preocupa com elas. Em todo caso, já que o filho tem interesse pela marinha, ela é bem mais importante para seu futuro do que a escola: se ele não tiver boas notas e, mesmo, se for um verdadeiro zero à esquerda na escola, paciência. Conheço meninos que partiram como grumetes em barcos e têm uma situação notável, porque com dezoito, dezenove anos se puseram a estudar sozinhos. São agora tenentes ou capitães-de-longo-curso, quando aos dez anos mal sabiam ler e escrever ...

É preciso saber que todo trabalho escolar feito com a mãe afemina um menino; e que, no momento da pré-puberdade e, depois, da puberdade, tudo o que foi feito junto com ela perde completamente o interesse. Ou, se esse interesse se mantém, é a masculinidade do menino que será atingida mais tarde. Em nosso caso, o menino é naturalmente inclinado para aquilo que se faz com outros meninos, para o prazer da vida de menino: para tudo aquilo que, na sociedade, permite-lhe ser um menino sem que a mãe venha secundá-lo (quando presta serviços, por exemplo). Através da escolaridade, ele como que se divorciou dela: tanto melhor! É muito bom! Se ele decair no plano escolar, ela não deve se preocupar e, principalmente, não deve brigar com ele por causa disso. Deve dizer-lhe: "Talvez eu tenha sido tola de ter educado você durante tanto tempo e de tê-lo ajudado durante tanto tempo com os trabalhos escolares, porque, como você é inteligente, teria se virado de qualquer jeito, mesmo que eu não tivesse me preocupado com isso. Não vamos mais falar de escola. De qualquer jeito, o importante para você é a vida ao ar livre, o esforço físico, as férias, o interesse que você tem, neste momento, pelo mar. Devemos ver, o mais cedo possível, tudo o que você poderá fazer no campo da marinha." O que está feito está feito; mas ela deve entender, agora, que o importante é que seu filho seja feliz, com notas boas ou ruins, repetindo ou indo para uma classe menos adiantada; é por causa do interesse que ele tem por tudo o que se faz ao ar livre. Não lhe é possível viver numa casa em que há duas meninas mais novas que ele. Precisa viver com meninos; por que não com os escoteiros? Talvez a mãe possa enviá-lo, três meses, durante as férias de verão, para um barco de pesca que contrate grumetes ou à beira-mar com uma família de pescadores. Ela precisa fazer isso, absolutamente. E, depois, durante o ano, ela poderia encontrar um ginásio em uma cidade litorânea, em que pudesse inscrevê-lo em atividades de mar às quartas-feiras e aos domingos? Ela não se preocuparia mais com sua escolaridade. Ele voltaria nas férias e estaria sempre feliz. Talvez também, desse modo, seu marido ficasse menos irritadiço, se deixasse de vê-la sempre preocupada com esse menino que, com o pretexto da escolaridade, monopoliza, de fato, todos os seus pensamentos.

Neste momento, ela está seguindo um caminho errado. Temos exemplos, em outras cartas, em que os meninos se tornam regressivos, passivos, não se interessam por mais nada, porque a mãe quer segurá-los, nunca está satisfeita e porque, finalmente, eles não tem a vida deles.

Algumas vezes, de fato, a religião dos estudos provoca verdadeiras catástrofes. Sem citar casos precisos, porque é sempre delicado, podemos dizer que há cartas de mães que contam como transformaram os filhos em delinqüentes – não sei se é totalmente justo, mas é terrível dizer –, e isso a partir de excelentes sentimentos.

De fato! São mães que, por um lado, só se preocupam com o fato de o filho não querer isso, não querer aquilo; por outro lado, assim que ele agrada à mamãe, elas o entopem de presentes. É assim o tempo todo: ou chantagem com punição ou cenoura na frente do burro. O tempo inteiro. Enquanto o importante é que a criança viva ativa, feliz. A escolaridade é um meio, não é um fim, um objetivo. A criança descobrirá, um belo dia, o gosto pelos estudos, quando tiver um objetivo. De qualquer modo, sempre há uma época em que as pessoas lamentam o que fizeram ou o que deixaram de fazer. Então, se certas mães dizem a si mesmas: "Ele me censurará mais tarde", eu lhes respondo: aceitem que algo lhes seja censurado no futuro; agora, seu filho está saindo completamente dos trilhos, porque você está assumindo ao mesmo tempo os papéis do pai, da mãe e até o da criança, colocando suas ambições pessoais no lugar das dela, que estão por descobrir. É preciso gostar das crianças tais como são, e não querer no lugar delas.

Não agüento mais!
(Escolaridade obrigatória)

É um pai quem escreve. Através de uma redação do filho, já corrigida pela professora, ficou com a impressão de que o menino era infeliz e tinha problemas. Problemas que certamente não eram aparentes, já que o surpreenderam o suficiente para que ele perguntasse a você o que pensa.

O tema era o seguinte: "Sempre dizem: 'Ah! Você está na melhor época da vida!' Isso é verdade para você? Organize sua demonstração com base em exemplos precisos e pessoais." O menino, que tem treze anos e meio, escreveu: "Não acho que treze, catorze anos, seja a melhor época da vida. Quando eu tinha uns sete anos era melhor. Depois, a vida tornou-se mais difícil. Eu, pessoalmente, não acho que esteja na melhor época da vida. Volto para casa às cinco e meia; descanso até as seis. Das seis e meia às oito, faço a lição de casa. Às oito e meia, janto, até as nove e meia. Vou me deitar quase sem ter visto meu pai, sem falar-lhe da escola ou do que estou estudando. Quando vou ver meus avós, eles me contam que, quando eram jovens, iam para a escola descalços e que, com onze anos, já trabalhavam; mas eles, pelo menos, viviam ao ar livre, mexiam-se, corriam, enquanto eu fico o dia inteiro trancado. Quando volto para casa e estou arriado na frente do caderno de lição de casa, minha cabeça gira. Estou cheio. Tenho vontade de jogar tudo para o alto, largar tudo, ir embora para bem longe para fazer o que eu quiser, quando quiser e onde quiser." E termina assim: "Levo um monte de broncas. Fazem-me advertências: 'Mais tarde, pode ter certeza de que se arrependerá de não ter estudado. Você será varredor de rua ou mendigo.' Tenho medo de me tornar adulto no futuro, de tomar decisões, de estar sozinho diante da vida. Para mim, o mundo maravilhoso da infância passou. Infância significa inocência, pureza. Eu era feliz. Nenhuma preocupação me atormentava, me incomodava, me perturbava, é o que percebo agora. Gostaria de recomeçar a vida, dar um passo para trás, voltar a ser criança."

Tal era, pois, a redação do menino. E agora a carta do pai: "Primeiramente, é exato que não constituo uma presença afetuosa permanente e aparente para meu filho. Sou um militante engajado, e o tempo normalmente reservado à família é muitas vezes gasto com o tempo consagrado aos outros, a todos os outros, para que as dificuldades diminuam. Portanto, mea culpa, com uma correção, contudo: minha esposa acompanha seus estudos, e eu também intervenho algumas vezes. Em segundo lugar, esse bebezão tem duas irmãs, uma de doze anos, com a qual briga o tempo inteiro, e outra de cinco anos, que ele vive provocando, mas que protege afetuosamente; tem seus cinco *ursinhos e coelhinhos de pelúcia impecavelmente arrumados no rolo da cama. Em terceiro lugar, reage 'normalmente' na frente das 'meninas'. Em quarto lugar, foge das responsabilidades e só age para agradar, sem persistir nem insistir. Em quinto lugar, não é hábil nem manualmente nem nos estudos. Gosta muito de ir a casa do tio marceneiro, mas principalmente para escapar das lições e das obrigações, mais que pelas atividades manuais."* E ele faz duas perguntas: *"O que está acontecendo com ele? Que fazer agora?"*

Temos aqui o quadro da vida de um ginasiano de nossos dias (principalmente na cidade), a quem querem fazer adquirir pelos estudos um saber, quando ele não tem a possibilidade de desejá-lo. Acho essa carta trágica. Por que o pai não levava esse "bebezão", como ele próprio diz, a todos os lugares aonde ia, quando ele atravessava a infância (ou seja, entre sete e onze anos), quando ele tinha tanta necessidade da presença paterna e ainda não tinha tantas tarefas escolares como atualmente? Poderia muito bem ter acompanhado o pai militante em suas reuniões, ter-se interessado por esse trabalho social apaixonante como, antes, seu pai se interessava pelo trabalho manual do avô. Provavelmente esses pais, como tantos pais, pensam que um menino deve ir dormir às oito e meia ou nove horas, porque tem que ir para a escola: "Prepare seu futuro! Prepare seu futuro!"...

"Senão, você vai virar varredor de rua."

Pois é! Sempre essa angústia e o prognóstico de um futuro terrível, quando, ao contrário, trata-se de um menino inteligente e perfeitamente "normal" – como diz muito bem o pai –, mas que, no final das contas, só tem alegria e carinho na lembrança, "quando era pequeno". É gentil com a irmã pequena porque ela está na idade da pureza etc.: em suma, encontra um pouco de alegria em casa identificando-se com a idade dela. Não se entende com a mais velha porque não se pode ser amigo de uma irmã que tem quinze meses a menos, como é o caso aqui. É absolutamente necessário, ao contrário, que essas duas crianças briguem o tempo todo, senão, se fossem íntimos, ele não seria mais um menino; os dois teriam se fundido e cada um deles não seria mais nem menino nem menina.

Isso posto, é muito difícil responder a esse senhor. Não sei. Estou muito feliz, por assim dizer, que ele tenha tido a oportunidade de perceber que o filho era infeliz; pois bem, agora que ele sabe, deve realmente cuidar desse filho – deve ou separá-lo da vida familiar ou realmente cuidar dele. O verão está chegando. Ele deve dar um jeito de fazer com que o menino viaje com um grupo de jovens que, por exemplo, vá trabalhar na restauração de monumentos ameaçados, coisas assim, para que possa conviver com outros rapazes e moças. Ao menos durante as férias ele deve viver a vida de um menino de sua idade, sem pensar em preparar o futuro, em ser educado e gentil no meio dos adultos. É um menino que precisa atravessar a fronteira necessária para se tornar um rapazinho, mas só o fará com o apoio do pai e, em sociedade, com os meninos de sua idade – e não na escola, onde a professora é incapaz de ajudá-lo.

De fato – e nisso consiste o interesse geral dessa carta –, na redação que temos aqui, vemos as correções da professora: correções extremamente impessoais, e bastante draconianas, apesar de ele ter tido uma boa nota, porque estava bastante bem escrita para um menino de sua idade.

A professora escreveu: "Negligência. A introdução deve ser separada do parágrafo. Cuidado com a ortografia e com a pontuação. Mas muitas coisas boas."

E ela nem sequer aproveitou essa lição para dizer: "Bem! Vamos passar uma aula inteira conversando sobre o que é, para vocês, ter a idade que têm." Não é? Uma lição como essa é maravilhosa se redundar numa conversa geral em classe, com uma professora que sabe ouvir e que sabe entender essa espécie de ascese na qual vivem os jovens que querem, como eles dizem, agradar aos pais. Ora, não se pode apenas agradar aos pais; temos que agradar a nós mesmos. Quanto a mim, penso que, se tivesse havido uma discussão entre os jovens a partir dessa lição, muita vida teria brotado entre eles. Teriam visto que todos tinham dificuldades. Porque essa é a idade da grande dificuldade, a idade em que é preciso ser intelectual num meio que só apóia a escolaridade, e não a reflexão ou a expressão de si ou a possibilidade de se abrir para interesses que não sejam puramente escolares – por exemplo, a criação de um grupo de teatro na escola, entre meninos e meninas, se o regime for misto, ou de uma pequena orquestra, em que cada um fabrique seu próprio tambor: tudo isso deveria ser o trabalho de uma sétima série, aproveitando os dez por cento do tempo[1], por exemplo.

Dar aulas de francês não é apenas pedir às crianças que se exprimam por escrito, é também levá-las a se expressar oralmente, a discutir umas com as outras dando a palavra a uma por vez, dizendo-lhes: "Vocês se exprimiram. É bom fazer isso. Vocês puderam entender assim que alguns de vocês têm problemas comuns, que outros não têm esses problemas, que vocês estão em níveis diferentes de evolução, que têm pais que fazem coisas diferentes." A escolaridade é importante, mas, acima de tudo, não se deve esquecer a comunicação.

Para voltar a esse pai que se interroga, talvez ele pudesse pedir ao primo marceneiro que falasse mais com esse menino, talvez fosse melhor que obrigá-lo a trabalhar imediatamente. Acredito que, se ele falar com o tio, ficará feliz em acompanhá-lo em seus trabalhos, em fazer coisas com ele. É um menino que

---

1. Em 1973, o Ministério da Educação lançou uma circular que permitia que as escolas dedicassem 10% do tempo escolar à criação de atividades que poderiam ser multidisciplinares e abordar temas extra-escolares. (N. da T.)

precisa absolutamente conversar com homens: acompanhar o pai em suas atividades e ver outros homens, outros meninos, em atividades inteligentes. Quanto à escolaridade, ele a retomará durante o ano.

Temos mais uma tema que nunca foi abordado antes. Quem escreve é uma professora. Ela ainda não tem filhos, mas isso não tem importância; não é obrigatório ter filhos para se interrogar, não é?

Em todo caso, ela cuida dos filhos dos outros e tem a veia materna.

Ela escreve: "A escolaridade obrigatória até os dezesseis anos às vezes faz regredir aqueles que já têm vontade, aos quinze anos, de ingressar na vida adulta, mas ainda não têm esse direito."

Concordo plenamente com essa senhora. Fico desconsolada com essa lei que torna a escola obrigatória até os dezesseis anos para crianças que não têm esse gosto. Ora, o gosto pelos estudos vem por volta dos doze anos; se o gosto não vier nessa idade, é bom que a criança já seja preparada para ter um valor de troca no trabalho que gosta de fazer. Certamente existe um: as crianças são sempre industriosas, principalmente se foram preparadas para isso quando bem jovens e, repito, a partir dos doze anos. É terrível ver que o mesmo estilo de estudos é dado a todas as crianças, ao passo que alguns gostariam de ingressar na vida do trabalho a partir dos... – essa senhora diz catorze, quinze anos; eu, eu digo mesmo antes. Naturalmente, catorze anos é bom, porque é a idade da puberdade –, excetuando-se as crianças que têm uma puberdade tardia, que só começa aos quinze ou dezesseis anos. Em todo caso, é a partir da puberdade que a criança sabe e sente aquilo para que foi feita; e sente-se explorada pelo Estado quando a obrigam a ficar em cadernos, em livros que não a interessam. Sua presença física na escola, onde não faz nada, é a garantia dos subsídios familiares!

E contudo essa lei parte, na verdade, de um bom sentimento.

De modo algum. Discordo totalmente. Acho que é sociológico: não querem que as crianças entrem cedo demais na vida ativa, porque tomariam o lugar dos outros. Acho que é isso. Sem qualificação, elas seriam exploradas? Mas são de qualquer jeito.

Bem sei, também, que a tecnicidade exige estudos para muitas profissões e que se pensa que os jovens não terão uma "boa" profissão se não tiverem feito longos estudos prévios. E é verdade que precisariam adquirir noções teóricas e científicas. Mas não fazem isso na escola, porque ela os entedia. Ao contrário, se, a partir de doze anos, para aqueles que não gostam da escola, só houvesse uma hora de aulas gerais por dia (francês, cálculo) e todo resto fosse trabalho de verdade – não terapias ocupacionais, mas trabalho de verdade junto com artesãos[2] de verdade, que dariam a eles o saber de verdade sobre o manejo de instrumentos –, teríamos crianças que se tornariam muito inteligentes com as mãos e com o corpo. A inteligência mental viria secundariamente, talvez aos dezoito, talvez aos vinte anos. Mas eles teriam ao menos uma profissão em mãos. Ao passo que, começar aos dezesseis anos, é tarde demais para muitos e cedo demais para outros.

Tal programa é muito difícil de ser realizado, evidentemente. Mas teria que ser posto em prática, porque muitas crianças são demolidas pelo sistema de escolaridade prolongada, e sentem aversão por uma escola pela qual teriam se interessado mais tarde, se primeiro tivessem tido uma moeda de troca com a sociedade. Evitar-se-ia, assim, que alguns se tornassem obtusos, ou parasitas, ou mesmo delinqüentes.

(Algumas semanas mais tarde)

Depois do que foi dito sobre o ensino obrigatório até os dezesseis anos, você recebeu uma enorme correspondência em reação, em particular, à sua afirmação de que, a partir dos doze anos, uma criança era capaz de dizer se queria ou não continuar a estudar.

De fato, algumas crianças sabem, com essa idade, que querem continuar os estudos. Isso não é motivo para esquecerem que têm mãos, pois suas mãos sempre lhes serão úteis, mesmo se sua cabeça estiver bem fornida. E eu lamentava esse esquecimento.

Assim, escolhi uma carta, entre muitas outras, que, acredito, resume admiravelmente todas elas. Esta correspondente, que é professora, escreve: "Você tem razão. Você não pode imaginar como pode ser difícil, frustrante, para um professor que gosta de sua profissão, de seus alunos, não poder algumas vezes lhes dar uma verdadeira educação e perceber que essas crianças não desabrocharão, apesar de todos os esforços do professor... Entretanto, vivemos num mundo concreto, com suas leis, sua vida de todos os dias, seus ritmos. A escolaridade até os dezesseis anos foi, contudo, uma grande vitória popular já que, antes, apenas as pessoas ricas iam à escola... Você diz que o saber não é tudo; você tem razão em termos absolutos, mas será que o fato de combater, como você fez, a escolaridade até os dezesseis anos, não é um pouco fazer coro com todos aqueles que só desejam uma única coisa: ter uma mão-de-obra barata, ignorante e sem

---

2. A palavra *artisan* (artesão) designa aquele que vende basicamente produtos ou serviços oriundos do seu próprio trabalho e que não emprega mais do que seis pessoas. Assim, os encanadores, pedreiros, marceneiros, mecânicos, padeiros etc. são considerados *artisans*, pois têm um ofício que depende essencialmente de sua destreza manual e técnica. (N. da T.)

formação precisa? Sou comunista e, por isso, vejo muitos trabalhadores, pessoas que têm a experiência da interrupção dos estudos e do trabalho aos dezesseis anos, e quantas vezes essas pessoas me dizem: 'Se eu pudesse voltar atrás', 'Se eu tivesse podido', 'Se meus pais tivessem querido...'" Ela teme, na verdade, que os que não continuarem a escola sejam explorados mais tarde e se arrependam.

Veja, é verdade que a interrupção dos estudos pode favorecer a exploração. E imediatamente. Mas existem meios de defesa. Antigamente, os adultos eram explorados. Agora, existem os sindicatos para defendê-los. E as crianças, conseqüentemente, começam a perceber que poderiam se defender também.

É certo que atualmente existem contratos de aprendizagem (nem todos, felizmente), em que as crianças são realmente exploradas pelos artesãos que as empregam: algumas nem ousam ir às aulas à noite; outras são obrigadas a trabalhar dez horas por dia. Assim, essas pobres crianças estão metidas em algo que as esgota e que não lhes ensina nem um ofício, desenvolvendo-as, nem a assumir responsabilidades. Alguns tornam-se contestatários: antes, contestavam a escola, agora contestam a profissão que lhes é mal ensinada e um modo de vida que os esmaga completamente.

Nesse caso, ao contrário, é preciso dar à criança consciência da profissão que exerce e ensinar-lhe que lhe cabe defender sua saúde; defender seu contrato tal como foi redigido; não se deixar enganar pelo patrão – como outros se deixam enganar atualmente pela escola obrigatória permanecendo sentados, mascando chicletes, esperando completar dezesseis anos para, enfim, poder ir embora; e, portanto, eles se vão depois de perder quatro anos e de ter sonhado tamanhos sonhos de liberdade que não tirarão mais nada daí.

Há também uma enorme correspondência que faz eco ao que você disse sobre o fato de que todos os que começaram a trabalhar bem cedo, com gosto e inserção na sociedade por ocasião de seu trabalho, são pessoas felizes. Citarei como exemplo a carta de alguém que, devido a uma doença muito grave, foi trabalhar num porto, apesar de ter feito estudos superiores antes: "Os pergaminhos estão longe. Rodeado de artesãos, de pescadores, de amigos que trabalham o granito, concordo totalmente com o seu ponto de vista. O artesão que fala no possessivo de sua madeira ('minha escada', 'meu trabalho', 'o móvel que acabo de fazer'), esse outro que me traz seus caranguejos, para que confiná-los até os dezesseis anos na escola? Os filhos de meus vizinhos vêm ao canteiro de obras aos onze, doze, treze anos, aos sábados. Acreditem-me, eles terão uma excelente profissão em mãos. São moleques extremamente sadios, de belas famílias que inspiram respeito. Conheço um rapazinho, cujos pais eram divorciados. Tinha um temperamento difícil e fugia para ir para o campo. Tornou-se paisagista: hoje vive entre os enxertos, as árvores, com uma noiva encantadora. Ganha muito bem e é feliz. Se tivesse continuado os estudos, estando completamente sem direção, qual teria sido seu futuro?" E esta outra carta de um confeiteiro: "Comecei com dez, onze anos. Que alegria era para mim fazer os doces! Na escola, não estudava nem muito nem pouco; mas ali, sentia que era alguém porque fazia algo de verdade e aprendia minha profissão."

Pergunto-me por que ainda não foi criado, entre todos os artesãos da França, um movimento nacional que lhes permitiria acolher as crianças em determinados dias. Não como aprendizes, como prevê a derrogação...

Você está falando da lei Royer?

Justamente: derrogação concedida às crianças de catorze anos para irem à oficina de um artesão, estudando apenas à noite. Não estou falando, neste momento, das crianças que de fato perdem seu tempo na escola, que nunca conseguirão ler ou escrever atualmente – mas que com dezoito anos conseguirão muito bem, se estiverem motivadas, se quiserem, ou no serviço militar, não é? Não é delas que estou falando agora. Falo das crianças inteligentes que, desde os onze, doze anos, se assim o desejarem, deveriam poder trabalhar uma ou duas vezes por semana com um artesão de seu bairro, de sua cidade, que as aceitaria durante um dia inteiro. As crianças aprenderiam então uma profissão, continuando, ao mesmo tempo, os estudos. Podem tornar-se intelectuais, por que não? Teriam, além disso, uma profissão manual. Nada torna mais inteligente do que manusear um material de modo absolutamente sério, com mestres sérios. Haveria um sistema de seguro a ser estabelecido para os dias passados com eles (conforme a necessidade, com uma pequena participação dos pais). Talvez várias municipalidades pudessem organizar isso entre os artesãos, convocando, nas escolas, os jovens realmente motivados: é preciso ver, efetivamente, se seu desejo não é imaginário, se estão prontos para uma estabilidade, para comparecer regularmente nas horas decididas pelo artesão, para seguir todas as suas diretivas e não para fazer segundo sua própria cabeça, enfim, para executar um trabalho sério. Muitos jovens chegam aos dezesseis anos dispostos a ganhar dinheiro de qualquer jeito, tendo perdido seu tempo nos bancos escolares, ou não encontrando trabalho porque não foram preparados a tempo. É a partir dos onze, doze anos que as mãos se tornam inteligentes e que o espírito do jovem está interessado por um verdadeiro trabalho, na manipulação perfeita das ferramentas que lhe são confiadas.

É uma idéia que estou lançando... Muitas pessoas dirão: "É utópico." Mas acredito haver aí um fermento de moralização – no sentido verdadeiro – do ser humano, ou seja, que estão em causa tanto a responsabilidade quanto um saber sustentado pelo interesse e pelo gosto – o gosto por um material com relação ao qual a criança se mostra ao mesmo tempo criadora, disciplinada e produtiva.

As crianças são alegres quando o lugar é alegre
(Métodos ativos)

Para continuar na mesma ordem de idéias, falemos agora das "escolas Freinet", porque isso interessa a muitos pais. Tenho sob os olhos a carta de uma correspondente:
"Certa vez você mencionou as escolas Freinet e observou que o programa de ensino delas custava bastante caro, que os pais deveriam ter condições financeiras para que os filhos pudessem beneficiar-se desse ensino..."

Bem, sim e não. Porque havia classes Freinet também nas escolas tradicionais do Estado. Por um lado, depois eu soube, que todas as classes Freinet propriamente ditas tinham sido fechadas. Mas, por outro lado, muitos professores foram formados em métodos ativos derivados de Freinet.

A escola Freinet foi a primeira a organizar, ao mesmo tempo, o espírito da escola ativa, e também o ensino da escrita e da leitura por meio de uma imprensa. As crianças não liam e não escreviam, aprendiam sozinhas a ler e a escrever pelo próprio fato de imprimirem.

E com sucesso.

Com sucesso. E, além disso, havia uma comunicação muito grande entre as crianças e entre os professores e as crianças; havia reflexão da classe inteira, discussão. As decisões eram tomadas entre todos e, principalmente, cada criança era responsável por alguma coisa. Havia, na classe, um espírito de atividade e não de passividade, encontros e trocas de correspondência com outras escolas...

Havia tantas crianças quanto numa classe normal?

Sim, claro. Mas teria sido bem melhor se houvesse menos.

Penso que não foi possível, para o Estado, continuar em todos os lugares a experiência dessas classes que pareciam, nas escolas, diferentes demais do ensino tradicional das outras classes. Mas, enfim, também não devemos nos fixar nas escolas Freinet, até porque elas não existem mais. Contudo, há classes ativas em todos os lugares. Há algum tempo, passou um programa na televisão sobre o cansaço na escola, extremamente interessante, em que se mostrava a diferença entre os métodos tradicionais e os métodos ativos, mesmo que não se tratasse exatamente de Freinet. O filme a que me refiro evidenciava bem o que é preciso reter dos métodos ativos: as crianças com um professor formado nos métodos ativos saíam da escola ainda mais relaxadas do que ao entrar – e os professores também. Todo mundo estava alegre. É isso que é importante. Não devemos ficar empolgados, portanto, com uma palavra; Freinet, bem sei, foi um homem de gênio, que durante muito tempo não foi reconhecido porque era visto como marginal. Mas todo mundo inspirou-se nele. Acho que existem classes ativas um pouco em todo lugar.

Os pais que querem saber se elas existem no setor em que moram podem muito bem escrever para a direção da administração escolar de sua região. O principal é, contudo, colocar as crianças numa escola que não fique muito longe de sua residência, não buscar a excelência, o perfeccionismo. A criança deve conviver com crianças de sua idade! Também não é bom que na escola uma criança esteja completamente distante dos que encontra todos os dias na rua ou no parque e que, por isso, seja marginalizada.

Os pais podem ler livros sobre esses métodos – por que não? – e inspirar-se neles para propor aos filhos atividades nos feriados, justamente como essas escolas ativas propõem que os pais façam. Creio que assim poderão ajudar muito os filhos, se estes não puderem se beneficiar de classes ativas, não disponíveis em seu setor.

Há inúmeras cartas nas quais os pais escrevem: "Meus filhos estão numa escola tradicional, mas eu, em casa, vou..."

Mas, em casa, eu vou o quê? Vou instruir meus filhos. Vou iniciá-los na cultura. Pois o método ativo é uma iniciação à cultura e à comunicação. Ora, a família é feita para isso. Se a instrução for dada na escola por um professor que foi formado para dá-la dessa forma, que ele a dê assim, por que não? Mas tudo o que os pais fazem a mais é sempre muito bom para a criança, mesmo que eles não procedam como o professor. Se a criança não quiser, ela dirá: "Ah, não! Não quero estudar cálculo com você assim, porque..." Muito bem! Podem-se fazer tantas outras coisas com uma criança. Tudo pode servir para concentrar a atenção da criança, para exercitar-lhe a memória: o jogo das sete famílias, bingo, as histórias que contamos e explicamos... Existem tantos jogos que formam o espírito e a inteligência da criança, jogos que não precisam ser escolarizados, inseridos num programa! Viver é isso.

Tanto em casa como na escola, as crianças são alegres quando o lugar é alegre. E se as crianças não têm uma escola alegre, pois bem, deve-se tentar, ao menos em casa, tornar a vida alegre. Ao mesmo tempo, pode-se aproveitar para fazer pequenos exercícios de jogos de atenção e de memória, para que um tente pegar o outro, para rir, falar bobagem, enfim para que todos relaxem. As crianças precisam de muito relaxamento.

Ao contrário, fico chocada em ver – principalmente neste momento em que há muitas crianças nas escolas e em que todos são obrigados, se os professores não foram formados em métodos ativos, a se curvar à disciplina – como as crianças submetidas a essa contenção tornam-se tristes e abatidas por se verem obrigadas a uma passividade contínua. Gostaria que os pais buscassem não o perfeccionismo, mas que se orientassem, compreendessem um pouco o que é um método ativo, trabalhassem um pouco uns com os outros para conseguir mudar pouco a pouco o espírito da escola. E além disso, principalmente, que eles não reproduzam a escola. É terrível ver pais que reproduzem a escola! Quando a criança volta para casa, ainda tem que fazer as lições, à noite: acho isso terrível. Num dado momento, havia-se proibido que as crianças levassem lições para fazer em casa, ao menos até a quinta série. Mas, depois, isso não durou muito, porque os pais queriam que elas tivessem lição de casa. É uma pena.

Ainda a respeito dos métodos ativos, temos aqui uma carta que apresenta o problema inverso do discutido há pouco, a saber, o das crianças que estudam nesse tipo de classe, que ouvem em casa os pais criticarem os outros modos de educação e que, devido a uma mudança ou a uma transferência, se vêem numa escola, digamos, clássica, lembrando-se, evidentemente, que durante anos ouviram os pais dizer que essas escolas eram um contra-senso.

É verdade. Dizem que os métodos comuns não são tão bons quanto os métodos ativos etc.

Isso mesmo. E, muitas vezes, as crianças têm problemas.

Evidentemente, as que são obrigadas a reingressar no sistema tradicional porque no lugar em que irão morar não existe uma escola ativa como a escola Freinet têm dificuldades de adaptação no início; mas, principalmente, há nelas uma espécie de – como dizer? – de contradição entre o que, para elas, havia sempre sido indiscutível – que era a verdade dos pais – e essa outra verdade à qual os pais agora se submetem, já que não há outras possibilidades para a criança continuar os estudos. E a criança fica perdida, porque não sabe como estimar professores que aplicam métodos que, até então, pareciam – e estavam – em contradição com os ideais pedagógicos de pais que entendiam de pedagogia. Nesta carta, justamente os pais conhecem essa disciplina!

Isso mesmo, e os filhos ficam invocados...

A idéia que eles fazem dos adultos fica perturbada. Pois é bom, quando a criança cresce, que não sejam unicamente os pais seus modelos de adultos. Aqui, no caso dessa família, a menina mais velha é obrigada a entrar num ginásio tradicional, enquanto os mais novos podem continuar em classes que praticam os métodos ativos que conheceram no antigo lugar de residência. E essa menina enfrenta dificuldades que são, por um lado, dificuldades de adaptação, mas, por outro lado – posso dizer isso para a mãe –, dificuldades de outra ordem. Está no momento da pré-puberdade... A pré-puberdade situa-se freqüentemente entre a quinta e a sexta séries, que são, por si mesmas, séries difíceis, já que é preciso se adaptar a outro modo de trabalho, a um novo estilo de professores. Ora, no presente caso, além disso, há uma mudança completa de método, não é? De qualquer modo, todas as crianças, na pré-puberdade, fazem algo que só consigo nomear através da palavra "vulcão adormecido". Sua psicologia "entra em erupção": dos seis aos doze anos, tudo vai bem, elas se desenvolvem bem de todos os pontos de vista, parecem tranqüilas, adaptadas à sociedade, seguindo um ritmo normal de desenvolvimento... E, depois, de repente, manifestam distúrbios que, de fato, são uma espécie de repetição dos distúrbios que tiveram quando pequenas: é a pré-puberdade. Vemos, por exemplo, uma criança que sofreu de anorexia – ou seja, que não conseguia tomar suas mamadeiras quando era pequena –, de repente, perto da pré-puberdade, não querer mais comer. Não é nada grave! Deve-se dizer-lhe: "Está bem. Estou entendendo. Você está fazendo o que fazia quando era pequena! O que mostra que em breve você vai crescer muito, ou mudar." Ou ainda, de repente, por meio de insônias – por ter tido períodos de insônia quando pequeno – um menino repete as dificuldades pelas quais passou de um aos três anos, e isso dura cerca de seis ou nove meses. É preciso saber disso para não dramatizar as coisas.

Se, portanto, essa mãe está preocupada, se ela e o marido, do ponto de vista pedagógico, não conseguem fazer com que a filha mais velha aceite uma nova escola, talvez fosse interessante consultar o centro médico-pedagógico de sua cidade, para ajudar a filha que está crescendo, em plena transformação. Talvez! Devem, primeiro, esperar a readaptação ao novo ambiente – já que todos mudaram e ficaram perturbados. Se a dificuldade se prolongar um pouco mais para a filha mais velha, será preciso iniciar uma psicoterapia.

Desta vez, uma professora fala de seus alunos. Tem uma classe de sexta série, com crianças de origens sociais diversas, que têm dificuldades muito diferentes no que diz respeito, por exemplo, à ortografia, ao eterno ditado. Ela tentou uma experiência. Ao longo do primeiro trimestre, suprimiu as notas para tentar desdramatizar o problema. "Quando se trata de um ditado, em vez de fazer com que os pais assinem as 'desgraças' – qual a utilidade disso? isso significa que os alunos errarão menos da próxima vez? –, procuramos nos interrogar juntos. Pergunto se todo mundo entendeu o que expliquei, ou por que não pensaram em fazer tal concordância verbal, por exemplo. Mas ninguém precisa ter uma nota. Os que fazem questão dela – há sempre alguns – dão a própria nota. Os resultados, para o conjunto da classe, foram muito interessantes e muitas crianças que eram 'um zero à esquerda' fizeram progressos significativos. Além disso, relaxaram e começaram a confiar em si mesmas, em suas possibilidades."

É muito interessante.

Ela apresenta duas questões precisas: "Em minha sala, tenho alunos que têm mais dificuldades que outros." Por exemplo, uma menina que perdeu alguém recentemente, no início do ano letivo; um menino que, pela altura e pela força física – são crianças que têm entre treze e catorze anos, na sexta série –, tem que enfrentar as gozações, as pequenas vexações que se fazem numa sala de aula...

... e que são provavelmente ciúmes.

Mas que podem atingir o moral da criança.

É verdade.

Ela escreve: "Dei mais atenção a essa menina do que aos outros, e percebi que ela regredia. Tratei-a maternalmente, mas ela se fechou um pouco nessa facilidade, nesse casulo simpático, e teve os piores resultados. O menino, em compensação, eu não ajudei. Tenho trinta e cinco anos, ele tem catorze; não gostaria que ele se refugiasse numa espécie de relação de sedução. Também não deve haver algo de ambíguo no que não passa de um interesse por um aluno entre outros. Talvez, na realidade, todos esses problemas não digam respeito aos professores. Você acha que eles devem ser resolvidos entre as crianças sem a intervenção dos adultos?"

O que acontece na vida afetiva dessas crianças poderia ser pensado exatamente como o que acontece no conjunto da vida escolar: a professora faz com que busquem, juntos, as razões de suas dificuldades com a ortografia, com o cálculo, com que se ajudem uns aos outros para encontrar a resposta para seus erros e, ao mesmo tempo, dar a própria nota; ela já estabeleceu um diálogo coletivo na classe. De fato, quando uma criança tem dificuldades que todo mundo observa – como ela viu com relação ao menino e à menina de luto –, é papel do professor ajudá-la a passar pela prova da vida em sociedade.

Isso pode ser feito recorrendo-se às outras crianças, dizendo-lhes: "O colega de vocês está com dificuldades por causa disso. E se a gente falasse com ele?" E, depois, durante um recreio, ou nos dez por cento de tempo – é o tempo em que se pode falar; isso é muito importante, já que se trata da psicologia aplicada ao grupo e à vida coletiva – todo mundo se reúne com ela (acho necessário o adulto estar presente para que as crianças possam falar, para ajudá-las a dizer com palavras o que pensam da situação) para pensar por que esse menino, por exemplo, que é mais forte que os outros, tornou-se o saco de pancadas deles (deve-se observar que todas as crianças marginalizadas sentem-se incomodadas: ou têm reflexos de presunção, ou tornam-se tímidas ao ver que estão se desenvolvendo). Seria muito inteligente falar, num grupo, das obesidades pré-pubertárias, das quais todas as crianças zombam: "Mas por que vocês estão zombando? Neste momento, esta criança é assim. Talvez ela goste demais de comer. É o que vocês dizem, mas nós não sabemos de nada. Talvez haja outras razões? Por que vocês não ajudam uns aos outros? Na vida, precisamos ajudar uns aos outros." Acho que assim, nessa ajuda mútua, a professora, no meio dos outros, evitará intimidades suscetíveis de fazer regredir um ou despertar na cabeça de outro idéias como: "Ela prefere a mim do que aos outros." Em suma, que seja dito na classe: "Vocês devem ajudar uns aos outros." E os problemas afetivos serão resolvidos como foi resolvida a escolaridade.

Elas sempre são inteligentes em alguma coisa
(Crianças portadoras de deficiências)

Vamos abordar aqui um assunto importante, do qual tratamos pouco até o momento, com a carta da mãe de um menino de onze anos com síndrome de Down, que pede que você fale das crianças com deficiência: "Somos, apesar de tudo, alguns a travar um duríssimo combate para fazer com que essas crianças sejam aceitas por todos e pela sociedade."

É uma questão bastante ampla, porque o caso é diferente conforme se trate de crianças com deficiências psicológicas e sociais, mas sem deficiência física aparente, ou de crianças com deficiências físicas, de um modo bem visível, como os portadores de síndrome de Down, por exemplo; não podemos comparar uma criança com síndrome de Down com uma criança portadora de deficiência que é perfeitamente sadia fisicamente.

Comecemos pelas crianças com síndrome de Down: todas elas têm a mesma particularidade: são um pouco agressivas. Mas é por terem uma riqueza de coração e uma sensibilidade na relação com o outro (pais, outras crianças) muito finas. Sofrem ainda mais que os outros se não gostam delas, porque não têm as compensações que as crianças podem encontrar fora da família (na escola, por exemplo) a partir dos três anos, encontrando amigos com quem descobrem afinidades. As crianças com síndrome de Down são muito mais sensíveis aos pais e demoram muito mais tempo que os outros para fazer amigos. Os pais, os irmãos, os avós permanecem os pólos dominantes de sua sensibilidade. E é pena que os pais, passados o choque e o sofrimento que o nascimento de um filho com síndrome de Down representa, nem sempre saibam descobrir o tesouro de coração dessas crianças, sua grande sensibilidade e também a grande capacidade de tolerância, e até de indulgência, que elas têm com relação às mudanças de humor dos pais, quando estes lhes explicam: "Desculpe. Fui brusca, fui impaciente, mas sei que você faz tudo o que pode e que não pode obter os mesmos resultados que seus irmãos e irmãs, por causa da deficiência com que nasceu. Mas eu gosto tanto de você que não precisa ficar triste." Com uma criança com síndrome de Down, devemos consertar muito rapidamente através do carinho a mágoa que porventura tenhamos causado, porque ela se magoa muito vivamente. Então, começa a duvidar dos seres que são o que ela tem de mais caro. É isso, quanto às crianças com síndrome de Down.

Agora, no que concerne às outras crianças com deficiência, elas sempre são inteligentes em alguma coisa. Crianças enclausuradas em si mesmas têm uma inteligência extraordinária, uma sensibilidade (ou auditiva, ou tátil, ou óptica, ou estética, ou gustativa) que poderíamos chamar de imediata. Os pais deveriam observar isso em todas as crianças com deficiências psicossociais, mas que não possuem deficiências físicas; a qual de seus sentidos elas estão mais atentas? Fazendo-as utilizar esse órgão dos sentidos mais sensível, favoreceremos as trocas, as cumplicidades de compreensão, permitindo à criança falar das diferenças que é capaz de perceber. Por exemplo, se é o olfato, devemos apresentar-lhe perfumes, cheiros; se é o paladar, pratos de gostos diferentes – colocando palavras em tudo isso e demonstrando uma grande tolerância; quando uma criança é sensível ao gosto, por exemplo, devemos respeitar suas escolhas, quando quiser fazer misturas; ou, quando é sensível à visão, se, diante de certos quadros, de certas cores, de uma paisagem, ela começa a divagar, os pais podem estabelecer entre ela e eles uma cumplicidade: "Como você está olhando isso! Vejo que, talvez, seja isso aqui que te interesse", e mostrar que eles também se interessam por aquilo que ela está contemplando, por aquilo em que está concentrada. É assim que descobrirão a inteligência do filho.

Certas crianças com deficiências psicossociais são insuportáveis porque não ficam quietas, sobem em tudo, ficam fazendo caretas... São chamadas de instáveis justamente porque ainda não acharam o que lhes interessa. Freqüentemente, essas crianças são muito motoras: ou seja, têm uma inteligência motora, uma inteligência do corpo. Na maioria das vezes os pais ficam dando broncas, reprimindo-as, trancando-as, punindo-as, quando, ao contrário, se o pai inventasse jogos de destreza, aparelhos para escalar, brincasse de jogos de equilíbrio, elas ficariam muito felizes por se sentirem valorizadas e admiradas por sua intrepidez. E, depois, por que não ensinar dança a certas crianças que não conseguem se desenvolver do ponto de vista escolar e da palavra? O que não impede de falar com elas, claro. O que não se deve é querer o tempo todo enquadrar essas crianças, como fazem, infelizmente, muitos pais. Você sabia que Einstein, até os nove anos, foi considerado por todos como um débil mental?

Não. Mas, sabia que tinha resultados catastróficos na escola e que os professores duvidavam de seu futuro.

Era um débil escolar e um débil mental. Nunca estava presente às questões, estava sempre distraído e não tinha habilidade manual. Os pais diziam: "E daí? Ele é bonzinho" e pensavam que sempre poderia arrumar alguma coisa como, por exemplo, levar peças de tecido para a loja de um do amigos deles, comerciante. Gostavam muito dele. E, de repente, depois dos nove anos, eclodiu uma inteligência que era ao mesmo tempo meditativa e matemática, que ninguém adivinhara. E depois disso, até os vinte anos, apesar ou por causa de sua inteligência, ele fracassou nos estudos que fazia. Muitas crianças consideradas portadoras de deficiências tornam-se músicos, outras pintores etc. A inteligência sempre existe, até nas crianças com deficiência. Devemos gostar delas como são, ajudá-las a conservar a confiança em si mesmas, a serem felizes, alegres e sociáveis, devemos apoiar seus interesses no dia-a-dia. É assim que se desenvolverão no limite máximo de suas possibilidades.

Uma mulher de trinta anos e o marido, de trinta e três, estão muito preocupados com a filha única de nove anos e meio: nasceu com estrabismo, foi operada mas perdeu a visão de um olho. Quando tinha cinco anos, a diretora da escola declarou que a menina era rebelde; um pediatra consultado disse que ela era temperamental, quando, ao contrário, era encantadora em casa, com os pais. "Se todas as crianças temperamentais forem tão fáceis de lidar como minha filha, não deve ser difícil reeducá-las", escreve a mãe. Aconselharam, então, os pais a levá-la para fazer psicoterapia – como você mesma aconselha muitas vezes. Após noventa sessões, os próprios pais decidiram parar, pois a menina ficava chocada, segundo a mãe, com o estado das outras crianças na sala de espera. Depois, os pais a colocaram numa fonoaudióloga, porque tinha um retardo de linguagem. Em seguida, como sua escola (que era particular) fechou, ela passou para uma outra, na qual progride nos estudos, mas bem lentamente. Em casa, tudo vai bem. Entrou no segundo ano primário este ano, e o drama é que na consulta médica obrigatória, o médico disse que era preciso colocá-la em um IMP.

Ou seja, em um instituto médico-pedagógico.

Isso mesmo. Devemos acrescentar que essa consulta se deu na presença da diretora, que explicou longamente o caso da criança ao médico, mostrando-lhe o prontuário médico no qual eram mencionadas as sessões de psicoterapia, e assinalando que ela não queria em sua escola alunos assim, cujo lugar era no IMP. Os pais estão escandalizados com a atitude do médico e da diretora. As professoras consultadas – a deste ano e as que tiveram contato com a criança o ano passado – vieram à consulta protestar que, ao contrário, ela estava fazendo progressos, lentos, é verdade, mas regulares, que podia acompanhar a classe e que, portanto, era uma decisão totalmente injusta. A mãe acrescenta, por outro lado, que ouviu essa mesma diretora dizer a outros pais que os filhos eram débeis: "Com que direito ela pode permitir-se dizer isso?" E ela explica que, aparentemente, essa senhora quer conservar uma espécie de imagem de sua escola, uma escola em que todos os alunos teriam boas notas. ("Não ter boas notas não é coisa que se faça.")

Pois é! Infelizmente!

Um psicólogo que os pais contataram depois disso "testou" a criança e concluiu que ela podia perfeitamente acompanhar as aulas. Então, o que fazer?

Não tenho a menor idéia. É verdade que, agora, os relatórios dos pediatras escolares são ouvidos e os pais devem, na maioria dos casos, se submeter às decisões tomadas, assim, arbitrariamente, por uma diretora e por um médico influenciado pela diretora. Em primeiro lugar, penso que a opinião das professoras deveria prevalecer sobre a da diretora; em segundo lugar, gostaria que todas as crianças ficassem misturadas num mesmo estabelecimento, independentemente de sua capacidade de desenvolvimento. Quer avancem mais ou menos rapidamente, elas precisam estar juntas como, aliás, na vida, pessoas de todos os níveis de desenvolvimento se encontram e estão socialmente associadas na atividade do país.

Então, não vejo absolutamente por que querem isolar essa criança que não é um peso para a professora... A mãe não esclarece se essa filha única, entre os dois pais, faz amiguinhas e se tem uma vida social rica; talvez seja isso que falte um pouco. Talvez seja também uma criança sensível, que sente que a diretora não gosta dela por não ser tão brilhante como ela gostaria e que, vez por outra, não é muito gentil ou muito educada com essa diretora. É possível. É contudo curioso que tenham dito que ela apresentava distúrbios de temperamento, quando nunca os apresentou nem em sala de aula nem em família, e que parecia tê-los somente com relação à diretora. Em todo caso, no início, certamente era uma criança que sofria por causa da vista – uma criança com estrabismo sente-se mal porque, às vezes, as outras crianças a rejeitam. Mas, enfim, depois que foi operada, ela tem apenas uma dificuldade: ter um olho só. E, com um único olho, ela pode muito bem acompanhar as aulas. Isso talvez a tenha atrasado no início, mas, já que as professoras dizem que ela se esforça e progride ininterruptamente e que os pais a ajudam, não vejo por que eles se preocupam tanto.

Pergunto-me se não seria a mãe que deveria ir falar com um psicanalista para tentar desdramatizar um pouco a situação, porque é ruim para a criança ver-se assim acuada entre uma diretora que a detesta e uma mãe que se sente mal com isso. Há externatos médico-pedagógicos excelentes, em que as crianças são muito felizes. Não sei. E, depois, não é bom deixar uma criança numa escola em que ela estará o tempo todo frente a frente com a diretora e com as professoras que, também, estão em conflito com a diretora.

A mãe se queixa principalmente de terem levado em conta um monte de coisas, especialmente as sessões de psicoterapia de dois ou três anos atrás.

Essas sessões foram feitas bem cedo para ajudar a criança. Mas não sei por que os próprios pais decidiram interrompê-las em vez de fazer isso de comum acordo com o psicoterapeuta. Isso talvez tenha sido uma pena.

Foi porque a criança não suportava ver as outras na sala de espera...

Não é verdade. Uma criança sempre suporta isso, como nós suportamos, quando vamos ao médico, ver pessoas com problemas quando, por nosso lado, estamos ali por causa de um resfriado ou de dores nas costas que não podem ser vistas. São os pais que se impressionam, quando a criança vai fazer uma consulta num centro de atendimento psicoterápico, ao verem crianças mais doentes que a deles. Talvez essa mulher tenha reagido com ansiedade à promiscuidade de crianças com deficiência na sala de espera, e não tenha ajudado a filha a entender que essas crianças tinham sido mais atingidas que ela em termos de retardo, que recebiam cuidados e eram ajudadas, cada uma em seu nível, pela pessoa que também a ajudava. É muito importante que os pais saibam o seguinte: as crianças não sofrem nem um pouco ao ver outras crianças doentes. Isso as interessa. Gostam de falar disso e que os pais lhes falem disso.

É por isso que me pergunto se essa mãe, que é ansiosa, não deveria ir falar com um ou uma psicanalista para entender como ajudar melhor a filha; não reivindicar o tempo todo por ela e assisti-la demais nas lições de casa, mas ajudá-la a florescer fazendo atividades nos feriados, com grupos de crianças, para que ela não viva como filha única entre o pai e a mãe. Isso é o que mais ajudaria a criança a não ter as dificuldades sociais que tem, talvez. É tudo o que posso dizer nesse caso particular.

Os pais de um menino que é amblíope...

É uma afecção que atinge a vista: ele enxerga mal.

... e parcialmente hemiplégico (e de uma menina de seis anos, de quem não é o caso tratar aqui, já que ela não tem nenhuma deficiência) trazem um depoimento sobre a falta de tolerância da sociedade e, em particular, do sistema educacional com relação às crianças com deficiência, ou melhor, como muitos preferem chamá-las, às crianças "diferentes das outras". Viram-se confrontados com um problema: ou enviar o filho para uma instituição especializada – mas ficava a mais de duzentos quilômetros do lugar em que moravam – ou, e foi o que fizeram, mantê-lo na família e deixá-lo ir à escola "normal". E esse menino perdeu muito tempo. "O problema do qual eu realmente gostaria de falar se situa no nível de aceitação, nas mentalidades, dessas crianças diferentes das outras: fazer com que se admita seu direito de serem diferentes. O sistema educacional é planificado. As crianças – seja qual for sua deficiência, física, mental ou outra – que não respondem aos critérios de normalidade têm muita dificuldade de se integrar. Elas incomodam. Elas são excluídas."

Esse é principalmente um problema das grandes cidades; nas cidades pequenas, ao contrário, essas crianças são perfeitamente aceitas. É um problema, atualmente, da demografia crescente e também de uma espécie de padronização de todas as crianças. Ora, cada criança se desenvolve de forma diferente. Então, o que é chamado de "normal"? O pequeno núcleo médio de cada classe? E todas as crianças deveriam ser assim? Não é verdade! Esses pais têm toda a razão.

Há também cartas pungentes sobre o modo como as pessoas desconhecidas (na rua, nas consultas médicas, no hospital) reagem ao contato com crianças portadoras de deficiências. É terrível! Temos que entender o que isso quer dizer. Para os adultos, é um problema de angústia. Deparam-se com uma criança diante da qual não sabem como reagir por não esperarem dela o mesmo estilo de resposta, de repente, sentem-se desorientados, sentem-se tolos, e isso os angustia.

Há também casos – e os pais das crianças com deficiência têm que entender isso – em que alguns pais tiveram a infelicidade de perder uma criança saudável e guardam um grande sofrimento no coração. Ao ver uma criança com deficiência, pensam no filho: "Ele bem que poderia ter ficado conosco, mesmo deficiente por causa de sua doença ou de seu acidente!" ou: "O meu, bonito e saudável, está morto, e este vive. Por quê?" Eles não querem pensar assim.

Quanto às crianças, temos que entender que, quando elas se defendem de um colega que tem um desenvolvimento diferente do delas ou uma deficiência, é porque, no amor que os jovens dedicam a um outro, há um desejo e uma vontade de se identificar com ele. Recusam-se a gostar dele porque não é um modelo. Não é um sentimento consciente, é uma espécie de prudência inconsciente. É como um desprezo espontâneo. A educação deveria modificar isso.

Em todos os casos, tanto os adultos como as crianças preferem ignorar as crianças portadoras de deficiências, então?

Infelizmente é verdade, os adultos continuam agindo como crianças, ou então dizem alguma maldadezinha[3].

De fato, temos o depoimento da mãe de uma menininha de cinco anos, que também é amblíope e portadora de uma deficiência motora leve. Ela levou a filha a uma consulta num hospital e, como ela – e isso parece bem desculpável quando se tem cinco anos – fazia um pouco de barulho na sala de espera, explicou-lhe, para fazê-la falar mais baixo, que ela estava num hospital, que havia doentes, que não devia incomodar etc. Nesse momento, uma senhora "muito distinta", como dizem, de uma certa idade, que também esperava, exclamou num tom extremamente desdenhoso, dirigindo-se ao marido, mas de modo que todos ouvissem: "Por que ela está dizendo isso? É inútil. Esta criança não é normal!" A mãe, claro, ficou petrificada. E ouviu-se então a vozinha da menina que perguntava à mãe: "Mas por que aquela senhora disse isso? O que isso quer dizer?"

---

3. Provavelmente devido à perenidade inconsciente do pensamento mágico, ou ao sadismo que permaneceu neles: "morte ao fraco".

Isso me leva a fazer uma pergunta que sempre aparece: deve-se falar com essas crianças sobre sua deficiência?

O mais cedo possível. Assim que os pais percebem que o filho tem um desenvolvimento diferente do das outras crianças ou uma deficiência, é preciso falar imediatamente com ele. Se, por exemplo, isso aconteceu devido a uma doença ou a um acidente: "Quando você era pequeno, você ia se desenvolver perfeitamente. E, depois, aconteceu tal coisa...", e podemos dar imagens que as crianças podem entender, como a de uma árvore atingida por um raio durante uma tempestade: "Está vendo, agora só há dois ou três galhos que continuam crescendo, enquanto todas as outras árvores têm muitos galhos. Mas ela vai se desenvolver. A vida continua. Ela vai se regenerar pouco a pouco, talvez não completamente, mas em parte. E, você está vendo, a árvore continua bem viva apesar de tudo." Devemos utilizar imagens como essa. E devemos sempre dizer a uma criança exatamente o que ela tem. E depois perguntar: "E você, o que pensa? Como acha que você vai se desenvolver?"; incentivar a criança a explicar como ela sente seu estado com relação às outras crianças. É uma coisa na qual pouquíssimos pais de crianças com deficiência pensam. Pensarão em adaptar ou readaptar o filho, tentam com amor evitar que sofra muito: mas isso porque projetam o próprio sofrimento no filho que, por seu lado, gostaria muito que lhe perguntassem: "O que você pensa do fato de não ser como os outros? O que você acha que seus colegas pensam sobre isso?" Conhecendo suas dificuldades e podendo falar delas, os progressos que a criança pode fazer seriam feitos muito mais rápido do que os pais poderiam imaginar. E ela poderia depois falar aos colegas: "Meu pai me explicou, eu não sou como você porque..." Assim ela faria amigos e aceitaria sua deficiência. Senão, essas crianças sentem perfeitamente que nunca pedem sua opinião e que não exigem tanto delas quanto exigem das outras. E isso as magoa, sei através das crianças que já atendi. Tive exemplos de crianças de quem haviam escondido a deficiência e que estavam perturbadas, não por causa da deficiência, como pensavam os pais, mas pelo fato de não lhes terem falado dela.

Seria preciso, por outro lado, que os pais ajudassem os filhos "normais" a tolerar os que têm uma doença ou uma deficiência dizendo-lhes: "Isso poderia ter acontecido com você também. É uma criança. Ela gosta de você e gosta da vida. Ajude-a!" Deve haver solidariedade entre crianças.

É por tudo isso que fico desconsolada, como já disse, com as segregações que levam a colocar as crianças com deficiência em escolas diferentes, em vez de inseri-las nas seções especiais das escolas normais – o que ensinaria todas as crianças a serem tolerantes com relação a todas as deficiências, a todas as diferenças. Cada um deve poder manter a autoconfiança ao mesmo tempo que se comunica com todos os outros, por mais diferentes que sejam. Ajuda mútua! A ajuda mútua, a comunicação entre crianças, deveria ser o princípio fundamental inculcado no pré-primário e no primário; e o exemplo deveria ser dado pelo comportamento dos adultos entre si na própria escola, nesse lugar em que escolheram se dedicar ao desenvolvimento dos cidadãos-crianças, sejam quais forem suas atribuições, título, papel (professor, pessoal administrativo ou de manutenção). Ora, essa comunicação e essa ajuda mútua na escola entre todos os adultos, os mais e os menos favorecidos pelo número de horas, salário, função, parece ser um problema insolúvel para nós. A regra é mal se falar e, no melhor dos casos, ignorar-se. O comportamento pessoal de cada adulto é ainda mais formador para as crianças do que aquilo que ele diz. E quando a organização escolar, em bloco, institui uma segregação cada vez mais precoce com o pretexto de atendimento especializado, longe de corrigir os preconceitos quase raciais dos pais de crianças sem problemas com relação às outras, ela faz as crianças considerarem legítima uma discriminação ética no interior da população.

Temos aqui o depoimento de um pai sobre crianças portadoras de deficiências: "Tenho dois filhos que têm agora vinte e dois e vinte e quatro anos. O segundo nasceu com lábio leporino e uma divisão palatina. Minha mulher foi muito paciente com ele, alimentando-o, quando bebê, com uma colher, pois ele não podia mamar, evidentemente. Foi operado várias vezes – com seis meses, com dez meses, com dezoito meses. Com cinco anos, não falava corretamente: nós o entendíamos, mas não as pessoas não acostumadas a ouvi-lo. Foi reeducado foneticamente em Paris, e depois com uma reeducadora particular. Com seis anos, na escola municipal, só tirava zero em todas as disciplinas e ficava freqüentemente num canto da classe. Finalmente, encontramos para ele uma escola particular, com poucos alunos por classe, num bairro de Paris. Ali, aprendeu a ler e a escrever. Ficou dois anos nessa escola, depois mudou porque ela não lhe convinha mais, mas continuou ficando em classes com um número bem restrito de alunos – mais ou menos quinze. E fez enormes progressos. Mas também, e principalmente, minha mulher e eu nos dedicamos muito a esse menino."

Seu depoimento, na verdade, dirige-se aos pais que têm filhos com deficiência.

E é extremamente interessante.

"Ele gostava de música, particularmente da folclórica. Aos nove anos de idade, nós o inscrevemos num curso de música. Ali, nós o vimos desabrochar. Aprendeu a tocar acordeão e, há mais ou menos três anos, organiza bailes com uma banda que ele mesmo formou. Também compõe música sozinho. Além disso, continuou na escola até o quarto ano ginasial. Não obteve diploma, mas é capaz de se virar sozinho, de escrever as próprias cartas e se corresponder com artistas.

Para arcar com essas necessidades dispendiosas, minha mulher trabalhava e, como só podíamos ter um mês de férias, viajávamos separadamente, um mês cada um, com as crianças, para que pudessem passar dois meses de férias ao ar livre. Veja em que ponto estávamos. Mas o resultado está aí.

Essa criança estava condenada pelas escolas e pelos médicos dos hospitais. O que a salvou, foi a compreensão, o amor que encontrou nas escolas particulares com poucos alunos. Não seria possível criar, em cada bairro, escolas com poucos alunos por classe?

É uma belíssima carta. De fato, seria desejável que houvesse, em todos os bairros, escolas com número reduzido de alunos, para todas as crianças com dificuldades. (Hoje, existem principalmente escolas para certas deficiências – para os que vêem mal, os que ouvem mal etc. –, mas não escolas para crianças portadoras de deficiência propriamente ditas; existem classes de aperfeiçoamento nas quais são agrupadas crianças mais ou menos de todas as idades. Algumas são excelentes, depende do pessoal das escolas.) Classes com poucos alunos, nas quais cada um poderia seguir o próprio ritmo, com educadores capazes, como os que esse menino teve, que demonstrem muito afeto e façam os pais entenderem como cuidar, eles próprios, dos filhos[4].

Há uma passagem dessa carta que me parece muito importante, quando os pais contam como descobriram que o filho era dotado para a música. É isso que é preciso fazer quando se tem uma criança que não acompanha muito bem as aulas: procurar o que a interessa – pode ser dança, trabalho manual, pintura, mecânica, cozinha etc. – e, se for possível, permitir-lhe praticar isso seriamente, como fizeram esses pais. Porque era esse o futuro do menino: e ele foi preparado para isso desde os nove anos. É mais importante ter um ganha-pão numa área pela qual somos realmente apaixonados, do que ir bem na escola sacrificando para isso todo o tempo, principalmente quando se tem dificuldades, para ter, talvez, mais tarde, uma profissão que não nos interessará.

Para concluir sobre as crianças com deficiência, esta é uma carta de protesto contra uma resposta que você deu um dia a um rapaz que era extremamente frágil fisicamente e que, por isso, sofria com as gozações de seus colegas de escola[5]. Sua resposta me fez pular da cadeira: preferia tê-la ouvido pregar a revolta, explicar-lhe que tinha direito a consideração e respeito, como os outros. Sua revolta talvez tivesse feito seus amigos refletirem sobre o fato de que eles também poderiam ter tido as mesmas doenças e se encontrar na mesma situação que ele. Você não o aconselhou a se defender, mas a se excluir, a continuar escrevendo seus contos e, finalmente, a desenvolver mais sua sensibilidade que sua agressividade. Eu, pessoalmente, tenho um irmão mais velho que tem surdez profunda e que teve problemas aos doze anos: estava numa escola "normal"

---

4. Classes com poucos alunos, sim, mas também vida familiar, social, recreação com todos. Não se trata da segregação dos menos dotados, dos portadoras de deficiência e das crianças-problema, daqueles que, como dizem, "incomodam" os outros e que são rejeitados pelas escolas (tanto públicas como particulares) abertas aos outros.

5. Cf., p. 250.

e se queixava o tempo todo, em casa, das vexações dos colegas. Meus pais lhe disseram: "Imponha-se. Não se deixe intimidar." E ele conseguiu. Ela conclui: "O portador de deficiência não tem que se desculpar por passar assim pela vida. Já é tempo de os homens tomarem consciência disso."

Penso que são dois casos diferentes: aquele jovem ainda tinha o corpo de uma criança e uma voz feminina – o que fazia com que todos o chamassem de "senhorita" e que ele sofresse com a atitude de desprezo dos colegas. Creio que com uma voz como a dele, se ele tivesse se revoltado, os outros só teriam zombado ainda mais. É preciso, pelo menos, ter armas para lutar. Talvez o irmão dessa correspondente fosse um fortão que pudesse meter a mão nos outros; pois ser surdo não significa ser fisicamente frágil. Não se trata da mesma deficiência. Não sei. Mas, se esse rapaz a quem me dirigi na época estiver lendo hoje esse depoimento, ele também poderá inspirar-se nele. Talvez fosse isso que ele precisasse ouvir.

Isso posto, é curioso que minha resposta tenha feito refletir tanto; efetivamente, recebemos outras cartas, particularmente o depoimento de uma mãe de vários filhos, cujo caçula parecia, também, marginalizado. Como o precedente, ele também ia bem na escola, desde pequeno, mas era franzino, extremamente sensível, e reagia às zombarias dos colegas com fenômenos psicossomáticos de sofrimento. As mãos e os pés inchavam e ele mal podia segurar a caneta quando escrevia nesses momentos. Era tão infeliz, apesar de uma grande confiança em si mesmo e em seu trabalho que, por volta dos quinze anos, disse aos pais que não agüentava mais ser o saco de pancadas de todo mundo (com uma voz que ainda não estava formada e que, depois, claro, formada tardiamente, tornou-se como a da maioria dos rapazes). Suplicou que o colocassem como interno num colégio inglês, nos quais ele sabia, provavelmente por encontros que fizera nas férias, que tinham muito mais respeito pela personalidade de cada um. Os pais não eram ricos e os professores, que contavam muito com esse aluno extremamente brilhante do ponto de vista escolar, acharam que seria uma loucura interromper seus estudos na França; ele então aceitou – por afeição aos pais, por seriedade – começar um novo ano escolar (o terceiro ano do colégio) em condições bastante dramáticas para ele. Mas os pais o viram angustiar-se tanto e dizer: "Não sei se terei forças para ir até o fim" que, finalmente, apesar do enorme sacrifício financeiro, enviaram-no para a Inglaterra. E foi um sucesso total. Ele conseguiu até mesmo, continuando seus estudos em inglês, passar no exame final do colégio francês, em Londres, sozinho. Trata-se de um jovem que se virou, que tomou a direção de sua vida exatamente como deveria fazer e como decidira com quinze anos e meio, após uma reflexão madura. Agora, ele é um pouco menos bem-sucedido com relação aos franceses, mas tem uma aquisição enorme: pôde crescer e se desenvolver sem sofrer a zombaria permanente e os ciúmes dos outros, que o viam ser bem-sucedido apesar de ser diferente deles no aspecto. E a mãe conclui: "Acho que teria respondido como você: que esse rapaz estude por correspondência, que continue no caminho em que se sente engajado por seu gosto pela literatura. Pois, por que já não poderia se tratar de um início de vocação?"

Você está vendo, são duas cartas que se contradizem um pouco. Às vezes é difícil responder. Respondo de acordo com minha sensibilidade, mas fico muito contente quando pensam diferente e propõem outras soluções. É o melhor meio de alguém escolher o que melhor lhe convém.

Ser muito dotado no plano escolar não significa ser superdotado
(Um desenvolvimento homogêneo)

Sobre as crianças consideradas "superdotadas": recebemos algumas cartas a esse respeito. Para começar, um depoimento de uma correspondente que descreve os progressos do filho (ele tem vinte e dois anos agora, mas ela faz um pequeno retrocesso): escreve que andou com sete meses, que era formidável, extraordinário.

"Com três meses, começou a balbuciar como todas as crianças, mas interrogava-se, observava-se, recomeçava, para ter certeza de que era ele que estava fazendo aquele barulho. Após seu nascimento, logo começou a enxergar e, com dez dias, não podíamos virá-lo para a parede porque queria ver o que estava acontecendo no quarto." Não sei se isso seria a definição de uma criança superdotada. Essa mulher, em todo o caso, pensa que sim: "Os pais deveriam saber reconhecer essas crianças e não considerá-las temperamentais ou inadaptadas – porque podem algumas vezes parecer assim se não soubermos lidar com elas. Talvez os professores também não saibam como adaptar a educação a essas crianças às vezes diferentes das outras?"

Temos uma outra carta a respeito de um menino que lê doze livros por mês, com onze anos, acho – o que é realmente bastante considerável. Os pais se espantam com a diferença entre o desenvolvimento físico e o desenvolvimento intelectual dessa criança que, aliás, sem razões médicas, sofre de dores de cabeça desde os seis anos de idade, quando entrou no pré-primário. É um aluno muito brilhante. Mas tem, escreve a mãe, uma letra horrorosa, que o aflige muito.

Não é verdade! Sua letra (ela nos enviou uma de suas lições de casa) não é horrorosa: é um pouco desajeitada. É a letra de uma criança muito nervosa. Penso que ajudaria, já que ele é dotado, que é literário, que gosta tanto de ficar tranqüilo e estudar direitinho, se aprendesse a escrever a máquina. O mais cedo possível. Isso é uma coisa que os pais geralmente não sabem. Azar se os professores recusam as lições de casa à máquina! Estão errados, porque aprender a escrever à máquina, para uma criança de onze, doze anos, é um aprendizado maravilhoso.

E pode ser útil no futuro.

Isso mesmo. Existem até mesmo certas escolas, nos Estados Unidos, em que é proibido entregar uma lição de casa escrita à mão: ela deve ser escrita à máquina. Isso é muito inteligente! Não se trata de proibir que se escreva à mão, mas de permitir que se entregue uma lição de casa tanto batida à máquina, como escrita à mão; porque é algo para a vida inteira.

Essa criança, por outro lado – termino a carta –, tem dificuldades em fazer amigos na escola, acha os alunos que estão com ele burros, admite o irmão em seu quarto e em seus jogos, mas expulsa a irmã que ele chama de "piolho". À noite, fica dando beijinhos na mãe, mas não no pai. Ela explica que o pai era muito ausente e que as crianças sofreram com isso. Mas, agora, isso melhorou um pouco.

Essas duas cartas apresentam, digamos, em termos bem gerais, o problema dos superdotados.

É verdade. É preciso saber que esse problema das chamadas crianças superdotadas já foi abordado em outros países, na Inglaterra em particular. Foram criadas até mesmo escolas de superdotados que são, na minha opinião e na opinião de muitas pessoas, verdadeiras catástrofes, como qualquer outra segregação de crianças "diferentes das outras".

Na França, essa questão começa a interessar seriamente e já se sabe que é possível detectar os dons de uma criança a partir de cinco, seis anos graças aos testes – particularmente a um teste chamado WISC*, que não se refere unicamente à escolaridade. O fato de ser dotado no plano escolar não significa ser superdotado se não existe também uma enorme curiosidade por uma disciplina particular, um interesse a ser desenvolvido e tornado criativo. Interpretando o teste WISC, é possível dizer que uma criança é mais dotada que outras a partir de um quociente intelectual que nesse teste é fixado em aproximadamente 140.

Isso significa que podemos ter um quociente intelectual bem elevado e não sermos realmente dotados em muitos outros domínios?

Exato, justamente em casos em que se tem um quociente intelectual muito elevado, não no WISC, mas em certos outros testes que são unicamente testes intelectuais e não, ao mesmo tempo, testes motores, de curiosidade, de criatividade etc. Quando as crianças são dotadas apenas escolarmente, é quase uma pena, porque isso significa que ser bem-sucedido escolarmente, ser o primeiro, é uma obsessão para eles. Não significa que sejam curiosos por tudo na vida, e que tenham vontade de se desenvolver numa direção particular.

Portanto, em primeiro lugar: uma criança superdotada na escola pode ter, além disso, atividades extras ou encontros com pessoas que lhe ensinem uma arte ou uma disciplina de que goste particularmente (história, literatura etc.),

---

* Wechsler Intelligence Scale for Children, criado nos Estados Unidos em 1949, para avaliação global da inteligência. (N. da R.)

por que não? Mas deve permanecer na sala de aula com crianças de sua idade. Sem isso, ela se tornará uma criança isolada e sofrerá muito. É uma questão de nível de maturidade.

Esse jovem de onze anos, do qual falávamos há pouco, que fica dando beijinhos na mãe, sendo ao mesmo tempo uma criança dotada do ponto de vista mental e literário, pois bem, trata-se, de fato, de uma criança em perigo. É muito mais uma criança que deve ser tratada do que uma criança que poderíamos chamar de "superdotada". Superdotado, precoce para a idade, talvez ele tenha sido quando pequeno, não sei. Mas, enfim, uma criança precoce anda com nove meses, nove meses e meio. A inteligência é em primeiro lugar inteligência motora, depois inteligência verbal, ou seja, a criança é em primeiro lugar muito precoce no andar, na destreza corporal e manual e na palavra. E também extremamente chato nesse caso, por incomodar sem parar. Muitos pais atordoam a criança superdotada com proibições de agir e falar, porque ela os cansa. Justamente por isso tenta-se, agora, diagnosticar precocemente as crianças dotadas: para oferecer-lhes atividades e colocá-las em contato com outras e com aquilo que lhes interessa.

É também por isso que essas crianças, que aprendem de modo extremamente fácil, não conseguem se interessar por nada nas escolas comuns. É preciso estimulá-las com outras coisas – música, arte, atividades criativas. Foi criado há pouco tempo, na França, um clube de atividades artísticas para "jovens brilhantes"[6] chamado: "Jovens vocações artísticas, literárias e científicas". As crianças, que, paralelamente, acompanham as classes de sua idade, podem encontrar nesse lugar atividades que elas próprias desejam, e não que os pais escolheram para elas – o que é muito importante, pois muitos pais "empurram" o filho e não é nesse espírito que se deve cuidar dos superdotados.

Todo o trabalho que faço aqui visa a que as crianças falem perfeitamente bem, sejam ágeis com o corpo, quando pequenas. Depois, talvez sejam crianças superdotadas; talvez não. Mas, pelo menos, as que forem superdotadas não serão "estragadas", quero dizer, contrariadas em seu ritmo, se não as colocaram muito cedo no penico, se deixaram que elas se exprimissem, tanto verbalmente quanto do ponto de vista motor e industrioso. Infelizmente, há crianças superdotadas que parecem, ao contrário, crianças retardadas, porque, durante toda a primeira infância, foram reprimidas em suas iniciativas, abandonadas à sua solidão de pensamento e de jogo, às vezes culpabilizadas por seus desejos de independência, de ação, de saber, por não serem "comportadas".

Aliás, era o que a primeira correspondente dizia.

---

6. Clube fundado pelas senhoras Rossignol e Castillon du Perron, 14*bis*, rue Mouton Duvernet, Paris, XIV.

Superdotado quando bem pequeno não quer dizer superdotado em si nem ao crescer. É preciso estudar essas crianças e ajudá-las sem prejudicá-las. Lugares onde possam encontrar resposta para aquilo que procuram, interesses, informações e pessoas qualificadas nas técnicas e nos conhecimentos que os atraem, é isso que se deve organizar, preservando ao mesmo tempo as iniciativas individuais ou conjuntas das crianças.

Ainda a respeito das crianças superdotadas, uma correspondente escreve sobre a filha que está, atualmente, dois anos adiantada na escola: "Ouvi você se levantar contra a precocidade escolar e, em particular, contra as crianças que pulam séries. Contudo, quando minha filha tinha oito anos, eu me sentia com relação a ela como uma galinha que tivesse chocado um pato, ou melhor, como uma pata que tivesse chocado um cisne, porque ela era de uma precocidade extraordinária." Para resumir rapidamente essa carta, trata-se de uma criança que despertou muito rápido: aos seis meses, saía do berço sozinha e, apoiando-se nos cotovelos, ia até a sala de estar para ficar junto com todo mundo. Com nove meses, subia e descia a escada sozinha, engatinhando, sem despencar.

O que é realmente excepcional. Era uma criança que tinha uma extraordinária avidez de viver, em todos os planos.

Exato. E ela foi imediatamente considerada uma menininha bastante dura, não muito carinhosa, muito resistente à dor, atirada e também agressiva. Arranhava as pessoas que não lhe agradavam ou que chegavam muito perto dela. O que provocava cenas do tipo: uma senhora debruçava-se em direção à criança: "Cuidado, senhora", avisava a mãe, "ela é brava e pode arranhar. – Mas não é possível! Ela é tão bonitinha! Bilu-bilu..." E vapt! lá ia a mãozinha e, apesar das unhas curtas, deixava uma marca no rosto da senhora frustrada e furiosa, logicamente, com a mãe. Depois, adquiriu muito rapidamente um dom de imitação extraordinário e uma memória fenomenal. Com dois anos e meio, quando foi para o maternal, a professora disse: "Não podemos ficar com ela." Aprendeu a ler e a contar em três meses. Assim que aprendeu a ler, se pôs evidentemente a devorar os livros: há a história do dicionário, por exemplo...

Que preocupava até mesmo a mãe.

Isso mesmo. A mãe escreve: "Ela começou a decorar o dicionário. Fomos salvos, e ela também, pelas férias que a interromperam." Depois, ela quis tricotar, mas a mãe a achava pequena demais. Ela obstinou-se, furiosa por não conseguir, e também aprendeu muito, muito rapidamente.

É uma criança "que quer porque quer", como dizemos.

Mesma coisa para as atividades extra-escolares: equitação, ginástica. É muito ágil a cavalo. E a música, por exemplo: quis aprender solfejo. Disseram-lhe que era muito complicado. No final do primeiro trimestre, ficou em quarto lugar no concurso de piano.

A mãe fala em seguida da atitude do avô e do pai com relação a essa criança. Não se interessaram por ela no início; tomaram uma certa distância com relação a essa menina que não se parecia com uma criança comum. Essa passagem interessa?

Sim, porque o pai cuidava bastante dos filhos, da filha mais velha, mas sentia que não precisava orientar demais aquela outra filha: ou ela se tornava agressiva com relação a ele. As crianças que desejam demais são assim: não sabem como cativar e tornam-se um pouco agressivas. Ele fez muito bem em deixá-la viver sem dar-lhe muita atenção naquele momento. O avô também a deixava um pouco de lado, não sabendo como lidar com tal natureza.

E depois, um dia, ela lhe fez uma pergunta muito surpreendente, a respeito de uma poesia de Ronsard que lera e que sabia inteira de cor, sobre a construção de uma frase em francês antigo, para saber o que aquilo queria dizer. A partir desse momento, o avô interessou-se e começou a falar com ela.

A mãe foi muito inteligente, também, na sua maneira de proteger essa criança dela mesma, deixando-a viver bastante livremente – apesar de ser criticada por isso. Mas, o que mais ela poderia ter feito? Só teria conseguido provocar distúrbios de personalidade na menina. Aliás, muito prudentemente, ela foi consultar, uma ou duas vezes, um psiquiatra infantil e um psicólogo que, ambos, disseram-lhe que a criança era perfeitamente normal, que simplesmente tinha um quociente intelectual muito elevado, de dois anos, dois anos e meio acima de sua idade, e um desenvolvimento homogêneo tanto motor quanto afetivo. É, de fato, uma criança extraordinária.

Ao mesmo tempo, as outras crianças a adoram. Faz amigos em todos os lugares e todos gostam dela. Agora, ela não é mais agressiva com as outras crianças.

Isso é muito importante. Trata-se de uma menina normal. Como escreve a mãe: "Ela não é perfeita, tem os seus defeitos." Aliás, a mãe não a considera superdotada.

Vejamos, então, a pergunta dessa correspondente: "A escola sempre prevê um monte de cursos de recuperação, de apoio escolar etc. Mas as estruturas não são realmente feitas para crianças que estão adiantadas com relação às outras. Nós, pessoalmente, adotamos essa solução (fazê-la pular dois anos). Você não acha que isso vai prejudicá-la?"

Não, acho que eles fizeram muito bem, já que ela tem muitos interesses paralelos. Pular séries, quando a criança está adiantada em tudo e não apenas na inteligência escolar, em casos excepcionais como esse, por que não? Existem crianças que têm absoluta necessidade do ritmo de vida e da instrução das crianças mais velhas. Mas contanto que seu desenvolvimento seja homogêneo. Porque vemos crianças bem-estruturadas do ponto de vista mental não saber nem se vestir, nem se ocupar de outra coisa que não seja sua vida imaginária, que não sabem se virar de modo algum nem na realidade nem em sociedade. São atrasadas do ponto de vista afetivo e grudadas na mãe. Evidentemente, essas crianças não são superdotadas, pois não têm um desenvolvimento homogêneo. A criança superdotada é uma criança que tem um temperamento rico, que quer tudo, como se diz, e que também se protege de tudo o que interfere em seus desejos e na sua vida. Algumas vezes, infelizmente, fazemos as crianças superdotadas se tornarem temperamentais, por querermos freá-las, domá-las, podá-las, porque elas já têm muitas iniciativas e as crianças precoces são cansativas no plano da motricidade, da curiosidade, da habilidade manual, dos desejos.

O importante é que essa menina não pulou séries ao longo de sua escolaridade, pois é isso que é difícil. Entrou diretamente no pré-primário com cinco anos. Depois, no fim da primeira série, como já sabia tudo, a professora disse: "Ela deve ir para uma outra série, porque, na próxima, repetimos mais ou menos o primeiro ano, e ela vai se aborrecer."

Então, isso não é ruim, já que de fato a criança começou sua escolaridade nas séries iniciais, que responderam aos interesses dela naquele momento. Difícil é quando uma criança pula a quarta série, por exemplo, ou a terceira ou a sexta, quando já fez amigos, quando já se habituou a eles. Ora, aqui, ela entrou numa série na qual se podia responder realmente a sua necessidade de estudo, a sua rapidez de estudo, porque ela aprende tudo muito rápido e a professora não sabe o que fazer com ela.

Agora, a mãe está preocupada em saber se vai chegar um momento em que ela irá desmoronar. Não acho. Em todo caso, não é terrível. Se realmente sentirem que ela está com dificuldades e que sofre por ter dificuldades numa série posterior, talvez ela possa permanecer dois anos na mesma série – eventualmente mudando de escola, ou na mesma escola se mudar de professor. Mas não sabemos nada com antecedência. Em todo caso, ela tem muitos outros interesses; tem muitos amigos. É uma criança inteiramente homogênea e que não tem a dificuldade de certas crianças forçadas do ponto de vista escolar. É quando o escolar está adiantado e o resto não acompanha que é preocupante. Mas, neste caso, trata-se de uma criança que me parece um ser bastante extraordinário. E parabenizo os pais por terem sabido educá-la sem quebrá-la, quando ela se mostrava tão agressiva quando pequena, e tão independente.

Mimar os netos não é amá-los por eles mesmos
(Crianças/avós)

Temos aqui a carta de um pai. Ele tem vinte e seis anos e sua mulher vinte e oito. Eles têm duas filhas, uma de três anos e outra de dois meses e meio, que têm as duas avós, os dois avôs e duas bisavós. E o problema é todo esse: a mais velha é objeto de seus cuidados e atenção excessivos, particularmente por parte da avó e da bisavó paternas. A avó, que sempre sonhou ter uma filha, é totalmente "deslumbrada" pela menina e a deixa dormir em sua cama à noite. A bisavó, que nunca havia sido "maternal" antes, agora sempre quer dormir com a menina, arrasta-a para o banheiro; conta-lhe um monte de histórias de agressão etc. O pai atribui isso a problemas sexuais não resolvidos...

Mas, sem dúvida.

Até o momento, eles resistiram a todas as pressões familiares, que se intensificaram ainda mais com o nascimento do outro bebê, quando as duas mulheres quase se dilaceraram, disputando o direito de poder finalmente ficar com a menina de três anos. Eles se recusaram a deixá-la com elas.

Fizeram muito bem.

A pergunta que ele faz, é que, agora, a menina também gosta dessas relações. Chama ora pela avó, ora pela bisavó e gostaria de ir dormir na casa delas. E as mulheres se queixam da oposição da mãe.

Em primeiro lugar, deve-se proibir terminantemente que as crianças durmam com os avós! Eles não devem mais permitir que a menina fique com uma avó ou uma bisavó que faz isso; e dizer claramente à criança que é ele, o pai, que está proibindo, já que, segundo a carta, as avós sempre dizem que é "mamãe" que não permite que elas durmam junto com ela, que a mimem, que tenham promiscuidades sexuais etc. Mas essas mulheres parecem bebês! E o que é proibido para elas? Será que elas pensam que, quando eram pequenas, era sua mãe que não queria? Não sei. De qualquer modo, quando a menina pedir para dormir na casa delas, o pai deve responder: "Não quero mais que você vá à casa da vovó Fulana porque fazendo isso [o que ele sabe que elas fazem, já que a criança conta o que aconteceu], ela age como se você fosse uma boneca e como se ela própria tivesse três anos. Não quero que você fique com pessoas que acham que você é um bebê e que ficam brincando de meninas de três anos." Cabe ao pai assumir a responsabilidade pela recusa. E se um dia a pequena contar para as avós e elas recriminarem o filho e o neto, pai da criança, ele responderá: "É verdade. Vocês se comportam com ela como se fossem bebês. Vocês a prejudicam; gostar de uma criança não é isso." Pura e simplesmente. Ele precisa ter bastante afeição pela filha, pela mãe, pelas avós e pelas sogras para agir assim. Aliás, em sua carta ele não rejeita absolutamente essas pessoas como tais, mas fica desesperado em ver essa perversão dos velhos.

Ele também escreve: "Tudo é motivo para chantagem afetiva. Cada reação da criança é interpretada nos seguintes termos: 'Você não gosta da vovó', 'Você gosta da vovó', 'Não gosto mais de você', 'Gostar mais ou menos de uma pessoa' etc. Acho que é um modo bem comum de agir, mas talvez nem sempre a esse ponto..."

É verdade, mas é totalmente perverso educar crianças assim. "Se você fizer isso, não gosto mais de você": ora, se, para as crianças, serem amadas significa serem desvirtuadas dessa maneira, então é melhor que não sejam. A criança deve saber disso: "Você tem bastante sorte de a vovó não gostar mais de você, porque, quando ela gosta, é como se ela a detestasse: ela trata você como um bebê em vez de a ajudar a crescer."

Último ponto da carta: como eles vão se mudar, têm que deixar a menina com alguém por alguns dias e ela, que sabe disso, fica agora pedindo para ir para a casa da avó e da bisavó. É a nova oportunidade.

Devem deixá-la com uma babá que já tenha dois ou três filhos e pagá-la, se não tiverem outra opção; mas não devem deixá-la com tais avós.

Ok. Ele não deve, portanto, ceder.

Isso mesmo, pois três anos é um momento muito sensível na criança para correr riscos como esses. Mais tarde, ela agradecerá aos pais.

Felizmente, nem todas as avós são assim. Muitas ensinam os netos a cantar, a brincar de jogos inteligentes, contam-lhes histórias; e são muito castas em seu comportamento com a criança, fazendo-a respeitar o próprio corpo e se respeitando diante dela. É uma carta pungente, porque vemos como as crianças podem ser desvirtuadas.

(Algumas semanas mais tarde)

Depois dessa carta, houve muitas reações, muitos protestos de avós. Temos aqui uma delas, que resume bastante bem todas as outras. Mas, em primeiro lugar, devemos esclarecer que você não é "antiavós"?

De modo algum. Muito pelo contrário, já escrevi em jornais dedicados à terceira idade o quanto é importante para os pequenos o contato com a geração dos avós e dos bisavós.

É então uma avó que escreve: "De fato, às vezes minhas netas, ao virem me dar bom-dia, deitam na minha cama, pedem uma música, uma história, sobem no meu colo para me beijar, para serem 'mimadas', como diz você. Garanto-lhe que nem por isso me sinto uma avó pervertida. Por acaso você conheceu seus avós? Porque devo minhas melhores lembranças de infância ao carinho e à bondade de uma avó junto à qual me refugiava quando minha mãe, que ficou viúva muito cedo e que tinha que trabalhar para nos educar, estava ocupada. Tenho certeza de que muitas avós reagiram como eu e ficaram chateadas com suas afirmações, por nunca terem tido, ao mimar os netos, os sentimentos que você lhes atribuiu."

Ainda tenho algo a dizer sobre isso: porque "mimar" os netos não é amá-los por eles mesmos.

De fato conheci não apenas minhas duas avós, mas também uma de minhas bisavós. E lembro-me de que foi na casa dessas avós – éramos uma família numerosa – que aprendemos muitos e muitos jogos de sociedade, que elas nunca se cansavam de brincar com cada um de nós, de nos cantar músicas, pondo-se ao piano para nos ensinar canções que podíamos, depois, repetir para nossos pais; mostravam-nos fotos de antigamente, explicando-nos como era quando elas eram pequenas. A que se casara em 1860 nos contou seu casamento. Tudo isso era fantástico. Mas devo dizer que, se havia balas e bobagens, atividades compartilhadas, elas não nos mimavam e agradeço muito a elas não terem feito isso e por terem, ao contrário, enchido nossos espíritos de histórias sobre a família, sobre o modo como as pessoas viviam e se vestiam antigamente; nos terem ensinado como o valor do dinheiro se modificara etc.; e, além disso, principalmente terem lido para nós tantos livros maravilhosos, nos terem ensinado todos aqueles jogos de sociedade, envolvendo-se na brincadeira tanto quanto nós, às vezes trapaceando, para ganhar... tanto quanto nós, e depois rindo às gargalhadas se trapaceávamos; nos terem ensinado também, desde os quatro anos, com elas, a história da França em velhos livros de gravuras... e também os provérbios.

Repetindo, não é mimar que é importante, nem deixar as meninas virem para a cama. Se elas pedirem, podemos dizer: "Não, não, vamos brincar de alguma coisa." Ensinar a tricotar, a costurar, a vestir as bonecas, a fazer bolos, a terminar aquilo que começamos (com um pouco de ajuda), isso é educar uma criança; não acarinhá-la, mimá-la como um bebê ou um ursinho, mas iniciá-la na vida prática, interessá-la pelas coisas e formar sua inteligência, guardar os segredos que a criança nos confia. Não é nem sedução nem chantagem com o amor. É dedicar um pouco de coração e de tempo a uma criança. Quem, além de avós carinhosos, pode ter essa paciência? Não, não, não sou de modo algum contra as avós e as bisavós! nem contra os avôs e os bisavôs.

Não queria pôr lenha na fogueira mas, já que estamos falando das relações crianças/avós, temos aqui a carta de uma mãe: "Ajude-me a recusar que minha mãe leve as crianças para a casa dela durante as férias." Essa mulher tem um menino de onze anos e duas filhas, uma de dez e outra de cinco anos. De fato, o problema sempre se repete todas as férias. "Minha mãe convida as crianças para passarem as férias na casa dela. Sendo viúva, ela vive agora em um apartamento de um quarto, confortável mas pequeno demais, evidentemente, para receber ao mesmo tempo filhos e netos. Quando a visitamos, meu marido e eu dormimos na sala, e ela e as crianças no quarto. Isso já há vários anos. É difícil opor-se à solução simples de pôr uma criança para dormir na cama da avó." Assim, a mais nova dorme com a avó: "Conseqüência: grande felicidade recíproca. Assim que acordam, a mais nova praticamente monopoliza a avó, que entra no jogo: 'Bom dia, senhora. Como vai sua filha?' etc. As duas se trancam no quarto para brincar, quando estamos lá... Devo dizer que minha mãe vem ficar regularmente várias vezes por ano em nossa casa para que possamos viajar. Presta assim apreciáveis serviços, apesar de alguns pequenos inconvenientes, como não saber dizer não às crianças, tentar não contrariá-las para que sempre estejam de bem com ela e não opor uma só palavra à deles. Assim, é televisão toda noite, seja qual for o programa; refeições compostas praticamente só de doces etc. Fica muito feliz com os netos, e gostaria muito de tê-los na casa dela, com ela, sem os pais, de vez em quando.
Mais adiante a mãe esclarece que quando as crianças iam sozinhas para a casa da avó, alguns anos atrás, ela convidava também as primas (que têm dezesseis, treze, doze e nove anos). O filho era quase sempre o único menino no meio de todas essas meninas. Há alguns anos, ela suprimiu esse tipo de férias, ao menos para o menino, "para grande benefício deste". Ela gostaria de pedir que você a ajudasse a dizer não à mãe. Pois é difícil de explicar.

De fato. O que não entendo é por que eles não podem ter uma cama dobrável ou um colchão com um saco de dormir para evitar que a menina de cinco anos durma na cama da avó. Pois não é difícil ter uma cama de emergência que não ocupe muito espaço, para a pequena, e que poderia ser colocada embaixo da cama da avó quando as crianças não estiverem lá. Como no caso de que falamos anteriormente, a criança está tendo aqui como modelo uma mulher que vive como uma criança de cinco anos. É justamente o oposto de tudo o que eu dizia há pouco das avós que ensinam às crianças muitas coisas e permitem que elas se socializem, que lhes dão regras de vida e que, principalmente, conversam com elas sobre coisas interessantes. É evidente que a televisão, quando se assiste a qualquer programa, é muito ruim para as crianças. Parece que a casa dessa avó é uma "zona"! Os doces, no final das contas, são o menor problema. São um detalhe. É principalmente a maneira de dormir que é ruim.

Quanto às férias, a mãe tinha razão: um menino no meio de cinco ou seis meninas não é bom. E também não é bom misturar, num apartamento pequeno como esse, jovens de dezesseis anos e crianças de cinco.

Entendo muito bem que é muito difícil recusar que as crianças fiquem na casa de uma avó que presta serviços. Mas tenho a impressão de que ela, depois da viuvez, sofreu uma verdadeira regressão. Talvez a filha pudesse apresentar-lhe outras mulheres de sua idade, relações que lhe permitissem permanecer mentalmente em atividade no seio da vida social. Senão, ela continuará se identificando com o que há de mais infantil numa criança de cinco anos.

Mas como explicar a uma criança que se acostumou a dormir na cama da avó, quando vai à casa dela, que, do dia para a noite, acabou? Parece que isso será problemático.

De qualquer jeito, isso não vai durar até os vinte e cinco anos, não é? Basta dizer à menina: "Olhe, você é muito grande agora. Você não é o marido da vovó. Não quero que você durma com ela..." Pura e simplesmente.

Mas voltemos à avó, porque o essencial, aqui, é ela. Ela está involuindo. Não se inseriu na vida social; acho que ela não tem nada para fazer. Ora, atualmente existem muitas atividades para a terceira idade. Talvez essa senhora que nos escreve pudesse encontrar uma amiga ou um amigo da mãe para cuidar dela? É possível que essa mulher não tenha se desenvolvido muito antes. Talvez tenha vivido à sombra de um homem junto ao qual não tenha tido uma vida autônoma de adulto. Então, privada desse apoio, não pôde continuar sua vida de adulto, como fazem agora, até os setenta, setenta e cinco anos, muitas pessoas que convivem socialmente com pessoas da mesma idade, que continuam a ter atividades intelectuais, lúdicas, encontros, passeios, tardes em que se reúnem para trabalhar e prestar serviços. Não sei. Alguma coisa está faltando, aqui, para essa mulher, uma vida cívica e social, com pessoas de sua idade. Talvez agindo por esse lado a filha a ajudaria mais, melhor que barrando-a pelo lado das crianças.

Quem tem razão?
(Crianças/avós/pais)

Ainda a respeito das relações crianças/avós, a mãe de um menino de sete anos, filho único em razão da saúde do pai, escreve-lhe. A criança não tem nenhum problema; o casal também é feliz e a família muito unida. O único senão é que a criança não gosta de ir à casa dos avós maternos, que – escreve a mãe – concebem a educação como um adestramento. Ela e o marido são totalmente contra esse método e apóiam o filho diante dos avós que, evidentemente, não ficam contentes. Ora, esses mesmos avós convidaram o menino para passar as próximas férias na casa deles. A mãe perguntou a opinião dele. Inicialmente ele disse não, e depois: "Bom, se isso for deixá-los contentes, eu irei, mas a contragosto." Tenho a impressão, termina a mãe, de que meus pais não sabem ser avós na casa de quem o neto ficaria feliz de ir. Mas como fazê-los entender isso? E agimos certo pedindo a opinião de nosso filho?"

As crianças são muito sensíveis ao fato de os pais não concordarem com a família que os está recebendo, em particular se for a família paterna ou materna. A criança faz eco ao que sente na mãe ou no pai.

Pode ser muito difícil, para uma criança pequena, ser educada de modo muito contraditório por uma avó, durante as férias ou mesmo nos fins de semana e o resto do tempo pelos pais. Mas isso não tem mais nenhuma importância para uma criança de mais de três anos. Ao contrário: "Olhe, na casa do vovô e da vovó, não é como em nossa casa. É uma outra geração. Se você for à casa deles, serão eles que darão as regras, não nós. Eles têm seu próprio modo de educar as crianças. Aliás, foi assim que fui educada. E se você gostar muito deles, conseguirá entendê-los muito bem."

A partir de três anos, as crianças com quem falarmos desse jeito ficarão sempre felizes de ir à casa dos avós – a menos que se trate de pessoas realmente sádicas ou de carrascos ou de pessoas deprimidas, evidentemente – ou à casa de pessoas com idade para serem avós; pois é verdade que as crianças precisam de pessoas que pertençam à geração que precede a dos pais. Gostam de ouvir falar da maneira como os pais foram educados. Isso lhes dá, principalmente quando tiver sido muito diferente, uma possibilidade de distância, de recuo, com relação ao modo como eles próprios são educados em casa. Isso também permite que entendam os amiguinhos cujos pais agem de um modo completamente diferente do deles – coisa que percebem perfeitamente, ao menos na saída da escola.

Agora, quando pais e avós estão juntos e discordam sobre algo a respeito da criança, em vez de brigar para saber quem tem razão – os pais querendo agir de uma maneira e os avós de outra –, pode-se fazer o seguinte para ajudar a criança: se os avós forem muito liberais com relação à educação dos pais, a mãe ou o pai (de preferência a mãe quando se tratar dos pais dela, ou o pai quando se tratar dos pais dele) podem lhe dizer: "Você tem sorte de seus avós estarem aqui hoje, aproveite... Não vou dizer nada porque gosto de meu pai (ou de minha mãe) e não quero aborrecê-lo." Ao contrário, se os avós forem muito mais severos que os pais: "Está vendo, assim você pode ver, de vez em quando, como é ser educado severamente. Talvez seus avós tenham razão. Eu faço como eu acho melhor; eles fazem como acham melhor. Mas, todos nós gostamos de você. Tanto eles como nós queremos que você se torne um menino (uma menina) bem legal. Mas, como você está vendo, agimos de formas diferentes. Cabe a você se tornar alguém."

Para voltar a sua carta, acho que esses pais fizeram bem de pedir a opinião do filho. A criança deve ir ver os avós maternos, já que decidiu assim. O mais importante, porém, é não fazer um drama se for uma terrível chatice para ele. Nada de: "Coitadinho do meu filhinho, nós vamos consolar você." Nada disso. São os avós que ele tem. É sua linhagem. E numa linhagem, cada um tem seu clima. A mãe concebe a educação de um modo diferente da avó. E ele, por sua vez, educará os filhos de um modo diferente.

Todo trabalho merece recompensa
(Avós/pais)

Na França, é muito comum que as avós tomem conta dos netos – porque, entre outras coisas, é verdade que as avós não custam nada...

Mas também existem conflitos.

A avó que escreve educa o neto de treze anos desde que ele nasceu; os pais o pegam à noite. Existe certa rivalidade entre ela e a mãe da criança: "Minha filha gostaria que o menino não gostasse da avó. Fica muito contente que eu tome conta dele, contudo, tenho a impressão de que ela o incita contra mim." Essa é uma frase que ouvimos muitas vezes ser pronunciada nos conflitos entre pais e avós.

É verdade.

Isso provoca pequenos dramas. O menino fica malcriado, agressivo, desobediente. Por outro lado, tem dificuldades em acompanhar as aulas: "É porque ele não pode, porque tem algumas dificuldades. Os pais não o entendem."
Em resumo, nada de muito preciso em tudo isso; uma atmosfera nebulosa, mas que pode estragar a vida dessa família durante anos, quando talvez haja um meio de comunicação possível?

Talvez... Mas, em primeiro lugar, com treze anos, ninguém mais precisaria tomar conta dele. Acho curiosa essa história de um menino que ainda fica na casa da avó quando ele próprio já estaria quase na idade de poder trabalhar como *baby-sitter*. Pergunto-me se a dificuldade não viria do fato de ele se divertir semeando a cizânia entre as duas mulheres. É tão divertido puxar a corda e ver que o sino toca! Acho que ele percebeu muito bem que suas duas "queridas" tinham uma certa rivalidade e se diverte incitando uma contra a outra para reinar. Acho que já está mais do que na hora de esse menino ser desmamado da avó – e talvez também da mãe.
Além disso, onde está o pai, para deixar o filho na casa da sogra?

Não se fala muito dele.

Mas por acaso o pai, com treze anos, ainda tinha alguém que tomava conta dele, que vigiava todas as suas ações e gestos, em vez de ficar em casa, como tantas crianças, e preparar o jantar dos pais? Enfim, parece que se está falando de uma criança pequena... Que ele não vá muito bem na escola, é um detalhe. É possível ser iletrado e estar bem adaptado à vida de todos os dias, o bastante para suprir as próprias necessidades.

Parece-me que, a pretexto de se preocupar com os filhos, muitos pais continuam a colocá-los num estatuto de dependência. Ora, há duas maneiras de se defender contra a dependência: tornar-se agressivo ou fugir; ou, então, submeter-se. Nesse caso as crianças se tornam apáticas ou irritadas e, de qualquer modo, não são senhoras de si... até o dia em que fogem de casa.

Agora, quanto às crianças mais novas, acontece muitas vezes de elas criarem tensões entre os pais e os avós que cuidam delas.

É verdade. Em parte porque é difícil para os pais mostrar seu reconhecimento às avós que lhes prestam esse serviço gratuitamente – já que, sem elas, seriam obrigados a pagar uma babá. O fato é que é muito raro que os jovens consigam pagar uma avó que não quer ser paga. Mas podem, sem dizer nada, colocar todos os meses, em sua caderneta de poupança ou em uma conta especial, a quantia ou parte da quantia que pagariam a uma babá. Porque cuidar de uma criança é um trabalho; e todo trabalho merece recompensa, mesmo se for feito com afeição de avó. O dia em que não for mais preciso tomar conta das crianças, eles dirão: "Olhe, uma babá nos teria custado tanto... Não podíamos pagar tudo isso, mas guardamos a metade para você. Isso é seu." Quando a criança tiver oito anos, isso constituirá um pequeno pecúlio para a avó naquele momento, quando, ao contrário, talvez ela tivesse recusado quando a criança era pequena. "Ora, você não vai se preocupar com isso! Tudo o que eu quero é ajudar!" Pois bem, já ajuda muito poder pagar a metade do preço. Um método como o que estou indicando é bem melhor do que um presentinho de vez em quando; pois o dinheiro recebido representa, para a avó, uma liberdade. O dia em que a criança estiver em idade de não precisar mais que alguém tome conta dela, a avó receberá em troca um bem que representa um reconhecimento tangível pelos meses e anos de serviços prestados. Acho que isso é algo em que ainda não se pensou direito.

Senão, o que acontece? Pais que não reservam nenhuma quantia a cada mês para a pessoa que toma conta do filho – não digo tudo o que custaria uma babá: se não têm meios para isso, poderão estabelecer uma soma menor – se verão sem recursos e angustiados ao menor desentendimento com a avó ou – é quase sempre a mesma coisa – quando esta se declarar cansada. Quando não se tem nenhum recurso num desentendimento, o mais fraco tem irremediavelmente que se submeter; ora, não pagar um trabalho é se colocar em situação de fraqueza em relação àquele que o está fazendo para você. Ele se torna o senhor e, aquele para quem trabalha, o devedor. Essa é uma fonte freqüente de conflitos. E, evidentemente, *qualquer criança sofre num conflito cuja causa são sua presença e os cuidados que exige. Ela se sente culpada.*

Há, inversamente, quem pague aos avós aos quais se confiam os netos ou netas uma pensão que se considera que irá constituir, a seu modo, uma ajuda para eles na aposentadoria: seria um reforço no orçamento. É hipócrita, e o auxílio que cada um deve a seus "velhos" não deve passar por aí. Nesse caso, toma-se então conta da criança "no mercado negro", um mercado do qual nunca se falou claramente, um contrato em que avós e crianças cuidadas são moralmente lesados, enquanto os pais, por seu lado, pensam (a curto prazo, parece verdade) estar fazendo um bom negócio. *Como parte de uma transação, nenhum ser humano se sente amado.* Pais e avós se entenderiam bem melhor se houvesse essa pequena surpresa que se prepara para eles para quando a criança tiver oito anos – idade em que ela não precisa mais de uma babá durante o dia e fica muito orgulhosa por confiarem nela. O que não a impede de ir ver a querida vovó para lhe fazer companhia de vez em quando, por prazer.

Apêndice:
Exemplo de uma psicoterapia

O que é uma psicoterapia? A essa questão tantas vezes formulada e que, finalmente, permaneceu mais obscura para muitos do que "O que é uma psicanálise?"[1], gostaria de responder do melhor modo possível e, com um exemplo de psicoterapia simples, chamada de apoio, abarcar o espírito e o trabalho que é feito.

Uma psicoterapia tem como objetivo a recuperação de um equilíbrio que foi abalado, e *recentemente*, por uma situação penosa da *realidade*, diante da qual o sujeito se sente impotente mas *responsável*, por não ter sabido ou podido *enfrentar*, uma vez que estava perturbado pelos acontecimentos ocasionais. O sujeito não encontrou à sua volta a ajuda exterior de que necessitava, que teria desdramatizado a situação imaginária (despeito, humilhação) e o teria, em primeiro lugar, reconciliado consigo mesmo diante de um fracasso real; o apoio lhe teria permitido aceitar realidades intercorrentes, às vezes inevitáveis, pelas quais não tem dessa vez nenhuma responsabilidade, mas que o atingem ainda mais na sua sensibilidade por estar fragilizado pelo fracasso.

Por não poder resolver seu problema, o sujeito é arrastado por ações e reações em cadeia, que afetam ao mesmo tempo sua vida pessoal e as reações dos outros com ele. A situação emocional, psíquica e social se deteriora, e o sujeito acaba chegando a uma situação sem saída. Às vezes, adoece fisicamente; às vezes, são distúrbios funcionais que afetam o sono, o apetite, dores de cabeça, fuga daquilo que antes o relaxava. Ele tem a impressão de ter desperdiçado sua vida. Fica desesperado por se ver impotente; esmagado por sentimentos de inferioridade e de culpa, põe-se a regredir, vencido por conflitos de desejos cujos efeitos sobre seu caráter são desestruturantes. Diante da culpa imaginária, ele pode reagir com atos condenáveis efetivamente delinquentes em troca de um breve prazer. Ou chega ao desespero, levado por um fantasma de morte acidental: morte que ele é suscetível de provocar impulsivamente, sem saber que visa apaziguar tensões agressivas com relação a um objeto inatingível, tensões que eventualmente se voltam, aliás, contra seu próprio corpo. Ou se, em sua culpa-

---

1. Cf. capítulo "O que se deve fazer nessa idade".

bilidade, a nota conscientemente depressiva domina, ele sofre de angústia indizível e se põe a beber ou a se drogar para esquecer seu desespero. Ou ainda, invadido pelo cansaço de sua inútil luta contra o irremediável, procurará o suicídio suave, salvador, lento pela droga, tentando, senão desejando claramente, o repouso definitivo.

PAULO tem oito anos e meio, é inteligente. Mas seu fracasso escolar é total desde a volta às aulas. Estamos no final de abril. Ele tem uma fobia escolar grave. Insuperável. Não vai mais à escola já há algumas semanas, deixando os pais acreditarem que está indo. Começou perdendo o boletim, depois falsificou as notas, e foi punido. Agora, pegou birra da escola. Os pais chegam desesperados: Paulo ultrapassou os limites de tolerância para a diretora, que lhes comunicou sua expulsão do ciclo normal. Seu lugar é num internato especializado para crianças sujeitas a distúrbios emocionais.

O que aconteceu? Comecemos pelo começo.

No fim do ano escolar precedente, ele estava entre os melhores alunos: como sempre desde seu ingresso no maternal e, em seguida, na escola primária. Ele não mudou de escola. A professora deste ano tem fama de controlar bem a classe, de ser uma excelente professora. Os alunos a temem, mas gostam dela.

Paulo, portanto, terminou bem o ano escolar precedente. Foi para um acampamento de férias, como nos outros anos, depois, passou algumas semanas na casa dos avós maternos no interior, com os pais e o irmão, cinco anos mais novo que ele. Tudo ia muito bem. Voltou com boa saúde no início de setembro. O pai trouxe as crianças antes do previsto, porque o avô estava doente; pensaram que não fosse nada e que a avó viria uma semana mais tarde, assim que o marido estivesse restabelecido.

A *mãe* – é ela quem fala – estava esperando o terceiro filho, que nasceu alguns dias depois da volta dos irmãos mais velhos, que ficaram, na ocasião, na casa de sua babá diurna habitual. O bebê, uma menina, nasceu duas semanas antes do previsto. Provavelmente a mãe estava cansada por ter trabalhado quase até o final da gravidez. E contava com a temporada dos mais velhos na casa da mãe até a volta às aulas para poder descansar; depois, a mãe viria ajudá-la.

Mas o estado do avô agravou-se. Sua mulher teve que ficar ao lado dele. Tinha sido operado quatro anos antes; era um câncer, que se generalizara. E o avô faleceu em janeiro. Todos eles tinham ido vê-lo no Ano Novo.

A mãe de Paulo não deveria ter visitado o pai antes? Ele estava irreconhecível. Ela chora quando fala. Estava cansado demais para suportar as crianças. Apesar de tudo, conseguiu ver a neta: "Eu queria que ele a conhecesse." E ela chora. "As crianças o adoravam, nós todos o amávamos, era um homem muito bom. Sou filha única. Meu marido, que também é filho único, perdeu os pais e ficou órfão com oito anos. Foi educado pela avó materna, que morreu quando nosso segundo filho nasceu. Nós todos a amávamos muito; ela morreu em nossa casa." E ela chora de novo. "Agora só temos minha mãe."

O pai, seu marido, é caminhoneiro: ausente durante a semana, presente no fim de semana. É um casal que se dá bem. Todos os filhos foram desejados. Marido e mulher queriam três filhos: ambos lamentavam terem sido filhos únicos. Quando o pai está presente, cuida das crianças e ajuda a mulher.

Ela trabalha num escritório. Gosta do trabalho. Os colegas são gentis. Trabalha na mesma empresa desde que começou, mesma empresa em que a mãe trabalhava antes dela. Aliás, ela substituiu a mãe quando esta se aposentou, voluntariamente, porque o pai, dez anos mais velho que ela, parara com setenta e cinco anos. Trabalhava numa grande empresa de cereais. Ela teve uma infância feliz. Os pais foram morar no interior na casa da bisavó materna, em que a mãe passou a infância. "Sempre íamos para lá nas férias. Fica na Normandia. Eu já conhecia meu marido. Quando nos casamos, eles nos deixaram o apartamento de Paris e foram morar lá."

Ela volta aos acontecimentos de setembro.

A menina nasceu, então, antes da volta às aulas.

"Não pude levar o mais novo ao maternal. Foi a babá que o levou. Paulo não precisou, já estava acostumado. No fim de semana, meu marido estava lá, os meninos voltaram para casa. Depois eu voltei, bem cansada, mas tudo bem, estávamos tão contentes por ter uma filha. Paulo levava o irmão à escola, a babá ia buscá-lo para mim e Paulo passava na casa dela quando voltava da escola, tomava lanche e ficava na casa dela, como quando estou trabalhando. Voltavam à noite."

Quanto à escola, as coisas aconteceram sem alarde. Paulo ajudava muito a mãe. Falava da professora que lhe dava punições para fazer à noite, páginas para copiar: sua mãe passava-lhe então um pequeno sermão. Mas tinha tanta coisa para fazer e, depois, estava tão cansada, fora a preocupação com o pai... "Além disso, recomecei a trabalhar, era preciso. Deixava o bebê na creche de manhã e o pegava à noite. A babá do segundo é muito idosa agora para cuidar de bebês. O segundo também foi para a creche. Paulo, não. Para ele, minha mãe viera e cuidara dele enquanto era pequenininho; depois, durante um passeio, conheceu essa senhora que em seguida cuidou de Paulo durante o dia. Era o último bebê, para a babá. Ela cuidava de um outro: Paulo e esse menino gostam muito um do outro. Depois, quando o segundo começou a andar, ela também começou a olhá-lo. Cuidava bem dele, levava-o para passear no parque, é melhor que na creche e, depois, quando estão resfriados, é bem pertinho, ela fica com eles... Na creche, eles não aceitam as crianças nesses casos; se estão doentes, têm que ficar no hospital. Com ela não é assim. Além disso, minha mãe voltava e cuidava deles em casa. Nada de grave, as doenças que as crianças pegam na escola: sarampo, catapora... essas coisas. Todos temos boa saúde. Mas agora, estou preocupada com Paulo. Depois da morte de meu pai, minha mãe, que se cansara demais, ficou doente. Coração. Veio para nossa casa. Que já não é grande com três crianças! Consultou seu médico, que lhe indicou um famoso especialista. Ele está cuidando dela. É preciso repouso."

A avó se tornara uma mulher deprimida, que não suportava mais o barulho e o movimento das crianças. Ela, tão gentil antes, não parava de dar bronca.

A mãe de Paulo teve que deixar o trabalho – temporariamente, espera – para cuidar da própria mãe.

E Paulo? "Havíamos recebido o boletim do primeiro trimestre. Ruim em tudo. Percebi que iria repetir de ano. Fui falar com sua professora depois da morte de papai. Ela estava irritada com ele. Não fazia nada, atrapalhava a classe, não ouvia nada, barulhento, preguiçoso, em suma, insuportável. Ela não quer dar muita lição de casa, mas, com ele, é muito simples: ou esquece, ou faz tudo porcamente. Letra garranchada, minúscula. Está visivelmente decepcionada. Não era a criança que lhe tinham dito. Além disso, ou ele é insuportável, ou dorme na sala de aula. Não é mais possível." A mãe percebia que ele estava pálido, que não tinha mais apetite: mudado, sim – mas, barulhento, ele? "Em casa, mal o escuto. Faz tudo o que pode para me ajudar; gentil, prestativo. Certamente está nervoso. O médico falou: prova disso é que dorme mal e tem pesadelos. Mas, também, desde que a avó está com eles, os três dormem no mesmo quarto. Paulo levanta-se à noite desde que a menina chegou; para que eu pudesse dormir, dava-lhe a mamadeira, trocava-a, como meu marido fazia quando estava em casa; além disso, era preciso niná-la quando ela chorava, por causa dos vizinhos. No início, a pequena dormia depois de mamar, mas com a creche, ela se desregulou, não dormia mais à noite. Agora já está melhor, ela já entrou nos eixos. Mas o problema, agora, é meu filho do meio... Desde que voltamos depois do Natal da casa de meus pais, onde ele não reconheceu o avô, ele tem pesadelos. Acorda Paulo, que o acalma. Pode ser que, de tanto acalmar o irmão, ele tenha começado a acreditar nos pesadelos."

"Depois, quando minha mãe veio, a escola passou a ser o terror de Paulo. Acho que foi a partir daí que ele começou a não ir mais. Nós não sabíamos. Ele saía, voltava na hora, nem na cantina ia mais. Ia à casa da babá buscar o irmão. Se eu lhe perguntava: 'Tudo bem na escola?', ele respondia a contragosto: 'Nada bem. Ela cismou comigo. Não sei o que fiz para ela. Estou cheio da escola.' Eu tentava fazê-lo entender. Na escola não nos disseram nada, pensaram que estava doente. Depois, um colega de classe o viu e disse: 'Ele não está doente, eu o vi na rua.' Então a diretora nos escreveu. Fui vê-la. Eu não entendia. Ela nos disse que ele certamente estava com alguma coisa. Uma criança não muda assim por nada. Esqueci de dizer que depois de seu boletim do primeiro trimestre, com a morte de papai, eu não pensava mais nisso... Levei-o a uma psicóloga para fazer alguns testes, para saber se o fato de ele ir mal na escola vinha dali. Não, ela disse que ele era inteligente, mas que se cansava facilmente e que era extremamente sensível. Tínhamos visto o avô no Ano Novo. Ele estava triste.

Nós também. Ela nos disse: é uma rejeição escolar, é preciso levá-lo ao médico. Ficamos tranqüilos. Agora, vêm nos dizer que ele tem distúrbios de comportamento, que precisa de um internato especial e que não deve mais viver conosco. Não o reconheço. Entre o que me dizem na escola e como ele é em casa: não parece a mesma criança. Disse-lhe que estamos preocupados com ele. Perguntei-lhe por que estava agindo daquele modo. Ele responde que não é culpa dele. Um dia, fiquei brava: 'Também não é culpa minha, nem de seu pai! Não merecemos isso!' Ele emburrou. Respondeu que seria melhor se morresse. Às vezes, tenho medo de que faça alguma besteira. Não sei mais o que fazer."

"Depois que falei com a professora, e depois dos testes, meu marido ficou bravo; castigou-o, justo ele que nunca bate nas crianças. Eu dizia a mim mesma: talvez uma boa correção o faça mudar. Meu marido levou-o à escola, um dia em que estava de folga. A diretora nos mostrou as faltas. Acho que começou – sim, a primeira vez foi após o retorno da casa de meus pais. Eu me dizia: se não é uma pena! uma criança inteligente, e que se faz de sonsa! Será que não éramos suficientemente severos? Disse a mim mesma: no feriado da Páscoa, vou deixá-lo dormir de manhã. Eu havia parado de trabalhar para ficar com mamãe. Ela não estava bem naquele momento, não podia deixá-la. O segundo ficava o dia inteiro na casa da babá, minha mãe não o suportava mais perto dela. Mesmo a pequena, eu a deixava na creche, para que minha mãe descansasse. O médico me dissera: 'Repouso, nada de barulho.' E, além disso, ela pensava em meu pai, no túmulo etc.; não era para crianças. Você sabe como é, num apartamento, eles fazem bagunça em todos os cantos, precisam se mexer, digo isso do pequeno, pois, quanto a Paulo, mal o ouvimos. Ele acordava tarde, depois ficava com a avó. Eu preparava o almoço, depois ele ia para a casa da babá. Ela os leva ao parque, quando o tempo está bom. Em casa, fico brava. Também estou nervosa. Grito. Depois me arrependo. Mas não adianta mais. Não sei mais o que fazer! Mesmo quando o pai deles chega: antes, era uma festa, 'Papai chegou!' Agora... Preciso gritar com Paulo para que coma, ele não tem fome. Dá para ver que não está bem." (Ela também não: abatida, rosto cansado, magra.)

Após esse longo monólogo da mãe, o *pai*. Um homem de corpulência média, corado. Com boa saúde, ao que parece.

– Então, esse filho que está dando problemas, o que você acha?

– Eu não entendo. Era um menino de ouro. Agora, é um cabeça-dura. Tenho medo de que a escola esteja perdida para ele. Ele não se interessa mais. Antes, adorava a escola. Ficava orgulhoso de seu boletim; quando eu voltava para casa, ele me mostrava. Eu ficava contente. De nada servem as promessas, as broncas. Cheguei a bater nele. Algumas pessoas dizem que às vezes isso sacode as crianças. Gostaria de dizer que não faz meu gênero. Não gosto de bater nas crianças. Acho que foi a única vez na minha vida que bati nele... Parece que agora tem medo de mim. Tudo isso por causa dessa professora que cismou com ele. E, além disso, soubemos que depois da Páscoa, já não eram nem mesmo as cópias e as punições: ele não ia mais. Nada a fazer. A escola, para ele, acabou. Nem morto ele iria.

"Eu mesmo o levei um dia. Ele entrou... mas o que fez depois? Estava marcado falta na escola aquele dia. Deve ter se escondido nos banheiros... e depois fugido. E, depois, para onde é que ele vai? Tem medo de mim, tem medo da professora, mas não tem medo das ruas!"

O pai, culpado – ansioso –, se cala. Depois continua.

"Tentei fazê-lo ficar com vergonha na frente dos colegas. 'É preciso ser homem. Ela não vai te comer, vai? Dê o melhor de si. Você é inteligente; olhe, você vai conseguir aprender de novo.' Ele diz que não adianta nada. Quando consegue ouvir, já não entende mais; antes, ele entendia. Diz que os colegas zombam dele. Que no recreio eles ficam gozando."

"Foi através dos colegas, não dele, que soube que o negócio da professora são as cópias: 'Não devo dormir na sala de aula', páginas assim, ou outras cópias, três, quatro páginas. Outros também tinham que fazer. Mas ele não as trazia de volta. Tinha esquecido, perdido. Os colegas faziam. A professora duplicava, triplicava-lhe a tarefa. Um dia, ela lhe disse: 'Se você não as trouxer depois da Páscoa, nem adianta voltar...' Então, ele não foi mais... Cabeça-dura, como já disse. Acho que ela deveria ter cedido. Havia folhas demais. Ou então, não sei, quatro ou cinco páginas. Não sei... será que ele teria feito?"

– E o senhor, agora, o que o senhor vai fazer?

– Não sei. Não sei mesmo. Gosto do meu filho! Está passando por um mau bocado. Mas por mais que me digam que ele é temperamental, para mim não é isso. Ele ficou sentido, emburrou, e agora tem medo.

"No começo, ficava contente de ir à escola. Era um bom aluno. Depois, foi o momento do nascimento de minha filha. Com minha mulher cansada, o avô... essas coisas! Não tinha mais condições de prestar atenção, talvez. Dizia que era duro, que a professora não gostava dele, que era severa, que ele não entendia... essas coisas; eu o animava. 'Vai dar tudo certo.' Em casa, ele fazia tudo – ninguém pode dizer que não tenha ajudado minha mulher; eu lhe dissera: 'Conto com você...'; exigi demais dele também... é isso. Ele só tem oito anos, quase nove."

"Depois vimos seu boletim do primeiro trimestre. Ruim. Preguiçoso, não estuda, letra deplorável. Minha mulher e eu dissemos: 'Vamos mandá-lo fazer testes, talvez seja o cérebro. Acontece. Queríamos estar certos de que ele era capaz.' Aquilo nos tranqüilizou. A psicóloga nos disse que ele era inteligente, que tinha uma rejeição escolar. Talvez se cansasse facilmente, deveríamos consultar um médico; além disso, uma psicoterapia poderia ajudá-lo. Mas nós desconfiávamos. Talvez tenhamos agido mal... Agora..."

"Depois, minha mulher foi conversar com a professora. Foi então que ficamos sabendo que na escola ele era agitado, barulhento, desatento, perturbava a classe, exatamente o contrário do que é em casa. Minha mulher me disse: 'Ela está armada contra ele.' Eu dizia a mim mesmo: 'Um moleque, no final das contas, não é um anjo. Ele tem que se mexer.' Fiquei tranqüilo com os testes, então... Mas não sabia do negócio das punições. Havia isso entre ele e ela! Ele não queria ceder e ela também não. Isso estragou tudo. Parece que ela já domou outros! Mas ela não esperava que ele fosse um mau aluno... Além disso, ele não nos contava mais nada. 'E a escola, tudo bem? – Sim. Ela está de bronca comigo...' Eu brincava, dizia: 'Existem mulheres assim. Que azar.' Ele não ria. E depois, minha mulher contou para você, estávamos sobrecarregados. Minha mulher recomeçara a trabalhar, minha sogra não estava bem. Ela, a mais gentil das mulheres, estava sempre dando broncas neles, dizendo que não tinham coração. Que ninguém diria que o avô estava morto... A casa não era nada alegre. Disse à minha mulher: 'Não dá mais, você precisa parar de trabalhar. Depois você retoma. Eles conhecem você. Eles entenderão.' Foi o que ela fez.

Cala-se. Pensa.

"A avó está indo bem. O médico está contente. Era estafa. E, além disso, a dor. O coração vai bem. Ela conseguiu se recuperar. Decidiu voltar para a casa dela. Nosso apartamento é pequeno demais. Além disso, ela precisa voltar. Ela já está de novo gentil com as crianças. É uma boa mulher. Diz que Paulo tem boa índole. Ele lhe faz pequenas gentilezas. Foi ela que o criou... enfim, quero dizer que ela veio quando ele nasceu. Imagine, seu primeiro neto: ela estava feliz. Foi ela que achou a babá, uma boa mulher também, a babá, tivemos sorte."

Novo silêncio.

"Não quero o internato especializado para meu menino. Na escola não o querem, ele mereceu. Mas não com os desajustados, com crianças que têm pais que não gostam delas. Conheço crianças assim... São os pais que não se entendem. Ninguém se preocupa com elas. Um internato com crianças assim para meu menino, meu filho? Nem pensar. Quero ajudá-lo. Temos que tirá-lo dessa."

A decisão está tomada. Já que o ano escolar está perdido, que a escola o expulsou – e que, além disso, ele está com fobia da escola –, ninguém mais irá atormentá-lo por causa disso. Deverá vir fazer psicoterapia duas vezes por semana; sua mãe o trará uma vez e o pai, outra. Sem ameaça de internato.

– Concordo com tudo – disse o pai – e se não quiserem readmiti-lo o ano que vem na sua escola, procurarei outra escola. Se tiver que pagar, azar, eu pagarei... Mas ele também tem que aceitar... No estado em que está agora, nada é garantido. Ele não quer mais ouvir falar de escola, nesse momento.

– Também concordo – disse ao pai –, é um decisão muito sábia.

Agora vejo *Paulo* junto com o pai e a mãe, para explicar-lhe o modo de tratamento que é uma psicoterapia: encontros regulares comigo, pagos pela Seguridade Social. Paulo não recusa. Mostra-se abatido, resignado, olha os pais de esguelha, os quais, por seu lado, colocam todas as esperanças nessa terapia, que é, na verdade, seu único recurso em seu desespero.

Por que, nesse caso, a chamada psicoterapia de apoio? E não uma psicoterapia psicanalítica?

Porque a criança ainda era saudável há menos de um ano. Porque nasceu sem dificuldades, após uma gravidez sem problemas. Criança desejada, cuidada. O desmame, do peito (algumas semanas) à mamadeira, da mamadeira à colher, foi feito sem problemas; mesma coisa quando tirou as fraldas; andou com um ano, dentição normal. Maternal; sociabilidade; pré-primário e primeiro ano: perfeitos. Meio familiar momentaneamente perturbado, mas sem conflitos relacionais.

Tudo isso, apesar da gravidade psicossocial dos distúrbios, aponta para a indicação de uma psicoterapia simples, que faz uso de uma *transferência* positiva (a ser estabelecida), mas *sem* jamais *analisar* essa transferência, sem interpretar sonhos nem fantasmas, sem suscitar, nem mesmo alusivamente, o recalque da primeira infância e decodificá-lo. (Por recalque, quero dizer: o que se refere ao tabu do incesto, às identificações e à agressividade edipiana – e às suas relações com o pensamento mágico[2].) Sem tocar nas idéias de suicídio.

No que diz respeito ao conteúdo, o dizer do psicoterapeuta para a criança permanece na superfície da realidade.

Uma psicoterapia de apoio pode ser assumida por um (ou uma) terapeuta que conheça bem a lógica das crianças e saiba estabelecer contato com elas. Deve haver entre o psicoterapeuta e a criança uma corrente de simpatia, a certeza de uma discrição total com relação aos pais. A criança também precisa ter vontade de ser ajudada. Durante a primeira entrevista do psicólogo com ela, na presença dos pais, deve-se resumir o essencial dos dizeres referentes a ela nas entrevistas com cada um dos pais. Ela tem que receber dos pais a autorização para dizer ao psicoterapeuta tudo o que acontece em casa, e de contar sua história; e os pais devem ter recebido o conselho expresso de não questionar a criança sobre o que ela diz na psicoterapia. No caso de a criança – aqui, um menino de oito anos – recusar o tratamento antes de ter experimentado em que ele consiste, não se deve obrigá-la; mas pedir que a mãe ou o pai fiquem com ela durante as sessões, se ela assim o desejar, para se sentir mais segura, e só ficar sozinha com ele, conversando em particular, no dia em que ela assim decidir por si mesma.

---

2. Sabemos que no momento do conflito que Freud chamou de complexo de Édipo, o menino imagina que, se o pai não estivesse mais ali, ele tomaria seu lugar, no coração e na cama da mãe, que a faria feliz; que teriam bebês. Todo um conjunto de devaneios, para o pequeno Édipo, que envolvem simultaneamente gozo e culpa, porque implicam o desaparecimento do pai de quem ele gosta, porque chegou até onde chegou porque esse pai é seu amigo e seu modelo. Quando Paulo era pequeno, era sua avó que era sua amada e seu avô, o rival. Essas duas imagens duplicavam as imagens dos pais. Quando acontece uma desgraça (ou uma felicidade), a criança pode imaginar que se trata da realização de seus fantasmas. É a isso que se chama "pensamento mágico".

Em que consiste o "apoio" trazido pela psicoterapia? O campo do imaginário e o da realidade estão quase totalmente fundidos para o paciente, pelo fato de ele poder se exprimir cada vez menos. Seu corpo torna-se o lugar de inscrições em sintomas, inibições, pânicos, cansaços, tensões, de uma linguagem que ele não pode nem pensar, nem falar a si mesmo, exceto através de imagens de pesadelo num sono que não é mais nem mesmo protegido: elas o acordam, sem que nem sequer se lembre delas. Ora, através de tudo o que a criança diz em psicoterapia através do desenho, da modelagem ou nos relatos de sua vida, pode-se discernir a realidade em torno da qual o imaginário construiu seus fantasmas. A presença de um terapeuta, que não faz julgamentos a respeito do estado de impotência a que a criança chegou, permite-lhe reconstruir, falando, os lineamentos da realidade. Essa testemunha de seu dizer, que o escuta, permite que ele se situe no que viveu. O terapeuta convida o paciente a olhar de frente para esse vivido através das palavras, traça pontos de referência simbólicos graças ao elo de simpatia que não está contaminado pela angústia habitual que suscitam os próximos, ligados ao sujeito por relações complexas para eles também, e contínuas. O terapeuta, ao contrário, só encontra o paciente por pouco tempo, e de modo contratualmente repetitivo. Elabora-se uma relação diferente de todas as que o sujeito tem com as outras pessoas que encontra. O quadro do tratamento está protegido dos vazamentos de indiscrição. Tudo, ou quase tudo, acontece num campo que privilegia a relação simbólica relativamente a qualquer outra. Acho que é isso que é psicoterapêutico.

Não é possível aqui detalhar o conteúdo das sessões, e aliás não é necessário. Basta citar os principais temas que a criança abordou, sobre os quais falou, citando às vezes passagens desses dizeres, ao longo dos quais ela evocava questões e preocupações que o terapeuta deixava aflorar sem juízos moralizantes: relatos de experiências estranhas, penosas ou agradáveis, como Paulo as rememorava, e que exprimia em palavras libertadoras para ele – libertadoras de desejos recalcados, de projetos esboçados mas proibidos de serem esboçados porque condenáveis ou despropositados, contraditórios entre si no interior de uma realidade em que existem o verdadeiro-para-si e o não-verdadeiro-para-outro, o impossível e o possível, a relatividade daquilo que, para toda criança, parece absoluto no abstrato imaginário do bem, do não-bem, do mau, do bom etc. Essa relatividade da realidade segundo o sexo, a idade, o lugar na família, seu papel na sociedade, conforme o que um indivíduo experimentou, o sentimento de responsabilidade e a responsabilidade efetiva, os valores de bem e de mal, o sentimento de liberdade, o que se pode fazer e o que só se pode imaginar, o não-saber.

No decorrer das sessões, assistimos à recuperação de um narcisismo, cuja ferida fizera com que Paulo se sentisse impotente, e culpado por sê-lo diante da lei para todos, e perseguido por ela. A lei? A lei de viver, de trabalhar, de morrer. A necessidade de amar e ser amado, a perda daqueles que amamos, o sofrimento de ser incompreendido, rejeitado; o desespero de não acreditar mais em ninguém, nem em si mesmo.

Tudo isso pode parecer abstrato, transcender a consciência de uma criança de oito anos.

Mas não é verdade, se acompanharmos o conteúdo das idéias abordadas ao longo das sessões. Ele evocou:

Em primeiro lugar, o nascimento de um bebê menina, depois de um bebê menino, o irmão, cinco anos antes... quando se esperava uma irmã.

Depois, a doença, o tratamento, a cirurgia, a respeito do avô materno e da avó materna.

A morte possível do pai e da mãe, quando se tem oito anos, sua idade (o que, justamente, acontecera com o pai dele). Pensar nisso seria ruim. A morte de um velho parente quando um bebê nasce – seu irmão, depois a irmã. A magia ou a coincidência...

O não-saber e o saber, sobre tudo isso... Crescer, aprender, ter encargos, responsabilidades "como as do pai", quando se é o mais velho e o pai está ausente.

Amar a avó materna como o pai amara a sua (fantasmada)[3]. A professora, por seu lado, era malvada... severa demais. Era preciso escrever rápido demais, e as cópias... "Mamãe dizia que a professora tinha razão." Escutar na escola... Não entender. Ser punido. As cópias. As punições. "E, depois, ela não queria mais saber de mim. Os outros zombavam no recreio – malvados." "Eles não zombavam na classe, senão também seriam punidos com cópias." Escrever no chão em casa, sem mesa, não é fácil, mas na cozinha não dava.

Hora de comer. Sem fome. Bronca. O irmãozinho, a irmãzinha, a noite. A mamadeira. Trocá-la, não era fácil. Bonitinha. Isso ajudava... "Papai me dissera, me mostrara. Mamãe precisava descansar."

Os pesadelos do irmãozinho, que ele achava que eram verdadeiros. Os fantasmas. "Os médicos que são como fantasmas quando operam. Não é verdade." O avô fora operado dois anos antes. Era a mesma doença. Impossível sarar...

"Quem não vai à escola, vira mendigo." Um mendigo que ficou seu amigo quando não ia à escola. O dinheiro da cantina, ele havia guardado: "não é certo". Ele o dera ao mendigo: "é certo". "São infelizes, eles não têm dinheiro. Comprávamos coisas para comer. Eles não podem trabalhar. Há alguns que são legais, é verdade. Esse me dizia para voltar para a escola, para não ficar como ele. Dizia coisas engraçadas sobre minha professora... não lembro mais. Meu pai é legal. É caminhoneiro. Ele não fica bêbado, mas bebe vinho, e me dá um pouquinho, não muito, às vezes sem água. Ele nos levava para passear, antes... quando estava de folga. Minha mãe trabalhava. Ele vinha buscar eu e meu amigo na casa da senhora que tomava conta de mim. Eu gostava. Meu irmão era pequeno, então ficava na casa dela..."

---

3. Devemos lembrar que o pai ficou órfão aos oito anos, idade de Paulo.

Depois, a escola apareceu. Através de uma carta da avó e do avô que ele trouxe, uma antiga carta que o parabenizava por ir bem na escola. Fotos. Que olhávamos. "Vovô era legal, nós passeávamos. Ele tinha lutado na guerra, não sei direito. Tinha sido ferido. Contava sobre os alemães de antigamente, não de hoje. Na outra guerra. Na segunda, era velho demais para ir, mas contava dos montes de alemães de que se escondia, depois os trens explodiam. Depois os aviões." E contava, desenhava, escrevia a história que o desenho representava. No início, sem assinatura; depois, "Paulo", bem pequenininho; depois maior; depois seu nome inteiro.

"Agora durmo bem. Não tenho mais pesadelos. Vovó sarou. Está como antes. Mamãe vai recomeçar a trabalhar na volta às aulas. Se a escola não me quiser de volta, papai verá. Eu quero voltar para uma escola. Vamos para a casa da vovó. Há uma senhora que disse que me daria aulas de recuperação durante as férias. Eu a conheço. Durante as férias, ela estará perto da casa de minha avó. Ela já deu aulas. Não se casou. É uma colega de classe de minha avó. Eu vou conseguir aprender o que não aprendi. Não estou mais cansado. Faço as contas para mamãe. São as operações[4] que eu não entendia com a professora, ela pensava que eu fazia de propósito. Eu começava tentando escutar, depois não ouvia mais. Não entendia nada... Meu pai também faz contas. Ele diz que eu conto bem. Calculamos os quilômetros que ele faz, e depois o tempo necessário. A que horas ele tem que sair. Os caminhões fazem 80 quilômetros por hora, mas não o tempo todo, depois, é preciso parar para comer, temos que fazer uma subtração e depois uma multiplicação... e depois uma divisão e temos o número. Não se pode beber, senão os guardas fazem soprar no balão. Quem bebe vinho muda de cor. O mendigo que eu te falei, esse é que gostava de vinho, mas não dirigia. Ele também me contava histórias da guerra, mas não era soldado. Não tinha condecorações. Meu avô é que tinha. Ele era criança. Disse que não tinha nada para comer. Não tinham nada. É por isso que, quando era soldado, ficava doente o tempo todo. Não queriam mais saber dele. Os médicos disseram 'terminou, acabou, não queremos mais você'... então, ele ficou contente. Não contei a meus pais que eu conhecia Fredo e que comia com ele. Mamãe diz que os mendigos são uns preguiçosos, uns vagabundos. Mas Fredo me dizia que eu devia ir à escola. Depois, você terá uma profissão. Ele dizia: 'Você é um bom menino, não deve ficar como eu. Você tem um papai, uma mamãe, um irmãozinho, uma irmãzinha.' A irmã dele tinha morrido. Ele dizia que a morte muda tudo. E dizia para mim: 'E, além disso, você tem uma avó. Os médicos vão curá-la. Com certeza. E depois é verdade. Nem todo mundo morre sempre! Morre sim... um dia... é preciso... como meu avô. Mas ele era muito velho... eu, engraçado, não tenho mais vontade de morrer... antes eu queria. Estava cheio.' (e, depois, pala-

---

4. Sem dúvida por associação com a operação do avô, ao parto prematuro da irmãzinha (diferença sexual) – no hospital.

vrões que não devemos dizer). Ele me dizia: 'Não escute. Não é para você.' Ele me dizia: 'Você tem uma família, deve amá-la.' O pai dele tinha sido preso porque havia batido tanto na irmãzinha (era um bebê) que ela tinha ido para o hospital e morrera... porque chorava à noite. Do pai, não sabia nada... depois da prisão, não o tinha visto mais. Dizia que era bom ter um pai. Antes da irmãzinha, ele tinha tudo; e, depois, mais nada. Era assim... Perguntei sobre sua mãe. Ele me disse assim: 'Pobrezinha, não foi culpa dela... ela foi embora. Não sei para onde...'"

Inútil estender esse documento de uma psicoterapia infantil. Paulo falava. Falava *toda sua verdade*[5].

No início do ano letivo, após fazer um exame, Paulo foi readmitido na sua escola, na série subseqüente. Havia de fato "se recuperado" durante as férias. A professora (uma outra) tinha todas as qualidades. Era bonita... explicava bem. Ele tinha boas notas, nas matérias e em comportamento.

Paulo continuou vindo a algumas sessões espaçadas a cada oito dias, depois a cada quinze, durante o primeiro trimestre. Entendia-se bem com os colegas... talvez lhes falasse de Fredo, seu consolo quando enforcava a escola, matava as aulas... Não falava mais dele durante as sessões. E tudo ia bem para ele e para a sua família. A brusca impetuosidade desse rio que é a vida, que virara sua canoa e quase o afogara, tinha passado. A psicoterapia durara cinco meses e atingira seu objetivo, a restituição *ad integrum* de um equilíbrio construído durante sua primeira infância, consolidado entre cinco e oito anos, mas que em alguns meses Paulo perdera devido a um acontecimento ocasional – aparentemente uma "professora". Na verdade, algo completamente diferente, no inconsciente.

Tanto as novas aquisições escolares, como a confiança nos outros e nele mesmo, a saúde física, a pacificação do grupo familiar, tudo isso permite bons augúrios para o futuro.

Esse tratamento é uma psicoterapia e não uma psicanálise, embora o terapeuta tenha sido psicanalisado. A transferência que permitiu que pai, mãe e criança se confiassem à terapia não foi analisada, verbalizada pelo terapeuta. Tudo o que, do inconsciente da relação dos pais com os pais deles e com Paulo, exprimiu-se nas entrelinhas de seus dizeres e emoções conscientes não foi enfatizado nem interpretado. Das conversas entre esses três personagens e o terapeuta, só temos aqui o testemunho do que acontecia no primeiro plano, no nível do consciente, por assim dizer.

---

5. Em primeiro grau na veracidade de seus dizeres, em segundo na espontaneidade de sua sintaxe, nas elisões eloqüentes e, em filigrana, pelas associações entre as proposições, os fantasmas inconscientes.

O que se refere ao inconsciente em uma psicoterapia como essa, que chamamos de psicoterapia simples ou de apoio?

O que se referia, em Paulo, às pulsões pré-genitais e ao complexo de Édipo – já resolvido antes desses acontecimentos – tinha sido perigosamente despertado por eles para a estrutura da criança. Mas, de fato, todas as pessoas da família, antes equilibradas, vivendo essa mesma realidade (nascimento de uma menina, morte de um homem idoso, avô, pai, sogro, marido, diversamente importante para cada um deles), tinham visto despertar nelas pulsões arcaicas – abalo de sua organização inconsciente libidinal, de um modo diferente para cada um deles, em relação ao nascimento de uma menina tão desejada e à morte de um marido, pai, muito amado por todos. Podemos afirmar que a "doença" de Paulo e seu tratamento psicoterápico ajudaram tanto a libido de Paulo quanto a de cada um dos membros da família que, solidários, mas cada um por si, tinham que sofrer e assumir – inconsciente e conscientemente – uma mutação de seu desejo.

Que dizer da "ameaça" que o afastamento do menino para colocá-lo num internato para crianças com distúrbios de comportamento fazia pesar sobre a família? Era judiciosa com relação ao aluno Paulo, já que era necessária para a homogeneidade do pelotão das crianças da classe? Fazer com que Paulo repetisse o ano teria sido mais judicioso? Ou indicá-lo para a classe de recuperação de seu setor escolar? Não. Porque ele teria continuado com sua fobia escolar. A decisão tomada pela diretora do estabelecimento foi salvadora, já que foi ela que finalmente motivou os pais – tranqüilizados pelos "testes" – não apenas a aceitar a psicoterapia, já sugerida duas vezes e, depois, aconselhada para Paulo, mas a se comprometer seriamente com ela.

Índice remissivo

adoção: 42, 79
agressividade: 106-7, 118, 120
água: 278, 304
aleitamento materno: 61
alimentação: 62
amar/gostar: 31, 67, 73, 76, 95, 115-6, 120
   culpa de -: 235, 244
   perigo de: 236
ambliopia: 342
angústias: 36, 39, 66, 76, 91-3
   – noturnas: 31, 33-4, 90
animais: 85
aprendizagem: 329-30
arrumar: 97
ataques de raiva: 15-6, 35-6, 53, 119, 192
aulas de piano: 296
autonomia: 169, 308, 310
avós: 12, 23, 90, 355-9

babá/cuidadeira: 36, 363
barulho: 295
beijos e abraços: 68, 73-4
bilingüismo: 79, 81-2, 280-5
brigas: 19, 52
brinquedos: 187

calúnias: 224
canhoto: 142
caprichos: 1, 15, 17-8, 35
cercadinho: 140
chantagem: 314
ciúmes: 5, 6, 16, 33, 51, 122
comer (não comer): 202
   – direito: 99
complexo de Édipo: 105, 110, 113, 114, 116

comunicação: 327, 336, 344, 360
contos: 187, 286-8
contradizer: 194
creche: 22

de brincadeira, de verdade: 194, 224
deambulação: 138
deficientes: 338-48
deixar chorar: 91
desenho: 69, 83-4
desenvolvimento: 261
Deus: 111
dinheiro: 181
divórcio: 39
dormir/deitar: 10, 28, 30, 98, 355, 358
Down, síndrome de: 338

educação (liberal): 168
   – sexual: 208, 211, 213, 215, 226
em casa: 155
ensino: 312, 317, 334
enurese: 33
escola: 2, 12, 52-3, 63, 301, 311, 325, 332, 354
escolaridade obrigatória: 325
escravo: 140, 172
espelho: 273
esporte: 304
exasperação: 163
exploração: 138

falar com o pai, com a mãe, com os filhos: 168, 206, 215
fantasias: 222, 209
filho de "velhos": 270

filho mais velho: 5, 76, 122-3
filho sem pai: 133
filho único: 43, 44-5, 269, 340
fofoqueiro/dedo-duro: 302, 304
fogo: 275
Freinet: 332

gêmeos: 92, 94, 118-9, 190, 227, 273-4

hábitos: 9
heróis: 286
homossexualidade: 229
hospital: 87, 140
humilhar: 74, 122, 314

identificação: 171
igualar irmãos: 36, 95, 120
imaginário, imaginação: 85, 106-7, 185, 210, 273, 286-7
impertinência: 101, 110, 301
inadaptado: 250
incesto: 220, 226-7, 228
inconveniente: 300
injustiça: 16
Inteligência: 293, 338, 351

jogos sensoriais: 139
jogos/brincadeiras: 36, 86, 106, 279

lazer: 83, 289, 291, 296, 322, 357
leitura: 289, 317
linguagem: 280

mãe: 15, 48, 110, 118-9
 – solteira: 131
 – escrava: 140
 – exasperada: 163
masturbação: 232
medo: 193, 277, 295, 303
mentira: 194, 224
mimar: 355
mitomania: 194, 210, 222
morte: 57, 106, 197, 200, 235, 366
motricidade: 42, 339
música: 71, 296, 345

namoro: 234
nascimento: 44, 110, 122
 – de um irmão: 203, 210
natação: 279, 303
Natal (Papai Noel, mito, verdade): 185
normas: 261
nudez: 218
nudismo: 102

obediência: 97
ofícios/artesãos: 330
operações: 87
oposição: 97, 99, 109, 113
ordem (desordem): 147, 156

padrinho, madrinha: 136
pai: 13-4, 28, 46, 77, 111-2, 123, 249, 317, 325; papai (pai ou não): 135, 168
Pais (idosos): 270; (frustrados): 169, 234, 240;
 – separados: 242
palavra/fala: 8, 67
palavrões: 101, 204, 248
palmadas: 19, 74, 80, 159
Papai Noel: 55
parto: 8, 127
passividade: 172, 174
patronímico legal: 132
perigos: 224, 275, 304
pesadelos: 28, 29-30, 31, 199
pílula: 235, 237, 268
pornografia: 213
precocidade: 293, 349
pré-puberdade: 205, 207, 322
profissão: 328-30
psicanálise: 258
psicólogo: 251
psicoterapeuta: 231, 251, 340-1, 371
psiquiatra: 251
punição/castigo: 161

quarto: 10, 29, 358

recusar: 85
reeducação: 258
relação (com a mãe): 165, 263
 – com o pai: 168

– com o mundo: 265
responsável: 205
ritmo: 9, 98, 227
rivalidade fraterna: 94, 122
roer unhas: 240
roubo: 177

sadismo: 161
seleção escolar: 322
separação: 10, 13, 24, 29, 118
sermão: 308
sexualidade: 46, 104-5
situações ilegais: 39
sofrimento físico: 87, 91, 122

sono: 9, 27, 31, 90
suicídio (ameaça de): 309, 315

televisão: 289, 291, 321
tirar fraldas (educação para): 172, 264
– controle esfincteriano: 20, 66, 79
trabalho da mãe: 23, 118
três anos: 65, 77

verdade imaginária: 210, 300, 344
violência: 159, 164, 247

zombaria: 122

GRÁFICA PAYM
Tel. [11] 4392-3344
paym@graficapaym.com.br